Marco Kern

Kapitalmarktorientierter Kreditrisikotransfer

GABLER EDITION WISSENSCHAFT

Marco Kern

Kapitalmarktorientierter Kreditrisikotransfer

Eine Analyse am Beispiel deutscher Genossenschaftsbanken

Mit einem Geleitwort von Prof. Dr. Thomas A. Lange

GABLER EDITION WISSENSCHAFT

Bibliografische Information der Deutschen Nationalbibliothek
Die Deutsche Nationalbibliothek verzeichnet diese Publikation in der
Deutschen Nationalbibliografie; detaillierte bibliografische Daten sind im Internet über
<http://dnb.d-nb.de> abrufbar.

Dissertation Universität Rostock, 2008

1. Auflage 2008

Lektorat: Frauke Schindler / Stefanie Loyal

Gabler ist Teil der Fachverlagsgruppe Springer Science+Business Media.
www.gabler.de

Umschlaggestaltung: Regine Zimmer, Dipl.-Designerin, Frankfurt/Main
Gedruckt auf säurefreiem und chlorfrei gebleichtem Papier
Printed in Germany

ISBN 978-3-8349-1103-2

Geleitwort

Waren die Achtzigerjahre die Zeit einer intensiven Beschäftigung mit den Marktrisiken, so wendet sich in den vergangenen Jahren das Interesse von Wissenschaft und Praxis wieder mehr dem Kreditrisiko zu. Das gilt insbesondere für die Jahre 2002 bis 2004, die gerade in der Bundesrepublik Deutschland durch eine dramatische Entwicklung der Vorsorge für Kreditrisiken geprägt waren. Die unterschiedliche, sich im Zeitlauf wandelnde Gewichtung der beiden zentralen Risikokategorien im Bankgeschäft spiegelt allerdings keine grundsätzliche Veränderung in deren ökonomischer Bedeutung wider. Hinsichtlich des Ausmaßes eingegangener Kreditexposures und daraus resultierender möglicher Verluste lässt sich dem Kreditrisiko zu keinem Zeitpunkt seine überragende Bedeutung absprechen. Die modernen Techniken zu einem aktiven Management des Risikos wurden allerdings im Bereich des Marktrisikos entwickelt und erst schrittweise auf Kreditrisiken übertragen.

Die Notwendigkeit eines optimalen Managements von Kreditrisiken hat in den vergangenen Jahren zum Entstehen eines sehr großen Marktes von Produkten zum Kreditrisikotransfer geführt. Dieser beinhaltet sowohl Produkte, mit denen Underlying und Risiko gemeinsam übertragen bzw. reduziert werden (bspw. Syndizierung, Unterbeteiligung), als auch Produkte, bei denen Underlying und Risiko getrennt werden (bspw. Credit Default Swaps, Credit Linked Notes). Dabei ist gerade das Teilmarktsegment der Kreditderivate dasjenige, das innerhalb des Gesamtmarktes den mit Abstand größten Stellenwert einnimmt. Vor diesem Hintergrund verfügt das von Herrn Kern selbst gewählte Thema über ein hohes Maß an Aktualität und Bedeutung.

Es ist das Verdienst von Herrn Kern, sich mit dem Kreditrisikotransfer aus Sicht des genossenschaftlichen Sektors und damit kleinerer und mittlerer Banken auseinandergesetzt zu haben; ein Thema, das insbesondere im Hinblick auf deren Konkurrenzfähigkeit gegenüber den größeren Banken von wesentlicher Bedeutung ist. Gerade in Bezug auf jene Institute gab es in der Vergangenheit nur ein vergleichsweise überschaubares Schrifttum. Wissenschaftliche Untersuchungen in Deutschland bezogen sich im Wesentlichen auf die global bzw. international aufgestellten Großbanken. Auch im englischsprachigen Schrifttum, das in diesem Bereich fachlich weltweit führend ist, gehen die Standardwerke nicht auf die besondere Spezifik gerade kleinerer Institute ein. So schließt der Herr Kern eine wissenschaftliche Lücke und leistet einen wertvollen Beitrag zur Verbesserung des Kreditrisikotransfers.

Die Untersuchungsergebnisse haben nicht nur einen sehr hohen wissenschaftlichen Erkenntnisgrad, sondern sind auch hinsichtlich ihrer Anwendungsorientierung innovativ und wertvoll zur Verbesserung von Instrumenten zum Risikotransfer. Ohne Übertreibung ist festzustellen, dass die Überlegungen des Verfassers einen elementaren Beitrag dazu leisten dürften, den Kreditrisikotransfer bei den Instituten der Primärstufe im genossenschaftlichen Bankensektor Deutschlands zu stimulieren.

Prof. Dr. Thomas A. Lange

Vorwort

Es ist schwer, Dankbarkeit mit Worten auszudrücken. Und dennoch freue ich mich, auf diese Weise einigen Menschen danken zu können, die maßgeblich zum Gelingen dieser Arbeit beigetragen haben. Mein ganz besonderer Dank gilt dabei meinem Doktorvater, Herrn Prof. Dr. Thomas A. Lange, der nicht nur die Durchführung meiner Promotion ermöglichte, sondern auch stets an mich geglaubt hat. Er gab mir die notwendigen Freiräume während der Bearbeitung, stand mir dabei aber jederzeit umfänglich als Ansprechpartner und Ratgeber zur Seite. Sein Vertrauen und seine Unterstützung bedeuten mir sehr viel.

Bedanken möchte ich mich auch bei Herrn Prof. Dr. Guido Eilenberger und Frau Prof. Dr. Susanne Homölle für die Mühen, die sie als Zweitgutachter auf sich genommen haben. Darüber hinaus möchte ich noch allen Teilnehmern der Doktorandenseminare und meiner empirischen Untersuchung Dank sagen. Ihre zahlreichen Kommentare und Anregungen bereicherten die Arbeit in vielerlei Hinsicht. Ein weiteres Dankeschön spreche ich besonders Herrn Dr. Thomas Gebhart und Herrn Prof. Dr. Arno Peppmeier aus. Durch ihre konstruktiven Anregungen in zahlreichen, intensiv geführten Diskussionen haben sie einen wesentlichen Anteil am Entstehen dieser Arbeit.

Um ein solch zeitaufwendiges und umfassendes Vorhaben erfolgreich vollenden zu können, sind ein intaktes privates und familiäres Umfeld von unschätzbarem Wert. In diesem Zusammenhang möchte ich meinen lieben Eltern von ganzem Herzen danken, die meinen gesamten Lebensweg und meine Ausbildung wesentlich mitbestimmt und gefördert haben. Auf sie kann ich mich immer verlassen!

Mein größter Dank gilt jedoch meiner Frau Martina und unserer Tochter Marlene, die mir mit ihrer Liebe, ihrem Verzicht auf kostbare, gemeinsame Zeit, ihrem Optimismus und ihrer Unterstützung stets Rückhalt gaben.

Marco Kern

Inhaltsverzeichnis

Abkürzungsverzeichnis

ABS	Asset Backed Securities
ADG	Akademie Deutscher Genossenschaften
BaFin	Bundesanstalt für Finanzdienstleistungsaufsicht
BAG Hamm	Bankaktiengesellschaft Hamm
BVR	Bundesverband der Deutschen Volksbanken und Raiffeisenbanken
CAD	Capital Adequacy Directive
CAPM	Capital Asset Pricing Model
CDO	Collateralized Debt Obligation
CDS	Credit Default Swap
CL-IHS	Credit-Linked-Inhaberschuldverschreibung
CLN	Credit Linked Note
CMBS	Commercial Mortgage Backed Securities
CRD	Capital Requirements Directives
CSO	Credit Spread Option
CVaR	Credit-Value-at-Risk
DB	Deckungsbeitrag
DeKreBo	Deutsche Kredit Börse
DG Hyp	Deutsche Genossenschafts-Hypothekenbank
DGRV	Deutscher Genossenschafts- und Raiffeisenverband
EL	Expected Loss
EUR	Euro
EURIBOR	Euro Interbank Offered Rate
EVA	Economic Value Added
IHS	Inhaberschuldverschreibung
IRB	Internal-Ratings-based
KfW	Kreditanstalt für Wiederaufbau
KRM	KreditRisikoManager
KWG	Gesetz über das Kreditwesen
LIBOR	London Interbank Offered Rate
MaH	Mindestanforderungen an das Betreiben von Handelsgeschäften der Kreditinstitute

MaIR	Mindestanforderungen an die Ausgestaltung der Internen Revision der Kreditinstitute
MaK	Mindestanforderungen an das Kreditgeschäft der Kreditinstitute
MaRisk	Mindestanforderungen an das Risikomanagement
MHB	Münchener Hypothekenbank
MBS	Mortgage Backed Securities
NPL	Non-Performing Loans
NPP	New Product Process
OTC	Over The Counter
PrüfbV	Prüfberichtsverordnung
QIS	Quantitative Impact Studies
RAROC	Risk Adjusted Return On Capital
RG	Risikogruppe
RMBS	Residential Mortgage Backed Securities
RMX	Risk Management Exchange
RORAC	Return On Risk Adjusted Capital
SPV	Special Purpose Vehicle
SRP	Supervisory Review of Capital Adequacy
TEUR	Tausend Euro
TRS	Total Return Swap
TSI	True-Sale-Initiative
UL	Unexpected Loss
USD	United States Dollar
VaR	Value-at-Risk
VR-CPM	VR-CreditPortfolioManager

Abbildungsverzeichnis

1. Einleitung

1.1 Problemstellung und Zielsetzung

„Ich bin sehr stolz, dass wir einen Trend früh genug und rechtzeitig begriffen und umgesetzt haben. Nämlich die Hinwendung unserer Kunden zu den Kapitalmärkten und weg vom alten, traditionellen Kredit. ... Dass wir diese Trendwende früh genug in den Griff bekommen und für uns genutzt haben, ist vielleicht der größte Erfolg der vergangenen zehn Jahre.“[1] Dieses Zitat spiegelt die Entwicklung in den Großbanken wider und unterstreicht, wie sehr sich der deutsche Bankenmarkt in den letzten Jahren gewandelt hat beziehungsweise wandelt.

Er ist geprägt von einer hohen Wettbewerbsintensität durch internationale Kreditinstitute, Direktbanken wie ING-DiBa sowie Non- und Nearbanks wie den Baufinanzierungsbroker Interhyp[2] und einer gesamtwirtschaftlichen Situation mit einer hohen Anzahl an Insolvenzen sowohl bei Firmen- als auch stark ansteigend bei Privatkunden.[3] Dies sind nur zwei Aspekte, die in den letzten Jahren bei Banken zu erodierenden Margen gerade im Kreditgeschäft geführt haben.[4]

Die „Buy-and-Hold-Strategie“ beschreibt dabei am treffendsten das Verständnis der Banken als Finanzintermediäre (Risk Taker) im traditionellen Kreditgeschäft: das heißt, Kredite werden bis zur Rückzahlung in der Bankbilanz gehalten.[5] Gute Margen können oft nur bei solchen Krediten erzielt werden, die mit einem höheren Ausfallrisiko behaftet sind, woraus allerdings eine gefährliche Konzentration dieser Kredite in den Portfolien resultiert.[6]

Die hohe Allokation des ökonomischen Kapitals auf das Kreditrisiko,[7] existenzgefährdende Bankenschieflagen der letzten Jahre wie die der SchmidtBank[8] und die seit Jahren hohe

---

1 Breuer, R.-E. (2005), in: Gerke, W./Knipper, H.-J. (2005)

2 Vgl. Flesch, J. R. (2000), S. 101 oder Hardt, C. (2006), S. 31. Zur Optimierung der Lesbarkeit wurde im gesamten Text darauf verzichtet, bei den einzelnen Unternehmen ihre jeweilige Rechtsform (AG, SE, GmbH, etc.) zu nennen.

3 Vgl. Creditreform (2006), S. 1-3

4 Vgl. Siemons, C. (2005), S. 33

5 Vgl. zum Beispiel Bänziger, H./Kampmann, T. (2005), S. 52 oder Flesch, J. R. (2006), S. 228

6 Vgl. Theiler, U.-A. (2000a), S. 415

7 Vgl. Krumnow, J. (1999), S. 120

8 Vgl. Willeke, S. (2004), S. 23

Inanspruchnahme der verschiedenen Sicherungseinrichtungen machen die schwierige Lage des Bankenmarktes deutlich.[9]

Darüber hinaus bleibt im klassischen Geschäftsmodell der Banken die gesamte Wertschöpfungskette des Kreditbereichs im Institut. So erfolgt die Akquisition durch den Vertrieb mittels einer individuellen Bonitätsprüfung, während sich das Treasury für die Refinanzierung zuständig zeigt. Entsprechende Analysen durch den Marktfolgebereich und bei Problemkrediten durch die Involvierung der Sanierungs- beziehungsweise Work-out-Einheit komplettieren die stark vereinfacht dargestellte Kette.[10]

Die Erlöse aus dem Kreditgeschäft stellen, insbesondere für regional tätige Kreditinstitute wie die deutschen Genossenschaftsbanken, eine wesentliche Ertragskomponente dar. Daher kommt vor allem dem Management von Kreditrisiken eine immer größere Bedeutung zu. Intensiviert wird dieser Trend durch in den letzten Jahren verstärkt an Bedeutung gewinnende Finanzinstrumente zum Transfer von Kreditrisiken wie die Kreditderivate.[11] Sie bieten den Banken neue Möglichkeiten im Kreditrisikomanagement und ermöglichen ihnen damit als Risk Manager, Kreditrisiken werden je nach Bedarf aufgenommen beziehungsweise abgegeben (Buy-and-Sell-Strategie), zu agieren.[12]

Das Kreditrisikomanagement beschäftigt sich mit der Gestaltung der Einzel- und Portfoliorisiken auf Basis der definierten Vorstellungen der Geschäftsleitung zur risikopolitischen Optimierung der Bilanz- und Kreditrisikostruktur.[13] Allerdings verfügt es nach wie vor über ein zentrales Problem: ein Handel von einzelnen Krediten ist nur stark eingeschränkt möglich, und ein institutionalisierter, liquider Markt existiert bisher nicht. Daher kommen Transaktionen, die Kreditinstituten einen Kreditrisikotransfer erlauben und so eine Rendite-Risiko-optimierte Asset Allocation sicherstellen, eine elementare Bedeutung zu.[14]

---

9 Vgl. o. V. (1999), S. 6
10 Vgl. Kemmer, M. (2005), S. 609
11 Für eine detaillierte Darstellung siehe Kapitel 3.2.1
12 Diese Meinung vertreten neben anderen Hanker, P. (2002), S. 36 und Kemmer, M. (2005), S. 610.
13 Vgl. Overbeck, L. (1999), S. 107
14 Vgl. neben anderen Geilmann-Ebbert, A./Heine, S. (2006), S. 1147 oder Mauelshagen, M./Müller, B. R. (2004), S. 94-96

Diesen Handlungsdruck und insbesondere die eingeschränkten Anwendungsmöglichkeiten bekommen vor allem die kleinen und mittleren Banken verstärkt zu spüren. Gerade sie verfügen über implizit vorhandene strukturelle Kreditrisikokonzentrationen, unter anderem aufgrund des Regionalprinzips, und haben somit den größten Bedarf an aktivem Betreiben von Kreditrisikomanagement mittels Instrumenten zum Kreditrisikotransfer.[15] Darüber hinaus weisen die einzelnen Institute oftmals hohe Marktanteile auf, auch wenn in der öffentlichen Wahrnehmung private Großbanken wie die Deutsche Bank oder die Commerzbank stärker im Blickpunkt stehen. So verantworten Sparkassen- und Genossenschaftssektor gemeinsam beispielsweise 46,47 % des gesamten deutschen Kreditvolumens (6.691,2 Mrd. EUR).[16]

Die vorliegende Dissertation nimmt sich dieser Problemstellung an. Ziel ist es, einen umfassenden Lösungsansatz zur Ausweitung der Nutzungsmöglichkeiten des Kreditrisikotransfers zu erarbeiten. Dieser soll sich am Bedarf kleiner und mittlerer Banken orientieren und deren Evolution vom Risk Taker zum Risk Manager nachhaltig unterstützen. Die Arbeit richtet ihren Fokus dabei auf deutsche Genossenschaftsbanken. Sie stellt die nutzbaren Kapitalmarktinstrumente dar und analysiert die Hemmnisse, die eine stärkere Verbreitung dieser Instrumente begrenzen. Ebenso erfolgt eine Herleitung von Erfolgsfaktoren zur Erhöhung der Fungibilität des kapitalmarktorientierten Kreditrisikotransfers, wodurch ein wertvoller Beitrag für die bankbetriebliche Praxis geleistet wird.

Aus diesem Grund wird am Beispiel deutscher Genossenschaftsbanken folgenden Fragen nachgegangen:

- Welche Spezifika weist das Kreditrisikomanagement des genossenschaftlichen Finanzverbundes auf?
- Welche Rahmenbedingungen determinieren das Kreditrisikomanagement deutscher Kreditgenossenschaften?
- Welche Möglichkeiten zur Teilnahme am kapitalmarktorientierten Kreditrisikotransfer stehen kleinen und mittleren Banken zur Verfügung?
- Welche Anwendungsmöglichkeiten bieten diese Instrumente den genossenschaftlichen Primärbanken?
- Verfügen Kreditgenossenschaften über ausreichendes Potenzial zum kapitalmarktorientierten Kreditrisikotransfer?

---

[15] Vgl. beispielsweise Flesch, J. R. (2006), S. 229 sowie Hilgert, H./Hillmer, M. (2005), S. 623
[16] Vgl. Deutsche Bundesbank (2007b), S. 24

- In welchem Umfang nutzen sie die bestehenden Kreditrisikotransferinstrumente zur Gestaltung ihrer Kreditportfolien?
- Welche Hemmnisse verhindern eine höhere Nutzung und welche Schwachstellen weisen die nutzbaren Instrumente auf?
- Welche Voraussetzungen müssen aus Sicht der Kreditgenossenschaften erfüllt sein, damit sie wettbewerbsfähig an diesem Markt teilnehmen können?
- Welche grundsätzlichen Merkmale könnte eine bedarfsorientierte Lösungsstruktur zum kapitalmarktorientierten Kreditrisikotransfer aufweisen?

1.2 Stand der Forschung und methodisches Vorgehen

Zur Untersuchung des Forschungsstandes bedarf es zu Beginn dieser Dissertation einer Auswertung des bankbetrieblichen Schrifttums und sonstiger Quellen. Dabei zeigt sich, dass es bislang an einer systematischen Darstellung der Möglichkeiten des kapitalmarktorientierten Kreditrisikotransfers von kleinen und mittleren Banken mangelt. Ursache ist, dass sich die Forschung bisher weitestgehend auf die Aktivitäten der weltweit agierenden Großbanken konzentriert hat. Die Bedarfe kleiner und mittlerer Banken in Deutschland mit ihrem eng begrenzten Geschäftsgebiet finden bislang nur eingeschränkt Aufmerksamkeit.

Allerdings beschäftigen sich mehrere wissenschaftliche Veröffentlichungen mit Teilaspekten des Dissertationsthemas wie den Kreditderivaten als zentralen Instrumenten des kapitalmarktorientiertem Kreditrisikotransfers. Beispielhaft seien hierbei die deutschsprachigen Untersuchungen „Kreditderivate im europäischen Kapitalmarkt" von Hüttemann oder „Anreizprobleme beim Transfer der Kreditrisiken aus Buchkrediten" von Henke erwähnt.

Letztere Untersuchung gibt einen umfassenden Einblick in den Sekundärmarkt für Kreditrisiken. Sie bietet darüber hinaus Erklärungsansätze für die verschiedenen Produktvarianten des Kreditrisikotransfers und für deren ökonomischen Erfolg. Ebenso bestätigt Henke durch eine empirische Analyse von Kreditverkäufen, Kreditverbriefungen und Kreditderivaten, dass Anreizprobleme des Kreditrisikotransfers und deren Abmilderung von hoher Relevanz für die vertragliche Gestaltung der Kreditrisikotransferinstrumente sind.[17]

---

[17] Vgl. Henke, S. (2002), S. 210

Dahingegen beschäftigt sich Hüttemann mit der möglichen Konstruktion verschiedener Kreditderivate, deren Einsatzgebiete, Preisermittlung und Auswirkungen auf das Risikomanagement.[18]

Im englischsprachigen Schrifttum gibt es ebenso diverse Ausarbeitungen zu Einzelaspekten des Kreditrisikotransfers. Exemplarisch sei die Arbeit „Credit Derivatives: Risk Management, Trading and Investing" von Chaplin genannt. Dieser beschäftigt sich mit dem Markt für Kreditderivate hinsichtlich der Produkte sowie deren Möglichkeiten und Einsatz im Kreditrisikotransfer.[19] Des Weiteren untersucht Das in "Credit Derivatives: CDOs and Structured Credit Products" die Strukturen, den Markt und das Pricing von Kreditderivaten ebenso wie deren Einbindung in das Kreditportfoliomanagement.[20]

Darüber hinaus kann auf eine kaum überschaubare Menge an praxisnahen Veröffentlichungen zu diesen Themengebieten zurückgegriffen werden. Sämtliche Arbeiten haben gemeinsam, dass sie sich lediglich mit Teilaspekten und nicht mit einer ganzheitlichen, systematischen Darstellung des kapitalmarktorientierten Kreditrisikotransfers beschäftigen. Sie legen dabei jeweils den Fokus auf Großbanken.

Die Analyse des Kreditrisikomanagements und dessen Umsetzung in kleinen und mittleren Banken wie den Genossenschaftsbanken berücksichtigen lediglich die Untersuchungen von Russ und Koneberg. So analysiert Russ in seiner Dissertation „Kapitalmarktorientiertes Kreditrisikomanagement in der prozessbezogenen Kreditorganisation", welchen Lösungsbeitrag die Kapitalmarktorientierung sowie moderne Organisationskonzepte und Prozessstrukturen liefern können. Welchen Einfluss Größe sowie Art, Umfang und Risikostruktur des Kreditgeschäfts einer Bank auf die Gestaltung von Organisation, Prozessen und Instrumenten des Kreditrisikomanagements haben, ist ein weiterer Schwerpunkt.[21]

Dahingegen widmet sich die Untersuchung „Management von Firmenkreditportfolios in Genossenschaftsbanken – Der Einsatz von Kreditderivaten zur Portfoliooptimierung" von Koneberg der Kreditportfoliosteuerung von Genossenschaftsbanken. Sie beschäftigt sich mit der Gestaltung eines optimalen Kreditportfolios. Dabei fließen neben theoretischen

[18] Vgl. Hüttemann, P. (1999), S. 6-8
[19] Vgl. Chaplin, G. (2005), S. 10-12
[20] Vgl. Das, S. (2000), S. 4-7
[21] Vgl. Russ, A. (2004), S. 1-4

Konzepten insbesondere Echtdaten aus genossenschaftlichen Primärbanken in die Berechnungen ein.[22]

Zusammenfassend ist festzuhalten, dass eine systematische Darstellung des kapitalmarktorientierten Kreditrisikotransfers von kleinen und mittleren Banken, eine Analyse der Hemmnisse und eine Herleitung von potenziellen Erfolgsfaktoren zur Ausweitung des Kreditrisikotransfers bisher noch nicht existiert. Daher soll mit der vorliegenden Dissertation ein Beitrag zur Schließung dieser Lücke der bisherigen wissenschaftlichen Diskussion geleistet werden. Kleinen und mittleren Banken am Beispiel deutscher Genossenschaftsbanken sollen Lösungsansätze zur Evolution vom Risk Taker zum Risk Manager geliefert werden.

Das Thema und die Zielsetzung der Untersuchung zeigen die anwendungsorientierte Grundhaltung der wissenschaftlichen Herangehensweise. Ausgehend von einer systematischen Analyse der Praxis wird bei dem gewählten methodischen Vorgehen unter Verwendung der Erkenntnisse aus finanzwirtschaftlichen Finanzierungstheorien und insbesondere der Empirie ein nützlicher Beitrag für die Praxis angestrebt. Dabei bestimmt sich der Erfolg angewandter Forschung allein am Nutzen der dadurch gewonnenen Erkenntnisse für die Praxis.[23] Aus dem Gesagten ergeben sich Konsequenzen für das Forschungsdesign, welches sich in drei Forschungsphasen untergliedert.

---

[22] Vgl. Koneberg, M. (2006), S. 3-6

[23] Vgl. Ulrich, H. (1995), S. 161-178. Eine vergleichbare Meinung vertritt auch Wöhe (2000), S. 27. Er sieht es als Aufgabe der Betriebswirtschaftslehre (BWL), „wirtschaftliche Verfahren zur Realisierung praktischer betrieblicher Zielsetzungen zu entwickeln".

Abbildung 1: Darstellung des Forschungsdesigns

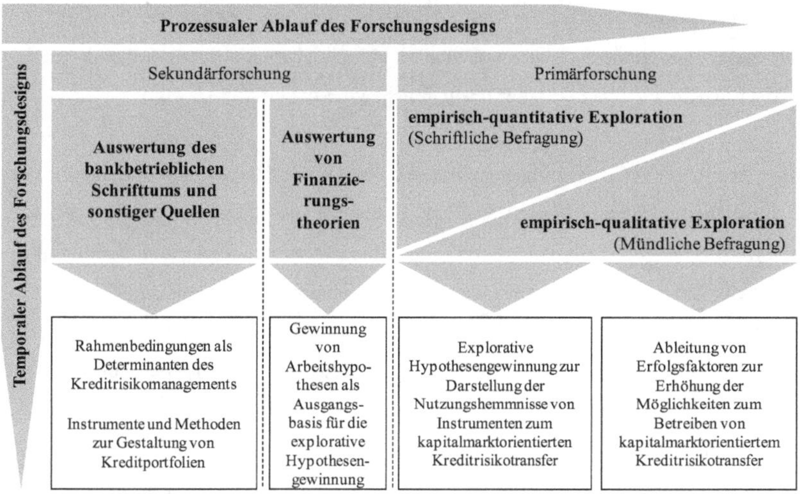

Quelle: Eigene Darstellung

Der Forschungsprozess beginnt mit einer Auswertung des bankbetrieblichen Schrifttums und sonstiger Quellen (Sekundärforschung).[24] Dies erfolgt einerseits zur systematischen Untersuchung des aktuellen Forschungsstandes sowie der Rahmenbedingungen als Determinanten des Kreditrisikomanagements. Andererseits werden die Instrumente und Methoden zur Gestaltung von Kreditportfolien dargestellt und analysiert.[25]

Darauf aufbauend werden auf Basis von finanzwirtschaftlichen Finanzierungstheorien Arbeitshypothesen abgeleitet, die Indikationen darüber liefern, warum der Transfer von Kreditrisiken noch nicht stärker verbreitet ist. Zur Beantwortung der in Kapitel 1.1 aufgeworfenen Fragestellungen schließt sich im dritten Forschungsschritt die empirische Überprüfung der theoretisch entwickelten Arbeitshypothesen an.

Wie oben dargelegt, kann auf dem Feld des kapitalmarktorientierten Kreditrisikotransfers von kleinen und mittleren Banken bislang nur auf wenige systematisch erhobene und generalisierbare Daten zurückgegriffen werden. Daher wurde ein explorativer Forschungsansatz zu Grunde gelegt. Das Forschungsdesign gestaltet sich dabei aus der Kombination

[24] Für eine ausführlicher Darstellung der Sekundärforschung vgl. unter anderem Benkenstein, M. (2001), Berekoven, L./Eckert, W./Ellenrieder, P. (2006) oder Meffert, H. (2000).
[25] Vgl. Bortz, J./Döring, N. (2006), S. 50-53

einer empirisch-quantitativen mit einer empirisch-qualitativen Exploration[26] mittels der Datenerhebungsmethoden schriftliche und mündliche Befragung (Primärforschung).[27] So wird durch diesen simultanen Einsatz von quantitativer und qualitativer Methodik ein im Vergleich zur Einzelanwendung erhöhter Erkenntnisgewinn erzielt.[28]

Dabei wird untersucht, ob Genossenschaftsbanken über Potenzial zum Kreditrisikotransfer verfügen, in welchem Umfang die zur Verfügung stehenden Instrumente genutzt werden und welche Hemmnisse eine stärkere Nutzung von Instrumenten zum Transfer von Kreditrisiken begrenzen. Die Befunde dieser Untersuchung werden als Hypothesen formuliert. Diese dienen wiederrum als Ausgangsbasis für die Gewinnung von Erfolgsfaktoren, die Aussagen darüber liefern, welche Möglichkeiten zu einer Erhöhung des Betreibens von kapitalmarktorientiertem Kreditrisikotransfer führen können.[29]

Da in diesem Zusammenhang für konkrete Probleme der Praxis auch Lösungsverfahren ausgearbeitet werden, entspricht diese Dissertation den praxisorientierten Ansprüchen der angewandten Betriebswirtschaftslehre.[30] Hierbei ist aber das theoretische Grundverständnis noch nicht so weit entwickelt, dass sich „operationale und schließlich auch statistische Hypothesen formulieren lassen, die einer Signifikanzprüfung unterzogen werden können.“[31] Vielmehr handelt es sich bei diesen Hypothesen um Empfehlungen, die auf Basis eines fundierten anwendungsorientierten Forschungsprozesses gewonnen wurden. Die Bestätigung oder Falsifizierung der entwickelten Thesen kann lediglich der Erfolg beziehungsweise Misserfolg eines entsprechenden Geschäftsmodells in der Praxis liefern.[32]

---

26 Detaillierte Ausführungen zu explorativen Forschungsmethoden finden sich zum Beispiel bei Benkenstein, M. (2001), S. 35, Früh, W. (1992), S. 61 oder insbesondere Bortz, J./Döring, N. (2006), S. 373-394.

27 Für eine ausführlicher Darstellung der Primärforschung vgl. unter anderem Böhler, H. (2004), Steinmetz, P./Weis, H. C. (2005) oder Bruhn, M./Meffert, H. (2006).

28 Vgl. neben anderen Fromm, E. (1990), S. 473 und Müller, S. (2000), S. 152-153

29 Dies wird auch als hypothesenerkundende oder induktive Funktion empirischer Forschung bezeichnet. (Vgl. Flick, U. (2005), S. 12-13) So besteht bei komplexen und weitgehend unerforschten Fragestellungen die Gefahr, dass rein deduktive Methodologien (Vgl. zum Beispiel Popper, K. (1989), S. 24) die Differenziertheit des Untersuchungsgegenstands nicht ausreichend erfassen. Die Forschung ist in diesen Fällen auf induktive Praktiken angewiesen. Nur durch sie lässt sich neues Wissen herausarbeiten, allerdings mit dem Mangel der Unsicherheit über die Richtigkeit der Ergebnisse. (Vgl. unter anderem Bortz/Döring (2006), S. 289-299 und Flick (2005), S. 12-13)

30 Vgl. Dyllick, T./Probst, G./Ulrich, H. (1984), S. 170

31 Bortz, J./Döring, N. (2006), S. 360

32 Vgl. von Daniels, H. (2004), S. 7

1.3 Aufbau der Arbeit

Die vorliegende Dissertation ist in sechs Kapitel gegliedert. Im **ersten Kapitel** wurden bislang die Problemstellung und die Zielsetzung sowie der Stand der Forschung und das methodische Vorgehen erläutert.

Das **zweite Kapitel** widmet sich den Begriffsdefinitionen und den Rahmenbedingungen als Determinanten des Kreditrisikomanagements von Genossenschaftsbanken. Nach einer Darstellung des genossenschaftlichen Finanzverbundes und seiner Besonderheiten wird dessen Kreditrisikomanagement beschrieben. Dies umschließt zugleich die Auswirkungen der aufsichtsrechtlichen Rahmenbedingungen. Dabei sollen folgende Fragestellungen beantwortet werden:

- Welche Spezifika weist das Kreditrisikomanagement des genossenschaftlichen Finanzverbundes auf?
- Welche Rahmenbedingungen determinieren das Kreditrisikomanagement deutscher Kreditgenossenschaften?

Das **dritte Kapitel** stellt die kapitalmarktbasierten Instrumente und Methoden zur Gestaltung von Kreditportfolien deutscher Genossenschaftsbanken dar. Dabei werden die traditionellen Produkte und vor allem die Kapitalmarktprodukte und deren Nutzung im genossenschaftlichen Finanzverbund erörtert. Schwerpunkt wird dabei auf die Darstellung der Kreditderivate sowie der diversen Securitisationsmöglichkeiten von Kreditgenossenschaften gelegt. Neben einer Erläuterung der Erfolgsmessung und des Pricing im kapitalmarktorientierten Kreditrisikotransfer schließen die Anwendungsmöglichkeiten von Instrumenten zur Gestaltung von Kreditportfolien das dritte Kapitel ab. Diese Schritte stellen die notwendige Grundlage dar, um dann die Ursachen für die eingeschränkte Fungibilität dieser Instrumente herausarbeiten zu können und hier Verbesserungsmaßnahmen aufzuzeigen. Dabei werden folgende Fragestellungen verfolgt:

- Welche Möglichkeiten zur Teilnahme am kapitalmarktorientierten Kreditrisikotransfer stehen kleinen und mittleren Banken zur Verfügung?
- Welche Anwendungsmöglichkeiten bieten diese Instrumente den genossenschaftlichen Primärbanken?

Der Schwerpunkt der Untersuchung ist das **vierte Kapitel**. Dessen Ziel ist es, durch ein exploratives Forschungsdesign Hypothesen zur Darstellung der Nutzungshemmnisse von kapitalmarktbasierten Instrumenten zu erarbeiten. Nach methodischen Vorbemerkungen werden auf Basis der finanzwirtschaftlichen Finanzierungstheorien Prinzipal-Agent-Theorie, Transaktionskostentheorie und Ressourcentheorie erste Arbeitshypothesen als Ausgangsbasis der weiteren Forschungsarbeit gewonnen.

Anschließend erfolgt eine Potenzial- und Nutzungsanalyse des Kreditrisikotransfers, bevor die Hemmnisse einer stärkeren Nutzung von Instrumenten zum Handel von Kreditrisiken in Hypothesenform herausgearbeitet werden. Dieses Kapitel liefert Antworten auf folgende Fragestellungen:

- Verfügen Kreditgenossenschaften über ausreichendes Potenzial zum kapitalmarktorientierten Kreditrisikotransfer?
- In welchem Umfang nutzen sie die bestehenden Kreditrisikotransferinstrumente zur Gestaltung ihrer Kreditportfolien?
- Welche Hemmnisse verhindern eine höhere Nutzung und welche Schwachstellen weisen die für Genossenschaftsbanken nutzbaren Instrumente auf?

Aufbauend auf den Hemmnissen werden im **fünften Kapitel** die potenziellen Erfolgsfaktoren zur Erhöhung der Möglichkeiten zur Optimierung des Kreditrisikoportfolios abgeleitet. Am Schluss dieses Kapitels werden grundsätzliche Merkmale einer potenziellen Lösungsstruktur dargestellt. Als zentrale Fragestellungen werden bearbeitet:

- Welche Voraussetzungen müssen aus Sicht der Kreditgenossenschaften erfüllt sein, damit sie wettbewerbsfähig an diesem Markt teilnehmen können?
- Welche grundsätzlichen Merkmale könnte eine bedarfsorientierte Lösungsstruktur aufweisen?

Das **sechste Kapitel** fasst die theoretischen und empirischen Ergebnisse der Analyse zusammen und schließt mit einem Ausblick auf die zukünftige Bedeutung des kapitalmarktorientierten Kreditrisikotransfers von Genossenschaftsbanken der Primärstufe.

Zusammenfassend zeigt nachfolgende Abbildung einen Gesamtüberblick der Dissertationsstruktur, bestehend aus den zentralen Fragestellungen, der gewählten Forschungsmethodik und des sich daraus ableitenden Aufbaus der Dissertation.

Abbildung 2: Dissertationsstruktur – ein Gesamtüberblick

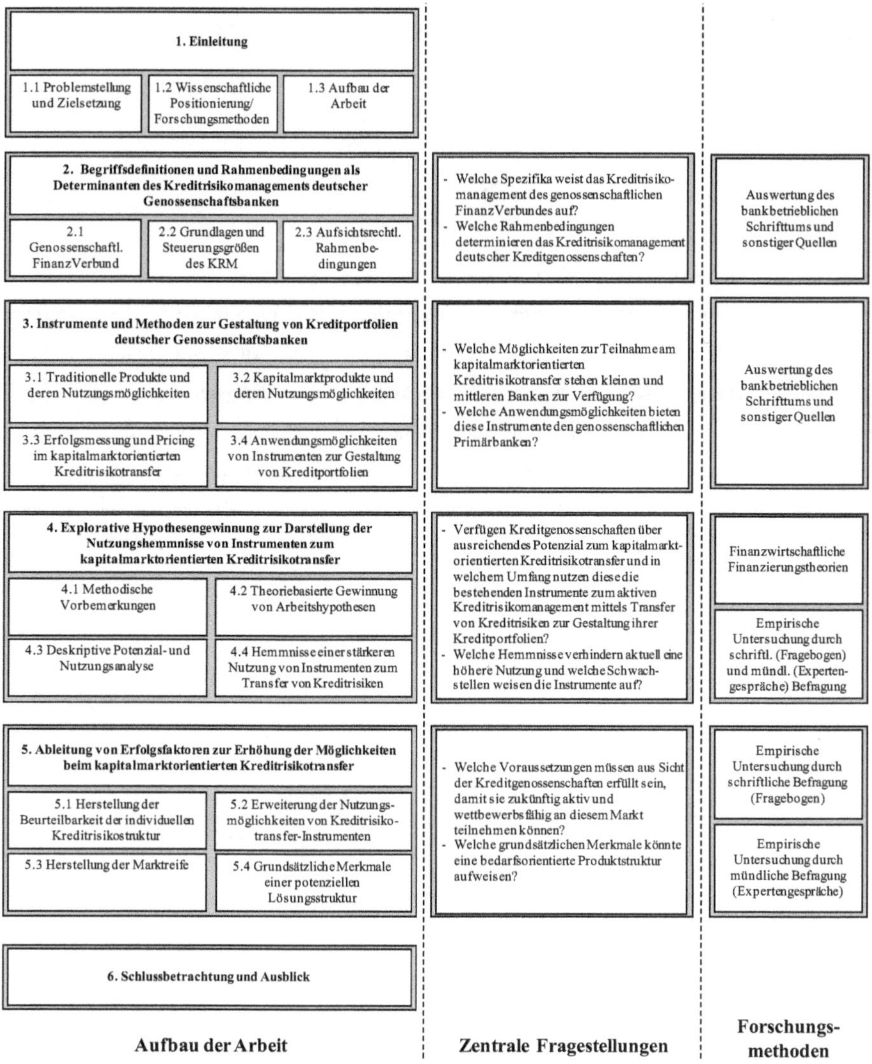

Quelle: Eigene Darstellung

2. Begriffsdefinitionen und aufsichtsrechtliche Rahmenbedingungen als Determinanten des Kreditrisikomanagements deutscher Genossenschaftsbanken

2.1 Genossenschaftlicher Finanzverbund

Gemäß § 1 Genossenschaftsgesetz (GenG) handelt es sich bei Genossenschaften um Gesellschaften von nicht geschlossener Mitgliederzahl, welche die Förderung des Erwerbes oder der Wirtschaft ihrer Mitglieder oder deren soziale oder kulturelle Belange mittels gemeinschaftlichen Geschäftsbetriebes bezwecken.[33] Die Genossenschaftsorganisation unterteilt sich in vier Sparten mit unterschiedlichen Unternehmenszwecken: die landwirtschaftlich geprägten Raiffeisen-, Waren- und Dienstleistungsgenossenschaften, die gewerblichen Waren- und Dienstleistungsgenossenschaften, die Konsumgenossenschaften und die genossenschaftlichen Banken, auch als Kreditgenossenschaften bezeichnet.[34]

[33] Das Gesetz betreffend die Erwerbs- und Wirtschaftsgenossenschaften, kurz Genossenschaftsgesetz oder GenG, trat in Deutschland zum 01.05.1889 in Kraft und wurde letztmals am 18.08.2006 novelliert.
[34] Vgl. DGRV (2007)

Abbildung 3: Strukturelle Darstellung des Genossenschaftswesens

Quelle: DGRV (2007)

Ihren Ursprung haben die Genossenschaftsbanken in der Mitte des 19. Jahrhunderts. Dort herrschten im Verlauf der industriellen Revolution bei vielen Bauern und kleinen Handwerksbetrieben finanzielle Notlagen. Als Selbsthilfeeinrichtungen wurden die Volksbanken auf Initiative von Hermann Schulze-Delitzsch (1808–1883) im Jahr 1850 mit der Gründung des „Vorschussvereins" zur Unterstützung von in Not geratenen Handwerkern ins Leben gerufen. Friedrich Wilhelm Raiffeisen (1818–1888) gründete 1864 den „Heddesdorfer Darlehenskassenverein" als Vorläufer der heutigen Raiffeisenbanken, um der leidenden ländlichen Bevölkerung zu helfen.[35]

---

[35] Vgl. unter anderem Lambert, K. (2002), S. 5 und DGRV (2007)

Kreditgenossenschaften firmieren als selbständige Institute, die zur Förderung ihrer Mitglieder bankübliche Geschäfte in der Rechtsform der Genossenschaft betreiben.[36] Sie stellen innerhalb der genossenschaftlichen Bankengruppe die Primärstufe eines dezentralen, zweistufigen Verbundes dar.[37]

Zum 30.11.2006 weist der genossenschaftliche Finanzverbund eine – nicht konsolidierte – Bilanzsumme von 845,1 Mrd. EUR auf. Dies entspricht einem Marktanteil unter den Universalbanken von 15,80 %.[38] Somit stellt er neben der Sparkassengruppe als Marktführer und den privaten Kreditbanken die Zweitstärkste der drei Hauptgruppen des deutschen Bankensektors dar.[39]

Während im Jahr 1980 noch 4.226 einzelne Genossenschaftsbanken[40] und im Jahr der Wiedervereinigung rund 3.300 Banken am Markt aktiv agierten,[41] sind es aufgrund eines dynamischen Konzentrationsprozesses Ende 2004[42] noch 1.334 Kreditinstitute gewesen.[43] Sie verfügen über rund 30 Millionen Kunden, wovon mehr als 15 Millionen Mitglieder sind.[44] Diese regionalen Institute untergliedern sich in 1.307 Volks- und Raiffeisenbanken einschließlich Spar- und Darlehnskassen, Beamtenbanken und sonstiger Kreditgenossenschaften, 15 PSD-Banken und 12 Sparda-Banken.[45]

Im Jahr 2007 dokumentiert sich der Konsolidierungsprozess in der Existenz von 1.232 Genossenschaftsbanken[46] mit einer nach wie vor im Vergleich zu Großbanken (252 Banken mit durchschnittlich rund 7,5 Mrd. EUR Bilanzsumme)[47] und auch Sparkassen (477 Sparkassen mit durchschnittlich knapp 2 Mrd. EUR Bilanzsumme)[48] niedrigen durchschnittlichen Bilanzsumme von cirka 513 Millionen EUR.[49]

---

36 Vgl. Lührig, R. (1980), Sp. 1049
37 Vgl. Fehl, U. (2002), S. 5
38 Gemessen an der Bilanzsumme. (Vgl. Deutsche Bundesbank (2007b)
39 Vgl. Brixner, U. (2002), S. 589-590
40 Vgl. Stappel, M. (2004), S. 42
41 Vgl. Pleister, C. (2002), S. 14
42 Der Bestand an Genossenschaftsbanken zum 31.12.2004 stellt die Basis für die in den Jahren 2005 bis 2006 durchgeführten Erhebungen dar.
43 Vgl. BVR (2004a)
44 Vgl. BVR (2005b), S. 2
45 Vgl. BVR (2004a)
46 Vgl. BVR (2008), S. 45
47 Vgl. o. V. (2005a), S. 21
48 Vgl. Aufterbeck, S./Landgraf, R. (2006), S. 21
49 Vgl. BVR 2008, S. 136

Abbildung 4: Genossenschaftlicher Konsolidierungsprozess – die Entwicklung seit 1970

Jahr	Banken	Bankstellen	Bilanz-summe (Mio. EUR)	Mitglieder
1970	7.096	18.339	39.938	6.190.000
1975	5.196	19.200	79.169	7.800.000
1980	4.226	19.769	145.206	9.069.394
1985	3.660	19.689	210.625	10.338.000
1990	3.037	18.764	284.140	11.421.068
1995	2.589	19.724	448.733	13.438.694
2000	1.794	17.490	534.863	15.039.851
2005	1.300	14.100	590.000	15.350.000

Quelle: Bolsinger, H. J. (2005), S. 1189

Die beiden genossenschaftlichen Zentralinstitute DZ Bank und WGZ Bank[50] vervollständigen durch ihr subsidiäres Angebot die Produktpalette der Genossenschaftsbanken und stellen die Sekundärstufe des Finanzverbundes dar.[51] Sie treten hauptsächlich als Geschäftspartner der Primärinstitute auf, was unter anderem die Refinanzierung, die Entwicklung und Bereitstellung von Produkten als auch die Anlage von Liquiditätsüberschüssen umfasst. Darüber hinaus unterhalten sie Filialen und Repräsentanzen an mehreren internationalen Finanzplätzen wie zum Beispiel New York, Tokio und London. Mit ihnen sowie mit ergänzenden Beteiligungen wie beispielsweise an der Banque Fédérale des Banques Populaires (Paris) oder der Raiffeisen Banca Pentru Locuinte (Bukarest) verbinden sie die genossenschaftliche Bankengruppe mit anderen Finanzmärkten.[52]

Nachdem bereits in 2001 und 2004 erfolglose Fusionsverhandlungen zwischen den beiden Zentralinstituten stattfanden, scheiterten im Jahr 2006 erneut die Bemühungen, den genossenschaftlichen Konzentrationsprozess auch auf der Sekundärstufe zu vollziehen. Als Ergebnis dieser Verhandlungen wollen die beiden genossenschaftlichen Spitzeninstitute zumindest die bestehende Kooperation vertiefen.[53]

---

[50] Das Geschäftsgebiet der WGZ Bank mit Sitz in Düsseldorf umfasst das Rheinland und Westfalen, während die DZ Bank mit Sitz in Frankfurt am Main als ihr Geschäftsgebiet das restliche Bundesgebiet definiert. Für nähere Informationen siehe www.dzbank.de und www.wgz-bank.de.

[51] Vgl. Brixner, U. (2004), S. 252-253

[52] Vgl. DZ Bank (2006a), S. 14-29

[53] Vgl. Shinde, S. (2006), S. 27

Ebenfalls zum genossenschaftlichen Finanzverbund zählen:

- drei Immobilienbanken
  - Deutsche Genossenschafts-Hypothekenbank (DG Hyp),
  - Münchener Hypothekenbank (MHB),
  - WL-Bank Westfälische Landschaft Bodenkreditbank (WL-Bank),
- die Bausparkasse Schwäbisch Hall,
- die Versicherungsgesellschaft R+V Versicherung,
- die Fondsgesellschaft Union Investment Gruppe,
- die Leasing-, Factoring- und Zentralregulierungsgesellschaft VR-Leasing Gruppe
- und der Ratenkreditspezialist Teambank mit seinem Hauptprodukt „easyCredit".[54]

Abbildung 5: Darstellung des genossenschaftlichen Finanzverbundes

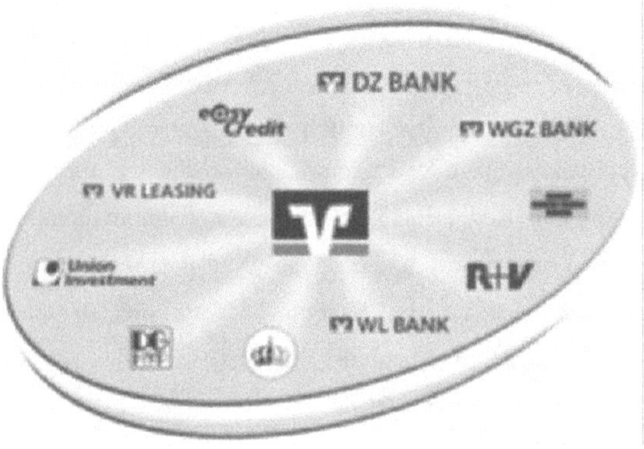

Quelle: BVR (2007b)

Darüber hinaus komplettieren folgende genossenschaftlichen Technikunternehmen und Dienstleister den genossenschaftlichen Finanzverbund:

- die Abwicklungsgesellschaft für das Debit- und Kreditkartengeschäft CardProcess,
- das Medien-, Handels- und Systemhaus DG Verlag,
- die beiden Rechenzentren
  - Fiducia IT
  - GAD
- die Kreditfabrik VR Kreditwerk,

[54] Vgl. BVR (2007b). Nähere Informationen sind auf den einzelnen Homepages www.dghyp.de, www.muenchener-hyp.de, www.wl-bank.de, www.schwaebisch-hall.de, www.ruv.de, www.union-investment.de, www.vr-leasing.de und www.easycredit.de zu finden.

- die Telekommunikations- und Netzwerkservicegesellschaft VR Netze und
- die Internetgesellschaft VR-Networld.[55]

Seit 1934 müssen alle Volks- und Raiffeisenbanken einem der acht regionalen Prüfungsverbände angeschlossen sein.[56] Diese haben teilweise überschneidende Geschäftsgebiete und sind:

- Badischer Genossenschaftsverband (Baden),
- Genossenschaftsverband Bayern (Bayern),
- Genossenschaftsverband Frankfurt (Hessen, Rheinland-Pfalz, Saarland, Thüringen und Sachsen),
- Genossenschaftsverband Norddeutschland (Niedersachsen, Bremen, Hamburg, Schleswig-Holstein, Mecklenburg-Vorpommern, Sachsen-Anhalt, Brandenburg und Berlin),
- Genossenschaftsverband Weser-Ems (Region Weser-Ems),
- Mitteldeutscher Genossenschaftsverband (Berlin, Brandenburg, Mecklenburg-Vorpommern, Sachsen, Sachsen-Anhalt und Thüringen),
- Rheinisch-Westfälischer Genossenschaftsverband (Rheinland und Westfalen) und
- Württembergischer Genossenschaftsverband (Württemberg).

Die PSD-Banken sowie die Sparda-Banken verfügen jeweils über einen eigenen Prüfungsverband ohne regionalen Bezug, auch als Fachprüfungsverband bezeichnet.[57]
Diese Verbände übernehmen die gesetzliche Prüfung der Kreditgenossenschaften, die sich nicht nur auf den Jahresabschluss, sondern auch auf Einrichtungen, die Vermögenslage und die Geschäftsführung der Kreditgenossenschaften erstreckt.[58] Ergänzend sind die Genossenschaftsverbände, teils über Tochtergesellschaften, auch in der Beratung der Banken oder der Schulung der Bankmitarbeiter tätig.[59] Somit verfügen die Verbände durch das Prüfungsmonopol in ihren Geschäftsgebieten über entsprechenden politischen Einfluss auf die Primärbanken.

---

[55] Vgl. BVR (2007b). Nähere Informationen sind auf den einzelnen Homepages www.cardprocess.de, www.dgverlag.de, www.fiducia.de, www.gad.de, www.kreditwerk.de, www.vr-netze.de und www.vr-networld.de zu finden.

[56] Vgl. Blome-Drees, J./Schmale, I./Zerche, J. (1998), S. 19

[57] Vgl. DGRV (2007). Nähere Informationen sind auf den einzelnen Homepages www.bgvnet.de, www.gv-bayern.de, www.genossenschaftsverband.de, www.geno-verband.de, www.gvweser-ems.de, www.mgv-info.de, www.rwgv.de und www.geno-stuttgart.de.

[58] Vgl. Fehl, U. (2002), S. 5

[59] Vgl. BVR (2007c), S. 8

Eine weitere Institution ist der Bundesverband der Deutschen Volksbanken und Raiffeisenbanken (BVR). Gemäß seiner Satzung in § 3 und 4 koordiniert er die Strategiefindung im Verbund, unterhält die Sicherungseinrichtung des Verbundes, die die Sicherheit der Einlagen bei Volks- und Raiffeisenbanken garantiert, und fungiert als Lobbyist für die wirtschaftlichen und politischen Interessen seiner Mitglieder.[60] Insgesamt ist festzustellen, dass alle zentralen Unternehmen des Finanzverbundes den Primärbanken direkt oder indirekt gehören.[61]

2.2 Grundlagen und Steuerungsgrößen des genossenschaftlichen Kreditrisikomanagements

Neben dem Streben nach Rentabilität und Liquidität stellt das Risiko die dritte Komponente der klassischen Triade bankgeschäftlicher Ziele dar.[62] Der Begriff Risiko ist dabei weder durch den Gesetzgeber noch durch die Aufsichtsbehörde definiert. Allerdings herrscht in Wissenschaft und Praxis Konsens darüber, dass unter Risiko die Gefahr der negativen Abweichung eines zukünftig realisierten ökonomischen Wertes von einem ex ante erwarteten Referenzwert verstanden wird.[63] Daher stellt die Erzielung eines Verlustes für sich genommen kein Risiko dar, sofern dieser Verlust in entsprechender Höhe geplant war. Dabei unterscheidet sich das Risiko maßgeblich von der Ungewissheit dadurch, dass bei der Risikobetrachtung Eintrittswahrscheinlichkeiten zugeordnet werden können.[64]

Hinsichtlich der bedeutsamen Bankbetrieblichen Risiken existieren in Literatur und Praxis diverse Systematisierungen.[65] Aufgrund der Anwendungsorientierung vorliegender Dissertation wird an dieser Stelle auf eine tiefere Diskussion verzichtet. Dewner, Gramlich, Krumnow und Lange unterscheiden zwischen den Bankbetrieblichen Risiken im engeren Sinne und den Allgemeinen Risiken. Während unter Letztgenannten die Operationellen und Strategischen Risiken zusammengefasst werden, lassen sich als wesentliche Bankbetriebliche Risiken im engeren Sinne die Marktrisiken, die Liquiditätsrisiken und die Kreditrisiken

60 Vgl. unter anderem BVR (2007c) sowie Blome-Drees, J./Schmale, I./Zerche, J. (1998), S. 19
61 Vgl. Weinkauf, W. (2005), S. 1177
62 Vgl. Döhring, J. (1996), S. 1
63 Vgl. hierzu unter anderem Dewner, T./Gramlich, L./Krumnow, J./Lange, T. A. (2002), S. 123 und Lister, M. (1997), S. 5-6
64 Vgl. Perridon, L./Steiner, M. (2007), S. 94-97
65 Beispielhaft seien hier Büschgen, H. E. (1999), S. 868-870, Dewner, T./Gramlich, L./Krumnow, J./Lange, T. A. (2002), S. 123 und Eilenberger, G. (1997), S. 207-208 angeführt.

abgrenzen. Die ungünstige Entwicklung von Marktpreisen für ein Portfolio von Wertpapieren definieren die Marktrisiken, die sich in Abhängigkeit von den auslösenden Faktoren in Zinsänderungsrisiko, Währungsrisiko, Aktienkursrisiko und Rohwarenrisiko nochmals untergliedern lassen. Die Liquiditätsrisiken entstehen durch die Abweichung zwischen tatsächlichen und erwarteten Ein- und Auszahlungen.[66]

Diese Systematisierung beinhaltet somit auch die von der Bundesanstalt für Finanzdienstleistungsaufsicht (BaFin) in die Mindestanforderungen an das Risikomanagement (MaRisk) einbezogenen wesentlichen Risiken: Adressenausfallrisiken (einschließlich Länderrisiken), Marktpreisrisiken, Liquiditätsrisiken und Operationelle Risiken.[67] Insgesamt ist festzustellen, dass nachfolgend dargestellten Risikoarten nicht nur einzeln, sondern auch mehr oder weniger stark zusammen auftreten können.[68]

Abbildung 6: Systematisierung bedeutsamer Bankbetrieblicher Risiken

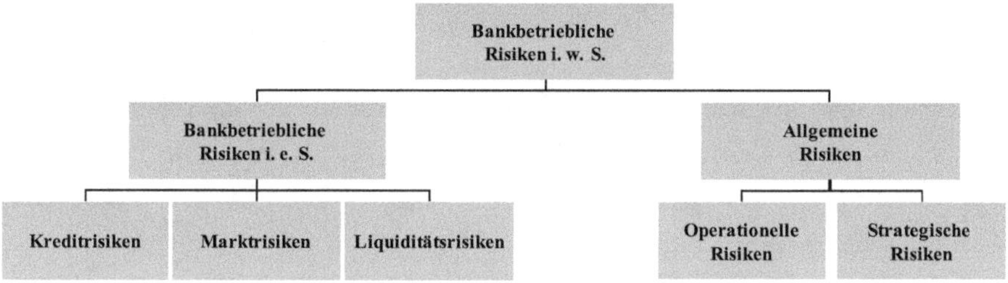

Quelle: Eigene Darstellung in Anlehnung an Dewner, T./Gramlich, L./Krumnow, J./Lange, T. A. (2002), S. 123

Das Kreditrisiko stellt für den Kreditgeber die Gefahr der Bonitätsverschlechterung eines Kreditnehmers bis hin zum Default dar und findet seine aufsichtsrechtliche Definition im § 19 Abs. 1 des Gesetzes über das Kreditwesen (KWG). Der dort weit gefasste Begriff beschreibt alle Positionen als Kredit, die einem Adressenausfallrisiko unterliegen, worunter sowohl alle Aktiva als auch außerbilanziellen Geschäfte fallen.[69]

Der Default bezeichnet den teilweisen oder vollständigen Ausfall oder die nicht termingerechte Zahlung der zwischen Gläubiger und Schuldner vereinbarten Leistung.[70] Die Verpflichtungen zur ordnungsgemäßen Leistungserbringung beinhalten neben Zins- und

[66] Vgl. Dewner, T./Gramlich, L./Krumnow, J./Lange, T. A. (2002), S. 123, S. 887 und S. 903
[67] Vgl. BaFin (2005), AT 2.2 Risiken
[68] Vgl. Zielke, A. (2003), S. 4
[69] Vgl. neben anderen BaFin (2005, AT 2.3 Geschäfte und Gruber, W. (2003), S. 17

Tilgungsleistungen aus einer Kreditvergabe oder Anleihezeichnung auch negative Cash Flows aufgrund von Marktwertveränderungen beispielsweise eines derivativen Geschäftes.[71]

Grundsätzlich lässt sich das Kreditrisiko in ein dem Schuldner inhärentes, so genanntes unternehmensspezifisches beziehungsweise unsystematisches Risiko, und ein dem Markt immanentes, so genanntes allgemeines oder systematisches Risiko aufteilen.[72] Zur Erreichung einer optimalen Rendite-Risiko-Struktur ist das unsystematische Risiko aus dem Portfolio durch ein genügend großes, eine Vielzahl von Kunden enthaltendes Forderungsportfolio oder ein entsprechend strukturiertes Derivat zu eliminieren, damit nur noch das systematische Risiko als Portfoliorisiko verbleibt. Dieses lässt sich nicht weiter reduzieren, es ist faktisch der Preis dafür, sich in der betreffenden Ökonomie zu bewegen.[73]

Teile der praxisorientierten Literatur konstatieren, dass sich die Forschung im Bereich des Kreditrisikos gegenüber der Marktpreisrisikoforschung in einem noch vergleichsweise frühen Entwicklungsstadium befindet und von dieser vielfach inspiriert wird.[74]

Sämtliche Möglichkeiten der Kreditrisikoweitergabe vom bilateralen Verkauf an einen Dritten bis hin zum aktiven Handel eines liquiden Finanztitels werden dabei unter dem Begriff Kreditrisikotransfer subsumiert.[75] Dieser wird vorrangig von den Banken im Zuge des Kreditrisikomanagements betrieben.[76]

Diese Dissertation richtet ihren Fokus auf den Transfer von Kreditrisiken über den Kapitalmarkt. Wenngleich der Begriff Kapitalmarkt wohl zu den „unpräzisesten und erklärungsbedürftigsten Wörtern unserer Fach- und Alltagssprache“[77] gehört, existiert dennoch in der wissenschaftlichen Literatur eine Definition, die auch in der bankbetrieblichen Praxis Akzeptanz findet. So umfasst dieser Markt „sämtliche Institutionen und Organisationen, die entweder zwischen anlagesuchenden Sparern und kapitalsuchenden Unternehmen

[70] Vgl. Benkert, C. (2006), S. C19
[71] Vgl. Weber, M. (1999), S. 463-464
[72] Vgl. neben anderem Eilenberger, G. (2003), S. 231-232, Rolfes, B. (1999), S. 47-49 oder Schierenbeck, H. (2003), S. 7 und 156
[73] Vgl. Eilenberger, G. (2003), S. 231-232
[74] Vgl. unter anderem Zielke, A. (2003), S. 2 und Krumnow, J. (1999), S. 121
[75] Vgl. Dewatripont, M./Tirole, J. (1994), S. 164
[76] Vgl. sowohl McNee, A. (1999) S. 12 als auch Becker, A. (2001), S. 5
[77] Häusler, F. (1976), Sp. 1058; Loistl, O. (1994), S. 5 vertritt ebenfalls diese Meinung.

direkte Beziehungen vermitteln oder die Transformation von Geldersparnissen in Investitionskapital in eigener Regie vornehmen."[78]

Das Kreditrisikomanagement, als Teilbereich des allgemeinen Risikomanagements, beinhaltet neben der Beherrschung aller Risiken aus dem Kreditgeschäft auch die zur Identifikation, Messung und Steuerung von Kreditrisiken notwendigen Instrumente.[79] Maßnahmen, die ein ausschließliches Reagieren auf veränderte Umweltbedingungen darstellen, welche eine Art Rahmenbedingungen für das Kreditgeschäft bilden, innerhalb derer sich das Portfolio von sich aus entwickeln kann, werden als passives Kreditrisikomanagement verstanden. Sie betreffen größtenteils nur das Neugeschäft oder das zur Verlängerung anstehende Geschäft.[80] Dahingegen umschreibt aktives Kreditrisikomanagement Maßnahmen, die unabhängig von den verursachenden Organisationseinheiten mit dem Ziel umgesetzt werden können, langfristig einen Beitrag zur Gewinnstabilisierung zu leisten, und die auch das Bestandsgeschäft betreffen.[81]

Mit der Identifikation von Kreditrisiken erfolgt die Bestimmung der zu messenden Risiken. Dies ergibt sich aus der Notwendigkeit, dass jeder kritische Risikofaktor, der falsch identifiziert oder übersehen wird, zu geringeren Erträgen oder zu Verlusten führen kann.[82] Dahingegen verfolgt die Kreditrisikomessung das Ziel, steuerungsadäquate Führungsinformationen zu generieren.[83]

Bei der Betrachtung von Kreditrisiken ist festzustellen, dass die tatsächlichen Verluste einzelner Planungsperioden aus Kreditausfällen auf Ebene des Portfolios nie exakt den zuvor prognostizierten und somit erwarteten Größen entsprechen, sondern um den im Vorfeld prognostizierten Verlust schwanken. Aus diesem Grund ist es im Rahmen der Steuerung von Kreditrisiken von besonderer Bedeutung, das Kreditrisiko möglichst exakt zu quantifizieren.[84]

---

78 Loistl, O. (1994), S. 5
79 Vgl. Peiß, S. (1998), S. 26
80 Vgl. Schiller, B./Tytko, D. (2001), S. 239
81 Vgl. Zielke, A. (2003), S. 71
82 Vgl. Eller, R./Deutsch, H.-P. (1998), S. 247
83 Vgl. Brakensiek, T. (1991), S. 25
84 Vgl. Merz, A. (2001), S. 4

Abbildung 7: Schwankungen von Verlusten

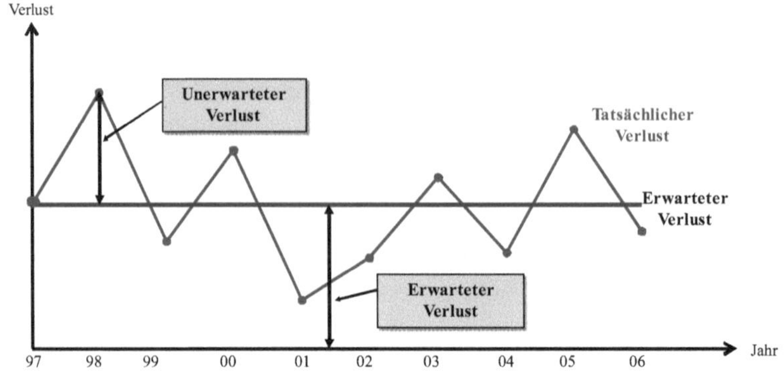

Quelle: Eigene Darstellung

Dabei wird zwischen dem im Vorfeld prognostizierten Verlust, dem so genannten Erwarteten Verlust (Expected Loss, EL), sowie dem tatsächlich erlittenen Verlust unterschieden. Letztgenannter beinhaltet neben der erwarteten Komponente auch den diesen übersteigenden Teil, den Unerwarteten Verlust (Unexpected Loss, UL).[85]

2.2.1 Erwarteter Verlust

Voraussetzung für eine angemessene und Rendite-Risiko-orientierte Risikomessung bei Einzelengagements ist die Berücksichtigung des Konzeptes des Erwarteten Verlusts. Dieser stellt eine planbare Größe dar und spiegelt die mit einem Kreditengagement zusammenhängenden durchschnittlichen Ausfallkosten wider. Der Erwartete Verlust stellt somit eine kalkulierbare Aufwandsposition und kein Risiko im engeren Sinne dar. Aus diesem Grund sollte er durch entsprechende Risikoprämien vereinnahmt und damit ausgeglichen werden.[86]

Dem Konzept liegt dabei der Gedanke zugrunde, dass eine historisch ermittelte Ausfallquote in die Zukunft projiziert wird, weil damit gerechnet werden kann, dass auch für die Folgeperioden eine bestimmte Ausfallwahrscheinlichkeit besteht.[87]

85 Vgl. Theiler, U.-A. (2000a), S. 422
86 Vgl. Faltermeier, R./Harnischmacher, T. (2005), S. 616
87 Vgl. Heinrich, M. (1999), S. 42-45

Abbildung 8: Rechnerische Ermittlung des Erwarteten Verlustes

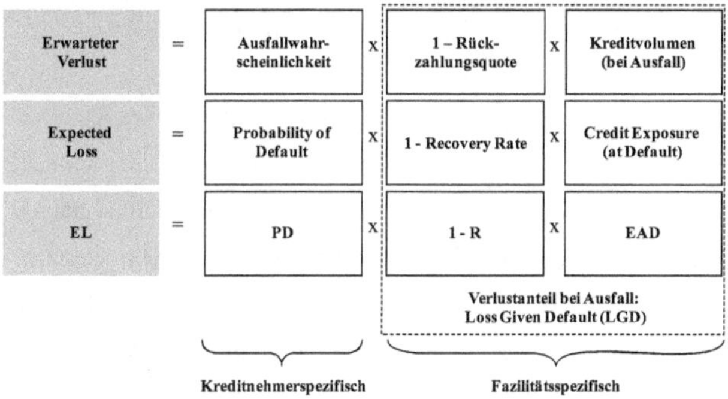

Quelle: Eigene Darstellung

Als Determinanten des erwarteten Verlustes werden die erwartete Ausfallwahrscheinlichkeit des Kreditnehmers (Probability of Default, PD), die erwartete Rückflussquote aus der Sicherheitenverwertung (1 – Recovery Rate, 1 – R) sowie das ausstehende Kreditvolumen bei Ausfall (Exposure at Default, EAD) definiert. Während der Term (1 – R) auch als Verlustquote (Loss Severity, Loss Given Default Rate) bezeichnet wird, ist das Produkt (1 – R) x EAD auch als Verlustanteil bei Ausfall (Loss Given Default, LGD) bekannt.[88] Der Erwartete Verlust eines Kreditgeschäftes lässt sich somit als das mit der kreditnehmerindividuellen Ausfallwahrscheinlichkeit gewichtete Nettoverlustpotenzial (ungesicherter Kreditteil oder umgangssprachlich Blankoanteil) des Kredites interpretieren.

Die Ausfallwahrscheinlichkeit ist ein durch ein Ratingsystem ermittelter Parameter, über den das Bonitätsrisiko des Kreditnehmers und somit potenzielle, künftige Kreditausfälle quantifiziert werden. Er gibt die Wahrscheinlichkeit des Ausfalls des betreffenden Kreditnehmers innerhalb einer betrachteten Periode an. Aus Praktikabilitätsgründen wird grundsätzlich davon ausgegangen, dass der Ausfallzeitpunkt am Periodenende liegt.[89]

Das Ratingsystem als ordinal skalierte Meinung über die Fähigkeit eines Kreditnehmers zur Erfüllung seiner Zahlungsverpflichtungen muss hierzu auf Ausfallwahrscheinlichkeiten kalibriert werden; das heißt, jeder Ratingklasse ist eine bestimmte erwartete Ausfallrate

[88] Vgl. neben anderen Schierenbeck, H. (2001), S. 313 oder Froitzheim, R. O. (2003), S. 42
[89] Vgl. Köhler, P. (2006), S. 31

zuzuordnen. Die Ausfallrate stellt somit auf die Kreditnehmerbonität als Ursache möglicher zukünftiger Kreditausfälle ab.[90]

Ein weiterer Bestimmungsfaktor der Ausfallwahrscheinlichkeit ist die Laufzeit eines Kredites, auch Maturity (M) genannt. Dieser findet ausschließlich bei Krediten an Unternehmen, Staaten und Banken, nicht jedoch bei Privatkunden, Anwendung.[91] Aus diesem Grund beträgt der Betrachtungszeitraum in der Regel ein Jahr. Mehrjahres-Ausfallwahrscheinlichkeiten werden dabei nicht direkt mathematisch aus den einjährigen Ausfallwahrscheinlichkeiten berechnet. Vielmehr erfolgt deren Ableitung über die Beobachtung empirischer Migrationsbewegungen, also die Durchwanderung verschiedener Bonitätsklassen während der Laufzeit des Kredites eines Kreditnehmers aufgrund seiner veränderten Bonität, in Form einer Migrationsmatrix.[92]

Grundsätzlich gilt: je länger die (Rest-)Laufzeit eines Geschäftes, desto höher ist die Unsicherheit bezüglich der zukünftigen Kapitaldienstfähigkeit und -willigkeit des Kreditnehmers. Als Folge steigt die erwartete Ausfallrate in Abhängigkeit von der Dauer des Kreditverhältnisses ebenfalls an.[93]

Unter dem Verlustanteil bei Ausfall wird die Schätzung des tatsächlichen Verlustes im Ausfallzeitpunkt eines Engagements verstanden. Dieser ergibt sich aus dem Kreditäquivalent abzüglich des erwarteten Erlöses aus der Verwertung vorhandener Sicherheiten, der Verlustquote. Das Kreditäquivalent schätzt den erwarteten Forderungsbestand zum Zeitpunkt des Defaults (Credit Exposure).[94] Im Falle eines Darlehens ist dieser gleich der Inanspruchnahme, im Falle einer Kreditlinie gleich der erwarteten Ausnutzung und im Falle eines Avals gleich dem Nominalbetrag unter Berücksichtigung der Ziehungswahrscheinlichkeit.[95]

Dahingegen wird die Verlustquote im Wesentlichen von der Werthaltigkeit der gestellten Sicherheiten sowie der Rangstellung der Kreditforderung bestimmt. Hierzu wird jede Forderung aufgeteilt in einen unbesicherten Teil sowie einen besicherten Teil. Für

90 Vgl. für eine ausführlichere Darstellung auch Everling, O. (2003), S. 7-8 oder Köhler, P. (2006), S. 31
91 Vgl. Schierenbeck, H. (2003), S. 276
92 Vgl. Hartmann-Wendels, T./Pfingsten, A./Weber, M. (2007), S. 444-445
93 Vgl. BVR (2000), S. 17
94 Vgl. Rudolph, B. (2002), S. 1182-1183
95 Vgl. Zielke, A. (2003), S. 7

Letztgenannten erfolgt die Ermittlung der Werthaltigkeit der Sicherheiten, indem diesbezügliche Informationen wie beispielsweise Art, nominelle Höhe, Markt- oder Liquidationswert bei Verwertung und regionale Lokalität (falls vorhanden) ermittelt werden.[96]

2.2.2 Unerwarteter Verlust

Die mit einer bestimmten Wahrscheinlichkeit maximal eintretende Überschreitung des Erwarteten Verlustes wird als Unerwarteter Verlust bezeichnet und stellt das eigentliche Kreditrisiko dar.[97] Dieser resultiert dabei aus der Volatilität der tatsächlichen Verluste im Zeitablauf und ist seitens der Bank ein in letzter Konsequenz nicht zu beeinflussendes, unvermeidbares Ergebnis, dessen finanzielle Einbußen kurzfristig durch Eigenkapital abgefedert werden müssen.[98]

Zur Quantifizierung des Unerwarteten Verlustes wird häufig der Value-at-Risk (VaR) herangezogen. Zur Bezeichnungskonkretisierung und Abgrenzung von dem VaR aus den Marktpreisrisiken ist bei Kreditrisiken auch die Bezeichnung Credit-Value-at-Risk (CVaR) geläufig.[99] Dieser beschreibt den maximalen Wertverlust eines Kreditportfolios innerhalb eines bestimmten Betrachtungszeitraumes (Haltedauer), der mit einer vorgegebenen Wahrscheinlichkeit (Konfidenzniveau) nicht überschritten wird. Ein Konfidenzniveau von 99 % beinhaltet ein Restrisiko in Höhe von 1 %, dass ein höherer Verlust eintreten kann, als durch den CVaR vorhergesagt wurde. Die Haltedauer umfasst den Zeitraum, in dem das Risiko schlagend werden kann, und beträgt üblicherweise ein Jahr.[100]

Grundsätzlich ist zu festzuhalten, dass die Messung des Kreditrisikos wesentlich schwieriger ist als die Messung des Marktpreisrisikos. Dies liegt zum einen daran, dass die zur Messung des Marktpreisrisikos relevanten Informationen zum Beispiel in Form von Zinssätzen und Kursen und deren tägliche Veränderungen vergleichsweise einfach erhältlich sind. Im Bereich der Kreditrisiken besteht eine relativ unzuverlässige Datenbasis, da Zusammenbrüche von großen Unternehmen selten zu beobachten sind.[101]

---

[96] Vgl. Froitzheim, R. O. (2003), S. 43
[97] Vgl. dto., S. 50
[98] Vgl. Heinrich, M. (1999), S. 42-43
[99] Vgl. Heide, H./Mangels, T. (2004), S. 32
[100] Vgl. neben anderen Schulz, A. (1999), S. 484-485 oder Koll, M./Wissendorf, C. (2005), S. 44
[101] Vgl. Elsas, R./Ewert, R./Krahnen, J. P./Rudolph, B./Weber, M. (1999), S. 190

Zum anderen sind beim Marktpreisrisiko steigende und sinkende Kurse in vergleichbarem Ausmaß vorhanden, so dass für Kursänderungen in den entsprechenden Modellen in der Regel eine Normalverteilung angenommen wird. Dahingegen sind beim Kreditrisiko Kreditausfälle selten zu beobachten und in der jeweiligen Ausprägung bis zum Totalausfall möglich. Kursgewinne sind aufgrund von Bonitätsverbesserungen in aller Regel in keinem oder nur geringem Ausmaß erzielbar. Diese Asymmetrie bereitet aus mathematisch-statistischen Gründen Probleme.[102]

Werden einzelne Kreditgeschäfte isoliert betrachtet, ist eine Identität von anfänglich kalkulierten Risikoprämien und nachträglich realisierten Verlusten nahezu ausgeschlossen. Dies liegt darin begründet, dass bei ordnungsgemäßer Rückführung des Kredites der tatsächliche Verlust bei Null liegt und bei Ausfall in der Regel ungefähr dem ungesicherten Kreditteil entspricht.[103] Aus diesem Grund erscheint eine Betrachtung des Unerwarteten Verlustes auf Einzelengagementebene wenig sinnvoll; dessen Abbildung und Steuerung erfolgt regelmäßig auf Portfolioebene.[104]

Von Bedeutung für die Quantifizierung des CVaR auf Portfolioebene sind die Charakteristika des Kreditportfolios. Diese sind sowohl geprägt von wechselseitigen Abhängigkeiten (Korrelationen) als auch von der jeweiligen Größe der einzelnen Engagements (Volumenstruktur, Konzentration) im Vergleich zum Portfoliovolumen. Bei der Bestimmung des Risikogehaltes und der Diversifikationsqualität eines Portfolios ist also zu berücksichtigen, wie gut Granularität und Korrelation der Kreditnehmer einer Bank sind.[105]

---

102 Vgl. Wohlert, D. (1999), S. 339
103 Vgl. Theiler, U.-A. (2000b), S. 468
104 Vgl. Faltermeier, R./Harnischmacher, T. (2005), S. 616
105 Vgl. Mathweis, R. (2003), S. 18

Abbildung 9: Verlustverteilungsfunktion

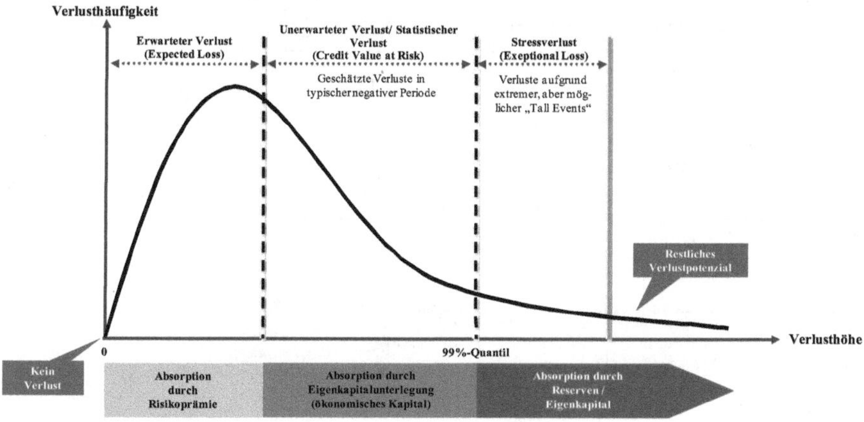

Quelle: Eigene Darstellung in Anlehnung an Blümli, U. D. (2000), S. 90

Beim Unerwarteten Verlust erfolgt eine Unterscheidung in vertretbare Risiken, auch als Statistischer Verlust (Statistical Loss) bezeichnet, und nicht vertretbare Risiken, der Stress-Verlust.[106] Die Verlustverteilungsfunktion eines Kreditportfolios weist eine Rechtsschiefe mit einem langen Verteilungsende auf. Sie schließt daher analytische Verfahren zur Bestimmung der Verlustverteilungen des Kreditportfolios auf der Basis der Parameter der Normalverteilung aus, so dass CVaR-Werte mit Hilfe von Simulationsmodellen auf Basis historischer Erfahrungen ermittelt werden müssen.[107]

Die Kreditportfoliomodelle zur Messung des Unerwarteten Verlustes können grundsätzlich in zwei Klassen unterteilt werden: Firmenwert-Modelle und Ausfallraten-Modelle.[108]

---

[106] Vgl. Blümli, U. D. (2000), S. 90

[107] Vgl. Rudolph, B. (1999), S. 114. Darüber hinaus existieren noch weitere Simulationsmodelle wie bspw. die Monte-Carlo-Simulation.

[108] Vgl. Huschens, S./Locarek-Junge, H. (2002), S. 93

Abbildung 10: Systematisierung von Kreditportfoliomodellen

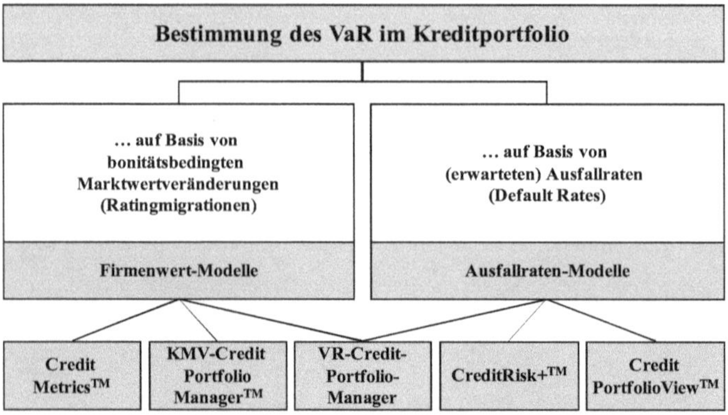

Quelle: Eigene Darstellung

Kreditportfoliomodelle, die den VaR nach dem Firmenwert-Ansatz (auch Asset Value Models oder Structural Models genannt) ermitteln, modellieren den Kreditausfall auf Basis von bonitätsbedingten Marktwertveränderungen (Ratingmigrationen). Bei diesem Ansatz, der auf Robert Merton zurückgeht, erhält ein Kreditnehmer mit Aufnahme eines Kredits gleichzeitig eine Put-Option auf sein Unternehmen, so dass der risikobehaftete Kredit mit Hilfe der Optionspreistheorie nach Black und Scholes bewertet werden kann. Das Basisinstrument ist dabei der Wert der Aktiva des kreditnehmenden Unternehmens. Ein Ausfall tritt ein, wenn dieser Wert am Laufzeitende geringer ist als der fällige Rückzahlungsbetrag des Kredits.[109] Hauptvertreter dieser Modellkategorie sind CreditMetrics und KMV-CreditPortfolio-Manager.[110]

Bei der zweiten Kategorie der Kreditportfoliomodelle, den Ausfallraten-Modellen (auch Default Models, Intensity Models oder Reduced Models genannt), wird der Prozess der Kreditausfälle direkt anhand der erwarteten Ausfallraten (Default Rates, DR) modelliert. In diesen Modellen können in jedem Zeitintervall Ausfälle beziehungsweise Ratingveränderungen auftreten, wobei jeweils die Wahrscheinlichkeit für das Auftreten eines solchen Ereignisses ermittelt wird. Dabei liegt die Annahme zugrunde, dass die Ausfallwahrscheinlichkeiten in Abhängigkeit von gewissen Einflussfaktoren wie beispielsweise der

[109] Vgl. Schierenbeck, H. (2003), S. 174-180. Eine umfassende Darstellung der Kreditportfoliomodelle findet sich unter anderem bei Saunders, A. (2002) und Oehler, A. (1998).

[110] Vgl. Altman, E. I./Caouette, J. B./Narayanan P. (1998), S. 285 beziehungsweise S. 143

Konjunktur schwanken. Diese werden somit nicht als Konstante, sondern als stochastische Variable angenommen.[111]

Korrelationen zwischen Kreditereignissen werden in den Ausfallraten-Modellen über die Abhängigkeit der Ausfallraten verschiedener Kredite von gemeinsamen Einflussfaktoren (zum Beispiel Branche) ermittelt. Vertreter dieser Klasse von Kreditrisikomodellen sind CreditRisk+ und CreditPortfolioView.[112]

Bei einem Vergleich der einzelnen Modelle zeigt sich, dass zwischen den aufgeführten Kreditportfoliomodellen ein bemerkenswerter Konsens bezüglich der theoretischen Grundkonzepte besteht, so dass unterschiedliche Resultate primär auf die konkrete Parametrisierung des Modells zurückzuführen sind. Im Hinblick auf die Richtigkeit der Modellergebnisse ergeben sich somit keine grundsätzlichen Präferenzen für einen bestimmten Ansatz.[113]

Daher wurde bei der Wahl eines konkreten Kreditportfoliomodells für den genossenschaftlichen Sektor der Berücksichtigung der bankspezifischen Portfoliostrukturen und Steuerungsphilosophie eine hohe Relevanz eingeräumt. Insbesondere sollte der Ansatz die portfoliotypische Verlust- beziehungsweise Risikoauffassung (Ausfall- oder Marktwertparadigma) widerspiegeln und das Zeitprofil der Kreditrisikoexposition adäquat erfassen. Ebenso sollte er die kausalen Risikofaktoren des Portfolios reflektieren und sich an der Verfügbarkeit geeigneter und geschäftsfeldtypischer Modellparameter orientieren.[114]

2.2.3 Genossenschaftliche Adressrisikosteuerung im Kontext von VR-Control

Die quantitative Adressrisikosteuerung von Genossenschaftsbanken der Primärstufe ist auf die adäquate Messung der Adressrisiken ausgerichtet, um sowohl eine dezentrale einzelgeschäftsbezogene als auch eine zentrale gesamtbankbezogene Steuerung zu

[111] Vgl. BVR (2000), S. 12
[112] Vgl. Huschens, S./Locarek-Junge, H. (2002), S. 94-97. Für eine detaillierter Darstellung von CreditRisk+ siehe auch Gundlach, M. (2004).
[113] Vgl. BVR (2000), S. 26 und Seel, W. (2006), S. 229
[114] Vgl. BVR (2000), S. 26

ermöglichen.[115] Ergänzt um die Säulen Marktpreisrisikosteuerung, Produktivitätssteuerung und Kundengeschäftssteuerung findet die Adressrisikosteuerung im genossenschaftlichen Finanzverbund ihren Ursprung in dem Projekt „VR-Control".[116]

VR-Control steht für eine moderne Konzeption der Gesamtbanksteuerung und basiert inhaltlich auf zwei Schwerpunkten: der effizienten Gestaltung der Ertragssituation der Bank sowie der bewussten Steuerung der Risiken unter Nutzung der Marktzinsmethode und des Barwertkonzeptes als Berechnungsmethoden für die Steuerungsinstrumente. Damit wird eine betriebswirtschaftlich korrekte Beurteilung der Vorteilhaftigkeit des einzelnen Geschäftes ebenso wie die betriebswirtschaftliche Steuerung der Gesamtbank ermöglicht.[117]

Auf Basis der Interpretation der Bank als Portfolio unterscheidet VR-Control zwischen den Teilportfolien Firmenkunden, Privatkunden und Handelsgeschäft.[118] Die unterschiedlichen Risikoprofile dieser Teilportfolien zeigen sich unter anderem an der starken Streuung, bei einer gegebenen Wahrscheinlichkeit der erwarteten Verluste, der potenziellen Verluste des Firmenkundenportfolios gegenüber dem Privatkundenportfolio. Dies hat zur Folge, dass ceteris paribus dem Firmenkundenportfolio größere Kreditrisiken inhärent sind als dem Privatkundenportfolio. Somit erfolgt die Steuerung des Firmenkundengeschäfts primär über den Unerwarteten Verlust, während im Privatkundengeschäft eine Steuerung des Erwarteten Verlustes im Vordergrund steht.[119]

Anhand der sie im Detail beeinflussenden Risikoparameter kann eine weitere Unterscheidung der Teilportfolien erfolgen. So ist im Firmenkundenportfolio beispielsweise die Branchenstruktur ein herausragender Einflussfaktor möglicher Konzentrationsrisiken (Klumpenrisiken). Dahingegen dürfte im Privatkundenportfolio zwar ein systematischer Zusammenhang zwischen den Adressrisiken von Arbeitern, Angestellten oder auch Beamten bestehen. Dieser Gesamteffekt ist allerdings auf das Teilportfolio vermutlich deutlich geringer. Im Handelsportfolio hingegen treten Kreditrisiken insbesondere in Form von Spreadrisiken auf.[120]

---

[115] Vgl. Rolfes, B. (1999), S. 33

[116] Vgl. Pleister, C. (2004), S. 475-477. Das Projekt „VR-Control" ist aus dem am 13. Juni 2001 verabschiedeten Strategiepapier „Bündelung der Kräfte: ein Verbund – eine Strategie" hervorgegangen.

[117] Vgl. BVR (2000), S. 10-11

[118] Vgl. Seel, W. (2006), S. 227

[119] Vgl. BVR (2000), S. 13

[120] Vgl. ebd., S. 14

Die spezifischen Charakteristika der drei Einzelportfolien erfordern zum Teil unterschiedliche Steuerungsmodelle. Aufgrund der für Kreditgenossenschaften zentralen Bedeutung von Adressrisiken im mittelständischen Firmenkundengeschäft wurde zunächst ein Kreditportfoliomodell für dieses Segment konzipiert. Für eine Übertragung des Ansatzes auf die Bereiche Privatkunden beziehungsweise Handelsgeschäfte sind weiterführende Überlegungen anzustellen und entsprechende Adaptionen in der Planung.[121]

Abbildung 11: Adressrisikosteuerung unter VR-Control

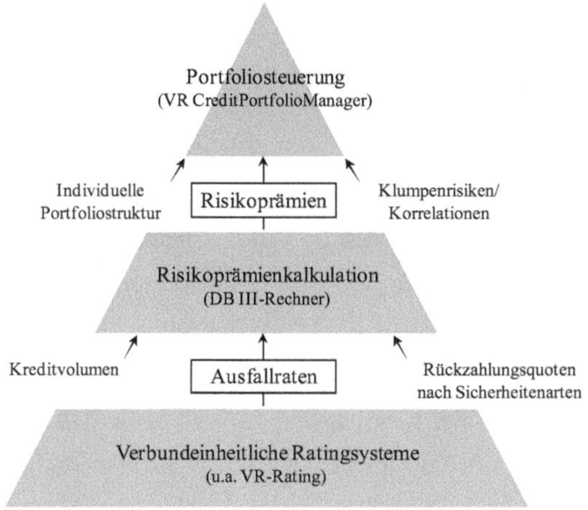

Quelle: Erxleben, S./Krob, B. (2002), S. 28

Auf Einzelengagementebene erfolgt die Steuerung des Adressrisikos in Genossenschaftsbanken der Primärstufe auf Basis eines kundenspezifischen Ratingverfahrens, des VR-Ratings,[122] zur Ableitung einer bonitätsabhängigen Ausfallwahrscheinlichkeit.[123] Mit dieser erfolgt im Rahmen der Deckungsbeitragsrechnung (DB III-Rechner) zur Abdeckung der Erwarteten Verluste auf Kreditnehmerebene eine differenzierte Risikoprämienkalkulation. Der Deckungsbeitrag ergibt sich dabei aus dem Zinskonditionsbeitrag (DB Ia) sowie dem Provisionsbeitrag (DB Ib) abzüglich der Standardrisikokosten (DB II) sowie der Standardstückkosten (DB III). In dieser Betrachtung erfolgt die Berücksichtigung der erwarteten Bonitätsveränderung bei der Berechnung der Risikoprämie über die Verwendung ent-

121 Vgl. BVR (2000), S. 14-15
122 Vgl. Kapitel 2.3.1.1.3
123 Vgl. Jansen, S. A. (2001), S. 20

sprechender Migrationstabellen bei der Ermittlung der marginalen Ausfallwahrscheinlichkeit.[124]

Um den spezifischen Anforderungen der Kreditgenossenschaften bei der Kalkulation des CVaR gerecht zu werden, findet im genossenschaftlichen Finanzverbund der VR-CreditPortfolioManager (VR-CPM) Anwendung.[125] Dabei handelt es sich um ein Zweifaktoren-Modell, bei dem lediglich die Ausfallwahrscheinlichkeit und die Branchenzugehörigkeit in die Berechnung des Value-at-Risk einfließen, während andere Faktoren (zum Beispiel regionale Effekte) vernachlässigt werden.[126]

Dieses Modell legt ein Konfidenzniveau von 99,75 % und einen Planungshorizont von einem Jahr zugrunde und entstand aus der Modifizierung und Weiterentwicklung des Kreditportfoliomodells CreditRisk+ ergänzt in der Marktwertberücksichtigung durch wesentliche Elemente der Methodik von CreditMetrics. Der genossenschaftliche Finanzverbund berücksichtigte bei der Auswahl eines Modellansatzes für die Primärgenossenschaften zur Steuerung des Adressrisikos auf Portfolioebene durch die Barwertsteuerung die typische Struktur der Kreditportfolien (Retailgeschäft, mittelständische Kreditnehmer) über eine Risikoanalyse potenzieller Kreditausfälle (Ausfall-Modus, Default Model). Ebenso fließen Bonitätsmigrationen und daraus resultierende Wertverluste eines Kreditportfolios in einer zusätzlichen „Mark-to-Market"-Betrachtung (Marktwert-Modus, Market Model) ein, um zukünftigen Anforderungen einer Marktbewertung von Kreditengagements gerecht zu werden.[127]

Ferner waren eine offene Architektur („Baukastenprinzip"), um eine sukzessive und selektive Erweiterbarkeit und Modifizierbarkeit zu ermöglichen, sowie die Einbeziehung von Risikoverbundeffekten über ein Branchen-Ratingklassen-Korrelationsmodell Zielsetzungen, die es umzusetzen galt.[128]

---

[124] Für eine ausführlicher Darstellung der Deckungsbeitragsrechnung im genossenschaftlichen Finanzverbund vgl. beispielsweise Flesch, J. R. (2000), S. 104, Wiedemann, A. (2006), S. 19 oder Kroon, G./Pool, F. (2002), S. 26-27.

[125] Vgl. Ridder, T. (2002), S. 18-19

[126] Vgl. Overbeck, R. (2005), S. 21-22

[127] Vgl. BVR (2000), S. 29

[128] Vgl. ebd., S. 29

Abbildung 12: Aufbauschema VR-CreditPortfolioManager

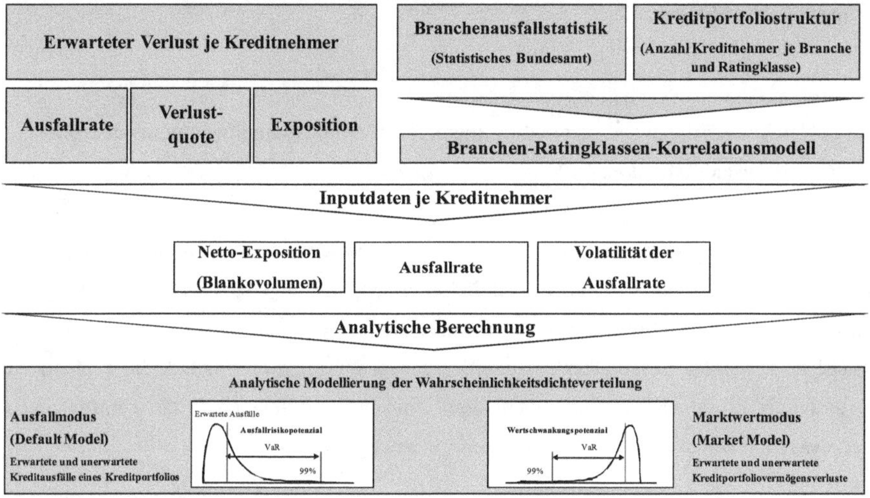

Quelle: Eigene Darstellung

Die Risikobewertung im VR-CreditPortfolioManager erfolgt dabei zunächst für jedes Teilportfolio durch die Bildung einer Verlustverteilung. Diese setzt sich aus den Wahrscheinlichkeitsverteilungen für die Anzahl der Kreditausfälle und für die Schwankungen der Ausfallraten sowie der Volumensstruktur des Teilportfolios zusammen. Anschließend werden die Einzelrisiken mithilfe eines Korrelationsmodells zum Gesamtrisiko aggregiert. Dazu werden die Ausfallkorrelationen zwischen den Teilportfolien benötigt, die über verbundeinheitliche Daten abgebildet werden, welche auf der Insolvenzstatistik des Statistischen Bundesamtes basieren.[129]

Grundsätzlich erlauben Kreditportfoliomodelle wie der VR-CreditPortfolioManager eine statistische Fundierung der bislang auf Portfolioebene weitgehend deskriptiv gezeigten Kreditrisiken. Sie können auf die individuellen Bedürfnisse der jeweiligen Bank zugeschnitten werden und zeigen dabei den ökonomischen, zukunftsorientierten Risikostatus der Bank auf. Sie machen sowohl Risikotreiber gezielt identifizierbar als auch den notwendigen Handlungsbedarf ableitbar. Dadurch ermöglichen sie ein frühzeitigeres Erkennen existenzbedrohlicher Entwicklungen und unterstützen damit ein rechtzeitigeres Einleiten von Gegensteuerungsmaßnahmen sowie eine Optimierung der Rendite-Risiko-

[129] Vgl. BVR (2000), S. 31-35

Struktur. Letztgenanntes erfolgt über eine ertrags- und risikoorientierte Allokation des knappen Faktors Eigenkapital.[130]

2.3 Aufsichtsrechtliche Rahmenbedingungen des Kreditrisikomanagements deutscher Genossenschaftsbanken

In der Durchführung des aktiven Kreditrisikomanagements sind Kreditinstitute in ihrer Handlungsfreiheit durch aufsichtsrechtliche Rahmenbedingungen eingeschränkt. So verstärken Regelungen wie der Beschluss zur Neufassung der Eigenkapitalvereinbarung (Basel II) sowie das Gesetz über das Kreditwesen (KWG) und die MaRisk die qualitativen Anforderungen an das Kreditgeschäft der Banken. Sie fungieren als verpflichtende Leitplanken, innerhalb derer sich die Banken frei bewegen können.[131]

2.3.1 Basel II als international induzierte Rahmenbedingungen

Basel II steht als Kurzform für die neue Baseler Eigenkapitalvereinbarung, die auch als der neue Baseler Akkord (The New Basel Capital Accord)[132] bezeichnet wird. Dabei handelt es sich um die Weiterentwicklung, und damit die weitere Annäherung der regulatorischen Eigenmittel an das tatsächliche Risikoprofil der Banken, der bis dahin geltenden Baseler Eigenkapitalvereinbarung aus dem Jahre 1988, die heute unter dem Stichwort Basel I bekannt ist. Dies wurde notwendig, um dem Anspruch einer zeitgemäßen, risikogerechten Ausgestaltung bankaufsichtlicher Regelungen gerecht zu werden.[133]

Nach drei Konsultationspapieren mit anschließenden Abstimmungsrunden wurde am 26. Juni 2004, nach mehr als fünf Jahren intensivster Diskussionen und Debatten, durch die Notenbankgouverneure und Chefs der Aufsichtsbehörden der G10-Länder die Rahmenvereinbarung über die neue Eigenkapitalempfehlung für Kreditinstitute beschlossen.

---

[130] Vgl. Merz, A. (2001), S. 9

[131] Vgl. Gruber, W. (2003), S. 6

[132] „Basel" bezeichnet den Ausschuss für internationale Bankenaufsicht, einen Ausschuss der Zentralbanken und Bankenaufsichtsbehörden der wichtigsten Industrieländer, der bei der Bank für Internationalen Zahlungsausgleich (BIZ) in Basel angesiedelt ist. Die Mitglieder sind hochrangige Vertreter der Bankenaufsicht von USA, Japan, dem Vereinigten Königreich, Deutschland, Schweiz, Frankreich, Italien, Kanada, Schweden, Belgien, Luxemburg und den Niederlanden. (Vgl. BIS (2007))

[133] Vgl. Sanio, J. (2006b), S. 14

Anschließend wurde sie durch die Bank für Internationalen Zahlungsausgleich (BIZ) bestätigt und zur Veröffentlichung freigegeben. Parallel zu den Konsultationspapieren wurden in fünf Auswirkungsstudien, den so genannten Quantitative Impact Studies (QIS), die jeweiligen Auswirkungen der getroffenen Regelungen analysiert.[134]

Grundsätzlich bleibt anzumerken, dass dieses Abkommen kein verbindliches Europäisches Recht darstellt, das automatisch auf deutsche Banken anzuwenden wäre. Rechtlich bindend ist das Abkommen erst dann, wenn es innerhalb der Europäischen Union in Form einer Richtlinie oder einer Verordnung umgesetzt wird.[135] Dies erfolgte im Jahr 2006 durch die Verabschiedung der Bankenrichtlinie 2006/48/EG und der Kapitaladäquanzrichtlinie 2006/49/EG, beide oftmals in dem Ausdruck Brüssel II zusammengefasst, des Europäischen Parlamentes auf Grundlage der durch die Europäische Kommission veröffentlichten Capital Adequacy Directive (CAD).[136] In Deutschland hatte das zur Folge, dass neben dem KWG (7. KWG-Novelle) auch die Vorschriften über die Einhaltung der Eigenkapitalanforderungen (bisher Grundsatz I, jetzt Verordnung über die Solvabilität der Institute, Solvabilitätsverordnung II, SolvV beziehungsweise E-SolvV)[137] und die Groß- und Millionenkreditverordnung (GroMiKV) von den erforderlichen Änderungen betroffen sind.[138]

Hinsichtlich der Umsetzung für die den Baseler Regelungen direkt unterliegenden genossenschaftlichen Kreditinstitute sei erwähnt, dass die Neuerungen und zusätzlichen Anforderungen mit dem In-Kraft-Treten des deutschen Capital Requirements Directives (CRD)-Gesetzes zum 1. Januar 2007 transformiert wurden.[139] Für Kreditinstitute, die vom Brüsseler Wahlrecht Gebrauch machen und den alten Grundsatz I wahlweise noch in 2007 anwenden (Art. 153 Abs. 7 CRD) – dies trifft auf alle Kreditgenossenschaften zu – muss eine endgültige Umstellung erst ab dem 1. Januar 2008 erfolgen.[140]

Der inhaltliche Aufbau von Basel II stützt sich auf drei sich gegenseitig verstärkende Säulen, die zusammen zu einem sicheren und soliden Finanzsystem beitragen sollen.[141]

---

[134] Vgl. Disselbeck, K. (2004), S. 10
[135] Vgl. o. V. (2001), S. 34
[136] Vgl. Balgheim, T./Kuhn, R./Schröck, G. (2004), S. 14
[137] Vgl. Cluse, M./Cremer, A. (2006), S. 331
[138] Vgl. Borgel, G./Loch, F./Thelen-Pischke, H. (2005), S. 911
[139] Vgl. Meister, E. (2006), S. 750
[140] Vgl. BVR (2006a)
[141] Vgl. BVR (2002a), S. 14

Abbildung 13: Der Aufbau von Basel II

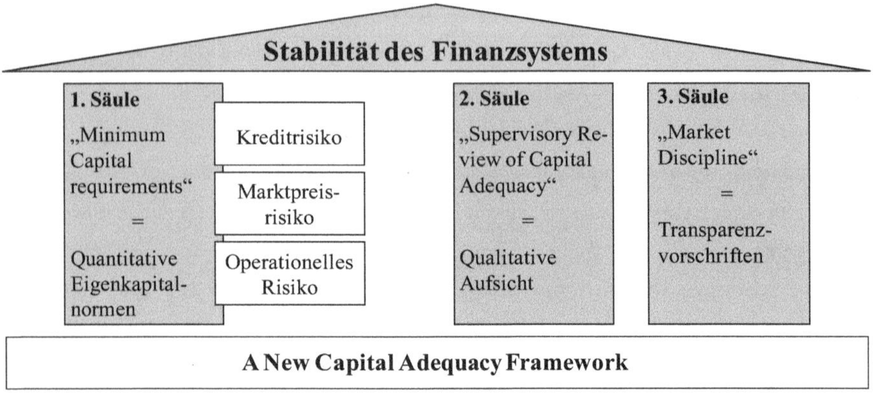

Quelle: Eigene Darstellung in Anlehnung an Basler Ausschuss für Bankenaufsicht (2004), S. 6

Die erste Säule behandelt die Mindesteigenkapitalanforderungen (Minimum Capital Requirements), die zweite Säule das Verfahren zur Überprüfung durch die Aufsichtsbehörden (Supervisory Review of Capital Adequacy, SRP) und die dritte beschäftigt sich mit Publizitätsanforderungen (Market Discipline).[142]

Trotz aller im Konsultationsprozess erreichten Fortschritte gegenüber der bestehenden Kapitalvereinbarung gibt es noch zentrale unbehandelte Themenbereiche in der gefundenen Vereinbarung. So enthält Basel II zwar erste Definitionsansätze darüber, welche Asset-Klassen und Bilanzpositionen dem Eigenkapital zugerechnet werden dürfen, eine umfassendere Neudefinition des regulatorischen Eigenkapitals wurde aber nicht vorgenommen. Ebenso unberücksichtigt bleiben die zur Berechnung der Kreditrisiken und des ökonomischen Eigenkapitals eingesetzten Kreditportfoliomodelle.[143] Nicht nur aus diesem Grund sehen Teile der Literatur Basel II lediglich als einen Standard des Übergangs, bis er in einigen Jahren vom nächsten Eigenkapitalakkord Basel III beziehungsweise Basel IV abgelöst wird.[144]

[142] Vgl. Entrop, O./Völker, J./Wilkens, M. (2001), S. 187

[143] Vgl. Disselbeck, K. (2004), S. 11

[144] Über die inhaltliche Ausgestaltung möglicher Nachfolger von Basel II diskutieren sowohl Bühler, W./Engel, C./Korn, O./Stahl, G. (2002), S. 214 als auch Sanio, J. (2006b), S. 18.

2.3.1.1 Mindesteigenkapitalanforderungen

In der ersten Säule werden die Eigenkapitalanforderungen für bestimmte Risiken festgelegt, die jeweils mit einem für die Bank geeigneten und ausreichenden Ansatz berechnet werden müssen. Dabei haben künftig die Kreditinstitute neben den Risikoarten Kreditrisiko und Marktpreisrisiko nunmehr auch das operationelle Risiko mit Eigenkapital zu unterlegen.[145] Dabei handelt es sich um die potenziellen Verluste, „die in Folge der Unangemessenheit oder des Versagens von internen Verfahren, Menschen und Systemen oder in Folge externer Ereignisse eintreten. Diese Definition schließt Rechtsrisiken ein, beinhaltet aber nicht strategische Risiken oder Reputationsrisiken."[146]

Der zentrale Gedanke von Basel II im Rahmen der Mindesteigenkapitalanforderungen ist der Zwang zur Quantifizierung der Risiken statt pauschalierter Abschätzungen.[147] So wird bei der Unterlegung von Kreditrisiken mit Eigenkapital aufsichtsrechtlich nicht mehr unabhängig von der Bonität des Kreditnehmers pauschal 8 % des Kreditbetrages gefordert. Vielmehr dient die individuelle Bonität des jeweiligen Kreditnehmers als Maßstab für eine abgestufte Unterlegung. Damit ist die Höhe des einzusetzenden Eigenkapitals künftig proportional zu dem Risiko, das die Bank für jedes einzelne Kreditengagement eingeht.[148] Grundsätzlich bleibt anzumerken, dass es sich dabei um den theoretisch richtigen Preis handelt, der in der Praxis aber nicht durchgängig dem Preis entspricht, der tatsächlich am Markt zustande kommt.

Im Vergleich zu seinem Vorgänger geht Basel II bei den neuen Mindesteigenkapitalanforderungen differenzierter, das heißt (rest-)risikogerechter vor und stellt die ökonomische Wirkung des risikomindernden Kontraktes in den Vordergrund. Dabei ist die Anerkennung der Kreditrisikominderungstechniken (Credit Risk Mitigation) in Form von Sicherheiten, Garantien, Kreditderivaten und Netting-Vereinbarungen jeweils an umfangreiche operationale Mindestanforderungen und Offenlegungspflichten geknüpft.[149]

---

[145] Vgl. Deutsche Bundesbank (2007a)
[146] Baseler Ausschuss für Bankenaufsicht (2004), S. 140
[147] Vgl. Flach, J./Rommelfanger, H. (2002), S. 3
[148] Vgl. Presber, M. (2002), S. B5
[149] Vgl. zum Beispiel Lewalter, K. (2006b), S. 28-31 oder Entrop, O./Völker, J./Wilkens, M. (2001), S. 189

In Summe führt dies letztendlich dazu, dass die bisher gelebte Quersubventionierung schlechter Kreditnehmer durch gute Kreditnehmer beendet wird. Künftig gilt: je höher (niedriger) das Risiko eines Kredites ist, desto mehr (weniger) Eigenkapital wird gebunden und desto teurer (günstiger) wird er.[150] Da Kredite also auch günstiger werden können, als sie es bisher sind, erweist sich auch das weit verbreitete Vorurteil, dass die Anforderungen von Basel II in jedem Fall zu höheren Kreditkosten für Unternehmen mittlerer Größe führen werden, als falsch. Richtig ist vielmehr, dass nicht die Größe, sondern die Bonität und die Bereitschaft, Transparenz über die wirtschaftliche Situation des Unternehmens herzustellen, entscheidend sein werden. Es kommt daher zu einer Spreizung der Risikokosten.[151]

Bei der Berechnung der Eigenkapitalunterlegung sind im Sinne eines evolutionären Ansatzes bei jeder Risikokategorie sowohl standardisierte Methoden als auch verfeinerte Messverfahren vorgesehen, wobei der Übergang zur bankaufsichtlichen Nutzung der Letzteren durch eine Verminderung der Eigenkapitalanforderungen belohnt werden soll. Somit besteht der Anreiz, sich bei der internen Steuerung der verschiedenen Risikokategorien methodisch weiterzuentwickeln.[152] Dabei sei erwähnt, dass die Betonung bei der Nomenklatur der ersten Säule auf den beiden Silben „Mindest-" liegt. Die Bankenaufsicht hat im Einzelfalle über die Säule II die Möglichkeit, noch höhere Kapitalanforderungen festzulegen.[153]

Während die Bemessung des operationellen Risikos über den Basisindikatoransatz, den Standardansatz sowie über ambitionierte Messansätze erfolgen kann, werden für die Bemessung des Kreditrisikos zwei grundlegende Möglichkeiten vorgeschlagen: der Standardansatz auf der Grundlage externer Ratings und die Ansätze auf der Basis interner Ratings.[154]

Durch die mittlerweile dauerhaft zugelassene Möglichkeit des Partial Use können die Banken eigene Risikomodelle für einzelne spezifische Risikobereiche und Standardverfahren für die restlichen Risikobereiche verwenden.[155] Des Weiteren können Kredite innerhalb einer

---

[150] Vgl. unter anderem Hausen, F./Rachev, S. T./Trück, S. (2004), S. 23 und Presber, M. (2002), S. B5

[151] Diese Meinung vertreten neben anderen sowohl Sengera, J. (2002), S. 241 als auch Schmeisser, K./Schmeisser, W. (2005), S. 344

[152] Vgl. Hausen, F./Rachev, S. T./Trück, S. (2004), S. 22-23

[153] Vgl. Baseler Ausschuss für Bankenaufsicht (2004), S. 161-178 oder auch Gruber, W. (2003), S. 71

[154] Vgl. Entrop, O./Völker, J./Wilkens, M. (2001), S. 187

[155] Vgl. Dürselen, K. (2002), S. 273

Institutsgruppe nach der europäischen Richtlinie, in Abweichung vom Baseler Regelungstext, unter bestimmten Voraussetzungen von der Eigenkapitalunterlegung ausgenommen werden. Der genossenschaftliche Finanzverbund erfüllt unter anderem durch die Sicherungseinrichtung des BVR die Anforderungen für diese so genannte Nullgewichtung von Forderungen.[156]

2.3.1.1.1 Externes Rating

Ein Kreditinstitut kann nach Basel II die Berechnung des Eigenkapitals mittels des Standardansatzes (Revised Standardized Approach, RSA) durchführen. Bei dieser Methode wird das Risikogewicht des Kreditnehmers durch die Heranziehung von externen Ratings ermittelt.[157] Dabei wird die Bonität des Kreditnehmers durch eine unabhängige Ratingagentur (External Credit Assessment Institution, ECAI) überprüft, welche diesen dann in eine bestimmte Risikoklasse einordnet.[158] Für die verschiedenen Risikoklassen legt die Bankenaufsicht ihrerseits die Eigenkapitalerfordernisse fest.[159]

Banken können im Standardansatz frei wählen, welche der externen Ratingagenturen sie für die Bonitätsbewertung ihrer Kunden verwenden möchten. Insbesondere die Agenturen Moody's Investor Service und Standard & Poor's sowie FitchRatings stellen auf den internationalen Finanzmärkten, mit einem weltweiten Marktanteil von rund 95 %, einen Standard dar.[160] Ist jedoch eine Ratingagentur von einer Bank gewählt worden, müssen alle vergebenen Ratings dieser Agentur für die Bestimmung der Risikogewichte genutzt werden.[161]

Die großen Vorteile von externen Ratings liegen in der internationalen Verfügbarkeit, dem niedrigen finanziellen Aufwand für die Banken und der einfachen aufsichtsrechtlichen Umsetzung. Neben einer Wettbewerbsverschiebung zugunsten angelsächsischer Institute bringt die trotz zunehmender Disintermediation nach wie vor geringe Verbreitung externer

---

[156] Vgl. Lehnhoff, J. (2005), S. 9

[157] Vgl. Deutsche Bundesbank (2007a)

[158] Vgl. Hüttemann, P. (1999), S. 16-18. Exemplarisch seien die Pflicht der Unabhängigkeit der Ratingagentur und die Pflicht einer Backtestinghistorie von mindestens einem Jahr sowie die Notwendigkeit des ständigen Kontaktes mit leitenden und operativen Ebenen des beurteilten Unternehmens erwähnt. (Vgl. Gruber, W. (2003), S. 73)

[159] Vgl. Deutsche Bundesbank (2007a)

[160] Vgl. zum Beispiel o. V. (2006e), S. 26 oder Everling, O. (2005), S. 76

[161] Vgl. Pluto, K. (2002), S. 303

Ratings in Kontinentaleuropa vor allem praktische Probleme mit sich: im klassischen Kreditgeschäft sind nicht nur große Adressen Kreditnachfrager, sondern insbesondere mittelständische Unternehmen.[162]

Diese besitzen für eine Geldaufnahme über die Kapitalmärkte nicht die kritische Größe und die Investition in ein externes Rating kommt daher für sie nicht in Frage.[163] Aufgrund der typischen Kreditrisikostruktur mit klarem Fokus auf dem Segment der kleinen und mittleren Unternehmen in Deutschland manifestiert sich dieser Nachteil insbesondere für Genossenschaftsbanken im Vergleich zu Großbanken.

2.3.1.1.2 Internes Rating

Die andere Möglichkeit der Bestimmung der Höhe des notwendigen Eigenkapitals erfolgt durch einen Ansatz auf Basis interner Ratings (Interner Rating-basierter Ansatz, Internal Ratings-based Approach, IRBA). Wie der Begriff „intern" schon vermuten lässt, verwenden die einzelnen Institute beziehungsweise Institutsgruppen unterschiedliche Ratingsysteme, die sich allerdings vom gedanklichen Ansatz und inhaltlichen Aufbau her ähnlich sind.

Bei der jeweiligen Ausgestaltung des internen Ratings muss besonders darauf geachtet werden, dass ein Dritter (zum Beispiel ein Wirtschaftsprüfer) auf Basis gleicher Informationen auch auf ein identisches internes Rating schließt. Nur so werden Ratings – wie es in der Sprache von Basel II heißt – „intersubjektiv vergleichbar".[164] Ebenso sind zur Anerkennung durch die Aufsichtsbehörden strenge Anforderungen hinsichtlich Architektur des Ratingsystems, Risikoquantifizierung und Validierung der ermittelten Daten, Verwendung der internen Schätzungen sowie der Ratingprozesse zu erfüllen.[165]

Der IRB-Ansatz untergliedert sich hinsichtlich der Verwendung interner Modelldaten. So beschränkt sich der IRB-Basisansatz (Internal Ratings-Based Simple Approach) auf die Ermittlung der Ausfallwahrscheinlichkeit. Die übrigen Determinanten der Eigenmittelanforderung wie der Verlustanteil bei Ausfall und die effektive Restlaufzeit werden von den

[162] Vgl. Hüttemann, P. (1999), S. 63
[163] Vgl. BVR (2002a), S. 24
[164] Vgl. Sengera, J. (2002), S. 241
[165] Vgl. Pluto, K. (2002), S. 317

Aufsichtsbehörden parametrisiert.[166] Dahingegen werden beim Fortgeschrittenen IRB-Ansatz (Internal Ratings-Based Comprehensive Approach) sämtliche Parameter vom Finanzinstitut selbst geschätzt.[167]

Dies stellt eine Aufhebung des Wettbewerbsnachteils für Länder mit geringer Ratingdichte wie beispielsweise Deutschland dar. So wird insbesondere für kleinere Kreditinstitute ein Anreiz zur Verbesserung des eigenen Ratingverfahrens, zur risikoadäquateren Behandlung von Aktiva über das gesamte Bankbuch und die Chance auf aktuellere Informationen aus „erster Hand“ geboten. Darüber hinaus stellen die IRB-Ansätze einen wichtigen Schritt auf dem Weg zur künftigen aufsichtsrechtlichen Anerkennung von Kreditrisikomodellen dar.[168]

2.3.1.1.3 Rating im genossenschaftlichen Finanzverbund

Im genossenschaftlichen Finanzverbund fand in den letzten Jahren das 1994 vom BVR entwickelte BVR-I-Rating in vielen Genossenschaftsbanken Anwendung. Dieses ermittelt losgelöst von der Art der Kreditnehmer eine Bonitätseinstufung von eins bis sechs, vergleichbar mit dem Schulnotensystem.[169] Diese Einstufung der Bonität führt, ergänzt um die Bewertung der Sicherheiten in Form der blankoanteilsabhängigen Sicherheitenklassen, zur Risikoeinstufung nach Prüfberichtsverordnung (PrüfbV), unterteilt nach Risikogruppe (RG) eins, zwei und drei.

Allerdings wurde in den vergangenen Jahren die betriebswirtschaftliche Notwendigkeit einer zentralen Portfoliosteuerung verbunden mit einer dezentralen Einzelgeschäftssteuerung (duale Steuerungsphilosophie) nur von einzelnen Instituten erkannt, was einen flächendeckenden Einsatz verhinderte. So stand es den einzelnen Primärgenossenschaften frei, ob und in welcher Form sie das BVR-I-Rating einführten. Als Konsequenz schoben diverse Einzelinstitute die Ratingeinführung so lange wie möglich hinaus, während andere Institute das Rating in abgewandelter Form, zum Beispiel mit unterschiedlicher Gewichtung der Einzelkriterien, einführten. Somit war die Möglichkeit eines einheitlichen Ratingeinsatzes,

---

[166] Vgl. Baseler Ausschuss für Bankenaufsicht (2004), S. 53-54
[167] Vgl. Hausen, F./Rachev, S. T./Trück, S. (2004), S. 18
[168] Vgl. Gruber, W. (2003), S. 71
[169] Vgl. Lüders, U./Seel, W. (2006), S. 197-199. Dabei setzt sich die Einstufung aus den fünf gewichteten Bonitätsklassen Management, Markt/Branche, Kundenbeziehung, wirtschaftliche Verhältnisse und weitere Unternehmensentwicklung zusammen.

verbunden mit der Schaffung einer ausgewogenen Datenbasis zur Berechnung von Ausfallwahrscheinlichkeiten, stark limitiert.[170]

Neben der begrenzten Anwendung durch die Volks- und Raiffeisenbanken hatte das BVR-I-Rating auch systemische Schwächen. So konnte es vor dem Hintergrund der vor allem von aufsichtsrechtlicher Seite erheblich gestiegenen Anforderungen nur eine unzureichende Trennfähigkeit beziehungsweise -schärfe aufweisen.[171] Diese, auch als Powerstat bezeichnet, beschreibt den Grad der richtigen Zuordnung der zu analysierenden Kreditnehmer zu den vorgegebenen Ratingklassen.[172]

Diese Schwächen sowie die Anforderungen an interne Ratingsysteme veranlasste den genossenschaftlichen Finanzverbund dazu, nicht das BVR-I-Rating zu überarbeiten, sondern ein komplett neues Ratingsystem, das VR-Rating, inklusive einer verbundweiten, einheitlichen Adressrisikodatenbank zu erarbeiten.[173]

So wird seit Anfang 2003 bundesweit das neue Ratingverfahren, welches bis Ende 2006 noch als BVR-II-Rating bezeichnet wurde,[174] sukzessive zum Einsatz gebracht. Während zu Beginn die Ratingmodule Mittelstand und Oberer Mittelstand den Auftakt der insgesamt 16 geplanten Module gestalteten, erfolgt erst nach und nach die Nutzung der weiteren Module.[175] Realistisch ist nicht damit zu rechnen, dass den Genossenschaftsbanken das letzte Modul vor Anfang 2008 technisch zur Verfügung steht.

---

170 Vgl. BVR (2002a), S. 34-35
171 Vgl. Jansen, S./Kirmße, S. (2001), S. 69
172 Vgl. unter anderem Bächstädt, K.-H./Bauer, C./Geldermann, A. (2004), S. 576 und Krall, M. (2005), S. 219
173 Vgl. hierzu im Einzelnen BVR (2002a), S. 39 und Jansen, S./Kirmße, S. (2001), S. 69
174 Vgl. BVR (2006c), S. 1
175 Vgl. Genossenschaftsverband Frankfurt (2006), S. 89-90

Abbildung 14: Übersicht VR-Ratingsegmente

<table>
<tr><th colspan="3">Segmentbezeichnung</th><th>Definition</th><th>Abgrenzungskriterien</th><th>Einsatz in den Banken</th><th>Fachliche Betreuung</th></tr>
<tr><td rowspan="8">Retailsegmente</td><td rowspan="3">Privatkunden</td><td>Kontokorrentkredite</td><td rowspan="3">Privatpersonen</td><td rowspan="3">Produktorientierte Abgrenzung</td><td rowspan="3">seit Mitte 2006</td><td rowspan="8">BVR</td></tr>
<tr><td>Konsumentendarlehen</td></tr>
<tr><td>Baudarlehen</td></tr>
<tr><td rowspan="8">Firmenkunden</td><td>Existenzgründer</td><td>Unternehmen mit weniger als fünf Jahren Geschäftsbetrieb</td><td>bis zu 7,5 Mio. EUR Umsatz</td><td>nach technischer Umsetzung</td></tr>
<tr><td>Agrar</td><td>Unternehmen, die einen Großteil ihres Umsatzes durch landwirtschaftliche Produktion oder Dienstleistung erzielen.</td><td>keine Größenabgrenzung</td><td>nach technischer Umsetzung</td></tr>
<tr><td>Not-for-Profit-Organisation</td><td>Unternehmen ohne Gewinnerzielungsabsicht</td><td>keine Größenabgrenzung</td><td>seit Mitte 2004</td></tr>
<tr><td>Gewerbekunden/Freiberufler</td><td rowspan="5">Gewinnorientierte Unternehmen mit mehr als fünf Jahren Geschäfts-betrieb, deren Geschäft zu einem wesentlichen Teil außerhalb der Bereiche Landwirtschaft, Finanz-dienstleistung und Immobilien liegt.</td><td>bis zu 350.000 EUR Umsatz</td><td>seit Mitte 2004</td></tr>
<tr><td>Mittelstand</td><td>über 350.000 bis 5 Mio. EUR Umsatz</td><td>seit Anfang 2003</td></tr>
<tr><td rowspan="8">Wholesale & Spezialrating Segmente</td><td>Oberer Mittelstand</td><td>über 5 Mio. EUR bis 1 Mrd. EUR Umsatz</td><td>seit Anfang 2003</td><td rowspan="8">DZ Bank
WGZ Bank</td></tr>
<tr><td>Mittelstand Ausland</td><td>bis zu 1 Mrd. EUR Umsatz</td><td>nach technischer Umsetzung</td></tr>
<tr><td>Große Firmenkunden</td><td>ab 1 Mrd. EUR Umsatz</td><td>nach technischer Umsetzung</td></tr>
<tr><td>Banken</td><td>Banken und Finanzinstitute</td><td>Finanzdienstleister inklusive verbundexterner Banken, Versicherungen, Brokers und Fonds</td><td>keine Größenabgrenzung</td><td>Rating Desk</td></tr>
<tr><td rowspan="2">Staatlicher Sektor</td><td>Länder</td><td rowspan="2">Kunden, die ihre Kreditnahme primär durch heutige und zukünftige Steuereinnahmen finanzieren</td><td>keine Größenabgrenzung</td><td>Rating Desk</td></tr>
<tr><td>Gebietskörperschaften</td><td>keine Größenabgrenzung</td><td>nach technischer Umsetzung</td></tr>
<tr><td rowspan="2">Spezialfinanzierungen</td><td>Projekte</td><td rowspan="2">Kunden, die ihre Umsätze aus den Cash Flows der von ihnen finanzierten Projekte erzielen; sowie Bauträge</td><td>keine Größenabgrenzung</td><td>nach technischer Umsetzung</td></tr>
<tr><td>Gewerbliche Immobilien</td><td>keine Größenabgrenzung</td><td>nach technischer Umsetzung</td></tr>
</table>

Quelle: Eigene Darstellung in Anlehnung an Lewalter, K. (2005), S. 16

Ziel dieses Teilprojektes aus VR-Control[176] ist es, die notwendigen Voraussetzungen sowie Instrumente für ein einheitliches System zur Steuerung des Bankgeschäftes der Kreditgenossenschaften zu erarbeiten. Ebenso soll durch eine verbundeinheitliche Standardisierung der Ertrags- und Risikocontrollinginstrumente die Voraussetzung für einen möglichen Risikotransfer von Adressrisiken geschaffen werden.[177]

Darüber hinaus determiniert das VR-Rating die Kreditvergabe-, Entscheidungs- und Konditionierungsprozesse. Es verfolgt als grundsätzliches Ziel die objektive Beurteilung des aktuellen Bonitätsstatus eines Kreditnehmers, unter gleichzeitiger Berücksichtigung vergangenheits-, gegenwarts- und zukunftsbezogener Aspekte. Ebenso findet es Einsatz im Rahmen der Früherkennung von Kreditrisiken, beispielsweise bei der laufenden Überwachung von Bonitätsveränderungen während der Kreditlaufzeit.[178]

Im Fokus steht dabei eine große Anzahl an Ratingklassen in einem Ratingsystem zu haben, damit eine möglichst zutreffende Eingruppierung der Kreditnehmer gewährleistet ist. Während das DSGV-Rating des Sparkassenverbundes auf eine achtzehnstufige Skala setzt, sieht die genossenschaftliche Lösung sogar 25 Stufen vor. Diese sind in die fünf Gruppen sehr gute Bonität (0a-0e), gute Bonität (1a-1e), befriedigende Bonität (2a-2e), ausreichende bezie-

[176] Vgl. Erxleben, S./Krob, B. (2002), S. 28
[177] Vgl. Jansen, S./Kirmße, S. (2001), S. 69
[178] Vgl. ebd., S. 67-68

hungsweise schwache Bonität (3a-3e) und Ausfallkriterien (4a-4e) gegliedert und erlauben eine äußerst feine Nuancierung von Ausfallrisiken.[179]

Abbildung 15: Bewertungsskala VR-Rating

Ratingklasse	Bezeichnung	Ausfallrate	Sparkassen	S&P	Moody's	Fitch IBCA
0a	sehr gute Bonität	0,01%				AAA/AA+
0b	sehr gute Bonität	0,02%		AAA	Aaa	AA
0c	sehr gute Bonität	0,03%		AA+	Aa1	AA-
0d	sehr gute Bonität	0,04%		AA	Aa2	
0e	sehr gute Bonität	0,05%		AA-	Aa3	A+
1a	gute Bonität	0,07%	1	A+/A	A1/A2	A
1b	gute Bonität	0,10%	2	A-	A3	A-
1c	gute Bonität	0,15%	3	BBB+	Baa1	BBB+/BBB
1d	gute Bonität	0,23%	4	BBB+	Baa2	
1e	gute Bonität	0,35%	5	BBB-	Baa3	
2a	befriedigende Bonität	0,50%	6			BBB-
2b	befriedigende Bonität	0,75%	7	BB+	Ba1	BB+
2c	befriedigende Bonität	1,10%	8	BB	Ba2	BB
2d	befriedigende Bonität	1,70%	9	BB-	Ba3	BB-
2e	befriedigende Bonität	2,60%	10	B+	B1	
3a	ausreichende Bonität	4,00%	11	B	B2	B+
3b	ausreichende Bonität	6,00%	12			B
3c	ausreichende Bonität	9,00%	13	B-	B3	B-
3d	schwache Bonität	13,50%	14	CCC-	Caa1	
3e	ausfallgefährdet	20,00%	15	CCC	Caa2	CCC
4a	Überziehung > 90 Tage	100,00%		CCC-	Caa3	
4b	EWB	100,00%	16	CC	Ca	CC
4c	Zinsfreistellung	100,00%	17	C	C	C
4d	Insolvenz	100,00%	18	DDD	Daa	DDD
4e	Abwicklung	100,00%		DD/D	Da/D	DD/D

Quelle: Eigene Darstellung in Anlehnung an BVR (2002), S. 45

Sich mit einem Basel II-konformen Ratingsystem zu beschäftigen, führt auch bei deutschen Genossenschaftsbanken zu einem betriebswirtschaftlichen Mehrwert. So können sie als Ergebnis der letzten QIS durch Nutzung der aufwendigen Risikomessung gemäß den neuen Eigenkapitalvorschriften ihre Kapitalanforderungen deutlich senken. Je nach Methode verringert sich im Durchschnitt bei den kleineren, nicht international tätigen Banken die Eigenkapitalanforderung zur Risikoabdeckung im Vergleich zu den alten Regeln durch den Einsatz des Standardansatzes um 5,4 %, durch den einfachen IRB-Ansatz um 8,3 % und durch den fortgeschrittenen IRB-Ansatz sogar um fast 27 %.[180]

[179] Vgl. Everling, O. (2003), S. 8
[180] Vgl. o. V. (2006b), S. 26

2.3.1.2 Bankaufsichtliches Überprüfungsverfahren

Das in der zweiten Säule geregelte bankaufsichtliche Überprüfungsverfahren stellt mit seinen qualitativen Anforderungen ebenfalls eine Neuerung im Bankenaufsichtsrecht dar. Dabei sollen die nationalen Bankenaufsichtsbehörden die Fähigkeit der Bank beurteilen, ihre eingegangenen Risiken zu identifizieren, zu messen, zu steuern und zu überwachen.[181]

Die von den Instituten geforderten angemessenen Leitungs-, Steuerungs- und Kontrollprozesse sowie Strategien und Prozesse, die gewährleisten, dass genügend internes Kapital zur Abdeckung aller wesentlichen Risiken vorhanden ist (Internal Capital Adequacy Assessment Process, ICAAP), wurde mit den MaRisk in nationales Recht implementiert.[182]

Die Bankenaufsicht soll in die Lage versetzt werden, auf der Grundlage einer Gesamtbankbeurteilung Maßnahmen zu ergreifen, die von einer verstärkten Überwachung des Instituts bis hin zur Anordnung einer Eigenkapitalunterlegung von mehr als 8 % reichen können.[183] Diese Maßnahmen werden die Banken zusätzlich motivieren, ihre internen Verfahren zur Beurteilung der institutsspezifischen Risikosituation sowie einer angemessenen Kapitalausstattung kontinuierlich zu verbessern.[184] Gleiches gilt für die ständige Anpassung und Weiterentwicklung neuerer Methoden des Risikomanagements und der internen Kontrollen.[185]

Die Qualität dieser Prozesse soll von der Bankenaufsicht in einem aufsichtsrechtlichen Überprüfungsverfahren (Supervisory Review and Evaluation Process, SREP) regelmäßig beurteilt werden. Diese beiden Elemente aus Basel II unterliegen dem Grundsatz der doppelten Proportionalität. Das heißt, die internen Strategien und Prozesse sowie die aufsichtsrechtliche Überprüfung haben sich an der Größe der Kreditinstitute, den Geschäftsschwerpunkten und der Risikosituation zu orientieren und sollen zur Situation der Bank in angemessenem Verhältnis stehen.[186]

---

[181] Vgl. Deutsche Bundesbank (2007a)
[182] Vgl. Schwirten, C./Zattler, M. (2005), S. 52
[183] Vgl. Froitzheim, R. O. (2003), S. 91
[184] Vgl. Loch, F./Thelen-Pischke, H. (2001), S. 738
[185] Vgl. Gruber, W. (2003), S. 71
[186] Vgl. Schwirten, C./Zattler, M. (2005), S. 53

Abbildung 16: MaRisk im Kontext von Basel II

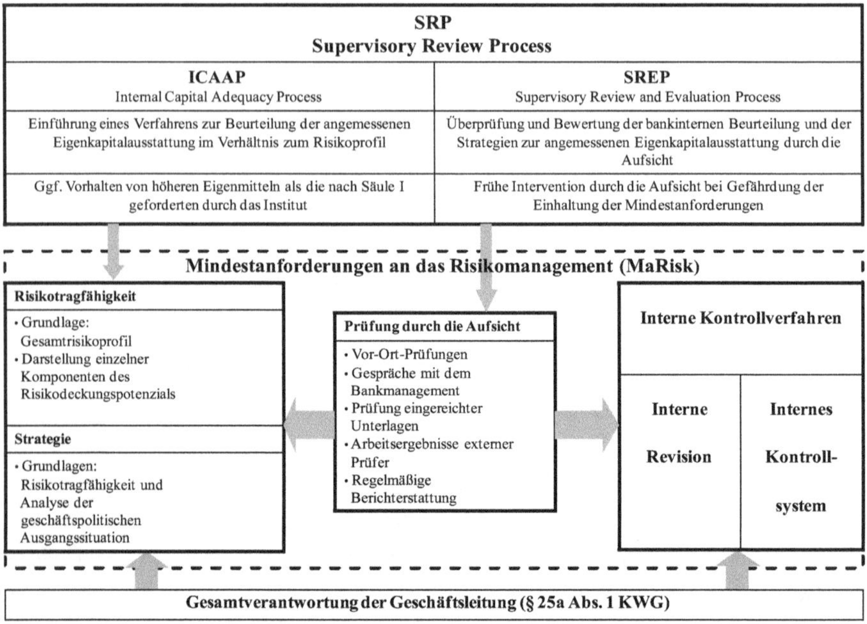

Quelle: Lewalter, K. (2006a), S. 5

Ziel des bankaufsichtlichen Überprüfungsverfahrens ist es, externe Faktoren wie etwa den Einfluss der Konjunkturentwicklung abzudecken und solche Risikobereiche zu berücksichtigen, die in der ersten Säule nicht beziehungsweise nicht vollständig abgedeckt wurden. Beispielhaft seien hier die Zinsänderungsrisiken im Anlagebuch und die Unsicherheiten bei der Bemessung operationeller Risiken genannt.[187]

2.3.1.3 Erhöhte Markttransparenz

Die dritte Säule von Basel II hat die Stärkung der Marktdisziplin über eine Erhöhung der Markttransparenz zum Ziel, um die Disziplinierungskräfte des Marktes komplementär zu den regulatorischen Anforderungen im Sinne der Systemstabilität zu nutzen.[188]

Dies soll durch zum Teil sehr weitgehende Empfehlungen beziehungsweise Vorschriften zur Offenlegung von Angaben zur Eigenkapital- und Risikolage der Bank im Rahmen der

[187] Vgl. BVR (2002a), S. 13

externen Rechnungslegung (zum Beispiel Jahresabschlüsse, Quartalsberichte oder Lageberichte) geschehen.[189] Durch die Offenlegungsanforderungen soll sichergestellt werden, dass die Marktteilnehmer einen besseren Einblick in das Risikoprofil und die Angemessenheit der Eigenkapitalausstattung einer Bank gewinnen.[190]

2.3.2 National induzierte Rahmenbedingungen

Neben den international induzierten Rahmenbedingungen existieren weitere, konkrete aufsichtsrechtliche Vorgaben auf nationaler Ebene, insbesondere das KWG sowie die MaRisk, die den Gestaltungsspielraum für Genossenschaftsbanken determinieren.[191]

Die Überwachung dieser aufsichtsrechtlichen Regelungen in Form einer von öffentlichen Interessen getragenen und staatlich ausgeübten Aufsicht über Kreditinstitute obliegt in Deutschland der BaFin. Seine gesetzliche Verankerung findet die Bankenaufsicht im KWG. Dieses beinhaltet alle zentralen Vorschriften und die Konsequenzen aus einer Nichteinhaltung für Kreditinstitute und wird über Rundschreiben ergänzt, die insbesondere aktuelle Entwicklungen und Auslegungsfragen aufgreifen.[192]

Für Institute der genossenschaftlichen Bankengruppe stellen die §§ 13, 14 und 18 KWG die im Tagesgeschäft am stärksten spürbaren Einflußfaktoren dar. So erfolgt eine Reduzierung des Kreditrisikos durch die Beschränkungen des § 13 KWG, der sich mit der Begrenzung von Großkrediten beschäftigt, und des § 14 KWG, der die Behandlung von Millionenkrediten definiert. Durch diese Regelungen, deren Meldepflicht sich auch in der Groß- und Millionenkreditverordnung (GroMiKV) wieder findet,[193] sollen Konzentrationsrisiken durch die Großkreditbegrenzung vermieden und die Gesamtverschuldung bei bedeutenden Schuldnern offen gelegt werden.[194]

Als letzte, hier aufgeführte Regelung zur Begrenzung von Kreditrisiken sei die Verpflichtung zur Offenlegung der wirtschaftlichen Verhältnisse von Kreditnehmern genannt. Diese in § 18

[188] Vgl. Gruber, W. (2003), S. 71
[189] Vgl. Entrop, O./Völker, J./Wilkens, M. (2001), S. 192
[190] Vgl. Deutsche Bundesbank (2007a)
[191] Vgl. Dürselen, K. (2002), S. 245
[192] Mit der BaFin beziehungsweise dem KWG beschäftigten sich beispielsweise Germann, U. (2004), S. 16-17 und Gruber, W. (2003), S. 2 intensiver.
[193] Vgl. Gruber, W. (2003), S. 7
[194] Vgl. ebd., S. 16

KWG postulierte Vorgabe war bisher ab einem Gesamtengagement in Höhe von 250.000 EUR durchzuführen und soll eine möglichst risikobewusste Vorbereitung des Kreditgeschäftes bewirken.[195] Seit 2005 wurde diese Grenze auf 750.000 EUR bei gleichzeitiger Reduktion der formalen Offenlegungspflichten erhöht. Ziel ist es, die internationale Wettbewerbsfähigkeit, insbesondere in der Konkurrenzsituation mit den direkten Nachbarländern wie beispielsweise Österreich, zu gewährleisten. Auch sollen die enormen bürokratischen Hürden bei der Kreditgewährung wieder auf ein ausgewogenes Maß verringert werden.[196] Insbesondere für kleine und mittlere Banken wie die Genossenschaftsbanken mit einer hohen Kundenanzahl und einem hohen Anteil des Kundenkreditvolumens in diesem Segment bedeutet dies eine massive administrative Erleichterung im Rahmen der Offenlegung der wirtschaftlichen Unterlagen.

Neben diesen vorgenannten Regelungen zur Reduzierung der Kreditrisiken sei die Notwendigkeit von bankinternen Prüfungsinstanzen, die vom Kreditvergabeprozess in den Banken unabhängig sind, genannt. Auch deren Notwendigkeit fußt auf § 25 a KWG, wodurch Banken für die ausreichende Überwachung von Bankgeschäften und für ein effizientes Risikocontrolling Sorge zu tragen haben.[197]

Zur Verringerung der dem Kreditgeschäft inhärenten operationellen Risiken hat der Baseler Ausschuss für Bankenaufsicht im September 2000 die 17 „Principles for the Management of Credit Risk" veröffentlicht. Hierauf aufbauend wurden im Rahmen der nationalen Umsetzung am 20. Dezember 2002 die Mindestanforderungen an das Kreditgeschäft der Kreditinstitute (MaK) verkündet.[198] Diese wurden gemeinsam mit den bisherigen Mindestanforderungen an das Betreiben von Handelsgeschäften der Kreditinstitute (MaH) vom 23. Oktober 1995 und den Mindestanforderungen an die Ausgestaltung der Internen Revision der Kreditinstitute (MaIR) vom 17. Januar 2000 in die am 20. Dezember 2005 veröffentlichten MaRisk überführt.[199] Dies brachte eine Bereinigung der vorhandenen Überschneidungen und Redundanzen der einzelnen Mindestanforderungen mit sich.[200] Die Umsetzungsfristen orientieren sich dabei

[195] Vgl. Gramlich, D. (2003), S. 12
[196] Vgl. Drost, F. M. (2005), S. 27
[197] Vgl. Gramlich, D. (2003), S. 56
[198] Vgl. Seel, W. (2006), S. 222; vgl. im Einzelnen BaFin (2002)
[199] Vgl. Maifarth, A./Pfingsten, M./Rieso, S. (2005), S. 35; vgl. im Einzelnen BaFin (2005)
[200] Vgl. Meister, E. (2006), S. 750

an den Fristen, mit der die Europäische Union Basel II für ihre Mitgliedsländer nachvollzieht.[201]

Abbildung 17: MaRisk in der Übersicht

Modul AT (Allgemeiner Teil)

AT 1 Vorbemerkung **AT 2 Anwendungsbereich** **AT 2.1 Anwenderkreis** **AT 2.2 Risiken** **AT 2.3 Geschäfte** **AT 3 Gesamtverantwortung der Geschäftsleitung** **AT 4 Allgemeine Anforderungen an das Risikomanagement** **AT 4.1 Risikotragfähigkeit** **AT 4.2 Strategien** **AT 4.3 Internes Kontrollsystem** AT 4.3.1 Aufbau- und Ablauforganisation AT 4.3.2 Risikosteuerungs- und -controllingprozesse **AT 4.4 Interne Revision**	**AT 5 Organisationsrichtlinien** **AT 6 Dokumentation** **AT 7 Ressourcen** **AT 7.1 Personal** **AT 7.2 Technisch-organisatorische Ausstattung** **AT 7.3 Notfallkonzept** **AT 8 Aktivitäten in neuen Produkten oder auf neuen Märkten** **AT 9 Outsourcing**

Modul BT (Besonderer Teil)

BT 1 Besondere Anforderungen an das interne Kontrollsystem

BTO Anforderungen an die Aufbau- und Ablauforganisation **BTO 1 Kreditgeschäft** **BTO 1.1 Funktionstrennung und Votierung** **BTO 1.2 Anforderungen an die Prozesse im Kreditgeschäft** BTO 1.2.1 Kreditgewährung BTO 1.2.2 Kreditweiterbearbeitung BTO 1.2.3 Kreditbearbeitungskontrolle BTO 1.2.4 Intensivbetreuung BTO 1.2.5 Behandlung von Problemkrediten BTO 1.2.6 Risikovorsorge **BTO 1.3 Verfahren zur Früherkennung von Risiken** **BTO 1.4 Risikoklassifizierungsverfahren** **BTO 2 Handelsgeschäft** **BTO 2.1 Funktionstrennung** **BTO 2.2 Anforderungen an die Prozesse im Handelsgeschäft** BTO 2.2.1 Handel BTO 2.2.2 Abwicklung und Kontrolle BTO 2.2.3 Abbildung im Risikocontrolling	**BTR Anforderungen an die Risikosteuerungs- und -controllingprozesse** **BTR 1 Adressenausfallrisiken** **BTR 2 Marktpreisrisiken** **BTR 2.1 Allgemeine Anforderungen** **BTR 2.2 Marktpreisrisiken des Handelsbuches** **BTR 2.3 Marktpreisrisiken des Anlagebuches (einschl. ZÄR)** **BTR 3 Liquiditätsrisiken** **BTR 4 Operationelle Risiken**

BT 2 Besondere Anforderungen an die Ausgestaltung der Internen Revision

BT 2.1 Aufgaben der Internen Revision	**BT 2.3 Prüfungsdurchführung**	**BT 2.5 Konzernrevision**
BT 2.1 Grundsätze für die Interne Revision	**BT 2.4 Auslagerung der Internen Revision**	

Quelle: BaFin (2005), Anlage 2

Die einzelnen Genossenschaftsbanken erhalten dabei durch ihre zentralen Einrichtungen wie den Deutschen Genossenschafts- und Raiffeisenverband (DGRV) sowie die einzelnen dezentralen Prüfungsverbände zahlreiche Hilfestellungen bei der Umsetzung dieser aufsichtsrechtlichen Herausforderungen. So sei beispielhaft das bundesweit gemeinsam mit den Prüfungsverbänden entwickelte MaRisk-Handbuch (inklusive konkreter Praxisbeispiele) genannt.[202] Auch das Positionspapier des Genossenschaftsverband Frankfurt bietet diverse Umsetzungshilfen wie beispielsweise Muster-Strategien und Muster-Rahmenbedingungen. Dabei wird der Tradition der „Verbundrichtlinie 2.0“ aus dem Jahr 2003, die den Genossenschaftsbanken als Umsetzungs- und Interpretationshilfe zur Erfüllung der MaK diente, gefolgt.[203]

---

201 Vgl. Sanio, J. (2006a), S. 24

202 Vgl. BVR (2006a)

203 Vgl. Lewalter, K. (2006a), S. 7

Die Regelungen der MaRisk stellen Mindestanforderungen auf, die von allen Kreditinstituten zur Begrenzung der Risiken zu beachten sind. Dabei trägt es der heterogenen Institutsstruktur und der Vielfalt des Kreditgeschäfts Rechnung. Es enthält zahlreiche Öffnungsklauseln, die abhängig von der Größe der Kreditinstitute, den Geschäftsschwerpunkten und dem Risikogehalt der Kreditgeschäfte eine vereinfachte und der Risikosituation angemessene und praxisgerechte Umsetzung ermöglichen.[204]

Insoweit kann es vor allem auch durch kleine und mittlere Kreditinstitute wie den Volks- und Raiffeisenbanken flexibel, unter Wahrung der Verhältnismäßigkeit umgesetzt werden. So können Kreditinstitute mit einem einfach strukturierten Kreditgeschäft und zwei Vorstandsmitgliedern bei einem Kundenkreditvolumen von nunmehr unter 100 Millionen EUR auf die Funktionstrennung gänzlich verzichten.[205] Von diesen Erleichterungen können per Ende 2004 immerhin rund 550 (cirka 40 %) der 1.334 Volks- und Raiffeisenbanken profitieren.

Korrespondierend erwartet die Bankenaufsicht dem Grundsatz der Flexibilisierung und Deregulierung folgend prüfungsseitig eine entsprechende Flexibilität. Diesen Leitlinien und einer gewollten Deregulierung folgend, werden die Notwendigkeit risikoorientierter Prüfungshandlungen und der Grundsatz der Wesentlichkeit noch stärker als bisher zum Ausdruck gebracht.[206]

Gänzlich neue Anforderungen sind in den MaRisk nur zu den neu aufgenommenen Risiken enthalten. Durch die Notwendigkeit einer angemessenen Steuerung und Überwachung zentraler Risiken werden auch Risikosteuerungs- und -controllingprozesse für operationelle und Liquiditätsrisiken von der Aufsicht verlangt. Die Anforderungen an diese Prozesse orientieren sich jedoch an der bestehenden Praxis der Steuerung dieser Risiken.[207]

Während die Handelsgeschäfte durch die aus den MaK bekannten anwendbaren Öffnungsklauseln im Vergleich zu den anderen Bereichen die meisten Änderungen erfuhren, haben auch im Bereich MaIR diverse Erleichterungen den Weg der Deregulierung fortgeführt.

---

[204] Vgl. Maifarth, A./Pfingsten, M./Rieso, S. (2005), S. 35

[205] Vgl. Lewalter, K. (2006a), S. 6. Diese Grenze wurde in den Fachgremiumssitzungen zu den MaK erstmals eingeführt und betrug bis zur Veröffentlichung der MaRisk 50 Millionen EUR.

[206] Vgl. Siems, S. (2005), S. 8

[207] Vgl. Genossenschaftsverband Frankfurt (2006), S. 4

Im Bereich der Kreditgeschäfte wurden weitgehend die Inhalte der Mindestanforderungen an das Kreditgeschäft der Kreditinstitute übernommen.[208]

So stellt insbesondere der mindestens jährlich durchzuführende Strategiefindungsprozess (Geschäfts- und Risikostrategie) durch die Geschäftsleitung den Ausgangspunkt für aktives Kreditrisikomanagement dar.[209] Dieser umfasst bei Genossenschaftsbanken regelmäßig die quantitative und qualitative Analyse der geschäftspolitischen Ausgangssituation unter Berücksichtigung der Risikotragfähigkeit und die Formulierung von strategischen und operativen Zielsetzungen. Deren Umsetzung wird im Regelfall über Soll-Ist-Vergleiche (beispielsweise im Risikobericht) und Maßnahmenpläne abgeglichen.[210]

Dabei sei allerdings darauf hingewiesen, dass die Beweggründe für die Strategieformulierung für einen Großteil der Institute im aufsichtsrechtlichen Umsetzungszwang zu finden sind. Das Erkennen der betriebswirtschaftlichen Sinnhaftigkeit ist noch nicht durchgängig verbreitet.

Ebenso fordern die MaRisk, dass die mit den Prozessen betrauten Mitarbeiter über die erforderlichen Kenntnisse zur Beurteilung der Risiken der Geschäfte verfügen.[211] Dies bedeutet, dass die Qualifikation der im Kreditgeschäft tätigen Mitarbeiter dem aktuellen Stand der Entwicklung und dem Risikogehalt der jeweils betriebenen Kreditgeschäfte entsprechen muss. Alle eingesetzten Instrumente und organisatorischen Regelungen greifen nur so gut, wie sie von den Mitarbeitern verstanden und entsprechend umgesetzt werden.[212]

Die organisatorische Sicherstellung erfolgt bei Genossenschaftsbanken regelmäßig über einen qualitativen und quantitativen Soll-Ist-Vergleich der Mitarbeiter mit den erarbeiteten Funktionsbeschreibungen und Anforderungsprofilen. Diese basieren im Regelfall auf dem genossenschaftlichen Standardwerk Funktionen und Competencies (F&C) aus dem Personalentwicklungskonzept GenoPE.[213] Da die vergleichsweise jungen Produkte zum Kreditrisikotransfer für viele Genossenschaftsbanken Neuland darstellen, verfügen diese im Regelfall weder über entsprechende Erfahrungen noch über ausreichende fachliche Voraussetzungen.

---

[208] Vgl. Lewalter, K. (2006a), S. 6
[209] Vgl. Koll, M./Wissendorf, C. (2005), S. 45
[210] Vgl. Wimmer, K. (2002), S. 1083-1084
[211] Vgl. Becker, A./Gruber, W. (2002), S. 24
[212] Vgl. Lüders, U./Weber, F. S. J. (2005), S. 39
[213] Vgl. Kehl, A. (2004), S. 307-308

Als weiterer Aspekt der Allgemeinen Anforderungen seien die Regelungen zur Aufnahme von Geschäften in neuartigen Produkten oder auf neuen Märkten genannt, auch als New Product Process (NPP) bezeichnet. Diese sind zunächst mit einem erhöhten Risiko behaftet und daher gemäß der MaRisk speziell organisatorisch zu regeln. Hierbei erhalten die Kreditgenossenschaften durch die Instrumentenlieferanten des Finanzverbundes entsprechende Hilfestellungen.[214]

Zur Beurteilung des Adressausfallrisikos hat jede Bank ein stabiles Risikoklassifizierungsverfahren zur erstmaligen und turnusmäßigen Beurteilung von Engagements einzusetzen, über dessen Einrichtung die Geschäftsleitung zu beschließen hat.[215] Die eingesetzten Verfahren müssen im Rahmen der MaRisk keine konkreten Vorgaben wie beispielsweise empirische Validierung oder explizite Zuweisung von Ausfallwahrscheinlichkeiten zu den Ratingklassen beinhalten. Dies unterscheidet sie von den Anforderungen an die Internen Ratingverfahren nach Basel II.[216] Somit wäre für Genossenschaftsbanken bis zur Umsetzung der Anforderungen nach Basel II eine Einstufung der Engagements nach der PrüfbV oder dem BVR-I-Rating vor dem Hintergrund der MaRisk aufsichtsrechtlich ausreichend. Allerdings erscheinen diese Verfahren betriebswirtschaftlich aufgrund der begrenzten Steuerungsmöglichkeiten wenig sinnvoll.[217]

---

[214] Vgl. Genossenschaftsverband Frankfurt (2006), S. 56-59
[215] Vgl. ebd., S. 88-90
[216] Vgl. Wohlert, D. (2003), S. 20
[217] Vgl. Kletzing, S./Schulze, H. (2005), S. 172

3. Instrumente und Methoden zur Gestaltung von Kreditportfolien deutscher Genossenschaftsbanken

Sollte trotz aller Diversifikationsbemühungen zum Zeitpunkt der Kreditvergabe das realisierte Kreditportfolio vom gewünschten Zielportfolio abweichen, stehen Genossenschaftsbanken der Primärstufe verschiedene Instrumente zur Verfügung, um Kreditrisiken zu transferieren.[218] Diese ermöglichen es, die Ziele der strategischen Asset Allocation unter Berücksichtigung der Risikotragfähigkeit der Kreditgenossenschaft zu strukturieren. Sie geben ihren Anwendern also die Möglichkeit, ein Kreditportfolio nach Wunsch zu gestalten,[219] und können grundsätzlich in traditionelle Produkte und Kapitalmarktprodukte unterteilt werden.[220] In Literatur und Praxis herrscht Einigkeit, dass sich die Erstgenannten von den Kapitalmarktprodukten dadurch abgrenzen, dass die bewirkte Weitergabe des Kreditrisikos nicht über den Sekundärmarkt, einen Markt für bereits im Umlauf befindliche Finanzprodukte, erfolgt.[221]

Abbildung 18: Zentrale Instrumente zum Transfer von Kreditrisiken

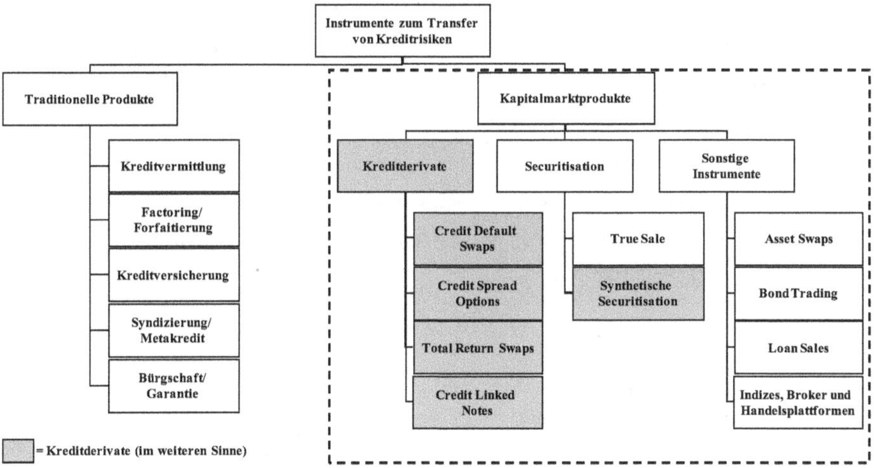

Quelle: Eigene Darstellung in Anlehnung an Speyer, B. (2003), S. 5

---

218 Vgl. Zielke, A. (2003), S. 83
219 Vgl. Kern, M./Lange, T. A. (2005), S. 40
220 Vgl. Speyer, B. (2003), S. 5
221 Vgl. unter anderem Peppmeier, A. (2006), S. 28 und Speyer, B. (2003), S. 5-6

Die zentralen Instrumentarien zum Transfer von Kreditrisiken werden nachfolgend näher erläutert. Auf eine Trennung nach einzelgeschäfts- und portfoliobezogenen Maßnahmen der Risikosteuerung wird verzichtet, da die praktische Anwendung der Instrumente niemals isoliert erfolgt. Vielmehr wird stets eine Kombination sowohl einzel- als auch gesamtgeschäftsbezogener Maßnahmen vorgenommen.[222]

3.1 Traditionelle Produkte und deren Nutzung im genossenschaftlichen Finanzverbund

Die traditionellen Produkte können in Instrumente zur Risikomobilisierung, zur Risikozerfällung und in Instrumente zur Risikoüberwälzung durch Sicherheitenstellung (Risikominderung) untergliedert werden. Diese Systematisierung erfolgt in Anlehnung an Ansätze zur Kreditrisikobegrenzung aus Teilen der wissenschaftlichen Theorie.[223] Nachfolgende Darstellung konzentriert sich auf die bei Kreditgenossenschaften geläufigsten Instrumente.

Im Rahmen der Risikomobilisierung, der Weitergabe von Kreditrisiken, spielt die Kreditvermittlung eine zentrale Rolle. Dies liegt zum einen darin begründet, dass Kreditgenossenschaften Kreditbeziehungen aus den unterschiedlichsten Gründen, wie beispielsweise Zinsbindungsfristen größer als zehn Jahre, nicht gewünschter Beleihungsrahmen, Gesamtengagementhöhe, Fremdwährungsdarlehen oder Konditionsgestaltung, nicht eingehen können oder wollen. Aus diesem Grund erfolgt oftmals eine Vermittlung dieser Kredite an Verbundpartner wie die Hypothekenbanken DG Hyp und Münchener Hypothekenbank (MHB) oder die Bausparkasse Schwäbisch Hall. Dabei erhält das vermittelnde Institut eine einmalige beziehungsweise revolvierende Vermittlungsprovision und wird vom Kreditrisiko freigestellt.[224]

Zum anderen erfolgt eine Kreditvermittlung mittels so genannter Kreditsurrogate wie Leasing zur Differenzierung im Wettbewerb. Hierbei können die Primärbanken auf die zentrale genossenschaftliche Leasinggesellschaft VR-Leasing zurückgreifen.[225]

---

222 Vgl. Merz, A. (2001), S. 14
223 Vgl. zum Beispiel Schierenbeck, H. (2003), S. 194-196 oder Eilenberger, G. (1997), S. 210-211
224 Vgl. Wehrt, A./Wehrt, K. (2000), S. 41
225 Vgl. Hilgert, H./Ziese, M. (2006), S. 284

Das jüngste Mitglied des Finanzverbundes ist die Teambank mit dem Hauptprodukt „easyCredit". Trotz anfänglich heftiger Kritik innerhalb des genossenschaftlichen Lagers haben mittlerweile über 900 genossenschaftliche Primärinstitute eine Vertriebsvereinbarung zur Vermittlung von Ratenkrediten mit diesem Verbundpartner.[226]

Neben der Kreditvermittlung sind der Forderungsverkauf durch Factoring, im Außenhandelsgeschäft als Forfaitierung bezeichnet, beziehungsweise die Forderungsabtretung (Zession) weitere Formen der Risikomobilisierung.[227] Bei Letztgenannter wird eine Forderung vom bisherigen Gläubiger (Zedenten) auf einen neuen Gläubiger (Zessionar) übertragen. Die Bank als Zedent erhält den Kreditbetrag vermindert um einen bestimmten Abschlag des Zessionars. Damit entfällt für die Bank das Kreditrisiko.[228]

Als Verbundpartner im Factoringgeschäft steht den Kreditgenossenschaften die VR Factorem zur Verfügung.[229] Die VR Factorem kauft im Rahmen vorab eingeräumter Kauflimite die Forderungen der Kunden gegen deren gewerbliche Abnehmer an und erstattet dem vermittelnden Institut eine Provisionsleistung. Mit Ankauf und Gutschrift der Factoringvaluta übernimmt sie das volle Ausfallrisiko.[230]

Als weiteres Mobilisierungsinstrument ist die Risikoüberwälzung durch Kreditversicherungen (Credit Insurance) zu nennen. Grundsätzlich ist festzustellen, dass Kreditversicherungen vorwiegend im Auslandsgeschäft und im Lieferantenkreditbereich zwischen Unternehmen eingesetzt werden. Gleichwohl ist jedoch auch die Versicherung von bankmäßigen Krediten möglich. Neben Einzelengagements können auch bestimmte Teile des gesamten Kreditportfolios gegen das Ausfallrisiko versichert werden.[231]

---

[226] Diese wurde durch die DZ Bank im Jahr 2003 als damalige Norisbank von der HypoVereinsbank übernommen. Ziel der Transaktion war es, den jahrelangen Abwärtstrend im Geschäft mit Verbraucherkrediten bei den Genossenschaftsbanken zu stoppen und ein im Prinzip aufgegebenes Geschäftssegment wieder zu beleben. (Vgl. o. V. (2005c), S. 25) Zwischenzeitlich wurden die rund 334.000 Kundenverbindungen, 98 Filialen und der Bankname „Norisbank" an die Deutsche Bank veräußert.

[227] Vgl. Köhler, P./Krause, A. (2006), S. 25

[228] Vgl. Papperitz, G. (1993), S. 1842

[229] In dieses zum 19. Dezember 2003 gestartete Joint-Venture-Unternehmen mit der Natexis Factorem, der Factoringtochter der genossenschaftlichen französischen Banque Populaire Gruppe, hat die VR-Leasing das Factoringgeschäft der VR Diskontbank eingebracht. (Vgl. VR Factorem (2007)

[230] Vgl. Weiß, W. (2004/2005), S. 64

[231] Vgl. Peppmeier, A. (2006), S. 28-29

Hier kann das Ausfallrisiko von der Genossenschaftsbank auf Versicherungsgesellschaften übertragen werden.[232] Eine entsprechende Nutzung von Kreditversicherungen erfolgt insbesondere, mit abnehmender Tendenz, durch kleine Kreditgenossenschaften. Diese wenden oftmals die Hermes-Versicherung zur Abdeckung von Ausfallrisiken im Mengenkreditgeschäft an. Als Preis für die Absicherung hat das Kreditinstitut eine Versicherungsprämie an die Versicherungsgesellschaft zu zahlen.[233]

Die Zergliederung des Gesamtkreditbetrages auf mehrere Kreditgeber wird als Risikozerfällung oder auch Risikoteilung[234] beschrieben und geschieht auf internationaler Ebene oft durch Syndizierung, auch Konsortialkredit genannt. Sie stellt ein weiteres traditionelles Instrument des Kreditrisikotransfers dar.[235] Dabei werden Großkredite als Syndicated Loans (syndizierte Kredite) von einem oder mehreren Instituten, die als Lead Manager (Koordinatoren) fungieren, anderen Instituten zur Partizipation angeboten. Stellen wenige Banken eine Finanzierung konsortial dar, wird dies auch als Club Deal bezeichnet.[236]

Im regionalen Kreditgeschäft dominiert die Risikoteilung durch einen Metakredit (durchgeleiteter Kredit). Hierbei reicht das kreditgewährende Institut Teilbeträge an andere Banken weiter.[237] Dies zieht zwar eine Verbesserung der Portfoliogranularität nach sich, führt aber auch aufgrund der häufig geforderten offenen Treuhandverhältnisse zu einer Übertragung der Forderungsposition mit einer entsprechenden Bilanzverkürzung.[238]

Im genossenschaftlichen Sektor erfolgt dieses häufig genutzte Instrument der Risikozerfällung regelmäßig in einer stillen oder offenen Form der Gemeinschaftskreditgewährung. Partner sind ein Institut der Primärstufe, das auch die Konsortialführung innehat, und ein Nachbarinstitut beziehungsweise ein Verbundpartner wie die DG Hyp oder hauptsächlich die jeweilige genossenschaftliche Zentralbank.[239] Die Bestellung, Prüfung sowie Verwaltung der gemeinschaftlichen Sicherheiten erfolgt durch die Genossenschaftsbank. Die Zentralinstitute treten nur nach vorheriger Absprache mit der Genossenschaftsbank gegenüber deren Kunden

---

232 Als Kreditversicherungsgesellschaften seien beispielhaft erwähnt: Euler-Hermes Kreditversicherung (Allianz), Atradius, Coface Holding und R+V Versicherung. (Vgl. Dohmen, C. (2005), S. 25)

233 Vgl. Kersting, S. (2006), S. 4

234 Vgl. Eilenberger, G. (1997), S. 210-211

235 Vgl. Peppmeier, A. (2006), S. 29-30

236 Vgl. DG Hyp (2006)

237 Vgl. Nordhues, H.-G./Benzler, M. (2005), S. 178

238 Vgl. Seel, W. (2006), S. 234

239 Vgl. neben anderen Bruns, H. (1996), S. 54-58 oder Pohl, H. (2005), S. 30-31

auf. Somit trägt dieser Gemeinschaftskredit nicht nur zu einer Risikostreuung im Finanzverbund bei, sondern sorgt auch dafür, dass erfolgreiche mittelständische Unternehmen ihrer Genossenschaftsbank nicht entwachsen, weil der Kreditwunsch zu groß wäre.[240]

Nachdem die Metakreditvergabe in den vergangenen Jahren durch starke Zurückhaltung der Zentralbanken geprägt war, hat sich seit 2004 aufgrund des neu entwickelten und eingeführten Risikotransferproduktes Standard-Meta der DZ Bank zur Übernahme von Blankorisiken eine Trendwende vollzogen. So nutzen bereits über 500 Institute dieses Angebot.[241]

Als Grundvoraussetzungen gilt dabei eine Ausfallbürgschaft der DZ Bank auf das Gesamtengagement über mindestens 100.000 und maximal 1 Million EUR und 50 % der Ausfallsumme. Weitere Bedingungen sind ein maximales VR-Rating von 2b mit Laufzeiten von 1 bis 5 Jahren und ein Blankokredit aus DZ-Bank-Sicht. Die Sicherheitenhereinnahme, -bewertung und -prüfung erfolgt durch die Partnerbank, während die Zentralbank eine schnelle Entscheidung (innerhalb von 2 bis 3 Tagen Nettobearbeitungszeit), eine jederzeitige Transparenz über den Prozessstatus und einen fixen Preis über die gesamte Avallaufzeit gewährleistet.[242] Die Erweiterung des Standard-Meta stellt der Förderkredit Plus, ein Kombinationsprodukt aus Förderprogrammen und standardisiertem Risikotransfer, dar.[243]

Die größtmögliche Maßnahme zur Reduzierung von Kreditrisiken bis hin zur vollständigen Minimierung sind die Instrumente zur Risikominderung. Dies erfolgt über die Stellung von Kreditsicherheiten, aus denen notfalls eine Befriedigung der Ansprüche erfolgen kann.[244] Risikominderungsinstrumente kommen vor allem im mittel- und langfristigen Laufzeitenbereich zum Tragen, da selbst detaillierteste Kreditwürdigkeitsprüfungen das Kreditrisiko nicht vollständig ausschließen können und auf Seiten der Kreditgeber ein gewisses Absicherungsbedürfnis vorhanden ist.[245]

Als dominierende Vertreter der traditionellen Kreditsicherungsinstrumente der Bankenpraxis sind die Bürgschaft und die Garantie zu nennen. Sie kennzeichnen sich durch die Einstandspflicht eines Dritten bei Ausfall des Kreditnehmers und ähneln damit vom

[240] Vgl. Bruns, H. (1996), S. 54-58
[241] Vgl. Adelt, T./Zeiselmaier, A. (2005), S. 60
[242] Vgl. ebd., S. 62
[243] Vgl. ebd., S. 60
[244] Vgl. Peppmeier, A. (2006), S. 29
[245] Vgl. Büschgen, H. E. (1999), S. 951-952

Wirkungsgrad her beispielsweise der Kreditversicherung.[246] Die Stellung von Kreditsicherheiten erfolgt über eine schriftliche Vereinbarung in Form eines Kredit- oder Sicherheitenvertrages zwischen Kreditgeber und Kreditnehmer. Darin erhält die Bank einen Anspruch gegen dritte Personen (Personensicherheit) wie bei der Bürgschaft und Garantie oder auf die Verwertung von Rechten beziehungsweise Sachen (Sachsicherheit) für den Fall, dass der Kreditnehmer seinen Vertragsverpflichtungen nicht vollumfänglich nachkommt. Neben dieser Besicherungsform werden Kreditsicherheiten noch nach der Abhängigkeit vom Bestand einer Forderung in akzessorische (Bürgschaft) oder fiduziarische (Garantie) Sicherheiten unterschieden.[247]

3.2 Kapitalmarktprodukte und deren Nutzung von deutschen Genossenschaftsbanken der Primärstufe

Eine in Literatur und Praxis gängige Systematisierung der Kapitalmarktprodukte zum Transfer von Kreditrisiken erfolgt in Kreditderivate, Securitisation sowie die sonstigen Instrumente.[248] Letztgenannte unterteilen sich in Asset Swaps, Bond Trading, Loan Sales sowie Indizes, Broker und Handelsplattformen. Diese sind allerdings für Genossenschaftsbanken aktuell nahezu nicht anwendbar, da mittelständische Unternehmen, als deren typische Kreditnehmer, weder über ein externes Rating noch über eine Kapitalmarktfähigkeit verfügen.[249] Daher wird im Rahmen dieser Dissertation der Schwerpunkt auf die Möglichkeiten der Kreditderivate und der Securitisation in ihren genossenschaftlichen Ausprägungsformen gelegt.

3.2.1 Kreditderivate

Aufgrund ihrer elementaren Bedeutung im kapitalmarktorientierten Kreditrisikotransfer bedarf es einer Darstellung der Kreditderivate.[250] Neben Begriffsdefinitionen erfolgt in

---

[246] Vgl. Auerbach, D. (2003), S. 17. Eine ähnliche Wirkungsweise wie Bürgschaft und Garantie weist auch die Patronatserklärung auf. Aufgrund der starken Bedeutung der beiden Erstgenannten im Kreditgeschäft der Genossenschaftsbanken erfolgt nachfolgend nur deren Darstellung.
[247] Vgl. Büschgen, H. E. (1999), S. 951-961.
[248] Vgl. unter anderem Peppmeier, A. (2006), S. 28 und Speyer, B. (2003), S. 5-6
[249] Vgl. Schierenbeck, H. (2003), S. 227-228
[250] Vgl. Flesch, J. R. (2000), S. 103

diesem Kapitel auch die Beschreibung zentraler Vertragselemente sowie Ausprägungsformen von Kreditderivaten.[251] Eine Darstellung deren genossenschaftlicher Anwendung am Beispiel der WGZ-Loop schließt dieses Kapitel ab.

3.2.1.1 Begriffsdefinitionen und Vertragselemente einer Kreditderivatetransaktion

Kreditderivate sind Finanzinstrumente, die anfänglich individuell und mittlerweile verstärkt standardisiert vereinbart und auf außerbörslichen (over the counter, OTC) Märkten gehandelt werden. Sie ermöglichen es, Kreditrisiken von Darlehen, Anleihen und anderen Kreditpositionen außerbilanziell zu separieren, sie neu zu bündeln und auf andere Marktteilnehmer zu transferieren.[252] Dabei erfolgt die Übertragung des Kreditrisikos entweder über die gesamte Laufzeit der Forderung oder einen kürzeren Zeitraum.[253]

Es handelt sich demnach um Vereinbarungen, die es dem Risikoverkäufer (Sicherungsnehmer, Protection Buyer) ermöglichen, das zugrunde liegende Kreditrisiko gegen Zahlung einer Prämie auf den Risikokäufer (Sicherungsgeber, Protection Seller) zu übertragen.[254] Der Sicherungsgeber übernimmt das Kreditrisiko, ohne die zugrunde liegende Forderung zu erwerben, und der Risikoverkäufer hält nach der Transaktion nur noch die kreditrisikolose Liquiditätskomponente des Basisinstruments.[255]

Ihren Ursprung fanden Kreditderivate Anfang der neunziger Jahre.[256] Im Laufe des Evolutionsprozesses setzte zuerst in den USA, später auch in Europa und Asien eine rasante Entwicklung des Kreditderivatemarktes hinsichtlich Marktvolumen und Anzahl der Marktteilnehmer ein. Insbesondere der deutsche Kreditderivatemarkt gewann dabei im internationalen Vergleich erst sehr spät an Dynamik.[257]

---

[251] Für eine ausführliche Darstellung der Kreditderivate vgl. Kern, M. (2003a) oder Peppmeier, A. (2006).
[252] Vgl. Boos, K.-H./Meyer-Ramloch, D. (1999), S. 644
[253] Vgl. Pechtl, A. (1999), S. 213
[254] Vgl. Brütting, C./Heidenreich, M./Weber, N. (2003), S. 756
[255] Vgl. Becker, H. P./Peppmeier, A. (2006), S. 351-352
[256] Während teilweise auch die Jahre 1991 und 1992 genannt werden, erfolgte spätestens 1993 der erste vom Grundprodukt isolierte Handel von Kreditrisiken in Japan durch Bankers Trust und Credit Suisse Financial Products. (Vgl. Parsley, M. (03/1996), S. 28)
[257] Vgl. Burghof, H.-P./Henke, S. (2005a), S. 30

Die Größe des Marktes der Kreditderivate kann aufgrund des außerbörslichen Charakters nicht exakt gemessen werden und beruht daher lediglich auf Schätzungen. Während sich das Marktvolumen im Jahr 1996 noch auf 180 Mrd. USD belief, wird es im Jahr 2006 auf 20.207 Mrd. USD geschätzt. Für das Jahr 2008 wird bereits mit einem Marktvolumen von 33.120 Mrd. USD gerechnet.[258] Dabei entfällt auf Credit Default Swaps (CDS) mit rund 33 % des globalen Marktes der größte Anteil.[259]

Abbildung 19: Entwicklung der gehandelten Volumina am Kreditderivatemarkt

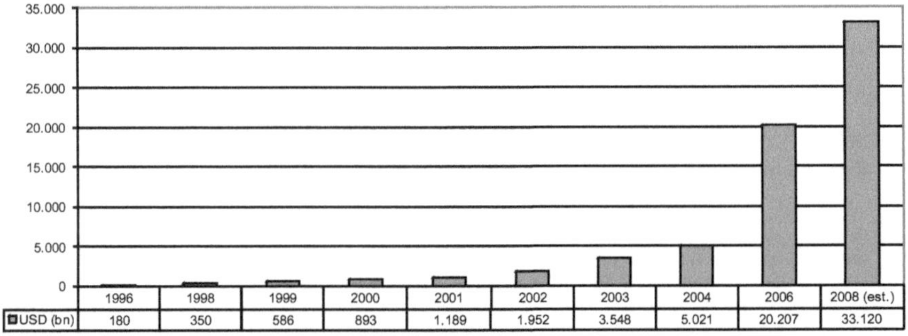

Quelle: British Bankers' Association (2006), S. 5

Den größten Anteil am globalen Kreditderivatemarkt hat nach wie vor mit rund 40 Prozent im Jahr 2006 der Londoner Markt, deutlich vor New York und Asien.[260] Der Vorsprung des europäischen Marktes gegenüber dem amerikanischen Markt ist darin begründet, dass sich Investoren in den USA eine größere Auswahl an Konkurrenzprodukten in Form von Firmenbonds – auch im spekulativen High Yield-Bereich – zur Kapitalanlage bietet, weil dort die Finanzmärkte besser ausgebildet sind.[261]

Obwohl Transaktionen mit Kreditderivaten individuelle Vereinbarungen ermöglichen, werden in der Praxis bei Vertragsgestaltung und Dokumentation zunehmend standardisierte Lösungen, zum Beispiel in Form der International Swaps and Derivatives Association (ISDA)-Rahmenverträge,[262] eventuell in Verbindung (Bridge Clause) mit dem deutschen

[258] Vgl. British Bankers' Association (2006), S. 5
[259] Vgl. Rettberg, U. (2006c), S. B21
[260] Vgl. British Bankers' Association (2006), S. 5
[261] Vgl. Rezmer, A. (2001), S. 47
[262] Vgl. Barckow, A./Beike, R. (2002), S. 8. Nähere Informationen sind im Internet unter www.isda.org zu finden.

Rahmenvertrag für Finanztermingeschäfte,[263] gesucht. Um ein Verständnis für die Funktionsweise von Kreditderivaten zu erlangen, werden nachfolgend die wichtigsten Vertragselemente vorgestellt. Diese spielen auch in den anderen Kapitalmarktprodukten eine zentrale Rolle.

Ein Vermögensgegenstand, ein Aktivposten im Bestand des Risikoverkäufers, der durch ein Kreditderivat abgesichert werden soll, wird als Risikoaktivum (Underlying, Basisinstrument) bezeichnet. Daneben muss bei Vertragsabschluss ein Instrument festgelegt werden, dessen Wertveränderung objektiv den Eintritt eines Kreditereignisses feststellt und die daraus resultierende Ausgleichszahlung festlegt. Dieses Instrument wird als Referenzaktivum (Reference Asset) bezeichnet.[264]

Reference Asset und Underlying können zwar identisch sein, weichen jedoch in den meisten Fällen voneinander ab. Als Referenz kommen beispielsweise ein Rating, einzelne Kredite oder Anleihen, aber auch Indizes oder Körbe kreditrisikosensitiver Instrumente (Baskets) in Betracht.[265]

Ein vorher festgelegtes, vertraglich fixiertes Ereignis (Kreditereignis, Credit Event) beschreibt die negative Bonitätsveränderung eines Referenzaktivums und verpflichtet den Risikokäufer während der Laufzeit des Kreditderivats bei Eintritt dieses Ereignisses zur Zahlung eines Ausgleichs an den Risikoverkäufer.[266] Ein solches Ereignis kann etwa die Insolvenz des als Basisinstrument dienenden Unternehmens oder eine bestimmte Herabsetzung eines Ratings sein.[267] Dabei ist es notwendig, dass der Eintritt eines Credit Events durch eine neutrale, öffentliche Nachrichtenquelle (Publicly Available Information) bestätigt wird und dass der Wertverlust einen vorgegebenen Prozentsatz des Nennwerts des Reference Assets überschreitet.[268]

Tritt ein Credit Event ein, ist der Risikokäufer zur Zahlung eines Ausgleichs (Credit Event Payment) an den Risikoverkäufer verpflichtet. Die Abwicklung kann dabei als Cash

[263] Vgl. Euler, A./Holschuh, K. (1999), S. 4
[264] Vgl. Boos, K.-H./Meyer-Ramloch, D. (1999), S. 644
[265] Vgl. Burghof, H.-P./Henke, S. (1999), S. 726
[266] Vgl. Savelberg, A. H. (1996), S. 329
[267] Vgl. Becker, H. P./Peppmeier, A. (2006), S. 353
[268] Vgl. Burghof, H.-P./Henke, S. (1999), S. 726

Settlement (Barausgleich), Physical Settlement (physische Lieferung des Referenzaktivums) oder als Binary Settlement (pauschale Abgeltung) erfolgen.[269]

3.2.1.2 Ausprägungsformen von Kreditderivaten

Aufgrund des außerbörslichen Charakters von Kreditderivaten und der damit verbundenen individuellen Ausgestaltung existiert eine Vielzahl von Ausprägungsformen. Im Laufe der Entwicklung haben sich allerdings vier Grundformen von Kreditderivaten herausgebildet: Credit-Default-Produkte, Credit-Spread-Produkte, Total-Return-Produkte sowie Credit Linked Notes.[270]

Diese Grundformen werden auch als Plain-Vanilla-Strukturen bezeichnet.[271] Demgegenüber gibt es noch weitere Produkte wie zum Beispiel Credit Default Digitals, Rating Options[272] oder Constant Proportion Debt Obligations (CPDO),[273] die jedoch nur einen geringen Marktanteil aufweisen und daher in Teilen der Literatur als „exotische" Kreditderivate tituliert werden. Dabei ist zu beobachten, dass diese Bezeichnung allenfalls temporären Charakter hat, da sich diese Finanzinstrumente aufgrund des rasanten Entwicklungstempos sehr schnell zu „Plain Vanilla" entwickeln können.[274]

Die Credit-Default-Produkte stellen die einfachste und gebräuchlichste Form von Kreditderivaten dar.[275] Kennzeichnend ist, dass sich Strukturen dieser Produkte auch in anderen Kreditderivaten, wie den noch zu beschreibenden Credit Linked Notes oder Total Return Swaps, wiederfinden. Credit-Default-Produkte beinhalten für den Risikokäufer die Verpflichtung, bei Eintritt eines vorab spezifizierten Credit Event eine Ausgleichszahlung an den Risikoverkäufer zu entrichten.[276]

---

[269] Vgl. Brütting, C./Heidenreich, M./Weber, N. (2003), S. 756
[270] Vgl. neben anderen Schierenbeck, H. (2003), S.218 oder Peppmeier, A. (2006), S. 12 ff.
[271] Vgl. Rösch, D. (2001), S. 8
[272] Vgl. Hüttemann, P. (1998), S. 60
[273] Vgl. Cünnen, A. (2006b), S. 28
[274] Vgl. neben anderen Posthaus, A. (2005), S. 61 und Hüttemann, P. (1998), S. 60-61
[275] Vgl. Euler, A./Holschuh, K. (1999), S. 3
[276] Vgl. Burghof, H.-P./Henke, S. (1999), S. 726

Abbildung 20: Struktur eines Credit Default Swaps

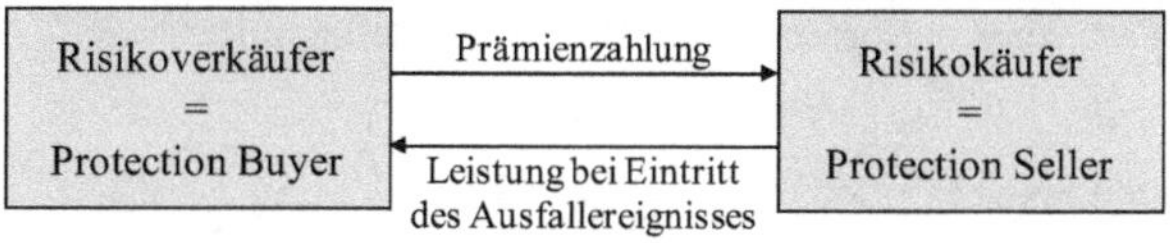

Quelle: Vgl. Altman, E. I./Caouette, J. B./Narayanan P. (1998), S. 307

Im Gegenzug zahlt der Protection Buyer für die Absicherung des Kreditrisikos durch Credit-Default-Produkte eine Art „Versicherungsprämie" für den Schutz vor Zahlungsausfall.[277] Wird diese Prämie einmalig zu Beginn des Geschäftes (up front payment) geleistet, bezeichnet die Literatur dieses Konstrukt als Credit Default Option, bei einer periodisch annualisierten Prämienzahlung hingegen als Credit Default Swap.[278]

In Wissenschaft und Praxis ist es strittig, ob es sich bei diesen Produkten um Optionen oder Swaps handelt.[279] Obwohl die BaFin diesen Finanzkontrakt aufgrund seiner asymmetrischen Struktur als Option einordnet, bezeichnet sie ihn dennoch als Credit Default Swap.[280] Aufgrund der aufsichtsrechtlichen Bedeutung der BaFin wird die von ihr gewählte Bezeichnung im weiteren Verlauf der Arbeit verwandt. Auch in der Praxis ist zu beobachten, dass sich diese Bezeichnung durchgesetzt hat.[281] Während der Transfer eines einzelnen Engagements als Single Trade bezeichnet wird, umfasst der Portfolio Swap den Transfer eines (Teil-) Portfolios.[282]

Bei Credit-Spread-Produkten handelt es sich um Kreditderivate, die auf Basis von Optionskontrakten dargestellt werden.[283] Bedeutendster Vertreter dieser Art ist die Credit Spread Option (CSO). Hierbei handelt es sich um eine Option, deren Basiswert als ein Credit Spread[284] zwischen einem risikobehafteten Referenzaktivum und einer quasi-risikolosen

---

277 Vgl. unter anderem Harold, P./Prinker, E. (2000), S. 453 oder Altman, E. I./Caouette, J. B./Narayanan P. (1998), S. 307
278 Vgl. Rösch, D. (2001), S. 9
279 Vgl. Auerbach, D./Hashagen, J. (1998), S. 626
280 Vgl. BaFin (1999), S. 3
281 Vgl. Auerbach, D./Hashagen, J. (1998), S. 626
282 Vgl. Loy, B. (2006), S. 498
283 Vgl. Savelberg, A. H. (1996), S. 329
284 Unter dem Credit Spread ist eine in Basispunkten ausgedrückte Risikomarge zu verstehen, die ein Maß für das in Schuldtiteln enthaltene Kreditrisiko ist. (Vgl. Kretschmer, J. (1999), S. 361-362)

Benchmark (bei ansonsten gleichen Konditionen und gleicher Laufzeit) wie zum Beispiel eine Staatsanleihe oder als Aufschlag auf einen entsprechenden LIBOR-Satz definiert ist.[285]

Abbildung 21: Struktur einer Credit Spread Option

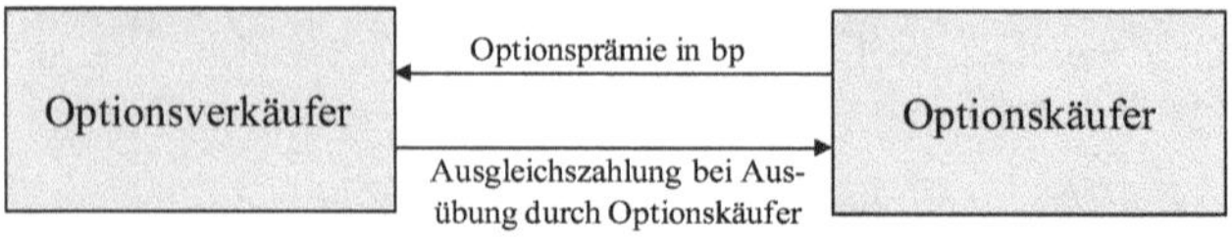

Quelle: Hüttemann, P. (1999), S. 37

Der Käufer einer Credit Spread Option erwirbt das Recht, das Reference Asset zu einem festgelegten Credit Spread innerhalb einer bestimmten Frist vom Optionskäufer zu kaufen (Call) oder zu verkaufen (Put). Dafür erhält der Verkäufer vom Käufer der Option eine bei Vertragsabschluss fällige Prämie.[286] So entspricht beispielsweise eine Ausweitung des Credit Spreads einer Verschlechterung der Kreditqualität des Referenzschuldners, was wiederum zu einer Erhöhung des Wertes einer Credit Spread Put Option führt.[287]

Bei Total-Return-Produkten hingegen wird die gesamte Wertänderung – also nicht nur bonitätsbedingte, sondern zusätzlich auch zinsinduzierte Marktwertveränderungen – des Referenzaktivums als Maßstab für die Ausgleichszahlung herangezogen. Total-Return-Produkte werden derzeit überwiegend als Total Return Swap (TRS), auch Total Rate of Return Swap genannt, ausgestaltet.[288] Dabei tauscht der Risikoverkäufer neben den Erträgen aus dem Risikoaktivum (zum Beispiel einer Anleihe) auch dessen Kurswertänderungen mit dem Risikokäufer gegen die Zahlung eines in der Regel variablen Referenzzinses (in der Regel LIBOR oder EURIBOR) zuzüglich einer Risikoprämie aus.[289]

---

[285] Vgl. Burghof, H.-P./Henke, S. (2005a), S. 23. Neben diesen Credit Spread Options existieren noch weitere Credit-Spread-Produkte etwa in Form von Rating-Options oder Downgrade-Options. Diese kommen zur Auszahlung, wenn ein Referenzaktivum im Rating herabgestuft wird. (Vgl. Bowler, T./Folkerts-Landau, D./Knott, D./Moulton, P./Tierney, J. F. (1999), S. 22)

[286] Vgl. Schierenbeck, H. (2003), S. 224

[287] Vgl. unter anderem Heide, H./Mangels, T. (2004), S. 34 oder Hüttemann, P. (1999), S. 37

[288] Vgl. Schierenbeck, H. (2003), S. 225

[289] Vgl. BaFin (1999), S. 4

Abbildung 22: Struktur eines Total Return Swaps

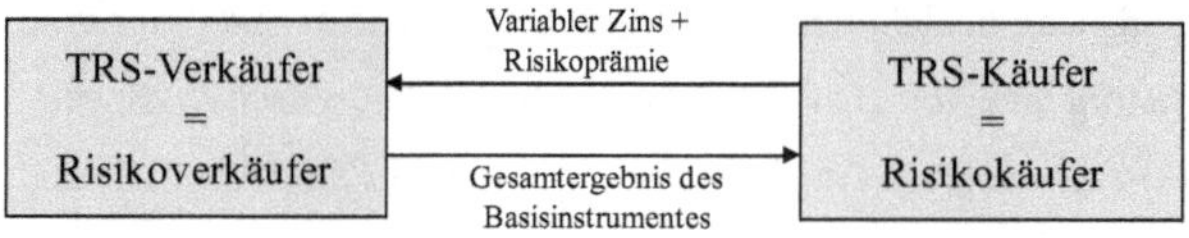

Quelle: Eigene Darstellung in Anlehnung an Perridon, L./Steiner, M. (2007), S. 337

Im Gegensatz zum Credit Default Swap finden dabei die Ausgleichszahlungen nicht nur bei einem Kreditereignis, sondern periodisch, in der Regel quartalsweise, statt. Liegt der festgelegte Marktwert unter dem zuletzt ermittelten Wert, erhält der Risikoverkäufer vom Risikokäufer die Differenz als Ausgleichszahlung. Im gegenteiligen Falle einer Marktwertsteigerung muss der Risikoverkäufer diese jedoch an den Risikokäufer im Sinne einer Ausgleichszahlung abtreten.[290] Sinkt der Wert des Risikoaktivums auf Null, muss der Sicherungsgeber seinem Kontrahenten den Kreditverlust kompensieren und der TRS wird beendet.[291]

Total Return Swaps basieren in der Regel auf gehandelten Anleihen, so dass Kursveränderungen exakt festgestellt werden können. Werden demgegenüber ausnahmsweise illiquide Kredite eingesetzt, müssen alternative Preisermittlungsverfahren, beispielsweise eine Händlerumfrage,[292] durchgeführt werden.[293]

Wenden wir uns nun der letzten Grundform zu: der Credit Linked Note (CLN). Dabei handelt es sich um Kombinationen einer Anleihe mit einem Kreditderivat. Je nach Ausgestaltung werden diese dann als Credit Default Linked Note, Credit Spread Linked Note oder Total Return Linked Note bezeichnet. Da in der Praxis die Credit Default Linked Note deutlich überwiegt, beschränken sich die nachfolgenden Ausführungen ausschließlich auf deren Darstellung.[294]

---

290 Vgl. unter anderem Brütting, C./Heidenreich, M./Weber, N. (2003), S. 759 oder Perridon, L./Steiner, M. (2007), S. 337
291 Vgl. Bowler, T./Folkerts-Landau, D./Knott, D./Moulton, P./Tierney, J. F. (1999), S. 19-20
292 Diese ist in der Praxis auch unter der Bezeichnung Dealer Poll bekannt.
293 Vgl. Bowler, T./Folkerts-Landau, D./Knott, D./Moulton, P./Tierney, J. F. (1999), S. 19-20
294 Vgl. Zahn, A./Lemke, R. (2002), S. 1537

Bei einer Credit Default Linked Note erwirbt der Risikokäufer die vom Risikoverkäufer emittierte Anleihe zum Nominalbetrag beziehungsweise Ausgabepreis und erhält dafür eine Verzinsung. Als Emittent tritt häufig eine von Banken genutzte Einzweckgesellschaft (Special Purpose Vehicle, SPV) auf, die aufgrund ihrer Gestaltung und Ausstattung die Sicherheit und Attraktivität eines CLN-Geschäftes erhöht.[295]

Die Höhe der Rückzahlung ist an den Eintritt eines Kreditereignisses im Reference Asset gebunden. Tritt ein solches ein, wird die CLN zum Nennwert unter Abzug eines Ausgleichsbetrages zurückgezahlt. Bei Nichteintritt erfolgt die Tilgung regulär, das heißt zum Nominalbetrag.[296]

Abbildung 23: Zerlegung der Zahlungsströme zwischen CLN-Emittentin und CLN-Erwerber während der Laufzeit der CLN

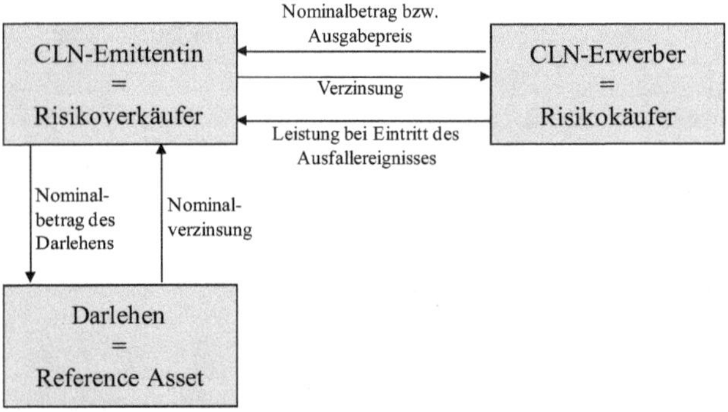

Quelle: Eigene Darstellung in Anlehnung an Becker, H. P./Peppmeier, A. (2006), S. 355

Im Gegensatz zu den bisher beschriebenen Produkten existiert bei einer CLN für den Risikoverkäufer kein Kontrahentenrisiko, da im Falle eines Credit Events aufgrund der Bereitstellung bei Kauf das benötigte Kapital bereits vorhanden ist.[297] Allerdings trägt der Investor einer CLN das Ausfallrisiko von zwei Adressen: zum einen das des Referenzaktivums und zum anderen das des Emittenten. Dieses größere Risiko spiegelt sich in der Regel in einer höheren Verzinsung als bei einer traditionellen Schuldverschreibung mit sonst identischer Ausstattung wider.[298]

[295] Vgl. Franke, G. (2005b), S. 10
[296] Vgl. unter anderem Neske, C. (2005), S. 57-58 oder Becker, H. P./Peppmeier, A. (2006), S. 354-355
[297] Vgl. Heidorn, T. (1999), S. 9
[298] Vgl. Becker, H. P./Peppmeier, A. (2006), S. 354-355

Ein weiterer Unterschied ist die volle Bilanzwirksamkeit dieses Kreditderivats wegen der Ähnlichkeit mit einer Anleihe.[299] Dies macht die CLN besonders für solche Investoren interessant, die nicht berechtigt sind, außerbilanzielle Instrumente zu nutzen. Mit diesem Finanzkontrakt erhalten sie einen Zugang zu dem Kreditderivatemarkt.[300]

In Bezug auf die Risikowirkung von Kreditderivaten ist festzustellen, dass mit dem Einsatz der Credit-Default-Produkte und der Credit-Spread-Produkte lediglich die Übertragung des unsystematischen, adressenspezifischen Risikos erfolgt, während der Kreditrisikoverkäufer mit Total-Return-Produkten und Credit Linked Notes sowohl das unsystematische als auch das systematische, allgemeine Risiko transferiert.[301]

3.2.1.3 Kreditderivate in der genossenschaftlichen Anwendung am Beispiel der WGZ-Loop

Bei der WGZ-Loop, deren Namen sich aus den Anfangsbuchstaben von Loan (hier: LOan) Optimizing Pool zusammensetzt, handelt es sich um eine Risikotransferplattform, bei der die WGZ Bank als Initiator, Koordinator und Abwickler des Kreditrisikotransfers auftritt.[302] Das Poolingverfahren, welches die WGZ-Loop kennzeichnet, wird von den teilnehmenden Instituten als Kreislaufmodell bezeichnet. Dies bedeutet, dass jedes Teilnehmerinstitut in einem ersten Schritt Kreditrisiken über einen CDS, auch als Primär-CDS bezeichnet, auf den Pool überträgt, bevor die teilnehmende Bank über so genannte Pro-Rata-CDS verhältniswahrend Volumina in gleichem Maß wieder aus dem Pool erwirbt.[303]

[299] Vgl. Mauelshagen, M./Müller, B. R. (2004), S. 96
[300] Vgl. Bowler, T./Folkerts-Landau, D./Knott, D./Moulton, P./Tierney, J. F. (1999), S. 16-17
[301] Vgl. Peppmeier, A. (2006), S. 14-20
[302] Vgl. Overbeck, R. (2005), S. 20-23
[303] Vgl. WGZ Bank (2007)

Abbildung 24: Das Kreislaufmodell von WGZ-Loop

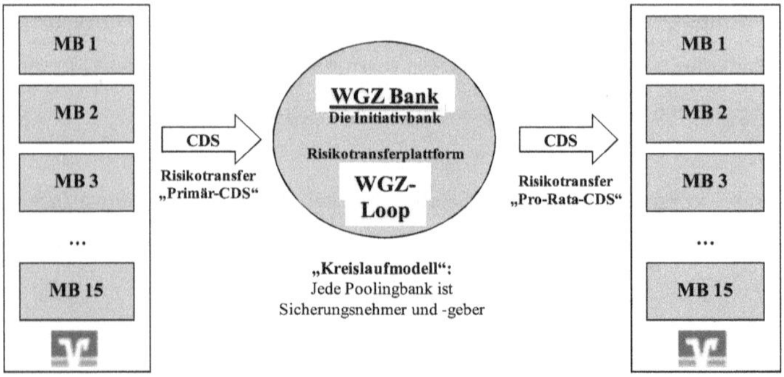

Quelle: Vgl. Overbeck, R. (2005), S. 21

Dies lässt sich an nachfolgendem Beispiel erläutern: es bringen zehn Volks- und Raiffeisenbanken jeweils zehn Kredite je 1 Million EUR in die WGZ-Loop ein und kaufen anschließend wieder zehn Millionen EUR aus dem Pool zurück.[304] Somit steht dem Ertrag für die Kreditrisikoübernahme ein Aufwand für die Absicherung von Kreditrisiken gegenüber. Deren betragliche Höhen weichen dann voneinander ab und sind über Ausgleichszahlungen zu kompensieren, wenn die durchschnittlich eingebrachte Bonität besser beziehungsweise schlechter als der Durchschnitt aller im Pool eingebrachten Forderungen ist.[305]

Dabei erfolgt die Berechnung der Primär-CDS-Prämie auf Basis der potenziellen Ausgleichszahlungen für das abgesicherte Referenzaktivum und des VR-Ratings sowie unter Berücksichtigung der zum Abschlussdatum gültigen Diskontfaktoren. Die Prämiensumme aller Primär-CDS und der Pro-Rata-Anteil, also das Verhältnis des eigenen in WGZ-Loop eingebrachten Risikovolumens zum gesamten Poolvolumen, bilden die Basis für die Pro-Rata-CDS-Prämie.[306]

Dies führt zu einer deutlichen Reduktion der Klumpenrisiken hinsichtlich Größenklassen, Region und Branche, da trotz unverändertem Blankovolumen jedes teilnehmende Institut nun an 100 Krediten zu 100.000 EUR beteiligt ist.[307] Aufgrund dieser Struktur ist die zentrale

[304] Vgl. Overbeck, R. (2005), S. 20
[305] Vgl. Geilmann-Ebbert, A./Heine, S. (2006), S. 1149
[306] Vgl. ebd., S. 1149
[307] Vgl. Overbeck, R. (2005), S. 20

Zielsetzung eine Reduzierung des CVaR durch eine Diversifizierung des Kreditportfolios und weniger eine Reduzierung des Erwarteten Verlustes.[308]

Bei der ersten Transaktion am 03. Juli 2006 haben 15 Kreditgenossenschaften aus dem Rheinland und Westfalen das Adressrisiko aus 150 Kundenbeziehungen in den Pool eingebracht. Insgesamt wurde dabei ein Risikovolumen in Höhe von 65,3 Millionen EUR gepoolt,[309] dem etwa 440 Millionen EUR gewerbliches Kreditvolumen zugrunde liegt. Dies bedeutet, dass vor dem Pooling jedes teilnehmende Institut an durchschnittlich zehn Kreditnehmern mit einem Risikovolumen von jeweils rund 435.000 EUR und nach dem Pooling an 150 Kreditnehmern mit einem Risikovolumen von jeweils rund 29.000 EUR beteiligt ist.[310]

Als Poolingkriterien wurden inländische Mittelstandskredite in EUR mit einem VR-Rating von schlechtestens 3a ohne Override definiert. Override bezeichnet die stark eingeschränkte Möglichkeit der manuellen Veränderung des maschinellen Ratingergebnisses.[311] Weitere Kriterien sind der Ausschluss von Kreditnehmern mit in der Vergangenheit vorliegenden Leistungsstörungen sowie zur Reduzierung der Moral- Hazard-Problematik ein Selbstbehalt von 40 % des ungesicherten Risikovolumens. Während die Laufzeit der Transaktion auf vier Jahre beschränkt wird, haben die eingebrachten Forderungen in Form von Festzinsdarlehen und Kontokorrentkrediten keine Laufzeitbeschränkung.[312]

Die Transaktionsstruktur soll künftig dynamisiert werden. Der Vorteil daraus wäre, dass den Instituten regelmäßig und nicht nur stichtagsbezogen die Möglichkeit gegeben wird, eigenständig zu entscheiden, ob bestimmte Risiken im Pool weiterhin abgesichert, dem Pool entnommen oder neue Risiken aufgenommen werden sollen. Weitere Planungen sehen vor, in einer weiteren Ausbaustufe diese Struktur zu einer Risikoplattform auszubauen, um bedarfsgerecht Kreditrisiken zu verkaufen oder nur zu kaufen sowie über Verbriefungsstrukturen an den Kapitalmarkt zu begeben.[313]

---

[308] Vgl. Overbeck, R. (2005), S. 20-21
[309] Vgl. o. V. (2006), S. 52
[310] Vgl. Geilmann-Ebbert, A./Heine, S. (2006), S. 1149
[311] Vgl. BVR (2006b), S. 9. So darf beispielsweise die vorgenommene Anpassung der Ratingnote das Limit von 2 Notenstufen auf der VR-Rating-Masterskala in die positive Richtung (upgrades) und 4 Notenstufen auf der VR-Rating-Masterskala in die negative Richtung (dowgnrades) nicht überschreiten.
[312] Vgl. Overbeck, R. (2005), S. 22-23
[313] Vgl. ebd., S. 23

3.2.2 Securitisation

Bei der Securitisation, auch als Asset Securitisation bezeichnet,[314] werden entweder Portfolien von Vermögenswerten oder nur die mit ihnen einhergehenden Risiken von einer Bank oder einem Unternehmen (Originator) an ein SPV verkauft.[315] Die Zweckgesellschaft finanziert den Kauf der Vermögenswerte beziehungsweise die Risikoübernahme durch die Ausgabe von Wertpapieren, den Asset Backed Securities (ABS), um sämtliche Zins- und Tilgungszahlungen auf dieses Papier aus dem Cash Flow der gekauften Vermögenswerte zu bestreiten.[316]

Abbildung 25: Systematisierung von ABS inklusive DZ-Bank-Transaktionen

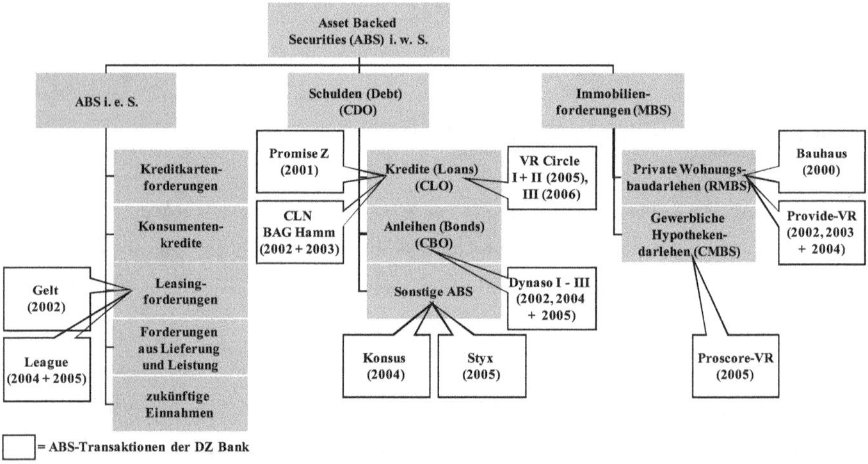

Quelle: Aktualisierte Darstellung von Hilgert, H./Ziese, M. (2006), S. 286[317]

ABS sind durch einen Bestand unverbriefter Forderungen (Assets) gesicherte (Backed) Wertpapiere (Securities).[318] Sie können in Abhängigkeit von der jeweiligen der Verbriefung zugrunde liegenden Forderungsart differenziert werden. Die häufigste Ausprägungsform stellt die Verbriefung von Immobilienforderungen, als Mortgage Backed Securities (MBS)

[314] Für eine ausführliche Darstellung siehe Emse, C. (2005)

[315] Vgl. Hommel, U./Schmittat, J. (2005), S. 981

[316] Vgl. Kullmann, A. (2004), S. 7

[317] Eine ähnliche Systematisierung nehmen beispielsweise auch Emse, C. (2005), S. 11 oder Bund, S. (2001), S. 688 vor.

[318] Vgl. Chevalier, S. (2005), S. 18. Für eine ausführliche Darstellung von ABS siehe unter anderem Bartelt, N. (1999), Pracht, J. G. (2005) oder Rosar, M. (2000).

bezeichnet,[319] dar. Diese lässt sich nochmals in private (Residential Mortgage Backed Securities, RMBS) und gewerbliche (Commercial Mortgage Backed Securities, CMBS) Immobilienforderungen untergliedern.[320]

Eine weitere Ausprägungsform stellen die Verbriefungen von Schulden (Collateralized Debt Obligation, CDO) dar. Besteht der Forderungspool aus Wertpapieren oder Krediten, so wird von Collateralized Bond Obligations (CBOs) beziehungsweise Collateralized Loan Obligations (CLOs) gesprochen.[321] Darüber hinaus können prinzipiell auch alle sonstigen Forderungsarten (ABS im engeren Sinne) wie beispielsweise Konsumentenkredite, Kreditkartenforderungen, Leasingforderungen, Forderungen aus Lieferung und Leistung sowie von erst in der Zukunft entstehenden Cash Flows verbrieft werden.[322]

Grundsätzlich wird bezüglich der Übertragung von Aktiva zwischen zwei Verbriefungsarten unterschieden: True-Sale- und synthetische Securitisation.[323] Bei einer True-Sale-Transaktion („echter Verkauf") gehen die zu verbriefenden Forderungen inklusive den inhärenten unsystematischen und systematischen Risiken rechtlich wirksam auf die Zweckgesellschaft über und werden damit dem Einfluss des Originators (Bank) vollständig entzogen. Dahingegen erfolgt bei einer synthetischen Securitisation lediglich die Übertragung der mit den Forderungen verbundenen Ausfallrisiken und damit des unsystematischen Risikos.[324]

Mit der Entwicklung der Securitisation wurde es vor allem größeren Unternehmen möglich, sich direkt über den Kapitalmarkt zu finanzieren, ohne dabei auf die Kreditaufnahme bei ihren Hausbanken angewiesen zu sein.[325] Grundsätzlich ist anzumerken, dass zur Sicherstellung einer ausreichenden Sekundärmarktfähigkeit sowie zur Amortisation der umfangreichen Transaktionskosten eine gewisse Mindestgröße notwendig ist.[326] Diese liegt bei einem verbriefungsfähigen Volumen von etwa 20 Millionen EUR.[327]

---

[319] Vgl. Adams, P. (2000), S. 11
[320] Vgl. Rahn, S./Ziese, M. (2002), S. 28-29
[321] Vgl. Duffie, D./Singleton, K. J. (2003), S. 252
[322] Vgl. Emse, C. (2005), S. 11-12. Dabei sind auch „exotische" Formen denkbar. Außerhalb des Bankensektors wurden beispielsweise die Eintrittserlöse des Londonder Wachsfigurenkabinetts „Madame Tussaud's" verbrieft. (Vgl. Bund, S. (2001), S. 688)
[323] Vgl. Heimann, R./Kramer, E. M. (2002), S. 6
[324] Vgl. Emse, C. (2005), S. 3
[325] Dieser Trend wird als Disintermediation bezeichnet. (Vgl. Hüttemann, P. (1999), S. 27-28)
[326] Vgl. Froitzheim, R. O. (2003), S. 7
[327] Vgl. Lubitz, K.-J. (2005), S. B10

Die erste ABS-Transaktion wurde im Jahr 1970 durchgeführt.[328] Während sich der ABS-Markt in den 1970er-Jahren noch recht zögerlich entwickelte,[329] kam es seit Mitte der 1980er-Jahren, unterstützt durch die zunehmende Deregulierung, zu einer schnellen Ausbreitung der Verbriefungstechnik in den USA. Auch wenn der Anteil der Vereinigten Staaten an den weltweiten Emissionen sinkt, stellt der US-Markt nach wie vor den mit Abstand größten und am weitesten entwickelten ABS-Markt der Welt dar.[330]

Der europäische und insbesondere der deutsche Verbriefungsmarkt sind im Vergleich zum amerikanischen Markt noch deutlich unterentwickelt. Allerdings haben sie in den letzten Jahren expandiert und aufgeschlossen. So ist alleine das Volumen der europäischen Securitisation auf rund 350 bis 400 Milliarden EUR angewachsen.[331] Das am schnellsten wachsende Subsegment stellen dabei die CDOs dar.[332] Der deutsche Verbriefungsmarkt hat sich seit 2000 auf 66,7 Mrd. EUR fast verdreifacht und repräsentiert rund 11 % des gesamten europäischen Verbriefungsmarktes.[333]

Abbildung 26: Entwicklung des Verbriefungsvolumens sowie der Anzahl der Transaktionen in Deutschland seit 2000

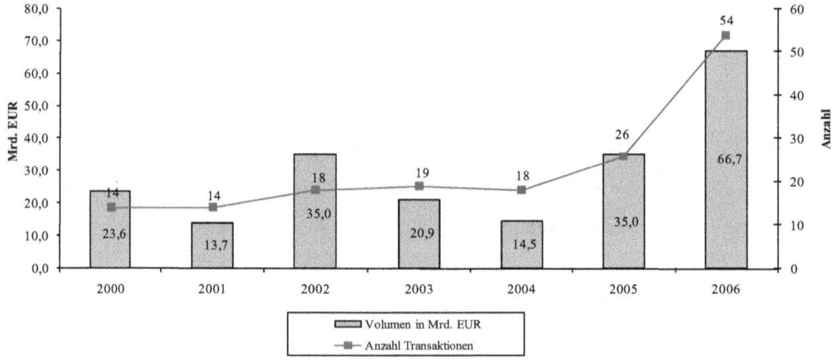

Quelle: Moody's (2007), S. 6

---

[328] Vgl. Auerbach, D. (2003), S. 21. Dabei handelte es sich um die Verbriefung von Hypothekendarlehensforderungen der staatlichen Government National Mortgage Association (GNMA, „Ginnie Mae").
[329] Vgl. Arbeitskreis Finanzierung (1992), S. 497
[330] Vgl. Deutsche Bundesbank (1997), S. 59
[331] Vgl. European Securitisation Forum (2006), S. 1
[332] Vgl. Fabozzi, F. J./Goodman, L. S. (2002), S. vii
[333] Vgl. KfW (2007)

Die hauptsächliche Ursache für die langsamere Entwicklung in Deutschland ist, dass sich in den USA MBS als notwendige Refinanzierungsalternative für Immobilienfinanzierungen herausgebildet haben, während in Deutschland mit dem Pfandbrief schon seit geraumer Zeit ein geeignetes Refinanzierungsinstrument existiert.[334]

In der wissenschaftlichen Literatur wird die Entwicklung des ABS-Marktes in Deutschland bis heute regelmäßig in drei Phasen unterteilt.[335] In der Markteinführung (deren zeitliche Dauer auf den Zeitraum bis etwa 1995 definiert wird) wurde 1990 die erste öffentliche Verbriefungstransaktion durchgeführt.[336] Allerdings kam es daraufhin zunächst zu keinen weiteren ABS-Transaktionen, da alle verbriefungswilligen Kreditinstitute ihre Vorhaben zurückzogen.

Grund waren die Bedenken der BaFin hinsichtlich der Stabilitätsbeeinträchtigung des deutschen Bankensystems,[337] die zu einer Vereinbarung eines freiwilligen Moratoriums zwischen der Kreditwirtschaft, der BaFin und der Deutschen Bundesbank führten.[338]

Die erste Verbriefung von grundpfandrechtlich besicherten Forderungen eines deutschen Kreditinstituts im April 1995 markierte den Beginn der zweiten Phase der Weiterentwicklung und Festigung des Marktes.[339] Diese Transaktion veranlasste in Verbindung mit der Ankündigung weiterer Kreditinstitute, ebenfalls eigene Kreditforderungen verbriefen zu wollen, die Aufsichtsbehörde zum Handeln. So wurden im Rahmen des Rundschreibenes 4/97 Regeln für derartige Finanzgeschäfte erarbeitet, ohne weiterhin auf eine mögliche harmonisierte Regelung für die Verbriefung von Kreditforderungen durch die Banken innerhalb der Europäischen Union zu warten.[340]

---

334 Vgl. Emse, C. (2005), S. 22

335 Die Unterteilung in drei Phasen erfolgt in Anlehnung an Althaus, T. (2003b), S. 4 und wird auch von anderen Autoren wie beispielsweise Emse, C. (2005) aufgegriffen.

336 Diese Transaktion wurde von der damaligen KKB Bank (heute Citibank Privatkunden) durchgeführt. (Vgl. o. V. (1991)

337 Als kritische Aspekte wurden angeführt: Funktionsfähigkeit des Kreditgewerbes, verstärkte Verlagerung von Finanzbeziehungen in den Nichtbankenbereich, Störung des Vertrauensverhältnisses zwischen Bank und Kunde, Beeinträchtigungen der Kreditqualität und Moral Recourse. (Vgl. Deutsche Bundesbank (1997), S. 60-61)

338 Vgl. Deutsche Bundesbank (1997), S. 59

339 Es handelte sich dabei um die Transaktion GEMS der Rheinhyp Rheinische Hypothekenbank.

340 Das damalige Bundesaufsichtsamt für das Kreditwesen (BaKred) veröffentlichte 1997 das Rundschreiben 4/97 „Veräußerung von Kundenforderungen im Rahmen von Asset-Backed-Securities-Transaktionen durch deutsche Kreditinstitute". (Vgl. Deutsche Bundesbank (1997), S. 60) Das BaKred ist, gemeinsam mit den ehemaligen Bundesaufsichtsämtern für das Versicherungswesen (BAV) und den Wertpapierhandel (BAWe), zum 01. Mai 2002 durch das Gesetz über die integrierte Finanzdienstleistungsaufsicht unter dem Dach der Bundesanstalt für Finanzdienstleistungsaufsicht (BaFin) zusammengefasst worden.

Mit der Klarstellung der aufsichtsrechtlichen Behandlung von Verbriefungstransaktionen folgten in Deutschland neben weiteren Emissionen im Rahmen von Asset-Backed-Commercial-Papers-(ABCP)-Programmen[341] eine Reihe von ABS-Transaktionen, die alle „True Sale" ausgestaltet waren.[342] Mit den ersten öffentlichen synthetischen Transaktionen im Jahre 1999 begann die dritte Phase der Entwicklung des deutschen Marktes für Forderungsverbriefungen.[343]

Auffällig ist, dass es sich beim deutschen Verbriefungsmarkt zwar nach Großbritannien und Italien um den drittgrößten Verbriefungsmarkt in Europa handelt,[344] dieser allerdings hinsichtlich seiner Struktur eine einzigartige Stellung einnimmt. So wird er mit einem Verhältnis von cirka 85 zu 15 % überwiegend von synthetischen Strukturen getragen,[345] während auf den übrigen Verbriefungsmärkten in Europa das Verhältnis in etwa umgekehrt ist.[346]

3.2.2.1 True-Sale-Transaktionen

Im Rahmen einer True-Sale-Transaktion veräußert der Originator aus seinem Forderungsbestand eine Anzahl von Engagements mit bilanzbefreiender Wirkung an eine rechtlich und wirtschaftlich selbständige Zweckgesellschaft, die häufig in so genannten Steueroasen wie Jersey angesiedelt ist. Im Gegenzug fließen dem Originator liquide Mittel in Höhe des Barwertes der verkauften Forderungen abzüglich Provisionen und anderer Kosten zu.[347] Das Management einer solchen Transaktion übernimmt in der Regel ein Arranger, dessen Aufgabe es ist, die ABS-Transaktion an die jeweilige Struktur der Forderungen sowie an die Bedürfnisse des Forderungsverkäufers und der Investoren anzupassen.[348]

[341] Asset Backed Commercial Papers (ABCP) sind kurzfristige, mit Sicherheiten verstärkte Inhaberpapiere, die auf revolvierender Basis emittiert werden. (Vgl. Österreichische Nationalbank (2004), S. 15)
[342] zum Beispiel Haus 1998-1 (MBS, Deutsche Bank) sowie Core 1998-1, 1999-1 und 1999-2 (jeweils Firmenkundenkredite, Deutsche Bank)
[343] wie beispielsweise Geldilux (CLO, HypoVereinsbank) und Bauhaus (RMBS, DG Hyp)
[344] Vgl. Boston Consulting Group (2004), S. 14
[345] Vgl. Froitzheim, R. O. (2003), S. 2
[346] Vgl. Leinberger, D. (2004), S. B1
[347] Vgl. Auerbach, D. (2003), S. 21
[348] Vgl. Rittinghaus, H.-R./Scheel, J. (1993), S. 475

Abbildung 27: Grundstruktur einer True-Sale-Struktur

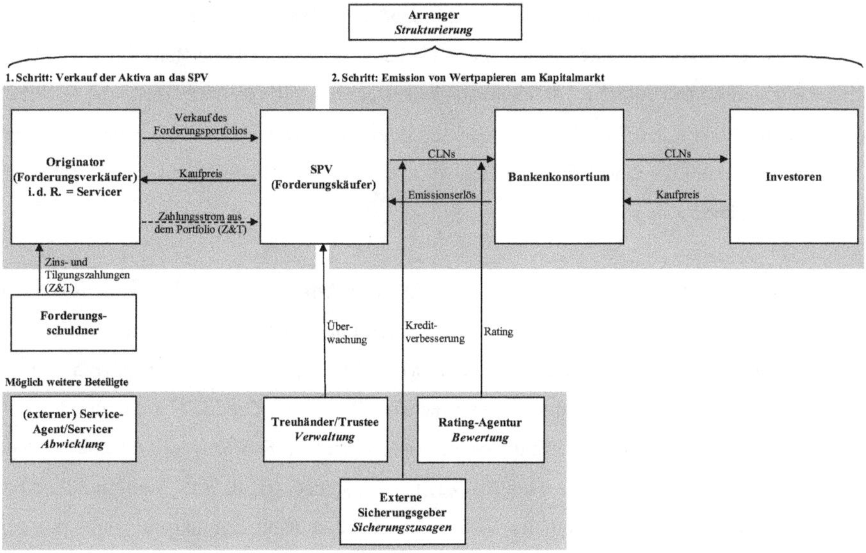

Quelle: Eigene Darstellung in Anlehnung an Jobst, A. A. (2002), S. 6

Die Verwaltung der Forderungen verbleibt entweder beim Originator oder wird auf einen so genannten Servicer (oder Service-Agent) übertragen. Dieser ist verpflichtet, über die Entwicklung des verwalteten Kreditportfolios und die Erfüllung seiner Aufgaben regelmäßig Rechenschaft abzulegen. Für die Übernahme der Servicings erfolgt eine Vergütung in Form der Service-Fee, mittels derer sich für den Originator neben der Verbriefung seiner Forderungen noch zusätzliche Provisionseinnahmen generieren lassen.[349]

Als Bindeglied zwischen dem SPV und den Investoren wird üblicherweise ein Treuhänder (Trustee) eingesetzt. Dieser leitet, nach Maßgabe eines Treuhandvertrages zwischen ihm und der Zweckgesellschaft, die durch den Forderungseinzug entstehenden Zahlungsströme an die Investoren weiter und ist für die Verwertung der Forderungen und deren Sicherheiten im Insolvenzfall verantwortlich. Die Rolle des Treuhänders wird oft von großen Wirtschaftsprüfungs- oder Treuhandgesellschaften, teilweise aber auch von anderen Kreditinstituten übernommen.[350]

[349] Vgl. Emse, C. (2005), S. 35-36
[350] Vgl. neben anderen Bund, S. (2000), S. 32 und Riel, C. (2001), S. 368-370

Die Zweckgesellschaft und die von ihr emittierten ABS werden nicht nur durch das übertragende Kreditportfolio abgesichert, sondern darüber hinaus durch weitere Sicherungsmaßnahmen (Credit Enhancements) seitens der veräußernden Bank sowie externer Sicherungsgeber. Mit diesen Maßnahmen soll sichergestellt werden, dass die Zweckgesellschaft während der ABS-Laufzeit jederzeit ihren Zahlungsverpflichtungen nachkommen kann. Es soll ebenfalls eine Erhöhung der Attraktivität der ABS für Investoren durch eine Verbesserung der Ratings erfolgen.[351]

Diese Sicherungsmaßnahmen bestehen zumeist in Form von Garantien zugunsten der Zweckgesellschaft, mit der sie vor Ausfällen bei den übertragenen Krediten und den daraus resultierenden Vermögensschaden geschützt wird. Dies kann durch die Abgabe eines abstrakten, unwiderruflichen Zahlungsversprechens (Letter of Credit)[352] oder durch Subordination, bei der die Emission in mindestens zwei Tranchen (Senior-/Juniortranche) zerlegt wird, die in einem Nachordnungsverhältnis zueinander stehen, erfolgen.[353] Somit erhalten bei Zahlungsausfällen die Investoren der Junior-Tranche erst dann Zahlungen, wenn die der Senior-Tranche vollständig befriedigt werden konnten.[354] Aufgrund der Interessensbefriedigung von „oben nach unten“ wird diese Struktur auch als Waterfall-Prinzip bezeichnet.[355]

Die unterste, risikobehafteste Tranche einer Emission wird als Erstverlustposition (First Loss Piece oder Equity Piece) bezeichnet und wird häufig vom Originator selbst oder darauf spezialisierten Investoren übernommen. Dies wird auch als so genannte Cash Collateralization bezeichnet.[356]

Weitere Bonitätsverbesserungsmaßnahmen stellen die Übersicherung (Overcollateralization) und die Einrichtung eines Reservekontos dar. Während auf Letzteres der Differenzbetrag zwischen den auf die übertragenen Forderungen eingehenden Cash Flows und den zur Erbringung der Zins- und Tilgungsleistungen abfließenden Zahlungen gutgeschrieben wird, liegt bei der Übersicherung das Volumen der an die Zweckgesellschaft übertragenen

---

351 Vgl. Auerbach, D. (2003), S. 22
352 Vgl. Froitzheim, R. O. (2003), S. 71
353 Vgl. Bund, S./Morlok, M. (2005), S. 972
354 Vgl. Bär, H. P. (2000), S. 212
355 Vgl. neben anderen Batchvarov, A./Davies, W./Davletova, A. (2006), S. 157-162 und Froitzheim, R. O. (2003), S. 72
356 Vgl. zum Beispiel Herbert, T. (1999), S. 29 oder Froitzheim, R. O. (2003), S. 70

Forderungen über dem Nominalwert der emittierten ABS. Auch die Liquiditätsabsicherung (Liquidity Enhancement), bei der sich ein Sicherungsgeber verpflichtet, eventuelle Liquiditätsengpässe der Zweckgesellschaft durch kurzfristig abrufbare, flüssige Mittel zu überbrücken, wirkt bonitätsverbessernd.[357]

Hinsichtlich der Marktentwicklung ist festzustellen, dass der inländische True-Sale-Verbriefungsmarkt durch aufsichts- und steuerrechtliche Regulatorien im internationalen Vergleich benachteiligt wurde. So mussten bisher – anders als die Banken – beispielsweise die SPVs die zu zahlenden Zinsen aus den von ihnen emittierten ABS hälftig ihrem Gewerbeertrag hinzurechnen, da diese als Dauerschulden gelten.[358] Als weitere Probleme werden im bankbetrieblichen Schrifttum beschrieben: die insolvenzrechtlichen Unzulänglichkeiten im Hinblick auf die bei MBS vorzunehmende Übertragung der jeweiligen, die Referenzforderungen besichernden Grundpfandrechte sowie steuerrechtliche und zivilrechtliche Unklarheiten.[359] Die dadurch entstehenden Kosten verringern durch deren Übertragung auf die Investoren die Verzinsung der Anleihe und somit deren Attraktivität im Vergleich zu Opportunitätsprodukten.[360]

Allerdings haben sich zwischenzeitlich zahlreiche Rahmenbedingungen geändert. So ist einerseits die Änderung des § 19 GewStDV (Gewerbesteuerdurchführungsverordnung) durch das Kleinunternehmerfördergesetz im August 2003 zum Wegfall der Gewerbesteuerpflicht für SPVs[361] zu nennen. Andererseits erfolgte Anfang 2004 die Klarstellung des Bundesministeriums für Finanzen zur Haftungsfreistellung des Forderungskäufers für Umsatzsteuerschulden des Verkäufers.[362]

---

[357] Vgl. Auerbach, D. (2003), S. 22

[358] Bei der steuerrechtlichen Ermittlung des Gewinns aus Gewerbebetrieb werden Dauerschuldzinsen abgesetzt (§ 7 EStG). (Zur damaligen steuerlichen Behandlung von Verbriefungen vgl. zum Beispiel Geurts, M. (1999) oder Witziani, E. (2000))

[359] Für eine ausführlichere Darstellung vgl. hierzu unter anderem Klüwer, A./Weller, M. (2004) und Wagenknecht, C.-R. (2004)

[360] Vgl. Koch-Weser, Caio K. (2003), S. 624. Eine ausführlichere Darstellung ist beispielsweise unter Klüwer, A./Weller, M. (2004) zu finden.

[361] Danach gilt das so genannte Bankenprivileg nunmehr auch für ABS emittierende Zweckgesellschaften, welche Kreditforderungen von den Banken ankaufen. Damit entfällt ihre Gewerbesteuerpflicht auf Dauerschuldzinsen. (Vgl. Wagenknecht (2004))

[362] So findet der neue § 13c UStG, nach dem der Forderungsverkäufer auch nach vollständiger Kaufpreiszahlung noch für Umsatzsteuerschulden des Verkäufers im Zusammenhang mit den angekauften Forderungen haften soll, auf ABS-Transaktionen keine Anwendung mehr. (Vgl. Bundesministerium der Finanzen (2004) sowie Reiß, W./Weber, S. (2004), S. 1369 ff.)

Zur Herstellung der fehlenden rechtlichen und steuerrechtlichen Rahmenbedingungen für die Emission von Asset Backed Securities und zur Erhöhung der den Banken zur Verfügung stehenden Finanzinstrumente[363] wurde von Seiten der Bundesregierung die Förderung des Verbriefungsmarktes in Deutschland („Verbriefungsinitiative") als einer der zehn Eckpunkte in den Finanzmarktförderungsplan 2006 aufgenommen.[364]

Die deutsche Kreditwirtschaft hat mit der True-Sale-Initiative (TSI) umgehend darauf reagiert.[365] Als Ziel wird die Forcierung von Verbriefungstransaktionen und die Entwicklung einer entsprechenden Infrastruktur (beispielsweise Verbriefungsplattform) proklamiert, mit deren Hilfe in Zukunft insbesondere Kredite an den Mittelstand verbrieft werden sollen.[366]

Das von der TSI entwickelte Modell besteht aus einer Verbriefungsplattform und einer Servicegesellschaft. Die Verbriefungsplattform wird jeweils die Rolle der Gesellschafter der zu errichtenden Zweckgesellschaft übernehmen. Dahingegen obliegt der Servicegesellschaft, der True Sale International, die Förderung des deutschen ABS-Markts durch die Definition von Qualitätsmerkmalen für die Durchführung der Transaktion.[367]

Von den wenigen, bisher über die TSI abgewickelten Transaktionen ragen die beiden Transaktionen der Volkswagen Bank, einer Tochter der Volkswagen Financial Services, hervor.[368] Auch wenn der Erfolg der TSI bisher deutlich hinter den Erwartungen zurückbleibt, könnten der geänderte Rechtsrahmen bei Immobilienkrediten sowie die Möglichkeit, künftig auch leistungsgestörte Kredite über die TSI abzuwickeln, zu einem Anstieg der Transaktionen hinsichtlich Anzahl und Volumen führen.[369] Teile der wissenschaftlichen Literatur mutmaßen, dass die Bemühungen zur Verbesserung der aufsichts- und steuerrechtlichen Regulatorien zu einer vierten Entwicklungsstufe des deutschen Verbriefungsmarktes führen könnten.[370]

---

363 Vgl. Althaus, T. (2003a), S. 638
364 Vgl. Koch-Weser, C. K. (2003), S. 626
365 Vgl. o. V. (2003c), S. 18. Deren „Letter of Intent" haben am 09. Juli 2003 die Deutsche Bank, HypoVereinsbank, Commerzbank, Dresdner Bank, DZ Bank, Bayerische Landesbank, Landesbank Hessen-Thüringen Girozentrale, WestLB, HSH Nordbank, DekaBank Deutsche Girozentrale, EuroHypo, Citigroup sowie die KfW unterzeichnet.
366 Vgl. o. V. (2006a), S. 22 und Frühauf, M. (2005), S. 1
367 Vgl. o. V. (2004a), S. 1-3
368 Vgl. Hesdahl, R. (2005), S. 1002. Diese verkaufte im Rahmen der Erstdurchführung im November 2004 98.000 verbriefte kleinteilige Autofinanzierungen (Driver One) für Neu- und Gebrauchtwagen der Marken des VW-Konzerns im Volumen von 1,1 Milliarden EUR. (Vgl. o. V. (2004b), S. 1310) Im Rahmen der zweiten Transaktion wurden Mitte 2005 wiederum knapp 100.000 Darlehen mit einem Gesamtvolumen über eine Mrd. EUR verbrieft. (Vgl. o. V. (2005d), S. 21)
369 Vgl. Köhler, P. (2005), S. 19
370 Vgl. beispielsweise Maier, S.-P./von Trotha, A. (2004)

3.2.2.2 Synthetische Transaktionen

Bei einer synthetischen Securitisation (Not-True-Sale-Transaktion) handelt es sich um eine Kombination aus Asset Backed Securities und Kreditderivat.[371] Während sich die Transaktionen grundsätzlich ähneln, werden im Gegensatz zu einer traditionellen ABS-Transaktion bei einer synthetischen Verbriefung die Bankforderungen nicht an das SPV übertragen, sondern bleiben im Bestand der Bank. Es findet lediglich ein Transfer der Kreditrisiken mittels Kreditderivaten auf die Zweckgesellschaft statt.[372] Diese wiederum tranchiert in der Regel das Kreditrisiko des Kreditportfolios. So wird analog einer True-Sale-Transaktion bei einem Forderungsausfall nach dem Subordinationsprinzip zunächst der Nominalwert der untersten Tranche reduziert.[373]

Abbildung 28: Grundstruktur einer synthetischen Verbriefung mit Verwendung eines SPVs

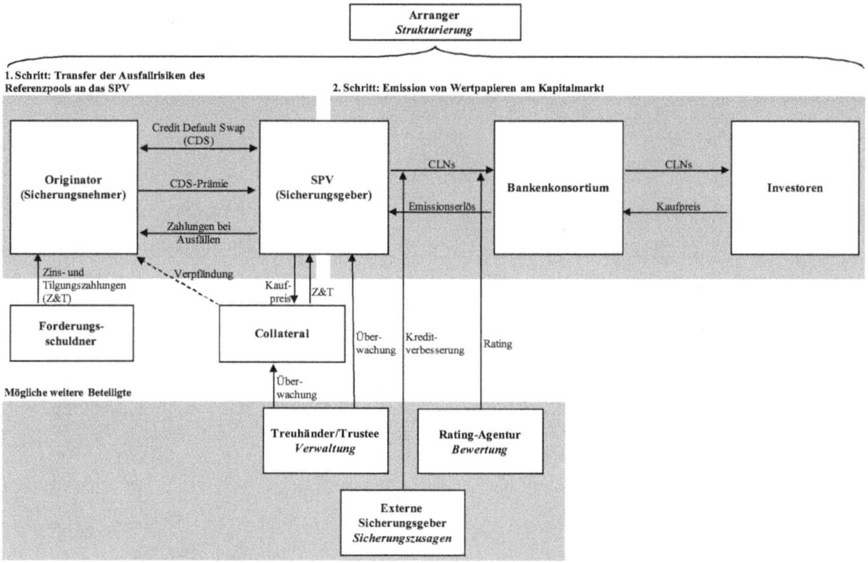

Quelle: Emse, C. (2005), S. 41

Anschließend emittiert das SPV Wertpapiere an Investoren und investiert das dadurch eingenommene Geld im Falle einer Konstruktion mit Credit Default Swaps in erstklassige

371 Vgl. Hermann, F./Kirschner, W./Wiedemann, M. (2005), S. 362
372 Vgl. Dartsch, A./Hrozek, S./Rast, M./Späth, M. (2004), S. 1194
373 Vgl. neben anderen Franck, J./Poppel, M. (2005), S. 637 und Litten, R./Brandt, S. (2003), S. 18

Anlagen wie beispielsweise Staatsanleihen oder Pfandbriefe. Diese werden als Sicherheiten (Collateral) für eventuelle Ausfallzahlungen an die sicherungsnehmende Bank (Originator) verpfändet. Die Kuponzahlungen der umlaufenden Wertpapiere werden aus der Swap-Prämie und dem Zinsertrag der gestellten Sicherheiten bedient.[374]

In der Praxis wird oftmals lediglich eine Teilfinanzierung der synthetischen Securitisation zur Reduzierung der Transaktionskosten vollzogen. Dazu erfolgt eine asymmetrische Tranchierung, indem ein Risikotransfer der obersten und in der Regel zugleich größten Tranche mittels Super Senior Credit Default Swap an nur einen beziehungsweise wenige Kapitalmarktteilnehmer durchgeführt wird.[375] In diesem nicht finanzierten (Unfunded) Bereich sind die Ausgleichszahlungen an den Sicherungsnehmer im Falle eines Kreditausfalls und die Swap-Prämie an den Sicherungsgeber die einzigen Zahlungen. Dahingegen erfolgt im finanzierten (Funded) Bereich eine Übertragung des verbleibenden Teils des Risikos auf das SPV zur Platzierung des Risikos am Kapitalmarkt.[376]

Eine solche Konstruktion bietet Vorteile gegenüber einer originären ABS-Transaktion. Es können zum Beispiel viele rechtliche, verwaltungstechnische und damit kostenintensive Probleme umgangen werden, die sich aus der Übertragung der Forderungen und der Betreuung der Forderungen beim SPV ergeben könnten.[377] Ebenso vorteilhaft ist, dass im Gegensatz zu Transaktionen, die allein mit Kreditderivaten durchgeführt werden, eine „Zerstückelung" des Kreditportfolios in kleinere Tranchen möglich ist. Dies ermöglicht eine Streuung des Adressenausfallrisikos unter eine Vielzahl von Investoren.[378]

Darüber hinaus führt eine synthetische Securitisation zu keiner bilanziellen Entlastung, was insbesondere für Volks- und Raiffeisenbanken, die sich nach wie vor in weiten Teilen über die Bilanzsumme definieren, von besonderer Bedeutung ist. Zwar führt eine solche Transaktion in ihrer Grundstruktur zu keinem Liquiditätszufluss beim Originator. Dennoch kann die Struktur beispielsweise durch die Investition des SPV in vom Originator begebene

[374] Vgl. Melzer, A. (2001), S. B02
[375] Vgl. unter anderem Cetkovic, T./Max-Heine, C. (2006), S. 42-43 und Franck, J./Poppel, M. (2005), S. 639
[376] Vgl. Waas, F. S. (2004), S. B5
[377] Vgl. Hultsch, C./Klug, K. (2005), S. B5. So müssten etwa im Rahmen von True-Sale-Transaktionen alle Grundschulden mit dem Verkauf übertragen werden. (Vgl. Remaklus, H. (2002), S. 945)
[378] Vgl. Melzer, A. (2001), S. B02

Inhaberschuldverschreibung (IHS) so gestaltet werden, dass es zu einem Liquiditätszufluss kommt.[379]

Im genossenschaftlichen Sektor existieren für die Primärinstitute weitere Möglichkeiten, ihre Kreditrisikoportfolien aktiv zu modellieren. Neben den synthetischen Verbriefungstransaktionen PROVIDE-VR und PROSCORE-VR von DG Hyp und DZ Bank bietet die VR Circle der DZ Bank den Instituten bereits heute die Möglichkeit des Kreditrisikotransfers.

3.2.2.2.1 Verbriefung von privaten Immobilienforderungen – PROVIDE-VR

Unter dem Namen PROVIDE-VR 2002-1 fand Ende 2002 erstmalig in Deutschland eine Multi-Seller-RMBS-Transaktion statt, bei der die Kreditrisiken mehrerer Banken der genossenschaftlichen Finanzgruppe gebündelt werden. Mit diesem damaligen Pilotprojekt, das die DG Hyp in Zusammenarbeit mit der Kreditanstalt für Wiederaufbau (KfW) im Rahmen des Provide-Programmes und der DZ Bank durchführte, wurde auch kleineren Instituten durch die Bündelung von Volumina eine Teilnahme am Kapitalmarkt ermöglicht.[380]

Nach einer Transaktion in 2003 wurde in 2004 mit der PROVIDE-VR 2004-1 eine weitere dieser Multiseller-Transaktionen im Rahmen der KfW-Verbriefungsplattform Provide begeben. Diese umfasst ein Gesamtvolumen von rund 500 Millionen EUR verteilt auf rund 8.400 private Wohnungsbaudarlehen. Neben verbrieften Darlehensforderungen der DG Hyp und der Bausparkasse Schwäbisch Hall in Höhe von 269 Millionen EUR und 150 Millionen EUR brachten zehn Kreditgenossenschaften ein Volumen in Höhe von 82 Millionen EUR in die Transaktion ein. Arranger der Transaktion war die DZ Bank.[381]

---

[379] Vgl. Froitzheim, R. O. (2003), S. 80
[380] Vgl. Hanker, P. (2002), S. 37
[381] Vgl. Piaskowski, F. (2005), S. 627

Abbildung 29: Transaktionsstruktur PROVIDE-VR 2004-1

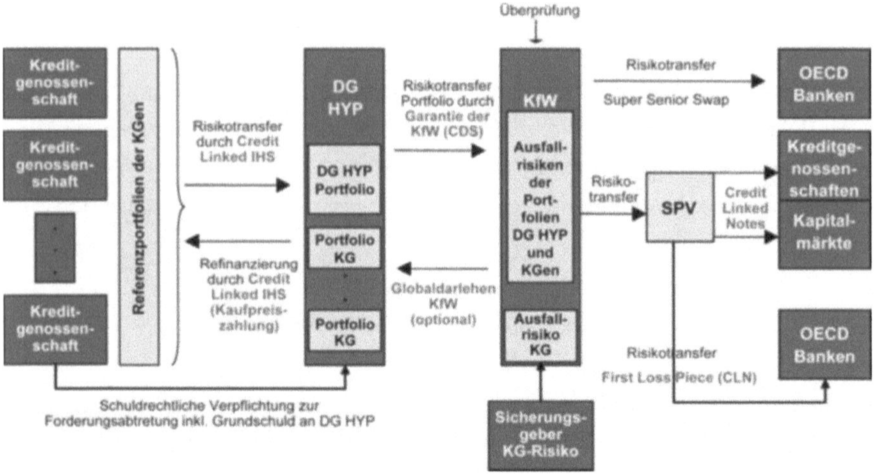

Quelle: Eigene Darstellung in Anlehnung an DG Hyp (2007)

Der Ablauf dieser Transaktion vollzieht sich in mehreren Schritten. Zuerst bündeln die Volks- und Raiffeisenbanken Wohnungsbaudarlehen privater Kreditnehmer zu einem Kreditportfolio. Jeder dieser Kredite muss dabei durch Grundpfandrechte (Hypotheken oder Grundschulden) an in Deutschland gelegenen Grundstücken gesichert sein. Anschließend emittieren die Banken Inhaberschuldverschreibungen (IHS), deren Nominalvolumen der Höhe des abzusichernden Kreditportfolios entsprechen. Diese IHS werden mit dem 3-Monats-EURIBOR zuzüglich eines Aufschlages auf den jeweils noch ausstehenden Nominalbetrag verzinst und sind mit einem Credit Link versehen.[382]

Bei Ausfällen innerhalb des Kreditportfolios reduziert sich somit der noch ausstehende (und somit auch zu verzinsende) Nominalbetrag in gleicher Höhe, sofern eine von der kreditgebenden Bank zu tragende Erstverlustposition überschritten wird.[383]

Anschließend werden die dem Kreditportfolio zugrunde liegenden Ausfallrisiken der Darlehen an die DG Hyp übertragen.[384] Durch ein vierteljährliches Berichtswesen sichert sich

[382] Vgl. Hanker, P. (2002), S. 37
[383] Vgl. ebd., S. 37
[384] Vgl. Piaskowski, F. (2005), S. 626

die DG Hyp die Informationen über Veränderungen innerhalb des zugrunde liegenden Kreditportfolios.[385]

Daraufhin ergänzt die DG Hyp die Forderungen mit eigenen Aktiva sowie Aktiva der Bausparkasse Schwäbisch Hall und bringt diese komplett in ein SPV ein, welches den Forderungspool tranchiert und MBS emittiert. Dadurch stehen insbesondere den Genossenschaftsbanken MBS-Tranchen als Investitionsmöglichkeit für die durch die Emission von IHS erhaltenen liquiden Mittel zur Verfügung.[386]

Ein weiterer Vorteil ist der optionale Zugang zum Globaldarlehensprogramm der KfW und damit zu attraktiv konditionierten Refinanzierungsmitteln, der sich den Primärbanken über die Teilnahme als Originator eröffnet, wobei die Mittel zweckgebunden für Wohnungsbaufinanzierungen einzusetzen sind.[387]

Strategisch diente die Durchführung der RMBS-Transaktionen dazu, die Institute des genossenschaftlichen Verbundes an komplexere Transaktionen wie beispielsweise CMBS-Transaktionen heranzuführen, um die aufsichtsrechtlichen Anforderungen an die zukunftsgerichtete Banksteuerung im Rahmen von Basel II zu erfüllen.[388]

3.2.2.2.2 Verbriefung von gewerblichen Immobilienforderungen – PROSCORE-VR

Als Weiterentwicklung der RMBS-Transaktionen hat im Jahr 2005 die DG Hyp als Adviser gemeinsam mit der DZ Bank als Arranger und der KfW erstmals ein granulares Portfolio von kleingewerblichen, grundpfandrechtlich besicherten Immobilienkrediten am Kapitalmarkt platziert. Somit konnte eine Assetklasse verbrieft werden, die aus Sicht des Risikoverkäufers deutlich risikobehafteter erscheint. Dabei entspricht die Struktur dieser CMBS-Transaktion im Wesentlichen der Struktur der bisher wohnwirtschaftlich durchgeführten PROVIDE-VR.[389]

---

385 Vgl. Hanker, P. (2002), S. 37
386 Vgl. Piaskowski, F. (2005), S. 627
387 Vgl. Lachnit, S. (2005), S. 13
388 Vgl. Rahn, S./Ziese, M. (2002), S. 29
389 Vgl. Hilgert, H./Ziese, M. (2006), S. 285

Das Portfolio dieser Transaktion mit dem Namen PROSCORE-VR 2005-1 umfasst ein Gesamtvolumen von cirka 735 Millionen EUR. Dieses verteilt sich auf etwa 3.000 inländische Darlehen für rund 2.600 überwiegend gewerblich genutzte Immobilien mit einem Volumen von bis zu 2,5 Millionen EUR je Darlehensobjekt und Kreditnehmer.[390] Während mit 45 Millionen EUR sechs Volks- und Raiffeisenbanken rund 6 % des Gesamtvolumens beitrugen, umfasst der Anteil der DG Hyp mit 690 Millionen EUR rund 94 %.[391]

Abbildung 30: Transaktionsstruktur PROSCORE-VR 2005-1

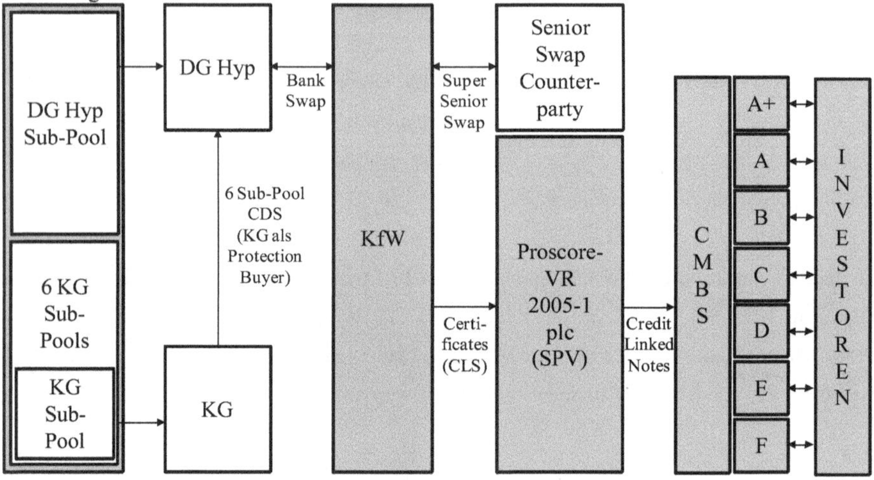

Quelle: Kölle, W./Lachnit, S. (2005), S. 13

Zunächst übernimmt die KfW das Ausfallrisiko der zugrunde liegenden Kreditportfolien der DG Hyp und der beteiligten Volks- und Raiffeisenbanken, bevor das Risiko daraufhin unter Federführung der DZ Bank am internationalen Kapital- und Swapmarkt ausplatziert wird.[392] Dabei werden rund 25 % des Gesamtvolumens in Form von CLNs unter Einschaltung eines irischen SPV (PROSCORE-VR 2005-1 PLC) abgesichert. Das verbleibende Risiko in Höhe von etwa 551 Millionen EUR wird über einen CDS abgedeckt.[393]

Zur Sicherstellung einer entsprechenden Transaktionsqualität wurden an das Referenzportfolio strenge Auswahlkriterien gestellt. Neben erstrangig besicherten Darlehen

---

[390] Vgl. Kölle, W./Lachnit, S. (2005), S. 13
[391] Vgl. Krüger, M. (2005b), S. 30
[392] Vgl. Kölle, W./Lachnit, S. (2005), S. 14
[393] Vgl. Hilgert, H./Ziese, M. (2006), S. 285

durften bei keinem Darlehen im gesamten Pool seit vier Jahren Zahlungsrückstände von mehr als zehn Tagen bestehen. Darüber hinaus prägen der durchschnittliche LTV (loan-to-value, Beleihungsauslauf) von maximal 55 %, das durchschnittliche Alter der zu verbriefenden Forderungen (Seasoning) von maximal sieben Jahren sowie der hohe Anteil an (teilweise) eigengenutzten Immobilien (knapp 60 % des Poolvolumens) und die breite geographische Streuung der Objektstandorte das Portfolio.[394]

3.2.2.2.3 Genossenschaftliches Kreislaufmodell – VR Circle

Bei der VR Circle handelt es sich um ein Kreislaufmodell des genossenschaftlichen Finanzverbundes unter Leitung der DZ Bank. Dieses verfolgt als Ziel, die regionalen Kreditportfolien deutscher Genossenschaftsbanken der Primärstufe über ein Wertpapierprodukt miteinander in Verbindung zu bringen. Somit trägt es zu einer überregionalen Diversifikation innerhalb eines größeren Gesamtportfolios bei.[395]

Dies basiert auf der Überlegung, dass jede Genossenschaftsbank für sich allein aufgrund ihres regional eingeschränkten Tätigkeitsgebiets über strukturelle Kreditrisikokonzentrationen hinsichtlich Volumen, Region und Branche verfügt. Der gesamte genossenschaftliche Finanzverbund weist jedoch ein sehr gut diversifiziertes Kreditportfolio auf. Die DZ Bank bringt ihre Erfahrung in der Kreditportfolioanalyse und in der Strukturierung von Verbriefungstransaktionen ein.[396]

Die VR Circle hat eine maximale Laufzeit von zehn Jahren. Deren Zielsetzung ist weniger die Verringerung des erwarteten Verlustes. Dieser variiert lediglich moderat je nach Rating der abgebenden und übernommenen Kreditrisiken. Vielmehr steht die Reduktion des CVaR und die damit verbundene Entlastung des ökonomischen Eigenkapitals sowie die Vermeidung substanzgefährdender Verluste im Vordergrund der Betrachtung.[397]

Dies erfolgt über die Begebung einer Credit-Linked-Inhaberschuldverschreibung (CL-IHS) durch die teilnehmenden Kreditgenossenschaften, deren Rückzahlung an definierte Cash

[394] Vgl. Krüger, M. (2005b), S. 30
[395] Vgl. Hilgert, H./Hillmer, M. (2005), S. 623
[396] Vgl. Friedrich, J./Mathweis, R. (2005), S. 24
[397] Vgl. Hilgert, H./Hillmer, M. (2005), S. 624-625 oder Lindemann, J./Martiné, M. (2005), S. 28

Flows auf Basis gewerblicher Kundenforderungen gebunden ist.[398] Fällt nun eine der versicherten Kundenforderungen aus, reduziert die Kreditgenossenschaft ihre begebene IHS um den versicherten Betrag.[399]

Abbildung 31: Grundstruktur der VR Circle als Kreislaufmodell

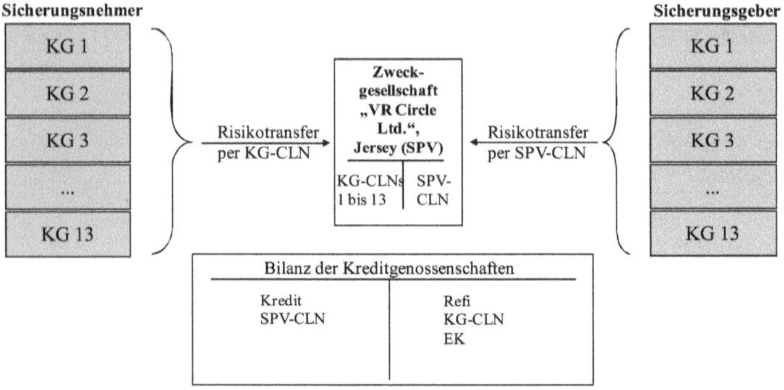

Quelle: Friedrich, J./Mathweis, R. (2005), S. 24

Während die Kundenforderungen ebenfalls in der Bilanz des Teilnehmerinstitutes verbleiben und die Kundenbeziehungen somit nicht tangiert werden,[400] erwirbt eine eigens für diese Transaktion auf Jersey gegründete Zweckgesellschaft (VR Circle Ltd.) die CL-IHS zu einem kalkulierten, die Struktur (Bonität, Branche, Laufzeit) der abgesicherten Kundenforderungen widerspiegelnden Marktpreis. In einem nächsten Schritt erfolgt die Rückplatzierung der deutlich besser diversifizierten SPV-CL-IHS bei den teilnehmenden Banken.[401] Bringt beispielsweise eine Bank fünf Kredite mit einem Gesamtvolumen von zehn Millionen EUR in die Transaktion ein und erwirbt das gleiche Volumen breit verteilt auf 50 Kredite zurück, dann fällt bei Ausfall eines Kreditnehmers nicht ein Verlust von zwei Millionen EUR, sondern nur ein anteiliger Verlust von lediglich 200.000 EUR an.[402]

Diese Kreisstruktur findet sich auch im Namen VR Circle wieder und stellt für die Teilnehmerinstitute eine Bilanzverlängerung durch je eine CLN auf der Aktiv- und der Passivseite dar. Sie ist ohne die bei Kapitalmarkttransaktionen sonst übliche Einschaltung mehrerer Ratingagenturen darstellbar. Die VR Circle beinhaltet auch einen so genannten

398 Vgl. Friedrich, J./Mathweis, R. (2005), S. 24
399 Vgl. Hilgert, H./Ziese, M. (2006), S. 286
400 Vgl. ebd., S. 286
401 Vgl. Friedrich, J./Mathweis, R. (2005), S. 25
402 Vgl. Hilgert, H./Hillmer, M. (2005), S. 625

Recycling-Ansatz. So können Banken mit unterdurchschnittlichem Kreditgeschäft gezielt in einzelne Verbund-Kreditprodukte auch ohne eigene Verbriefung investieren. Andere Institute sehen dieses Produkt als optionale beziehungsweise auch institutionalisierte Möglichkeit, die über die Vermittlung beziehungsweise Verbriefung transferierten Einzelrisiken in Form von gestreuten Wiederanlagen in ihre Bilanzen zurückzuholen.[403]

Die Quantifizierung der Kreditrisiken basiert auf dem jeweils durch die Primärinstitute durchgeführten VR-Rating, welches durch Ratingspezialisten der DZ Bank anhand einer Reihe von Merkmalen und Kennzahlen plausibilisiert wird und einen zusätzlichen quantitativen Mindest-Jahresabschlussscore aufweisen muss.[404]

Weitere Maßnahmen zur Erhöhung der Transaktionsqualität und somit zur Verringerung des Moral Hazard sind die Transaktionsbedingungen. Diese beinhalten unter anderem eine Art Selbstbehalt in der Form, dass nur maximal 50 % des Gesamt-Exposures gegenüber einem Kreditnehmer abgesichert werden kann, und ein regelmäßiges Reporting. Weiterhin erfolgt eine restriktive Definition des Credit Event, der auf die Insolvenz des Kreditnehmers oder Zahlungsverzug von mehr als 90 Tagen inklusive der Kündigung der gesamten Geschäftsbeziehung durch die Bank begrenzt wird.[405]

Die erste VR Circle wurde unter der Bezeichnung „VR Circle 2005-1" im Mai 2005 durchgeführt. Dabei waren 13 Kreditgenossenschaften mit einem Kreditvolumen von 56,7 Millionen EUR aus 75 Kreditbeziehungen aus dem gesamten Bundesgebiet beteiligt.[406] Da es sich um eine Pilottransaktion handelte, waren im Design sowohl die beteiligten Banken als auch die Vertreter der regionalen Prüfungsverbände mit ihrer bilanziellen und aufsichtsrechtlichen Expertise involviert.[407]

Die Transaktion verfügt über eine für mittelständische, gewerbliche Kreditnehmer hohe Qualität des Kreditportfolios, was durch das durchschnittliche VR-Rating von 1d bestätigt wird. Dabei liegen 96 % der Kreditnehmer zwischen 1a und 2b und kein Kredit nutzt die mögliche Obergrenze von 2d aus. Durchschnittlich brachten die Kreditinstitute mit einer

[403] Vgl. Hilgert, H./Ziese, M. (2006), S. 284-286
[404] Vgl. neben anderen Lindemann, J./Martiné, M. (2005), S. 28-29 oder Hilgert, H./Hillmer, M. (2005), S. 624
[405] Vgl. Hilgert, H./Hillmer, M. (2005), S. 624
[406] Vgl. Friedrich, J./Mathweis, R. (2005), S. 24
[407] Vgl. Hilgert, H./Hillmer, M. (2005), S. 625

Bilanzsumme von 230 Millionen bis 1,6 Milliarden EUR jeweils 5,8 Kreditnehmer in die Transaktion ein. Das führt zu einem durchschnittlichen Volumen je Kreditgenossenschaft von 4.364 TEUR und zu einem eingebrachten Einzelvolumen von rund 756.000 EUR bei einer abgesicherten Laufzeit von 5,86 Jahren.[408]

Ebenfalls in 2005 wurde noch die zweite VR Circle mit 23 teilnehmenden Banken und einem Volumen von 69,2 Millionen EUR durchgeführt,[409] bevor in 2006 die dritte VR Circle mit 33 teilnehmenden Banken und einem Volumen von 65,66 Millionen EUR im genossenschaftlichen Finanzverbund platziert wurde.[410] Darüber hinaus wird als Zukunftsoption die Platzierung von VR Circle-Transaktionen am Kapitalmarkt, analog der PROVIDE-VR beziehungsweise PROSCORE-VR, in Erwägung gezogen.[411]

3.2.3 Sonstige Instrumente

Nachfolgend werden Asset Swaps, Bond Trading, Loan Sales und die offene Handelsplattform als sonstige Instrumente dargestellt. Diese komplettieren die kapitalmarktbasierten Instrumente und Methoden zur Gestaltung von Kreditportfolien mittels Kreditrisikotransfer.

3.2.3.1 Asset Swaps

Bei dem in den 1980er-Jahren entstandenen Asset Swap, einem von genossenschaftlichen Primärbanken kaum genutzten Instrument, handelt es sich um die Kombination eines festverzinslichen Wertpapiers (Asset) mit einem Zinsswap, der die Festzinszahlungen der Anleihe in variable Zinszahlungen tauscht.[412]

---

[408] Vgl. Friedrich, J./Mathweis, R. (2005), S. 26
[409] Vgl. Hilgert, H./Ziese, M. (2006), S. 286
[410] Vgl. DZ Bank (2006b)
[411] Vgl. Hilgert, H./Hillmer, M. (2005), S. 625
[412] Vgl. Burghof, H.-P./Henke, S. (2005b), S. 103-105

Abbildung 32: Struktur eines Asset Swaps

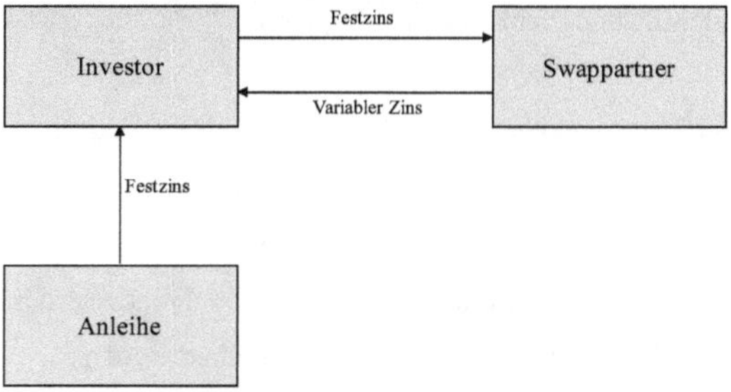

Quelle: Müller, F. (2000), S. 22

Im Rahmen dieser Transaktion wird das Zinsänderungsrisiko der festverzinslichen Anleihe durch den Zinsswap eliminiert und der Asset Swap-Käufer (Investor) trägt lediglich das isolierte Kreditrisiko der Anleihe.[413] Asset Swaps haben somit hinsichtlich ihrer Risikostruktur eine große Ähnlichkeit mit Kreditderivaten und werden daher auch als Vorläufer der Kreditderivate bezeichnet.[414]

3.2.3.2 Bond Trading

Als weiteres Instrument zum Kreditrisikotransfer sei der Handel mit Schuldverschreibungen (Bonds) genannt. Bei Letztgenannten handelt es sich um mittel- bis langfristige Kredite, die am Kapitalmarkt durch Emission von Wertpapieren aufgenommen werden. Die mittelfristige Obligation und die langfristige Anleihe stellen dabei die klassischen Formen dar; sie sind mit einer laufenden Zinszahlung in Form eines jährlich einzulösenden Kupons ausgestattet und werden endfällig getilgt.[415]

Diese Art des Handels von Kreditrisiken wird durch große Unternehmen bereits seit vielen Jahren erfolgreich umgesetzt, da sie Bonds emittieren können, die börslich und außerbörslich gehandelt werden. Grundsätzlich ist festzustellen, dass in Kontinentaleuropa der nicht verbriefte Unternehmenskredit den Regelfall darstellt. Insbesondere die kleinen und mittleren

[413] Vgl. Burghof, H.-P./Henke, S. (2005b), S. 103-104
[414] Vgl. Bowler, T./Folkerts-Landau, D./Knott, D./Moulton, P./Tierney, J. F. (1999), S. 9 oder Burghof, H.-P./Henke, S. (2005b), S. 103-104
[415] Vgl. Eilenberger, G. (1997), S. 276-283

Unternehmen (KMU) in Deutschland als typische Kreditnehmer von Kreditgenossenschaften sind nicht in der Lage, von dieser Finanzierungsmöglichkeit zu partizipieren.[416]

Trotz dieser Einschränkung ist es Genossenschaftsbanken möglich, durch den Kauf und Verkauf von Bonds sowohl über den Primär- als auch Sekundärmarkt kapitalmarktorientierten Kreditrisikotransfer zu betreiben. Dabei ist wie bei Kreditderivaten eine Kenntnisnahme des Schuldners über den Risikotransfer nicht gegeben. Allerdings erfolgt keine Trennung des zugrunde liegenden Kredits von dem Kreditrisiko bei dieser Form der Kreditübertragung.[417]

Die genossenschaftlichen Institute der Primärstufe betreiben im Gegensatz zu Großbanken bis auf ganz wenige Ausnahmen keinen ausgeprägten Handel mit Schuldverschreibungen. Dieser Handel dient im Regelfall nicht der Gestaltung des Kreditrisikoportfolios, sondern vielmehr der Generierung von Zins- und Arbitrageerträgen.

3.2.3.3 Loan Sales

Die Verschärfung der Eigenkapitalanforderungen im Zuge von Basel II, der Wegfall der staatlichen Gewährträgerhaftung für öffentliche Kreditinstitute, die durch fortwährende Schwäche des ostdeutschen Immobilienmarktes resultierenden Ausfälle von Zins- und Tilgungsleistungen bei Kundenforderungen sind einige Beispiele, die bei Banken den Trend verstärken, sich intensiv mit dem Verkauf von Krediten, dem so genannten Loan Sales, zu beschäftigen.[418]

Bei diesem einfachen Forderungsverkauf handelt es sich um eine Finanzierungstechnik, bei der Banken große Kreditengagements sowohl zum Zeitpunkt der Kreditvergabe als auch während der Kreditlaufzeit[419] teilweise oder vollständig verkaufen.[420] Eine Trennung zwischen dem zugrunde liegenden Kredit und dem Kreditrisiko erfolgt nicht. Dabei gehen alle Zahlungsströme des Schuldners sowie das Risiko von Leistungsstörungen beziehungsweise des Ausfalls des Schuldners auf den Kreditkäufer über. Allerdings verbleiben die Rechte und

---

[416] Vgl. Franke, G. (2005b), S. 1
[417] Vgl. Peppmeier, A. (2006), S. 30
[418] Vgl. Diehm, A./Richter, W. (2004), S. 46
[419] Vgl. Peppmeier, A. (2006), S. 30
[420] Vgl. Carlstrom, C. T./Samoly, K. A. (1993), S. 29

Pflichten gegenüber dem Kreditnehmer bei dem Kreditgeber.[421] Wie bei der Verbriefung bankeigener Forderungen, ist für die bilanz- und risikoentlastende Wirksamkeit der Ausschluss des Rückgriffs auf den Verkäufer erforderlich.[422]

Je nach Assetklasse wird dabei zwischen nicht leistungsgestörten (performing), problembehafteten (sub-performing) und notleidenden (non-performing, NPL) Krediten (loans) unterschieden.[423] Während für problembehaftete Kredite bisher nur ein sehr begrenzter Markt mit geringer Liquidität vorhanden ist,[424] gewinnt der Markt für leistungsgestörte Kredite in Deutschland immer mehr an Bedeutung und nimmt dabei einen Verlauf, den die amerikanische und asiatische Bankenlandschaft schon in den 1980er- beziehungsweise 1990er-Jahren vollzog.[425] Dies umfasst neben dem Verkauf von Einzelengagements zunehmend Portfoliolösungen, die auch ein Zusammenfassen von bisher nicht marktfähigen Kreditengagements ermöglichen.[426]

Als Investoren treten insbesondere Opportunity Fonds wie Lone Star sowie Investmentbanken wie Goldman Sachs auf, die sich regelmäßig externer Dienstleister, beispielsweise ehemaliger Abwicklungsabteilungen von Banken wie Institutional Restructuring Unit (IRU) der Dresdner Bank, klassischer Inkassodienstleister wie Creditreform oder ausländischer NPL-Servicer wie Hudson Advisers für den Forderungseinzug (Work-out) bedienen. Das Geschäftsmodell des Erwerbers basiert auf der Kombination von Abschlägen in der Akquisition der Portfolien und deren teilweisen Weitergabe in Form von partiellem Schuldenerlass an die Schuldner. Für Letzteren führt dies häufig zu einem günstigeren Ergebnis als der Verbleib der Forderung bei dem ursprünglichen Gläubiger.[427]

Die Höhe des Kaufpreises wird unter anderem durch Alter und Höhe der Forderungen und Qualität der Sicherheiten determiniert. Dies bedingt eine Zurverfügungstellung der entsprechenden Daten. Dabei ist festzustellen, dass der Risikoaufschlag für nicht erkennbare

---

421 Vgl. Peppmeier, A. (2006), S. 30
422 Vgl. Bund, S. (2000), S. 46
423 Vgl. Lenhard, M./Lindner, J. (2005), S. 973-974
424 Vgl. von Kibed, S. V. (2005), S. 635
425 Vgl. Diehm, A./Richter, W. (2004), S. 46
426 Vgl. von Kibed, S. V. (2005), S. 635
427 Vgl. hierzu neben anderen Sahm, A./Ulbricht, V. (2005), S. 632-633 oder Lützenrath, C./Neumann, A. (2005), S. 26-28

Risiken mit der Qualität der Datenaufbereitung sinkt.[428] Teilweise erfolgt bei leistungsgestörten Unternehmenskrediten deren Erwerb inklusive der Wahrnehmung von Kontrollrechten am Unternehmen beziehungsweise der spätere Tausch der Kredite gegen eine Beteiligung an den Firmen.[429]

Aufgrund seiner komplexen Transaktionsstruktur, wie Regelungsbedarf hinsichtlich der Fortführung von Rechtsstreitigkeiten und Vollstreckungsverfahren oder Übergang fiduziarischer Sicherungsrechte, ist bei einem Verkauf notleidender Kredite spezifisches Know-how auf beiden Vertragsseiten erforderlich. Hinsichtlich der bisherigen Problematik des Datenschutzes ist inzwischen eine gefestigte Rechtsprechung vorhanden, die bei gekündigten beziehungsweise kündigungsreifen Krediten dem Verkaufsinteresse der Bank Vorrang vor dem Interesse des Schuldners an der Geheimhaltung seiner Daten einräumt.[430]

Eine Betrachtung der durchgeführten und öffentlich nachvollziehbaren Transaktionen zeigt vor allem mittel- und großvolumige Verkäufe von Problemkrediten, wie beispielsweise die Veräußerung von notleidenden Immobilienkrediten im Wert von insgesamt 4,5 Milliarden EUR in drei Transaktionen durch die Hypo Real Estate.[431] Auch die Niederschlesische Sparkasse in Görlitz hat von dieser Option Gebrauch gemacht und Problemkredite mit einem Kreditvolumen im unteren dreistelligen Millionenbereich an angelsächsische Investoren veräußert, zu denen auch die US-Gesellschaft Lone Star Fund zählt. Obwohl sich ein Verkauf notleidender Kredite in der Regel erst ab einem Volumen von 200 Millionen EUR für den Investor lohnt,[432] wird eine Ausweitung beziehungsweise Verlagerung der Transaktionen stärker in Richtung kleinteiliger Forderungspakete erwartet.[433]

Innerhalb des genossenschaftlichen Finanzverbundes nimmt die Bankaktiengesellschaft (BAG) in Hamm als Vollbank die Funktion als „Bad Bank“ wahr.[434] Sie ist als Spezialbank, eine hundertprozentige Tochtergesellschaft des BVR, ein Instrument der

---

[428] Vgl. Diehm, A./Richter, W. (2004), S. 47. Während dies im Regelfall bei ungesicherten Konsumentenforderungen zu Abschlägen vom Nominalwert im günstigsten Fall von mindestens 60 % und bei grundpfandrechtlich besicherten Krediten von 30 bis 60 % führt, liegt der von Investoren angebotene Kaufpreis bei Altforderungen dagegen deutlich unter 90 % des Nominalwertes. (Vgl. Sahm, A./Ulbricht, V. (2005), S. 633)

[429] Vgl. Köhler, P./Landgraf, R. (2006), S. 25

[430] Vgl. Sahm, A./Ulbricht, V. (2005), S. 633

[431] Vgl. Bolder, M./Lehrbaß, F./Zimmer, K.-A. (2005), S. 14

[432] Vgl. Drost, F. M. (2004), S. 18

[433] Vgl. Sahm, A./Ulbricht, V. (2005), S. 634

[434] Vgl. BVR (2005a), S. 3

Sanierungseinrichtung des BVR[435] und beschäftigt sich ausschließlich mit Problemkrediten, -beteiligungen und -immobilien von Mitgliedsbanken.[436]

Darüber hinaus bietet die BAG Hamm als Outsourcingpartner seit 2005 auch die Übernahme der Bearbeitung von Problemkrediten im Sinne der MaRisk sowie den Kauf von Problemkrediten an, um den Genossenschaftsbanken eine Alternative zur eigenen Bearbeitung ihrer Problemkredite einzuräumen.[437]

Neben der BAG Hamm zeigt sich mit der Immofori Gesellschaft für Immobilienforderungsinkasso seit dem Frühjahr 2005 ein weiteres Verbundunternehmen als „Special Servicer" im operativen Geschäft mit NPL. Gegenstand der unternehmerischen Tätigkeit ist die Erbringung von Dienstleistungen rund um immobilienbesicherte NPL-Portfolien mit Produkten wie beispielsweise €asyExit.[438] Bei dem ersten Auftrag wurde die amerikanische Investmentbanktochter Lehman Brothers Europe beim Ankauf eines Portfolios von rund 800 notleidenden Immobilienkrediten der Münchener Hypothekenbank für 725 vornehmlich wohnwirtschaftliche Immobilien mit einem Gesamtvolumen von rund 170 Millionen EUR beratend begleitet.[439]

Insgesamt ist festzustellen, dass Loan Sales zwar für eine aktive Steuerung des Kreditportfolios eingesetzt werden, für den Transfer von weniger transparenten Buchkrediten aktuell aber keine bedeutende Rolle spielen.[440] Dies liegt auch darin begründet, dass deutsche Banken aufgrund der herausragenden Bedeutung ihrer Beziehungen mit den mittelständischen Unternehmen oftmals nicht bereit sind, die zum Verkauf bisher illiquider Buchkredite notwendige Umstrukturierung durchzuführen.[441]

---

[435] Vgl. Mußler, H. (2003)
[436] Vgl. BVR (2005b), S. 31-32
[437] Vgl. BVR (2005a), S. 3 und BAG Hamm (2005)
[438] Vgl. Immofori (2007). Bei der Immofori handelt es sich um eine 100prozentige Tochter der DG Hyp mit Sitz in Hamburg.
[439] Vgl. DG Hyp (2005), S. 6-7
[440] Mit weiterführenden Möglichkeiten, die Sparkassen und Genossenschaftsbanken den NPL-Markt in Deutschland auch verkäuferseitig öffnen, beschäftigt sich Thomas Prüver in seiner Dissertation „Der Verkauf notleidender Kredite in Deutschland – Gestaltungsempfehlungen für Transaktionsmodelle bis zu einem Nennwert von 100 Millionen Euro".
[441] Vgl. Henke, S. (2002), S. 210

3.2.3.4 Indizes, Broker und offene Handelsplattformen

Im kapitalmarktorientierten Kreditrisikotransfer sind in den letzten Jahren an verschiedenen Stellen Bemühungen im Gange, für alle Marktteilnehmer offene Handelsplattformen zu errichten. So dienen bereits heute Kreditderivateindizes wie iTraxx[442] oder CDX, in denen jeweils die 125 liquidesten Investment Grade-Adressen von Europa und Nordamerika zusammengefasst sind, vielen Marktteilnehmern als Refinanzierungsinstrumente, die auf kurzfristigen Markteinschätzungen basierende Handelsstrategien ermöglichen. Darüber hinaus sind durch die Existenz von Sektorsubindizes auch „Proxy Hedges", das heißt die Absicherung bei Nichtidentität von Risiko- und Referenzaktivum, für einzelne Industriesektoren durchführbar.[443]

Ebenso hat die Singapore Exchange, Betreiberin der Singapore Stock Exchange, mit Dow Jones & Company eine Vereinbarung getroffen, die es ihr erlaubt, Futures auf einen Kreditderivateindex zu listen. Bei diesem Index handelt es sich um den TRAC-X, der im April 2003 kreiert wurde[444] und im Jahr darauf mit dem Dow Jones iBoxx, den beiden bislang wichtigsten Anbietern von CDS-Indizes, zu Dow Jones iTraxx fusioniert wurde. Insgesamt umfasst die iTraxx-Indexfamilie regionale (wie den Dow Jones iTraxx Europe) und sektorale Subindizes, die aus Marktdaten liquider CDS-Titel errechnet werden. Sie bindet deutlich über 150 Mrd. Dollar an Kreditderivaten an diesen Index.[445]

Mittels dieser Kreditderivateindizes können sich Investoren via derivativer Instrumente gegen Kreditrisiken auf einzelnen Teilmärkten absichern.[446] So haben beispielsweise die Handelsplattform Creditex und der Informationsdienst Markit gemeinsam mit führenden Banken eine Methode vorgestellt, mit der wöchentlich ein Preis für Kreditderivateindizes festgestellt werden kann. Auch die Chicago Board of Trade (CBOT) erarbeitet gemeinsam mit dem Konkurrenten Chicago Mercantile Exchange (CME) Spezifikationen eines Futurekontrakts auf die iTraxx-Kreditderivateindizes.[447]

---

442 Vgl. Cünnen, A. (2006a), S. 26
443 Vgl. Poppel, M./Spieler, C. (2005), S. 11
444 Vgl. Rettberg, U. (2004), S. B5
445 Vgl. Deutsche Bundesbank (2004), S. 46
446 Vgl. Krumnow, J. (1999), S. 122
447 Vgl. o. V. (2005b), S. 27

Diese positive Entwicklung im Bereich der Kreditderivateindizes ist für Marktteilnehmer vergleichbar mit der Evolution des Marktes für Zinsswaps, der durch das LIBOR-Fixing im Jahr 1985 seinerseits einen kräftigen Schub erhalten hatte. Allerdings ist das ausstehende Nominalvolumen trotz des starken Wachstums beim Kreditrisikotransfer mit Kreditderivaten im Vergleich zum Markt für Zinsswaps mit 184.000 Mrd. Dollar immer noch bescheiden.[448]

Ein großer Teil der Kreditderivatetransaktionen wird über so genannte Broker abgewickelt. Die dynamische Marktentwicklung spiegelt sich auch im Konzentrationsprozess bei diesen hauptsächlich als Interbankenbroker agierenden Unternehmen. So fusionieren die beiden in 1999 gegründeten Derivatebroker Creditex in New York und Credittrade in London zur Creditex Group: diese ist nach Icap, dem weltgrößten, und GFI Group, der dem Volumen nach führt, der drittgrößte Interbankenbroker für Kreditderivate.[449]

Neben den Kreditderivateindizes und den internationalen Interbankenbrokern sind in Deutschland auch starke Bemühungen im Gange, eine funktionierende Börse für Kreditrisikohandel zu errichten. So startete nach jahrelangen Vorbereitungen am 13. Oktober 2004 die Deutsche Kredit Börse (DeKreBo) in München als privater Marktplatz bankengruppenübergreifend als Bindeglied zwischen Forderungskäufern und -verkäufern. Geschäftsziel der DeKreBo ist der Handel von Einzelkrediten zur aktiven Kreditportfoliosteuerung. Weitere Ziele von DeKreBo liegen darin, Kredite zu standardisieren und auf diese Weise übertragbar zu machen.[450]

Am 21. Dezember 2005 erfolgte dann die Verschmelzung der DeKreBO mit der Warenterminbörse (WTB) in Hannover sowie die Umbenennung in RMX Risk Management Exchange mit Sitz in Hannover. Dieser Zusammenschluss dient der Schaffung einer unabhängigen Börse für die Produktlinien Rohstoffe und Kredite. Durch diese Fusion gelangte die DeKreBo in den Besitz einer begehrten Börsenlizenz.[451]

Auf diesem neuen Marktplatz ist es Banken und institutionellen Adressen aus der Finanzwirtschaft erstmals möglich, einzelne kleinteilige Kredite „True Sale" zu kaufen und zu

---

[448] Vgl. o. V. (2005b), S. 27
[449] Vgl. o. V. (2006d), S. 28
[450] Vgl. Rettberg, U. (2006a), S. B20
[451] Schafft doch eine öffentlich-rechtliche Börse mit einem klar definierten Regelwerk bei den Nutzern eine Menge Vertrauen im Wettbewerb um Kredithandelsgeschäfte. Vgl. Rettberg, U. (2006a), S. B20

verkaufen. Kernelement des Geschäftsmodells ist dabei die Zusammenarbeit mit der Ratingagentur S&P, die über eine Master-Skala die Vergleichbarkeit der Kredite sicherstellt, für jede Forderung eine Bonitätsnote vergibt und eine einheitliche Datenaufnahme sicherstellt.[452]

Die Untergrenze der RMX für die gehandelten Darlehen liegt bei 500.000 EUR bei Firmen mit Umsätzen zwischen 1 und 500 Millionen EUR. Somit zielt die Börse auf weite Teile des genossenschaftlichen Kundenklientels, wobei die Plattform nicht für leistungsgestörte Kredite zur Verfügung stehen soll. Interessant ist dabei, dass die RMX selbst keine Preisfestsetzung vornimmt, sondern lediglich als Marktplatz fungiert. Die Preisfindung erfolgt direkt zwischen Käufer und Verkäufer, bislang telefonisch und in persönlichen Kontakten und seit 2007 durch den Einsatz eines elektronischen Handelssystems.[453]

Die amerikanische Kreditbörse DebtX[454] und die Chicago Mercantile Exchange (CME) wollen ebenfalls in den Markt einsteigen,[455] wodurch sich beide von den in Europa etablierten Börsen wie der London International Financial Futures and Options Exchange (LIFFE) oder der Eurex in Frankfurt unterscheiden. Diese beschäftigen sich zwar seit einigen Jahren mit der Einführung von standardisierten Kreditderivaten,[456] konkrete Pläne für die Börseneinführung von Kreditderivaten sind allerdings lediglich bei der Eurex erkennbar. Diese hat am 27. März 2007 mit einem Futures-Kontrakt auf die iTraxx-Europe 5-Year-Indexserie ein börsennotiertes Kreditderivat auf den Markt gebracht.[457]

3.3 Erfolgsmessung und Pricing im kapitalmarktorientierten Kreditrisikotransfer

Die Messung des Erfolges von Maßnahmen zur Optimierung der Rendite-Risiko-Struktur erfolgt auf Grundlage des CVaR über risikoadjustierte Kennzahlen auf Einzelgeschäfts- und (Sub-)Portfolioebene, da sie ineffiziente Kapitalbindung verhindern. Ziel ist es, unter

[452] Vgl. Köhler, P./Landgraf, R. (2004), S. 23
[453] Vgl. Franke, D. (2005), S. 15
[454] Vgl. Köhler, P./Landgraf, R. (2004), S. 23
[455] Vgl. Rettberg, U. (2006c), S. B21
[456] Vgl. Burghof, H.-P./Henke, S. (2005a), S. 35
[457] Vgl. Finanzen (2006)

Berücksichtung des eingegangenen Risikos die Profitabilität der einzelnen Risikoposition beziehungsweise des (Teil-)Portfolios zu messen.[458]

Bei der Definition von risikoadjustierten Kennzahlen gibt es diverse Möglichkeiten. Die in der finanzwirtschaftlichen Praxis am weitesten verbreitete Form stellt die Kennzahl RORAC (Return On Risk Adjusted Capital) dar.[459] Sie ist in weiteren Ausprägungsformen wie RAROC (Risk Adjusted Return On Capital) oder RARORAC (Risk Adjusted Return On Risk Adjusted Capital) integraler Bestandteil bankbetrieblicher Steuerungsinstrumente.[460] Hintergrund dieser Kennzahl ist die Überlegung, dass jede Risikoposition mit Eigenkapital unterlegt werden muss und der Bedarf an Kapitalunterlegung dem Risikogehalt zu entsprechen hat.[461]

Im Rahmen ihrer Optimierungsbemühungen streben die Banken entweder einen maximalen RORAC oder einen durch die Geschäftsleitung unter risikopolitischen Erwägungen für das Institut festgelegten Soll-RORAC an.[462] Dies erfolgt in einem ersten Schritt durch die Ermittlung eines RORAC für jeden Einzelkredit im Portfolio. Ziel ist die Identifizierung aller Kredite, deren Risikokapitalverzinsung unterhalb des Soll-RORAC liegt. In einem nächsten Schritt erfolgt die Ermittlung des RORAC auf (Teil-)Portfolioebene, um anhand von Vergleichen mit dem selbstdefinierten Soll-RORAC beziehungsweise Benchmarks auch hier den Handlungsbedarf erkennen zu können.[463]

Eine besondere Herausforderung der wirkungsbezogenen Portfoliosteuerung ist zunächst die Definition effizienter Referenzportfolien wie beispielsweise REXP, welche als Basis zur Ableitung eines Benchmark-RORAC (zur passiven/semipassiven Steuerung) oder eines Ziel-RORAC (zur aktiven Steuerung) dienen können.[464]

Als zweites, in kumulativem Zusammenhang mit dem RAROC stehendes, bei Großbanken dominierendes Verfahren der wertorientierten Unternehmenssteuerung sei an dieser Stelle der Economic Value Added (EVA) angeführt. Dieser kommt im Rahmen eines umfassenden

---

[458] Vgl. zum Beispiel Zielke, A. (2003), S. 80 oder Meister, E. (1999), S. 7
[459] Vgl. Zink, H. (2002), S. 62. Für eine ausführliche Darstellung vgl. Schierenbeck, H. (2003), S. 43 ff..
[460] Vgl. Lange, T. A. (2005), S. 118
[461] Vgl. Brüning, J.-B./Hoffjan, A. (1997), S. 362
[462] Vgl. Zink, H. (2002), S. 83
[463] Vgl. unter anderem Bielefeld, F./Maifarth, M. (2004), S. 167, Grüther, M. D./Lister, M./Schierenbeck, H. (2005), S. 192-193 oder Schierenbeck, H. (2003), S. 507 ff.
[464] Vgl. Seel, W. (2006), S. 233

Performancemessungs- und Wertsteigerungskonzeptes zur Anwendung.[465] Der EVA errechnet ein wertorientiertes Residualeinkommen der zu bewertenden Investition beziehungsweise der Unternehmenstätigkeit.[466] Er ist ein Übergewinn beziehungsweise ein Wertzuwachs, welcher der Differenz von Kapitalkosten und Rendite entspricht. Wenn die Erlöse höher als sämtliche Kosten, das heißt einschließlich der Eigenkapitalkosten, sind, wird ein Wertzuwachs erzielt. Dahingegen zeigt ein negativer EVA an, dass ein Teil des Unternehmenswertes vernichtet worden ist. Somit können die Kapitalkosten als die zu überspringende Hurdle Rate interpretiert werden, um zusätzliche Werte im Unternehmen zu schaffen (Value Creation).[467]

Insgesamt ist zu erwähnen, dass im genossenschaftlichen Sektor auf RORAC-Systematik basierende Kennzahlen nur eine sehr begrenzte und der EVA bislang keine Rolle spielt. Neben der Erfolgsmessung von Maßnahmen des Kreditrisikotransfers zur Optimierung der Rendite-Risiko-Struktur bedarf es einer transparenten Preisermittlung (Pricing). Da die Preisermittlung keinen Schwerpunkt dieser Untersuchung darstellt, wird nachfolgend lediglich auf die zentralen Elemente eingegangen.

Die Preisermittlung von Kreditrisikotransferinstrumenten kann sowohl über theoretische Modelle der Finanz- und Kapitalmarkttheorie als auch über marktorientierte Verfahren erfolgen.[468] Gemeinsam haben die Methoden zur Preisfindung, dass sich das Pricing nach der Maßgabe des abzusichernden Risikos richtet und zur Beurteilung des Kreditrisikos der Credit Spread herangezogen wird.[469] Allerdings haben sich im Markt bisher noch keine standardisierten Bewertungsmodelle analog zum Black und Scholes-Ansatz beim Marktpreisrisiko durchsetzen können.[470]

Ein Großteil der theoretischen Modelle ist auf die Contingent Claims Analysis von Robert C. Merton, Nobelpreisträger und einer der Begründer der Optionspreistheorie, aus dem Jahr 1974 zurückzuführen. Diese betrachtet das Underlying selbst als ein Derivat auf das Firmenvermögen (Realoption).[471] Die theoretischen Modelle umfassen sowohl die klassischen

---

[465] Vgl. Achleitner, A.-K. (2001), S. 240
[466] Vgl. Stern, J. M./Shiely, J. S. (2001), S. 15-18
[467] Vgl. Lange, T. A. (2005), S. 118
[468] Vgl. neben anderen Hüttemann, P. (1999), S. 69 und Peppmeier, A. (2006), S. 37 ff.
[469] Vgl. ausführlich Das, S. (2000), S. 239-330
[470] Vgl. Merz, A. (2001), S. 18
[471] Vgl. beispielsweise Pechtl, A. (1999), S. 181 oder Jost, M./Siwik, T. (2000), S. 868

Modelle wie das Capital Asset Pricing Model (CAPM) oder die Arbitrage Pricing Theory (APT) als auch neuere Ansätze wie das Ratingmodell oder das Asset Class Model.[472]

Im Rahmen dieser Dissertation wird zur beispielhaften Darstellung einer Preisermittlung lediglich auf den anwendungsbezogenen marktorientierten Hedgekosten-Ansatz (Mark-to-Hedge-Pricing) eingegangen. Dieser wurde schon zu Beginn der Marktentstehung für die Preisermittlung von den Marktteilnehmern verwendet und überwiegt auch derzeit noch in der finanzmathematischen Praxis. Die Gründe liegen einerseits an seiner im Vergleich zu den theoretischen Modellen einfachen Handhabung, da unter anderem Daten über historische Ausfallwahrscheinlichkeiten unberücksichtigt bleiben. Andererseits berücksichtigt er die verschiedenen Präferenzen der Marktteilnehmer, beispielsweise hinsichtlich der Korrelationen von Kreditrisiken.[473] Darüber hinaus gewährt er ein Höchstmaß an Transparenz für alle Beteiligten. Damit ist der Mark-to-Hedge-Ansatz dem des Mark-to-Model (EVA und RAROC) überlegen.[474]

Beim Hedgekosten-Ansatz orientieren sich die Marktteilnehmer an Preisen, die am Kapitalmarkt für Transaktionen mit vergleichbarem Risiko gelten. Dies liegt in der Annahme begründet, dass zwei Geschäfte mit prinzipiell dem gleichen Risiko in einem arbitragefreien Markt den gleichen Preis haben müssen.[475]

Beispielhaft lässt sich die marktorientierte Preisfindung an einem Credit Default Swap mit einer Laufzeit von drei Jahren darstellen, den die Bank B mit dem Kontrahenten K abschließt. B überträgt somit das Kreditrisiko aus dem Underlying, etwa einer liquiden festverzinslichen Schuldverschreibung mit einer Restlaufzeit von drei Jahren, deren Emittentin das Unternehmen U ist, gegen Zahlung einer noch zu bestimmenden Prämie (Y) auf K. Ferner hält der Marktteilnehmer B einen zinsvariablen Kredit mit einer Laufzeit von drei Jahren an U in seinem Kreditportfolio. Die Bank erzielt aus diesem Kredit einen jährlichen Zahlungsstrom in Höhe von 6-Monats-LIBOR plus einer Marge X in Basispunkten.[476]

[472] Vgl. Hüttemann, P. (1999), S. 70-71
[473] Vgl. ebd., S. 116-119
[474] Vgl. Lange, T. A. (2005), S. 122
[475] Vgl. Becker, H. P./Peppmeier, A. (2006), S. 364
[476] Vgl. Hüttemann, P. (1999), S. 116-117

Abbildung 33: Herleitung der Preisobergrenze des Credit Default Swaps

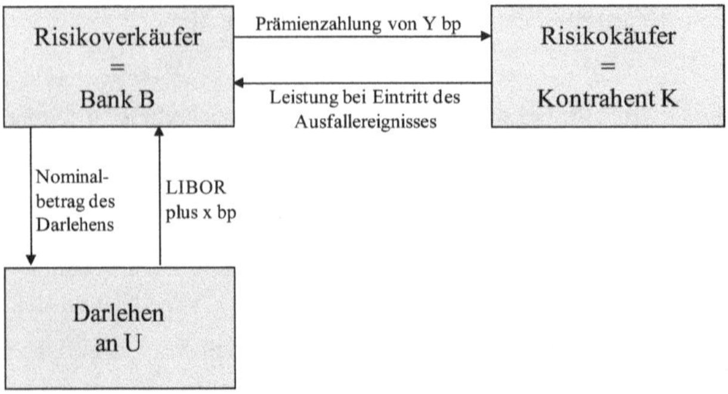

Quelle: Eigene Darstellung in Anlehnung an Hüttemann, P. (1999), S. 117

Für diesen Credit Default Swap kann nun eine Preisober- und -untergrenze der Prämie Y bestimmt werden. Die Preisobergrenze wird zunächst durch die Höhe der Prämie X bestimmt, welche das Kreditinstitut aus dem Kreditgeschäft mit seinem Kunden erwirtschaftet. Ist die Absicherung des Kreditrisikos für die Bank jedoch besonders wichtig und sind andere Absicherungsmöglichkeiten nicht oder nur zu Prämien möglich, die X BP übersteigen, kann auch eine darüber hinausgehende Prämie gezahlt werden.[477]

Die Preisuntergrenze für die Prämie Y ist durch den Asset Swap Spread gegeben, den der Risikokäufer beim Kauf eines mit dem gleichen Underlying konstruierten Asset Swaps am Markt erzielen kann. In diesem Zusammenhang spielen die Refinanzierungskosten des Marktteilnehmers K eine besondere Rolle. Liegen sie unterhalb des 6-Monats-LIBOR-Satzes, so wirkt dies erhöhend auf die Untergrenze der Prämie. Im umgekehrten Fall vermindert sich die Untergrenze für Y, da K nur den Gesamtertrag aus dem Asset Swap, also den Asset Swap Spread zusammen mit dem Refinanzierungsnachteil/-vorteil mit der Höhe der erzielbaren Prämie Y vergleicht. Der Gesamtertrag aus dem Asset Swap-Geschäft stellt somit den Ertrag dar, den der Sicherungsgeber bei einem Kreditderivat mindestens erzielen oder besser übertreffen muss, um ein solches Geschäft abzuschließen.[478]

Die nun ermittelte Ober- und die Untergrenze legen eine Spanne für die Höhe der Prämie Y fest, innerhalb derer der genaue Preis zwischen der Bank und ihrem Kontrahenten

477 Vgl. Becker, H. P./Peppmeier, A. (2006), S. 365
478 Vgl. ebd., S. 365

ausgehandelt werden kann. Dabei können sich aber auch Liquiditätsüberlegungen und die portfoliospezifischen Konzentrationen von Risiken preisbeeinflussend auswirken.[479]

Zusammenfassend kann gesagt werden: Bei dem marktorientierten Hedgekosten-Ansatz handelt es sich um eine relativ pragmatische und einfache Vorgehensweise, die eine erste gute Approximation für einen Preis zulässt. Dies gilt aber nur, sofern eine ausreichende Liquidität in Finanztiteln desselben Emittenten vorhanden ist.[480] In den anderen Fällen, bei illiquiden Finanztiteln wie den typischen Kundenkrediten von Volks- und Raiffeisenbanken, müssen andere Berechnungsverfahren wie beispielsweise die Preisermittlung unter Berücksichtigung von Ausfallwahrscheinlichkeiten, Rückzahlungsbeträgen und weiteren Aspekten Anwendung finden.[481]

3.4 Anwendungsmöglichkeiten von Instrumenten zur Gestaltung von Kreditrisikoportfolien

Bei den Instrumenten zum Transfer von Kreditrisiken lassen sich drei Einsatzgebiete unterscheiden: Aktivmanagement, Passivmanagement und Eigenhandel.[482]

Abbildung 34: Anwendungsmöglichkeiten von Instrumenten zum Kreditrisikotransfer

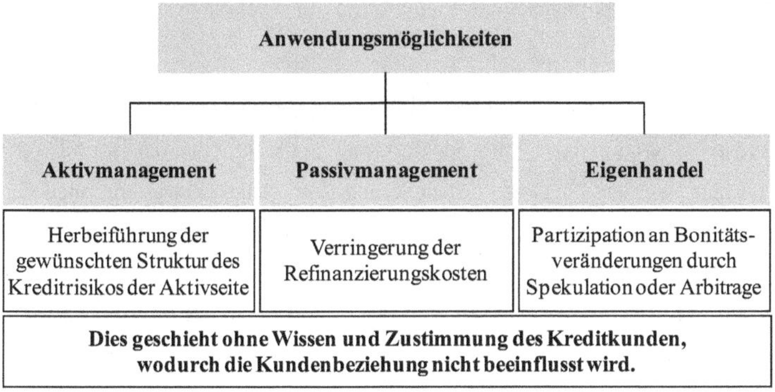

Quelle: Vgl. Kern, M./Lange, T. A. (2005), S. 41

479 Vgl. Peppmeier, A. (2006), S. 39-40
480 Vgl. Hüttemann, P. (1999), S. 119-120
481 Vgl. Peppmeier, A. (2006), S. 53-60
482 Vgl. Kern, M./Lange, T. A. (2005), S. 41

3.4.1 Aktivmanagement

Aus Sicht der bankbetrieblichen Risikosteuerung kommt dem Aktivmanagement eine entscheidende Bedeutung zu. Dessen Ziel ist es, die gewünschte Bonitätsstruktur des Kreditportfolios herbeizuführen, sei es durch die Absicherung von Kreditrisikopositionen, die Übernahme von Kreditrisikopositionen oder die Optimierung des Kreditrisikoportfolios.[483] Dies geschieht ohne Wissen und Zustimmung des Kreditkunden, wodurch die Kundenbeziehung nicht beeinflusst wird.[484]

3.4.1.1 Absicherung von Kreditrisikopositionen

Durch die Möglichkeit, Kreditrisiken zu verkaufen, sind Instrumente zum Kreditrisikotransfer geeignet, um bestehende Bonitätsrisiken des Kreditportfolios zu neutralisieren beziehungsweise bei Absicherung (Hedging) von Neugeschäften gar nicht erst entstehen zu lassen.[485]

Eine Absicherung von Kreditrisikopositionen kommt auf zweierlei Art und Weise in Betracht: Zum einen, wenn eine Bank Teile eines Portfolios[486] absichern möchte, zum anderen, wenn das gesamte Risiko eines Kreditportfolios abgesichert werden soll. Der Verkauf und der damit verbundene Abbau von Kreditrisiken ermöglicht auch den notwendigen Freiraum, um weitere Geschäfte tätigen zu können.[487]

Die Absicherung einer einzelnen Position wird als Micro Hedge bezeichnet. Mit einem Macro Hedge können mehrere Kreditrisiken (die idealerweise stark miteinander korrelieren) gleichzeitig abgesichert werden.[488] Diese Absicherung von Risikokonzentrationen im Kreditportfolio, etwa in Form von Branchenkonzentrationen, ist vor allem für Sparkassen oder Genossenschaftsbanken von besonderem Interesse. Deren Kreditportfolien sind im Gegensatz zu denen der Großbanken sowie der Zentralbanken der Sparkassen und Genossenschaftsbanken häufiger Klumpenrisiken inhärent.

---

483 Vgl. Becker, H. P./Peppmeier, A. (2006), S. 362
484 Vgl. Hohl, S./Liebig, T. (1999), S. 516
485 Vgl. Müller, F. (2000), S. 45
486 Vgl. ebd., S. 45
487 Vgl. Doswald, H. (2003), S. 12
488 Vgl. Hüttemann, P. (1999), S. 47-49

Ebenso können Risikokonzentrationen in Form von Großkrediten durch den Abschluss mehrerer Credit Default Swaps in kleinere Risikopositionen „zerlegt“ und damit auf mehrere Sicherungsgeber übertragen werden. Dies eignet sich insbesondere bei der Vergabe von Großkrediten als Alternative zur Syndizierung. Statt der sonst üblichen gemeinschaftlichen Kreditvergabe kann eine Bank den Großkredit allein ausreichen und das Konzentrationsrisiko nach eigenen Wünschen auf andere Banken (Risikokäufer) verteilen.[489]

Mit der Herausgabe von Kreditrisiken lässt sich darüber hinaus ein wertvoller Beitrag zur Rentabilitätssteigerung des Kreditgeschäfts und damit sowohl der Eigenkapitalrentabilität als auch des RORAC aus dem Kreditgeschäft leisten, da Risikokosten verringert werden beziehungsweise die Rendite einer Kreditlinie optimiert wird.[490] Beispielhaft für Letztgenanntes, das Kreditlinienmanagement, sei hier eine Bank genannt, die weitere Kredite an einen bestimmten Kreditnehmer vergeben will, dies zunächst aber nicht möglich ist, da die Kreditlinien bezüglich eines Kunden, einer Branche oder einer Risikogruppe ausgeschöpft sind und eine weitere Risikoerhöhung nicht erwünscht oder durch gesetzliche Vorschriften nicht erlaubt ist.[491]

Um durch die Ablehnung des Kredits die Kundenbeziehung nicht zu gefährden beziehungsweise durch den neuen Kredit einen attraktiven Ertrag zu erzielen, kann das zusätzliche Risiko des Neugeschäfts mit einem Kreditderivat veräußert werden.[492] Durch die Abgabe weniger erfolgreicher Engagements ohne direkte Veräußerung und anschließende Nutzung der Kreditlinien für lukrativere Geschäfte lässt sich ebenfalls eine Optimierung der Rendite erreichen, ohne dass eigene Kreditnehmer darüber informiert werden müssen.[493]

Schließlich wirkt sich ein risikoadjustiertes Kreditportfolio auch direkt auf die Berechnung des Beitrags zur BVR-Sicherungseinrichtung aus. Durch die Reduktion der Bemessungsgrundlage spart das Primärinstitut Kosten. Diese lässt sich beispielsweise über eine Verbriefung realisieren, da der verbriefte Teil des Portfolios nicht mehr oder nicht mehr in vollem Umfang in die Berechnung der Bemessungsgrundlage einzubeziehen ist.[494]

---

489 Vgl. Kern, M./Lange, T. A. (2005), S. 41
490 Vgl. ebd., S. 41
491 Vgl. Hohl, S./Liebig, T. (1999), S. 519
492 Vgl. Lachnit, S. (2005), S. 14
493 Vgl. Hohl, S./Liebig, T. (1999), S. 519
494 Vgl. Doswald, H./Lachnit, S. (2004), S. 13

3.4.1.2 Übernahme von Kreditrisikopositionen

Die Übernahme von Kreditrisiken (Kreditersatzgeschäft)[495] kann sowohl zur Verringerung von Klumpenrisiken (Diversifikation) als auch zur Erschließung neuer Märkte genutzt werden. So lassen sich durch Kreditderivate synthetische Engagements auf Länder, Branchen oder Kreditnehmer, zu denen kein direkter Zugang besteht, aufbauen. Damit sind unter anderem umfangreiche Investitionen in eine Bankinfrastruktur und Vertriebsstützpunkte in bestimmte Regionen für eine Geschäftsbank zur Erschließung neuer Märkte nicht mehr notwendig.[496]

Kreditrisikotransferinstrumente sind auch für solche Investoren attraktiv, die zum Beispiel wegen eines weniger guten Ratings relativ hohe Refinanzierungskosten haben. Durch die Übernahme von Kreditrisiken haben sie die Möglichkeit, einen höheren Gesamt-Spread zu realisieren als bei einer Direktinvestition in einen Finanztitel des betrachteten Kreditnehmers, für die effektiv eine Refinanzierung erfolgen muss.[497]

Ein wichtiges Motiv für diese Anwendungsmöglichkeit ist der Wunsch nach Diversifikation, ohne dass dabei eine nennenswerte Kapitalbindung erforderlich ist.[498] Als verbundinterne Investitionsmöglichkeit für Kreditgenossenschaften seien verschiedene Credit Linked-IHS der BAG Hamm sowie die MBS-Papiere der PROVIDE-VR oder PROSCORE-VR beispielhaft erwähnt. Mit ihnen können Kreditinstitute nicht nur die Kosten der Ausplatzierung verdienen, sondern darüber hinaus auch noch eine Verbesserung der Rendite-Risiko-Struktur erwirtschaften.[499]

3.4.1.3 Optimierung des Kreditrisikoportfolios

Durch die Möglichkeit der gezielten Heraus- und Hereinnahme von Kreditrisiken stellen zum Beispiel Kreditderivate ein flexibles Instrumentarium zur Herbeiführung der gewünschten Struktur des Kreditrisikoportfolios, zur Optimierung der Rendite-Risiko-Struktur durch aktive

495 Vgl. Lachnit, S./Lorenz, K. (2004), S. 17
496 Vgl. Landry, S./Radeke, O. (1999), S. 542-543
497 Vgl. Kern, M./Lange, T. A. (2005), S. 41
498 Vgl. Becker, H. P./Peppmeier, A. (2006), S. 363
499 Vgl. Lachnit, S./Lorenz, K. (2004), S. 17

Modellierung und schließlich zur Erweiterung der Wertschöpfungskette „Kredit“ dar.[500] Dies kann in letzter Konsequenz dazu führen, dass eine Bank zum „Credit Warehouse“ mutiert.[501] Durch die synthetische Verbriefung von Teilen des Forderungsbestands sowie gezielte Investitionen in MBS-Papiere können die Kreditinstitute ihr Adressausfallrisiko diversifizieren und ein höheres Maß an Sicherheit im Sinne von Risikotragfähigkeit für die Bank erreichen. Somit bringen Verbriefungstransaktionen eine Vielzahl regionaler Kreditportfolien über ein Wertpapierprodukt miteinander in Verbindung, um die Vorteile der regionalen, kundennahen Kreditentscheidung mit den Vorteilen der überregionalen Diversifikation zu verbinden.[502]

Abbildung 35: Effekte der Risikodiversifizierung

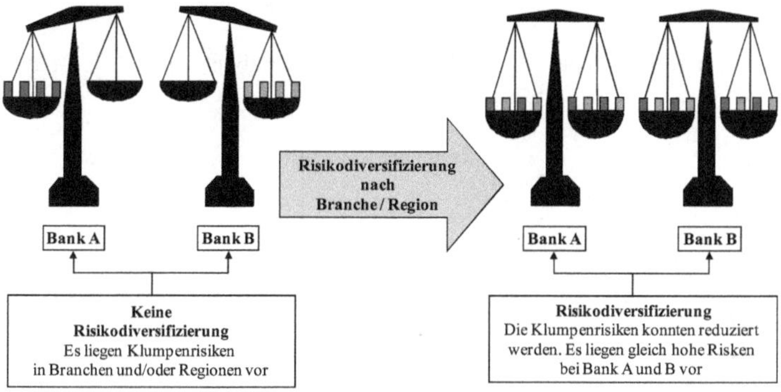

Quelle: Doswald, H./Lachnit, S. (2004), S. 12

Auf die Diversifikation eines Kreditportfolios finden grundsätzlich die gleichen Regeln Anwendung, wie sie für Wertpapierportfolien im Rahmen der 1952 von Harry M. Markowitz postulierten Portfoliotheorie (Portfolio Selection Theory) gelten.[503] Hiernach wird die Gesamtrendite eines Portfolios durch die Beimischung eines weiteren rendite- und risikostärkeren Investitionsobjekts erhöht, während gleichzeitig das Risiko sinkt.[504] Der Effekt der Risikominderung ist dabei umso größer, je stärker die Korrelationen der Werte der Objekte kleiner als +1 (bis max. -1 im Falle einer vollständig negativen Korrelation) sind.

---

500 Vgl. Remaklus, H. (2002), S. 944

501 Vgl. Kern, M./Lange, T. A. (2005), S. 41

502 Vgl. Kölle, W./Lachnit, S. (2005), S. 14

503 Vgl. Altman, E. I./Caouette, J. B./Narayanan P. (1998), S. 269. Für eine ausführliche Darstellung der Portfoliotheorie siehe Markowitz, H. M. (2005).

504 Vgl. Gramlich, D. (2003), S. 22-23

Dieser Effekt wird auch als Diversifizierungseffekt bezeichnet.[505] Dementsprechend wird ein rational handelnder Risikomanager ein Kreditportfolio anstreben, das der Markowitzschen Effizienz entspricht. Das Eingehen des unternehmensspezifischen Risikos ist in Anlehnung an das CAPM nicht sinnvoll, da es nicht entgeltet wird. Es ist vielmehr sinnvoll, dieses durch Diversifizierung und damit Erhöhung der Granularität aus dem Portfolio zu eliminieren.[506]

Dabei ist das Konzentrationsrisiko, also der Anteil einzelner Kreditpositionen am Gesamtportfolio, zu verringern, denn je niedriger der Anteil einer Risikoposition am Gesamtportfolio, desto geringer ist der dafür zu erzielende risikoadäquate Spread.[507] So kann es gelingen, den portfoliospezifischen risikoadäquaten Credit Spread wenigstens dem vom Kreditmarkt gewährten Credit Spread zu nähern oder ihn sogar darunter zu positionieren.[508]

Abbildung 36: Anteil des Bonitätsrisikos einer Adresse am Gesamtbonitätsrisiko in % des Kreditportfolios

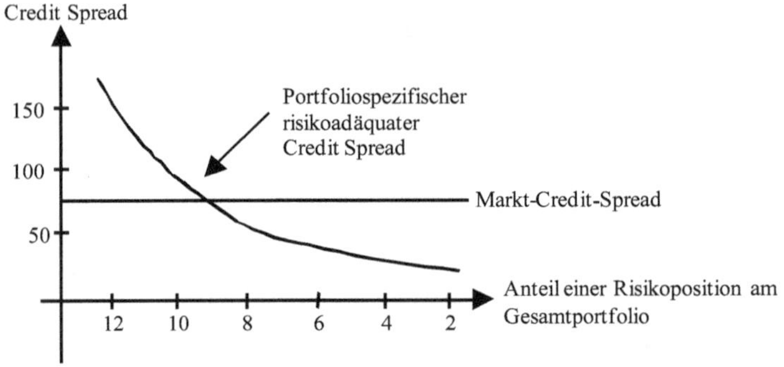

Quelle: Becker, H. P./Peppmeier, A. (2006), S. 363

Die Effizienz der Risikodiversifikation ist umso größer, je differenzierter die Bildung unabhängiger Teilportfolien vorgenommen wird. Dabei lassen sich die Diversifikationseffekte auf den verschiedensten Strukturebenen wie Größenklassen und Geographie des Kreditportfolios erzielen.[509] Insbesondere letztgenannte Ebene ist für Kreditgenossenschaften

[505] Vgl. Kern, M./Kroschel, I./Peppmeier, A. (2002), S. 43
[506] Vgl. Kern, M./Lange, T. A. (2005), S. 41 oder Hager, P. (2006), S. 67-73
[507] Vgl. Müller, F. (2000), S. 47
[508] Vgl. Becker, H. P./Peppmeier, A. (2006), S. 363
[509] Vgl. Schulz, A. (1999), S. 488

ein dominantes Thema, da ihre Kreditportfolien aufgrund des Regionalprinzips und des damit eingeschränkten Handlungsspielraumes per se ein Konzentrationsrisiko aufweisen.[510]

Aufgrund der Tatsache, dass Banken durch die Optimierung des Kreditrisikoportfolios sowohl regulatorischen Erwartungen (Abbau der Konzentrationsrisiken) als auch Erwartungen der Investoren (höherer Ertrag bei gleichzeitiger Verringerung des Risikos) gerecht werden, kann von pareto-optimalen Möglichkeiten gesprochen werden.[511]

3.4.2 Passivmanagement

Im Passivmanagement sind Kreditrisikotransferinstrumente mit dem Ziel anwendbar, die Refinanzierungskosten eines Unternehmens so gering wie möglich zu halten. Diese sind sowohl von der allgemeinen Marktlage als auch von der unternehmensspezifischen Situation abhängig.[512]

Befürchtet beispielsweise ein Unternehmen eine Verschlechterung der Einschätzung der eigenen Bonität am Kapitalmarkt und somit eine Ausweitung des eigenen Credit Spreads, kann es sich mit dem entsprechenden Kauf einer Credit Spread Put Option den heute noch niedrigeren Credit Spread sichern. Entspricht das gewählte Nominalvolumen des Basisinstruments der Credit Spread Put Option dem Volumen einer geplanten, zukünftigen Kreditaufnahme, wird zum Zeitpunkt der Kreditaufnahme die durch die Verschlechterung der Bonität hervorgerufene Ausgleichszahlung des Kreditderivats die gestiegenen Refinanzierungskosten aufgrund des erhöhten Credit Spreads kompensieren. Bleibt hingegen eine Spreadausweitung aus oder verengt sich der Spread sogar, so schmälert die Optionsprämie den Ertrag aus der günstigeren Refinanzierung.[513]

Grundsätzlich sei erwähnt, dass der Einsatz von Instrumenten zum Kreditrisikotransfer im Passivmanagement von Genossenschaftsbanken in der nahen Zukunft sicher die Ausnahme bleiben dürfte, schließlich refinanzieren sie sich in den seltensten Fällen über den Kapitalmarkt.

---

510 Vgl. Gramlich, D. (2003), S. 26
511 Vgl. Fischer, L. H. (1999), S. 179
512 Vgl. Kern, M. (2003b), S. 15
513 Vgl. Becker, H. P./Peppmeier, A. (2006), S. 363-364

3.4.3 Eigenhandel

Neben den vorgenannten Einsatzmöglichkeiten können Kreditrisikotransferinstrumente auch im Eigenhandel eingesetzt werden. Dabei ist regelmäßig zu beobachten, dass die Banken zunächst im Handelsbereich Erfahrungen sammeln und diese erst im nächsten Schritt auch auf das eigene Kreditportfolio anwenden und selbst Kreditrisiken auf den Markt bringen. Dabei partizipieren sie im Eigenhandel an Bonitätsveränderungen durch den Aufbau offener Positionen (Spekulation) oder nutzen insbesondere Preis- beziehungsweise Bewertungsunterschiede zwischen Märkten in einem Zeitpunkt durch zwei Geschäfte aus (Arbitrage).[514]

Letztgenannte Anwendung, die Erzielung von Arbitragegewinnen, gründet auf der Unvollkommenheit des Marktes für Kreditrisiken und der damit verbundenen unterschiedlichen Beurteilung des Kreditrisikos eines Kreditnehmers. Dabei nutzen einzelne Marktteilnehmer ihren Informationsvorsprung aufgrund der besonderen Beziehung zum Kreditnehmer, ihrer besseren technischen Infrastruktur oder ihrer größeren Erfahrung zu gewinnbringender Arbitrage aus.[515] Dies geschieht zum Beispiel durch die Kombination zweier identischer Credit Default Swaps, deren Risikopositionen aber entgegengesetzt sind. Dabei tritt der Investor in dem Markt, der den Titel als weniger riskant einschätzt und damit das Kreditderivat billiger handelt, als Käufer und in einem anderen Markt mit schlechterer Bewertung als Verkäufer von Sicherheit auf. Das Kreditrisiko wird von ihm also lediglich durchgereicht.[516]

---

[514] Vgl. Kern, M. (2003b), S. 15
[515] Vgl. Savelberg, A. H. (1996), S. 332
[516] Vgl. Hüttemann, P. (1999), S. 56-57

4. Explorative Hypothesengewinnung zur Darstellung der Nutzungshemmnisse von Instrumenten zum kapitalmarktorientierten Kreditrisikotransfer

4.1 Methodische Vorbemerkungen

Zu Beginn dieses Kapitels werden nach methodischen Vorbemerkungen auf Grundlage von finanzwirtschaftlichen Finanzierungstheorien Arbeitshypothesen als Ausgangsbasis explorativer Hypothesengewinnung gebildet. Diese werden anschließend durch empirische Forschung überprüft. Dabei werden sowohl eine Potenzial- und Nutzungsanalyse als auch insbesondere eine Analyse der Hemmnisse durchgeführt, die eine stärkere Nutzung bislang noch begrenzen. Die daraus resultierenden Befunde werden in Form von Hypothesen formuliert.

Diese dienen als Grundlage für das Herausarbeiten von Erfolgsfaktoren, die zum Gelingen von kapitalmarktorientiertem Kreditrisikotransfer beitragen können (Kapitel 5).

Abbildung 37: Zielsetzung der nachfolgenden Forschungsschritte

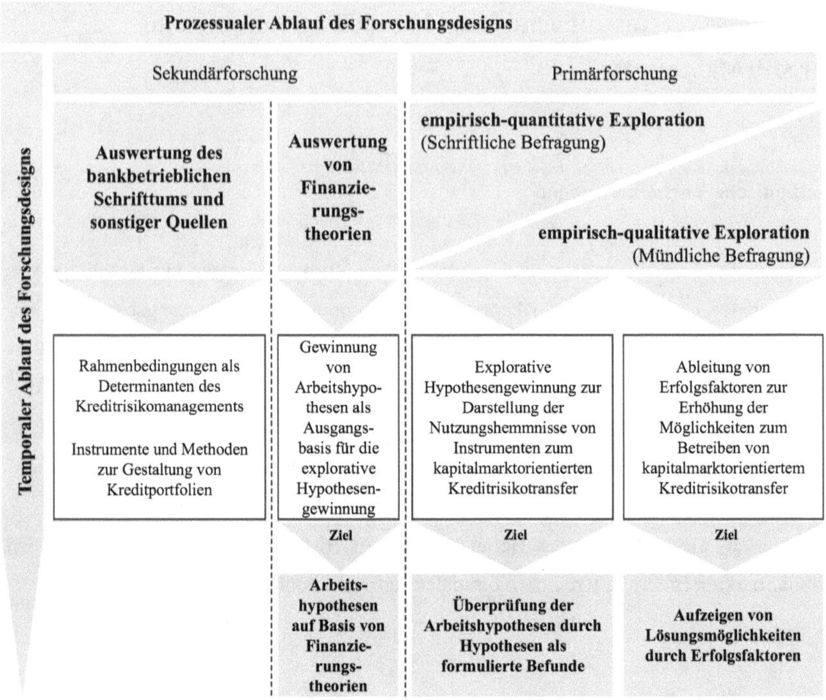

Quelle: Eigene Darstellung

Die Spezifizierung der Arbeitshypothesen erfolgt im Rahmen der empirisch-quantitativen Exploration durch eine schriftliche Befragung (mail survey)[517] bei deutschen Genossenschaftsbanken der Primärstufe mittels eines Fragebogens.[518] Diese durchgeführte quantitative Erhebung, auch als Fragebogenmethode bezeichnet, dient als Messinstrument der Vorstellungen und Erwartungen der Kreditinstitute hinsichtlich kapitalmarktorientiertem Kreditrisikotransfer und wurde über die einfache deskriptive Analyse ausgewertet.[519]

Die Konzeption des Fragebogens und damit einhergehend die einzelnen Fragen bauen dabei auf drei Bereichen auf. Im ersten Teil werden im Rahmen einer Status-Quo-Betrachtung insbesondere Fragen zur Gesamtbankorganisation sowie zu finanzwirtschaftlichen Kennzahlen

[517] Vgl. hierzu neben anderen Steinmetz, P./Weis, H. C. (2005), S. 94 und Berekoven, L./Ecker, W./Ellenrieder, P. (2006), S. 118
[518] Siehe Anhang B
[519] Vgl. zum Beispiel Esser, E./Hill, P. B./Schnell, R. (2004), S. 10 oder Bortz, J./Döring, N. (2006), S. 253

gestellt. Diese dienen einer Potenzialeinschätzung sowie einer Beleuchtung des individuellen Informationsstandes. Daran schließt sich ein Fragenbereich zur Analyse der Hemmnisse an. Hier werden sowohl potenzielle Gründe für eine geringe Nutzung als auch diverse persönliche Einschätzungen der Zielgruppe aufgegriffen. Der Fragebogen endet mit Fragen zu den Zukunftsaussichten und den Anforderungen der Banken zur Eruierung des individuellen Bankenbedarfs hinsichtlich bevorzugter Transaktionsinstrumente beziehungs-weise -verfahren und zu ersten Erfolgsfaktoren.

Es ist für explorative Studien weitgehend unerheblich, wie die Untersuchungsteilnehmer aus der interessierenden Population ausgewählt werden.[520] Dennoch wurden an die schriftliche Befragung aufgrund der heterogenen Struktur des genossenschaftlichen Finanzverbundes die grundsätzlich gleichen Anforderungen gestellt wie an eine populationsbeschreibende Untersuchung mittels probabilistischer Stichprobe.

Als Menge von Objekten, für die die Aussagen der Untersuchung gelten sollen (Target Population),[521] wurden alle 1.334 deutschen Kreditgenossenschaften zum 31. Dezember 2004 definiert.[522] Diese Grundgesamtheit[523] beinhaltet sowohl Volks- und Raiffeisenbanken als auch Sparda-Banken und PSD-Banken sowie genossenschaftliche Spezialinstitute wie beispielsweise Kirchenbanken.

Aufgrund der aktuellen Fragestellung, des komplexen Sachverhaltes, der Menge der zu erhebenden Merkmale ausgedrückt durch insgesamt 59 Fragen sowie des zeitlich begrenzten Erhebungs- und Auswertungszeitraumes erfolgte keine Erhebung von Daten aller Elemente der Grundgesamtheit (Vollerhebung). Vielmehr wurde eine populationsbeschreibende Untersuchung anhand einer Auswahl von Untersuchungseinheiten, auch als Teilerhebung oder Stichprobe bezeichnet, durchgeführt.[524] Zur Anwendung inferenzstatistischer Techniken, die einen Schluss von der Stichprobe auf die Population bieten (Repräsentationsschluss), erfolgte die Auswahl der Elemente aus der Grundgesamtheit auf einem Zufallsprozess basierend.[525]

---

520 Vgl. Bortz, J./Döring, N. (2006), S. 74

521 Vgl. Esser, E./Hill, P. B./Schnell, R. (2004), S. 247

522 Siehe Anhang A

523 Vgl. neben anderen Bortz, J./Döring, N. (2006), S. 397 oder Esser, E./Hill, P. B./Schnell, R. (2004), S. 253. Dabei wird die Grundgesamtheit auch als Population oder Auswahlgrundlage (Frame) bezeichnet.

524 Vgl. Forndran, E./von Alemann, U. (2005), S. 159

525 Vgl. Meffert, H. (2000), S. 149-152

Für diese Zufallsstichprobe (Random Sample)[526] ist charakteristisch, dass alle Elemente der Grundgesamtheit bekannt sind und die Auswahlwahrscheinlichkeit für jedes Untersuchungsobjekt gleich ist (Equal Probability Selection Method).[527] Somit sind typische Fehler, dass Elemente in der Ziehung nicht zur Verfügung stehen (Undercoverage) oder weitere nicht zur Population gehörende Elemente gezogen werden (Overcoverage), ausgeschlossen.[528] Aufgrund der Chancengleichheit wird dieses Auswahlverfahren auch als einfache Zufallsauswahl (Simple Random Sampling) und die resultierende Stichprobe als einfache Zufallsstichprobe (Simple Random Sample) bezeichnet.[529]

In Anbetracht der heterogenen Bankenlandschaft im genossenschaftlichen Finanzverbund wurden zur Ableitung und Entwicklung adressatenadäquater Konzepte die Elemente der Grundgesamtheit in die drei Schichten (Strata) kleine, mittlere und große Genossenschaftsbanken unterteilt, wobei einfache Zufallsstichproben aus jeder Schicht gezogen wurden. Die Abgrenzung erfolgte dabei aufgrund des geläufigen Differenzierungsmerkmals Bilanzsumme in Institute (Untersuchungseinheiten)[530] bis 250 Millionen EUR (klein), über 250 Millionen EUR bis 1 Milliarde EUR (mittel) und über 1 Milliarde EUR (groß), wodurch jede Untersuchungseinheit einer Schicht zugeordnet werden konnte.

Dabei handelt es sich um eine in der genossenschaftlichen Praxis verbreitete Unterteilung, wenngleich weder eine offizielle Definition noch eine standardisierte Größeneinteilung in der Praxis geläufig ist. So definiert das zentrale Bildungsinstitut für Führungskräfte, die Akademie Deutscher Genossenschaften (ADG) in Montabaur, kleine Genossenschaftsbanken in Seminarausscheibungen teilweise bis 200, 250 oder 300 Millionen EUR. Die Interessensvereinigung kleiner und mittlerer Banken „Forum Basisbanken" umfasst Institute bis maximal 500 Millionen EUR.[531]

Eine Auswertung der Grundgesamtheit zeigt, dass die kleinen Genossenschaftsbanken zwar mit 718 Instituten (53,82 %) die mit Abstand stärkste Schicht hinsichtlich der Anzahl darstellen, aber insgesamt lediglich über eine kumulierte Bilanzsumme von 83.296.573 TEUR (14,57 %) verfügen. Die 514 (38,53 %) Genossenschaftsbanken mittlerer Größe repräsen-

---

526 Auch als Stichprobenentnahme „ohne Zurücklegen" bezeichnet.
527 Vgl. Bortz, J./Döring, N. (2006), S. 402
528 Vgl. Esser, E./Hill, P. B./Schnell, R. (2004), S. 249-253
529 Vgl. Berekoven, L./Ecker, W./Ellenrieder, P. (2006), S. 53-54
530 Vgl. neben anderen Meffert, H. (2000), S. 151 oder Esser, E./Hill, P. B./Schnell, R. (2004), S. 253
531 Vgl. Hüning, H. (2005), S. 1170

tieren mit 245.009.536 TEUR (42,84 %) die größte Schicht hinsichtlich der kumulierten Bilanzsumme. Sie weichen dabei aber nur unwesentlich von dem Bilanzvolumen in Höhe von 243.577.365 TEUR (42,59 %) der lediglich 102 (7,65 %) großen Kreditgenossenschaften ab.

Abbildung 38: Anzahl und Volumen der Grundgesamtheit

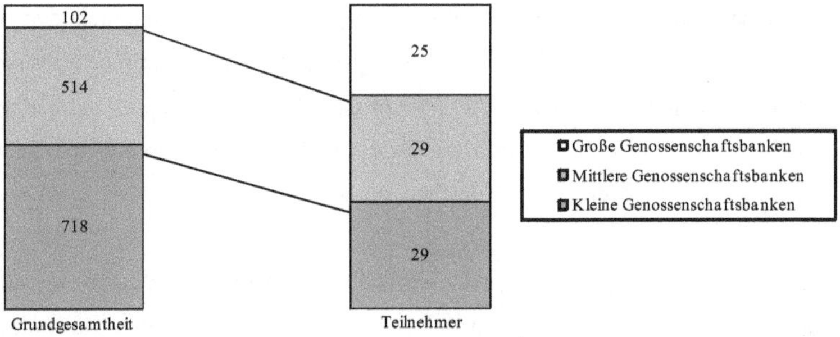

Quelle: Eigene Darstellung

Um im Rahmen der Stichprobenziehung aussagefähige Daten für eine Marktanalyse zum Transfer von Kreditrisiken zu erhalten, gibt es zwei Möglichkeiten. Zum einen wäre eine Betrachtung nach potenziellen Marktteilnehmern (Analyse hinsichtlich Anzahl pro Schicht) wichtig und sinnvoll, zum anderen eine hinsichtlich dem potenziell transferierbaren Volumen (Analyse hinsichtlich Bilanzsumme pro Schicht). Bei der Definition der Anzahl an Untersuchungseinheiten pro Schicht wäre es daher weder zielführend, eine ausschließlich proportionale Auswahl je Schicht anhand der Institutsanzahl zu treffen, noch eine anhand der Bilanzsumme. Der jeweils andere Bereich würde vernachlässigt werden. So verfügen beispielsweise die kleinen Kreditgenossenschaften zwar nur über ein begrenztes kumuliertes Kundenkreditvolumen und eine begrenzte kumulierte Bilanzsumme. Sie besitzen aber – als genossenschaftliche Spezifika – aufgrund der großen Anzahl an Instituten eine enorme Multiplikatorenwirkung und haben so einen großen Einfluss auf verbundpolitischer Ebene, beispielsweise über Sitze in Ausschüssen und Verbandsräten.

Aus diesem Grund erfolgte bei der Definition des Stichprobenumfanges eine gleichverteilte Zuordnung an Untersuchungseinheiten pro Schicht, um sowohl die Betrachtung hinsichtlich Marktteilnehmer als auch hinsichtlich potenziell transferierbarem Volumen nachvollziehen zu können. Die Ziehung der Stichprobe erfolgte am 16. Juli 2005 als Randomisierung

(Zufallszuweisung) durch einen zufallsbedingten Losentscheid.[532] Dabei wurden mit 111 Untersuchungseinheiten, verteilt auf jeweils 37 Institute pro Schicht,[533] 8,32 % der Grundgesamtheit von 1.334 Genossenschaftsbanken und mit 156.864.538 TEUR 27,43 % der kumulierten Bilanzsumme in Höhe von 571.883.474 TEUR in die Stichprobe einbezogen.

Da die Anzahl der Genossenschaftsbanken in den einzelnen Schichten nicht den Anteilen der Schichten in der Grundgesamtheit entspricht, wird die gesamte Stichprobe als disproportional geschichtete Stichprobe (stratifizierte Stichprobe, Stratified Sample) bezeichnet.[534] Diese gehört ebenso wie die einfache Zufallsstichprobe, die Klumpenstichprobe und die mehrstufige Stichprobe zur Gruppe der probabilistischen Stichproben.[535]

Eine nähere Betrachtung der ausgewählten Genossenschaftsbanken zeigt eine ausgewogene Berücksichtigung der geographischen Besonderheiten sowie von Größenklassen-Aspekten im Vergleich zur Population und bestätigt die Sinnhaftigkeit der getroffenen Definition des Stichprobenumfanges.

Abbildung 39: Verteilung der Stichprobe nach Postleitzahlenbereichen

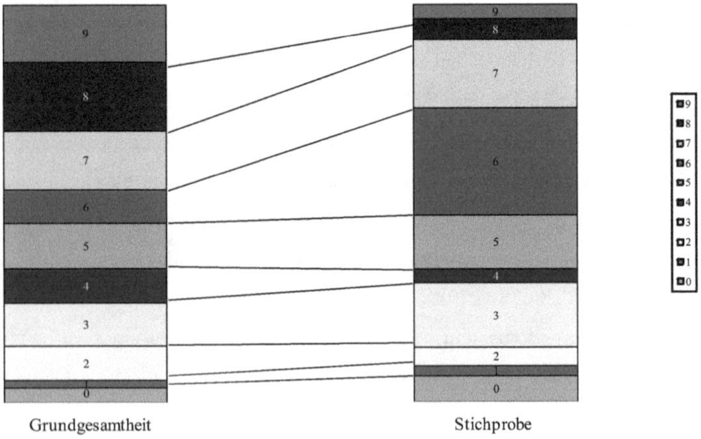

Quelle: Eigene Darstellung

[532] Vgl. Esser, E./Hill, P. B./Schnell, R. (2004), S. 213
[533] Siehe Anhang C
[534] Vgl. Wyss, W. (1991), S. 499-500
[535] Vgl. Green, P. E./Tull, D. S. (1982), S. 198

So spiegeln beispielsweise die starken Ausprägungen der Postleitzahlenbereiche 3, 5, 6 und 7 die strukturelle Verteilung der Genossenschaftsbanken in Deutschland analog der Verbandsstrukturen grob wider. Gerade der Genossenschaftsverband Frankfurt,[536] der Rheinisch-Westfälische Genossenschaftsverband, der Württembergische Genossenschaftsverband und der Genossenschaftsverband Bayern vereinigen die meisten Genossenschaftsbanken (74,83 %) auf sich.[537]

Bei einer feineren Untergliederung der einzelnen Schichten im Rahmen der Größenklassenanalyse in jeweils fünf Unterschichten zeigt sich auch hier eine Vertretung sämtlicher Größenordnungen der Grundgesamtheit in der Stichprobe.

Abbildung 40: Verteilung nach Größenklassen

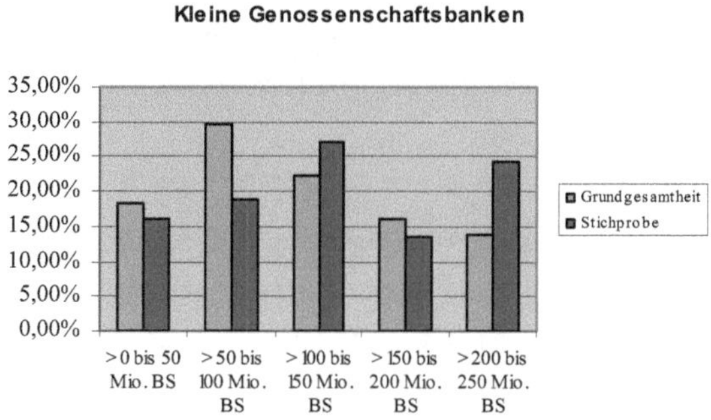

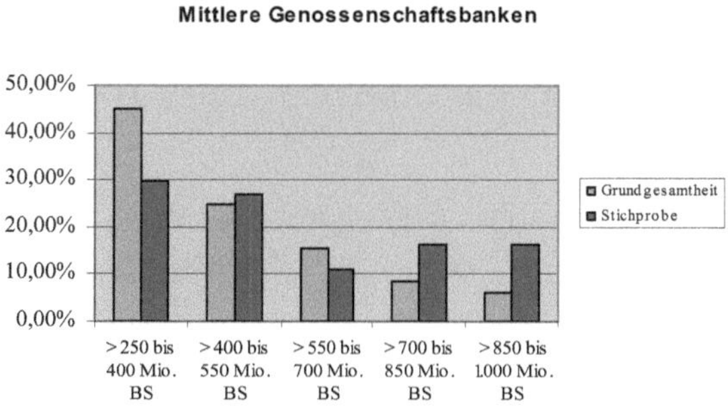

---

536 mit den Bundesländern Saarland, Rheinland-Pfalz, Hessen, Thüringen und Sachsen (Vgl. www.genossenschaftsverband.de)

537 Vgl. BVR (2005b), S. 5

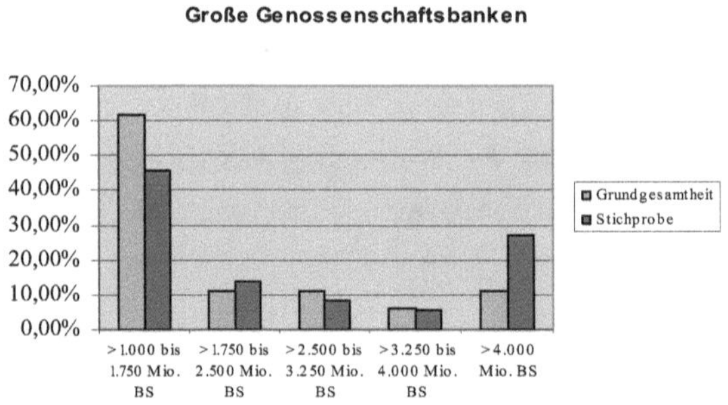

Quelle: Eigene Darstellung

Nach der Stichprobenziehung wurden in den einzelnen Häusern jeweils Ansprechpartner auf der ersten oder zweiten Führungsebene sowie potenzielle Kontaktpersonen identifiziert, um eine möglichst hohe Beteiligung zu gewährleisten. Als Erhebungsmedium wurde nahezu ausschließlich der persönliche und direkte Fragebogenversand per E-Mail gewählt. Lediglich in wenigen Ausnahmefällen erfolgte ein postalischer Versand.

Vor der eigentlichen Fragebogenerhebung wurde zur Vorbereitung mit zehn Banken im Zeitraum 24. Juli bis 09. August 2005 eine empirische Voruntersuchung (Pretest) zur Überprüfung des Messinstrumentes hinsichtlich Gültigkeit (Validität) und Zuverlässigkeit (Reliabilität) durchgeführt.[538] Von den angeschriebenen Kreditinstituten nahmen sieben an der Untersuchung teil und sorgten für eine qualitative Optimierung des Fragebogens hinsichtlich Aufbau, Formulierungen und Inhalte. Insgesamt wurde der Fragenkatalog durchgängig bestätigt, lediglich kleinere Formulierungsänderungen beziehungsweise die Ergänzung einer Frage[539] flossen in den Fragebogen ein.

Aufbauend auf diesen Erkenntnissen wurde die Fragebogenerhebung im August 2005 für einen Zeitraum von rund vier Wochen (18. August bis 16. September 2005) gestartet. Ein solcher Zeitraum war im Pretest als ausreichend erachtet worden. Dennoch war aufgrund zahlreicher Rückmeldungen aus den Kreditinstituten hinsichtlich Zeitknappheit unter anderem

538 Vgl. neben anderen Steinmetz, P./Weis, H. C. (2005), S. 232-233 und Jensen, O./Mertesdorf, S. (2006), S. 657-658

539 Die ergänzte Frage lautet: Seit wann setzen Sie den VR-CreditPortfolioManager zur Quantifizierung des Unerwarteten Verlustes ein?

wegen Umsetzung aufsichtsrechtlicher Anforderungen sowie Begleitung gesetzlicher Prüfungen eine Nachfrist bis 08. November 2005 notwendig.

Während der Nachfrist wurde bei jedem einzelnen der bisher nicht teilnehmenden Institute via definiertem Ansprechpartner mindestens einmal, teilweise mehrfach, telefonisch Kontakt aufgenommen und um Unterstützung gebeten (Callbacks).[540] Im Ergebnis sendeten von den 111 ausgewählten und angeschriebenen Genossenschaftsbanken 83 Institute[541] den ausgefüllten Fragebogen per E-Mail, postalisch oder per Fax zurück. Dies entspricht einer Ausschöpfungsrate von 74,77 % und führt somit zu einer engen Begrenzung des Nonresponse-Problems.[542]

Die teilnehmenden 29 kleinen, 29 mittleren und 25 großen Genossenschaftsbanken stellen in der Anzahl 6,22 % und in der Bilanzsumme 13,68 % (78.257.318 TEUR) der Grundgesamtheit dar. Dieser Anteil am Transferpotenzial verteilt sich zu 4,79 % auf die kleinen und zu 19,32 % auf die mittleren Institute, während 75,89 % der kumulierten Bilanzsumme durch große Kreditgenossenschaften beigetragen wurden.

Abbildung 41: Anzahl und Volumen der Stichprobe

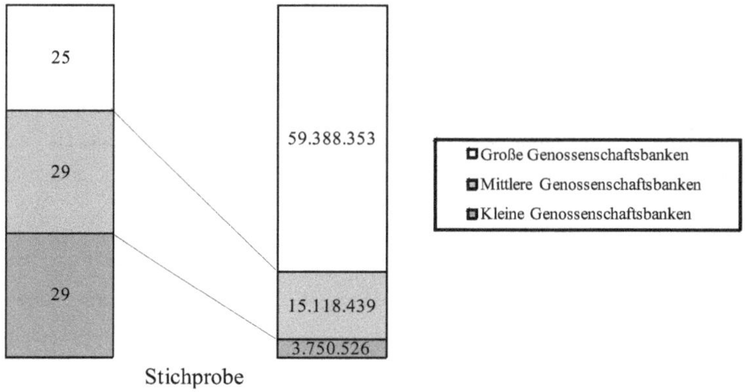

Quelle: Eigene Darstellung

Eine Analyse der durchschnittlichen Bilanzsumme der teilnehmenden Banken in den drei Schichten zeigt eine große strukturelle Ähnlichkeit mit den Schichten der Grundgesamtheit.

540 Vgl. Esser, E./Hill, P. B./Schnell, R. (2004), S. 291
541 Siehe Anhang C
542 Vgl. Bouwmeester, R. (2001), S. 44

So weisen die Segmente der kleinen Banken mit 129.328 TEUR im Vergleich zu 116.012 TEUR, der mittleren Institute mit 521.325 TEUR zu 476.672 TEUR sowie der großen Genossenschaftsbanken mit 2.375.534 TEUR zu 2.388.013 TEUR lediglich Differenzen von 11,48 %, 9,37 % sowie 0,52 % auf.

Abbildung 42: Durchschnittliche Bilanzsumme der Grundgesamtheit und der Stichprobe

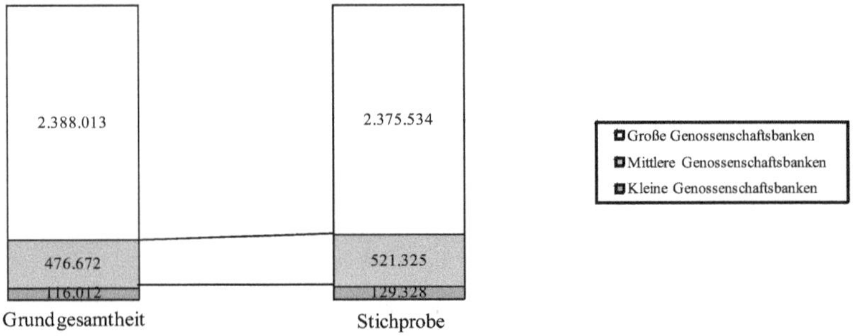

Quelle: Eigene Darstellung

Im Anschluss an den Fragebogenrücklauf erfolgte die strukturierte Datenauswertung auf elektronischer Basis mittels des allgemeinen Statistikprogrammpakets SPSS (Statistical Package for Social Sciences) zur Sicherstellung variabler Auswertungs- und Analysemöglichkeiten in Form diverser Datenmatrizen.[543]

Dabei wurden im Rahmen der Datenanalyse zur Gewinnung eines ersten Überblickes zuerst die Häufigkeitsverteilungen für jede Variable im Datensatz betrachtet und über deskriptive Statistiken verifiziert (Randauszählung). Anschließend erfolgte eine Subgruppenanalyse durch den Vergleich der deskriptiven Statistiken und der Häufigkeitsverteilung einer bestimmten Variablen in verschiedenen Subgruppen in Form einer Kreuztabelle (Crosstabulation) beziehungsweise Kontigenztabelle (Contigency Table). Die Phase der multivariaten Datenanalyse wird durch eine gleichzeitige Betrachtung mehrerer Variablen im Rahmen einer Interdependenzanalyse abgeschlossen.[544]

[543] Vgl. Steinmetz, P./Weis, H. C. (2005), S. 419;
Das Programmpaket SPSS hat sich seit der Einführung 1970 zum verbreitesten Programmpaket bei der Lösung statistischer Aufgaben erwiesen.

[544] Vgl. beispielsweise Berekoven, L./Eckert, W./Ellenrieder, P. (2006), S. 191-204 oder Esser, E./Hill, P. B./Schnell, R. (2004), S. 410

In einem nächsten Forschungsschritt erfolgte im Anschluss an die schriftliche Befragung die Erhebung weiterer primärer, individueller Daten[545] zur empirisch-qualitativen Exploration durch eine gezielte Expertenbefragung (mündliche Befragung) in qualitativen Interviewsituationen.[546] Dabei wurden die Gespräche mit den Bankenvertretern auf Basis eines Gesprächsleitfadens[547] (Leitfadengespräch) anhand vorbereiteter und vorformulierter Fragen mit jeweils individueller Abfolge, auch als teilstrukturierte Interviewsituation bezeichnet, durchgeführt.[548]

Gesprächsleitfäden haben den Vorteil, dass sie dem Interviewten den individuell notwendigen Freiraum bei der Beantwortung der Fragen lassen, gleichzeitig aber auf eine konkrete Problemstellung fokussiert bleiben. Ein Abweichen von den vorformulierten und nach Themenkomplexen geordneten Fragen ist damit nicht nur möglich, sondern sogar gewünscht. Dadurch gelingt es, gezielt auf den Gesprächspartner einzuwirken und in Teilbereichen des Interviews zusätzliche Daten zu erheben, die beispielsweise in strukturierten Fragebögen nicht erhältlich gewesen wären.[549]

In die inhaltliche Konzeption des Gesprächsleitfadens flossen die Erkenntnisse aus der schriftlichen Befragung ein. Einerseits wurden zentrale, mit dem Fragebogen identische Fragestellungen vertieft hinterfragt, andererseits wurde besonderes Augenmerk auf offene Fragen hinsichtlich der Bedarfe der Banken gelegt. Ziel war es, Erfolgsfaktoren für eine stärkere Nutzung von Instrumenten zum Kreditrisikotransfer durch kleine und mittlere Banken am Beispiel der deutschen Genossenschaftsbanken der Primärstufe herauskristallisieren zu können.

Bei der Auswahl der Interviewpartner wurden auf Basis der Ergebnisse aus der empirisch-quantitativen Exploration zwei Kategorien gebildet. Mit der ersten Kategorie wurden Banken ausgefiltert, die mindestens zwei der nachfolgenden Kriterien erfüllen:

- ein durchschnittliches Bewertungsergebnis aus dem Kreditgeschäft von über 0,50 % der Bilanzsumme,

[545] Vgl. Forndran, E./von Alemann, U. (2005), S. 159
[546] Vgl. Green, P. E./Tull, D. S. (1982), S. 137
[547] Siehe Anhang E. Ausführliche Darstellungen zum Gebrauch von Gesprächsleitfäden finden sich bei Atteslander, P. (1995), Bortz, J./Döring, N. (2006). Kritisch äußern sich Merton/Kendall (1993), S. 184-185.
[548] Vgl. Kepper, G. (2000), S. 165-172
[549] Vgl. Atteslander, P. (1995), S. 162

- ein Anteil der Volumina in den Risikogruppen 2 und 3 am gesamten Kundenkreditvolumen von über 20 %,
- eine aktuell mindestens intensive Beschäftigung mit dem Transfer von Kreditrisiken oder
- eine Einräumung einer mindestens hohen Bedeutung des Transfers von Kreditrisiken.

Die zweite Kategorie beinhaltet Banken, die mindestens an einer Transaktion mit Kreditderivaten teilgenommen haben.

Somit ist gewährleistet, dass Banken Berücksichtigung finden, die sich zwar intensiv mit der Thematik beschäftigen oder dem Ganzen eine hohe Bedeutung beimessen, aber aktuell noch keine Transaktion durchgeführt haben. Ebenso fließt die Meinung von Banken ein, die bereits an einer oder mehrerer Transaktionen teilgenommen haben und somit über diverse Erfahrungen verfügen.

Abbildung 43: Auswahlverfahren für die leitfadengestützten Interviews

	A.7 Bew. > 0,50	A.8 RG 2+3 > 20%	B.2 Beschäftigung mind. intensiv	B.6 Bedeutung Kreditrisikotransfer mind. hoch
kleine Genossenschaftsbank 1	X		X	
kleine Genossenschaftsbank 2			X	X
kleine Genossenschaftsbank 3				
mittlere Genossenschaftsbank 1			X	X
mittlere Genossenschaftsbank 2	X		X	X
mittlere Genossenschaftsbank 3	X		X	X
mittlere Genossenschaftsbank 4				
große Genossenschaftsbank 1	X		X	X
große Genossenschaftsbank 2	X		X	X
große Genossenschaftsbank 3			X	X
große Genossenschaftsbank 4	X	X		X

	C.1.11 Provide	C.1.12 Proscore	C.1.10 Circle	C.1.7 Kreditderivate
kleine Genossenschaftsbank 1				
kleine Genossenschaftsbank 2				
kleine Genossenschaftsbank 3				X
mittlere Genossenschaftsbank 1	X		X	X
mittlere Genossenschaftsbank 2	X	X		
mittlere Genossenschaftsbank 3			X	
mittlere Genossenschaftsbank 4				X
große Genossenschaftsbank 1	X	X	X	X
große Genossenschaftsbank 2	X		X	X
große Genossenschaftsbank 3	X		X	
große Genossenschaftsbank 4				

Quelle: Eigene Darstellung

Aus beiden Kategorien wurden sowohl bei kleinen, mittleren als auch bei großen Banken jeweils zwei Institute per Zufallsauswahl bestimmt und die dortigen Fachspezialisten der ersten oder zweiten Führungsebene interviewt. Da als Fragebogenergebnis lediglich eine kleine Genossenschaftsbank an einer Kreditderivatetransaktion teilgenommen hat, bildet dieses Segment die Ausnahme. Insgesamt wurden somit im Zeitraum Juni 2006 bis Januar 2007 mit Vertretern elf ausgewählter Kreditinstitute[550] persönliche Gespräche mit einer Länge von einer bis drei Stunden geführt.

Zu Beginn der Interviews erfolgt jeweils eine Vorstellung der zentralen Analyseergebnisse der Fragebogenerhebung und die Zusicherung der Vertraulichkeit und Wahrung der Anonymität.[551] Daraufhin wurden die Interviewteilnehmer befragt, welche weitergehenden Hemmnisse eine stärkere Nutzung von kapitalmarktorientiertem Kreditrisikotransfer begrenzen. Im Anschluss daran wurden die Befragten gebeten, Lösungsvorschläge zu entwickeln, wie Genossenschaftsbanken zukünftig verstärkt aktives Kreditrisikomanagement betreiben könnten und wie bedarfsorientierte Instrumente ausgestaltet werden könnten.

Auf Basis dieser Gespräche konnte einerseits ein tiefgehendes Verständnis der Problemstellungen bei den existierenden Verfahren gewonnen werden. Andererseits wurden im Rahmen der Interviews Erfolgsfaktoren und Ansätze dafür entwickelt, wie eine Lösungsstruktur ausgestaltet sein müsste.

Die Interviewergebnisse wurden dann strukturiert und in ein Inventar subjektiver Qualität überführt, das auf qualitativen Daten basiert. In einer zweiten Auswertungsstufe wurde das Inventar auf Strukturen untersucht, um nach Kriterien inhaltlicher Nähe verschiedene Kategorien zu identifizieren und Merkmalskombinationen zu beschreiben.[552]

Da einige der Befragten im Hinblick auf die kritischen Problemstellungen und der verbundpolitischen Bedeutung explizit um eine Anonymisierung ihrer Aussagen baten, werden im Folgenden Interviews allgemein zitiert, ohne einzelne Erkenntnisse und Erfahrungen speziell einem der Interviewten zuzuordnen.

---

[550] Siehe Anhang F

[551] Diese Vorgehensweise orientiert sich an Lamnek, S. (1993), S. 93.

[552] Diese Vorgehensweise orientiert sich an Mayring, P. (2002), S. 89.

4.2 Theoriebasierte Gewinnung von Arbeitshypothesen als Ausgangsbasis explorativer Hypothesengewinnung

In diesem Kapitel werden aus finanzierungstheoretischer Sicht die Hemmnisse des kapitalmarktorientierten Kreditrisikotransfers am Beispiel der Genossenschaftsbanken herausgearbeitet. Darauf aufbauend werden erste Arbeitshypothesen gewonnen, die als Ausgangsbasis für die sich anschließende explorative Hypothesengewinnung dienen. Hierzu werden die Erklärungsansätze der neoklassischen Finanzierungstheorie ebenso herangezogen wie die der darauf aufbauenden Neuen Institutionenökonomik sowie die des Strategischen Managements.

Die neoklassische Finanzierungstheorie unterstellt in ihrer Grundaussage einen vollkommenen Markt und beruht dabei auf den Prämissen Homogenität der Güter, Transparenz des Marktes und Rationalität der Marktteilnehmer. Zu deren wesentlichen Spezialausprägungen gehören das Irrelevanztheorem,[553] das Risiko-Ertrags-Gleichgewicht propagierende CAPM,[554] das Contingenz-Claim-Model[555] sowie die These der Informationseffizienz.[556] Nach dieser Theorie bestehen bei den Kapitalmarktinstrumenten keine unterschiedlichen Qualitäten oder Ausstattungen. Alle Transaktionen finden an einem Ort ohne Transaktionskosten und ohne Liefer- und Wartezeiten statt. Darüber hinaus sind alle preislichen Änderungen sämtlichen Marktteilnehmern sofort bekannt und diese handeln im Sinne eines „Homo Oeconomicus" ohne ungerechtfertigte, nicht ökonomisch begründbare Präferenzen.[557]

Diese teilweise sehr restriktiven Annahmen eines vollkommenen Marktes sind in der Realität nur selten, insbesondere nicht kumulativ erfüllt, vorzufinden, was als Hauptkritikpunkt anzuführen ist. Einige Formen von Börsen, wie beispielsweise die elektronischen Wertpapierbörsen, kommen zwar den geforderten Eigenschaften bereits relativ nahe. Doch sind Markttransaktionen in der Regel deutlich komplexer, so dass auch hier nicht alle Annahmen erfüllt sind und von unvollkommenen Märkten gesprochen werden muss.[558]

---

553 Für weitergehende Informationen vgl. Modigliani, F./Miller, M. H. (1958), S. 261-297
554 Für weitergehende Informationen vgl. Sharpe, W. (1964), S. 425-442
555 Für weitergehende Informationen vgl. Eilenberger, G. (2003), S. 373-374
556 Für weitergehende Informationen vgl. Fama, E. F. (1970), S. 383-385
557 Vgl. Williamson (1988), S. 569
558 Vgl. Fritschi, H./Köhler, B. (2006), S. 44

Ohne auf die Annahmen im Rahmen dieser Untersuchung im Detail einzugehen, liegen Unvollkommenheiten und damit die nicht durchgängige Erfüllung dieser Annahmen auf realen Kapitalmärkten mit ihren bestehenden Institutionen und Intermediären auf der Hand. Gerade der Markt für Kreditrisikotransfer kennzeichnet sich als besonders unvollkommen, was sich in hohen Transaktionskosten, vergleichsweise hoher Illiquidität und Intransparenz sowie hoher asymmetrischer Informationslage manifestiert. Insbesondere die Annahmen einer homogenen Erwartungshaltung und einer gleichen Informationslage von Marktteilnehmern treffen nicht zu.[559] Zusammenfassend werden daher Teile der neoklassischen Finanzierungstheorie, trotz ihres außerordentlich hohen Nutzes für die Wirtschaftswissenschaften, kritisiert, da von ihr elementare Probleme der ökonomischen Realität nicht berücksichtigt werden.[560]

Dennoch gelang den Neoklassikern erstmalig die Darstellung eines geschlossenen mathematischen Totalmodells zur Abbildung des ökonomischen Geschehens einer Gesamtwirtschaft. Aus diesem Grund baut die Neue Institutionenökonomik auf der neoklassischen Finanztheorie auf, kritisiert jedoch einige der getroffenen Annahmen und bezieht in der Realität beobachtbare Marktunvollkommenheiten explizit in ihre Ansätze ein.[561]

Sie berücksichtigt als zusätzliche Aspekte explizit Transaktionskosten,[562] unterstellt keine vollständige Informationslage der Marktteilnehmer und betrachtet Individuen nicht mehr als rein rational handelnde Akteure.[563] Unter dem Begriff der Neuen Institutionenökonomik werden verschiedene Forschungsansätze subsumiert, die unterschiedliche Betrachtungspositionen der Institutionen und deren Wirkungen auf ökonomische Prozesse zum Inhalt haben.

---

559 Zu detaillierteren Informationen bezüglich der Rolle der Kreditmärkte in Deutschland und im internationalen Vergleich siehe Burghof, H.-P./Henke, S. (2005b).

560 Vgl. neben anderen Schmidt, R. H. (1986), S. 186-192, Schmidt, R. H./Terberger, E. (1999), S. 62-69 beziehungsweise McLachlan (2004), S. 11

561 Vgl. Göbel, E. (2002), S. 163. Neben der Neuen Institutionenökonomik (NIÖ) gibt es noch die Forschungsrichtung der Alten Institutionenökonomik, die jedoch chronologisch nicht zwingend for der NIÖ datiert werden muss. Beide bestehen bis heute parallel. Die AIÖ wird im Rahmen dieser Untersuchung nicht weiter thematisiert, einen Überblick bieten neben anderen Göbel, E. (2002), S. 48-49 und Haase, M. (2000), S. 44-64.

562 Vgl. Bindseil, U./Richter, R. (1995), S. 133

563 Vgl. Himberger, A. (1994), S. 56

Als wesentliche Ansätze sind dabei die Property-Rights-Theorie, die Prinzipal-Agent-Theorie sowie die Transaktionskostentheorie anzuführen.[564] Im weiteren Verlauf wird dabei insbesondere auf die beiden letztgenannten Vertreter der Neuen Institutionenökonomik als auch auf die Ressourcentheorie, Vertreter des Strategischen Managements, explizit eingegangen.

Die Property-Rights-Theorie untersucht Handlungs- und Verfügungsrechte (Eigentumsrechte, Property Rights) an Gütern und befasst sich mit exakt zugewiesenen Rechten und den zugehörigen Rechtsordnungen.[565] Bei einer Markttransaktion steht folglich auch nicht der Tausch von Gütern im Vordergrund, sondern der Tausch der mit ihnen verbundenen Verfügungsrechte.[566] Sie berücksichtigt dabei suboptimale Lösungen durch Transaktionskosten und Verdünnung von Verfügungsrechten und sagt aus, dass in einer Ökonomie bereits ex ante Verfügungsrechte genau denjenigen Marktteilnehmern überlassen werden sollten, die diese am produktivsten nutzen können.[567]

4.2.1 Prinzipal-Agent-Theorie

Die Prinzipal-Agent-Theorie (Principal-Agent-Theory), auch als Agenturtheorie (Agency Theory) bezeichnet,[568] erklärt das Handeln von Menschen in einer Hierarchie. Sie beschreibt die Agentur-Beziehung als einen Vertrag, bei dem ein Auftraggeber (Prinzipal) einen Auftragnehmer (Agent) mit einer Leistungserbringung betraut, wobei eine gewisse Entscheidungskompetenz auf den Agenten übertragen wird.[569] So nutzt der Prinzipal den Agenten, um eigene Ziele zu verfolgen, und erwartet von ihm, dass sich dieser voll und ganz für die Auftragserfüllung einsetzt, also nicht seine eigenen Ziele, sondern die Ziele des Prinzipals verfolgt.[570]

---

564 Vgl. neben anderen Göbel, E. (2002), S. 60, Alchian, A. A./Demsetz, H. (1973), S. 16-27 oder Bindseil, U./Richter, R. (1995), S. 133. Dahingegen betrachtet Voigt, S. (2002), S. 55, die Property-Rights-Theorie und die Transaktionskostentheorie lediglich als Vorläufer der Neuen Institutionenökonomik.

565 Vgl. Terberger-Stoy, E. (2000), S. 68

566 Vgl. Haberer (1996), S. 178

567 Vgl. Neuss (2001), S. 107. Er unterscheidet dabei zwischen folgenden Arten von Verfügungsrechten: das Recht zum Gebrauch, das Recht zur Aneignung von Erträgen, das Recht zur Veränderung und das Recht zum Verkauf des Gutes.

568 Vgl. Büschgen, H. E. (1999), S. 926

569 Vgl. Jensen, M./Meckling, W. (1976), S. 308

570 Vgl. Ross, S. A. (1973), S. 134-139

Aufgrund der Delegation von Property Rights von Auftraggeber an Auftragnehmer und dem damit verbundenen unterschiedlichen Erkenntnisstand in Verbindung mit der Unsicherheit über künftige Umweltzustände und Verhaltensweisen der Vertragspartner können ungleich verteilte und unvollständige Informationen zwischen den beteiligten Personen entstehen.[571] Der Prinzipal kann das Engagement und/oder die Qualitäten seines Agenten nur unzureichend evaluieren und sieht lediglich das Ergebnis dessen Handelns. Demgegenüber hat der Agent einen Informationsvorsprung, da er sein eigenes Verhalten im Hinblick auf Erfolg besser beurteilen kann. Er könnte durch diese Informationsasymmetrie seinen eigenen Nutzen durch entsprechendes Handeln zu Ungunsten des Prinzipals maximieren (Shirking). Im Gegensatz zum meist als risikoneutral angenommenen Prinzipal ist der Agent risikoavers.[572]

Durch vorgenannte unterschiedlichen Informationsstände und Handlungsweisen entstehen in der Beziehung zwischen dem Kreditrisikokäufer als Prinzipal und dem Kreditrisikoverkäufer als Agent Problemfelder, deren Beseitigung Agenturkosten (Koordinationskosten, Agency Costs) entstehen lässt.[573] Diese sind auf einem kompetitiven Kapitalmarkt vom Kreditrisikokäufer aufgrund seines eigenen opportunistischen Verhaltens zu tragen.[574]

Die Agenturkosten können auch als die hervortretende Differenz zwischen der pareto-optimalen First-Best-Lösung, bei der trotz der asymmetrischen Informationsverteilung die effiziente Kapitalallokation ohne Kosten erreicht wird, und der Second-Best-Lösung definiert werden. Letztgenannte stellt die Zielsetzung aller Beteiligten dar, bei der ein optimaler Ausgleich zwischen den Kosten zur Generierung der korrekten Anreize und den Vorteilen einer effizienten Kapitalallokation zu erreichen ist.[575]

Je nachdem, zu welchem Zeitpunkt die Informationsasymmetrien auftreten, werden diese als Qualitätsunsicherheit beziehungsweise Verhaltensunsicherheit bezeichnet. Ersteres beschreibt die vorvertraglichen Informationsprobleme, Letzteres umfasst die nach Vertragsabschluss auftretenden Asymmetrien.[576]

571 Vgl. Eilenberger, G. (2003), S. 374-375
572 Vgl. Barnea, A./Haugen, R. A./Senbet, L. W. (1985), S. 25-26
573 Vgl. Diamond, D. W. (1984), S. 393-395.
574 Vgl. Barnea, A./Haugen, R. A./Senbet, L. W. (1985), S. 25-26
575 Vgl. sowohl Jensen, M./Meckling, W. (1976), S. 308 und S. 342 als auch Barnea, A./Haugen, R. A./Senbet, L. W. (1985), S. 27. Spremann, K. (1987), S. 9 definiert die Höhe (Obergrenze) der Agency-Kosten über die Frage: Wie viel ist ein Prinzipal für perfekte Informationen zu zahlen bereit?
576 Vgl. beispielsweise Hartmann-Wendels, T./Pfingsten, A./Weber, M. (2007), S. 99 oder Neyer, U. (2000), S. 37

Treten die Informationsasymmetrien während der Vertragserfüllung und damit nach Vertragsabschluss (ex post) auf, liegen die Problemfelder verborgenes Handeln (Hidden Action) und verborgene Information (Hidden Information) vor. Letztgenannte erklärt die Situation, dass der Prinzipal zwar die Handlungen beobachten, deren Qualität aber nicht einschätzen kann. Hidden Action beschreibt die diskretionären Spielräume des Agenten aufgrund der nicht vollständigen Beobachtbarkeit seiner Handlungen durch den Prinzipal.[577]

Im Rahmen des Kreditrisikotransfers liegt ein Hidden Information-Problem beispielsweise dann vor, wenn der Ausfall eines Kredites durch eine Verletzung der zwischen dem Prinzipal als Kreditgeber und dem Kreditnehmer vereinbarten Vertragsklauseln, also durch private Informationen über die Bonität des Schuldners, und nicht nur durch die rechtlich definierten Insolvenztatbestände verursacht wurde. So kann der Kreditrisikoverkäufer seinen Informationsvorsprung gegenüber dem Investor (Kreditrisikokäufer) durch die für ihn vorteilhafte Interpretation des Eintritts des Ausfallereignisses opportunistisch ausnutzen.[578] Je nach Erwerbszeitpunkt der privaten Information in Bezug auf den Kreditrisikotransferkontraktabschluss wird von einem vor- oder nachvertraglichen Problem gesprochen.[579]

Das Problem der Hidden Action beim Kreditrisikotransfer kommt darin zum Ausdruck, dass der Kreditrisikoverkäufer nach der vollständigen oder teilweisen Veräußerung von Kreditrisiken ein schrumpfendes Interesse daran hat, den Schuldner weiterhin intensiv zu überwachen und gegebenenfalls Maßnahmen zu ergreifen, um die Wahrscheinlichkeit einer vertragsgemäßen Bedienung des Kredites zu erhöhen.[580] Dieser Effekt wird als Moral Hazard bezeichnet.[581] Er entsteht deswegen, weil die Überwachung (Monitoring) beziehungsweise die Einleitung von Gegenmaßnahmen kostenintensive Aufgaben darstellen und der Risikoverkäufer aufgrund der vertraulichen Schuldner-Gläubiger-Beziehung relativ unbemerkt seine Aktivitäten reduzieren und dadurch seine finanzielle Position verbessern kann.[582]

Allerdings wird dieses Verhaltensproblem von den Risikokäufern antizipiert und ebenfalls mit einer Misstrauensprämie versehen.[583] Um diesen Risikoaufschlag so gering wie möglich zu halten, werden deshalb die Verkäufer bestrebt sein, durch verschiedene Sicherungs-

577 Vgl. Arrow, K. J. (1985), S. 38
578 Vgl. Hellwig, M. (1998), S. 335
579 Vgl. Burghof, H.-P. (2000), S. 296-298
580 Vgl. Paul-Choudhury, S. (1998), S. 22
581 Vgl. Arrow, K. J. (1980), S. 34
582 Vgl. Franke, G. (2005a), S. 277
583 Vgl. Burghof, H.-P./Henke, S. (2005a), S. 34

mechanismen (Credit Enhancements) ihr vertragsgemäßes Verhalten glaubhaft darzustellen.[584]

Als letztes Problemfeld ist die verborgene Absicht (Hidden Intention oder Hidden Characteristics) zu nennen.[585] Diese modelliert die Möglichkeit, dass der Prinzipal vor Vertragsabschluss (ex ante) die relevanten Eigenschaften oder Charakteristika (wie beispielsweise die Leistungsfähigkeit) des Agenten nicht kennt, selbst wenn er Möglichkeiten hat, das Handeln des Agenten zu beobachten.[586] Im kapitalmarktorientierten Kreditrisikotransfer hat der Kreditrisikoverkäufer als Agent im Vergleich zu außenstehenden Dritten einen Informationsvorsprung über die Bonität seiner Kreditnehmer. Diesen kann er versuchen opportunistisch auszunutzen, indem er gerade niedrige Bonitäten an den Kreditrisikotransfermarkt bringt, die so genannte adverse Selektion (Adverse Selection).[587]

Am Ende der Vertragsbeziehung spielt der Informationsstand ebenfalls eine wichtige Rolle: Unter Umständen weicht ein vom Agenten bekundetes, nicht verifizierbares Ergebnis zu seinen Gunsten von der Realität ab.[588]

Insgesamt ist festzustellen, dass die ursprüngliche Prinzipal-Agent-Beziehung zwischen Kreditgeber und Kreditnehmer durch ein aktives Kreditrisikomanagement um eine zusätzliche Prinzipal-Agent-Beziehung erweitert wird. Dabei entstehen aus der originären Kreditbeziehung Informationsvorteile und Handlungsspielräume für Kreditgenossenschaften als Finanzintermediäre, Kreditrisikoverkäufer und Agenten gegenüber potenziellen Kreditrisikokäufern als Prinzipalen. Dieser Effekt wird noch dadurch verstärkt, dass die Quantifizierung des Kreditrisikos über ein genossenschaftsspezifisches Risikoklassifizierungsverfahren erfolgt. Das VR-Rating findet zum einen am internationalen Kapitalmarkt nach wie vor keine Anerkennung und ist, ebenso wie die Struktur des genossenschaftlichen Finanzverbundes, den Investoren wenn überhaupt nur rudimentär bekannt. Somit erscheint für den Prinzipal die Risikoquantifizierung erheblich intransparenter als bei Opportunitätsprodukten des Kapitalmarktes. Dies umso mehr dann, wenn die Risikoermittlung auch noch vom veräußernden Institut durchgeführt wird.

---

[584] Vgl. Franke, G. (2005a), S. 277
[585] Vgl. Spremann (1990), S. 566
[586] Vgl. Stiegler, G. J. (1961), S. 213-225
[587] Vgl. Akerlof, G. A. (1970), S. 489-490
[588] Vgl. Townsend, R. M. (1979), S. 265-293

Die Investoren antizipieren diesen Nachteil und sind dementsprechend nur unter Einberechnung einer Misstrauensprämie zur Übernahme der Kreditrisiken bereit. Diese Prämie stellt einen Kostenfaktor dar, der die Effizienz des Kreditrisikotransfers maßgeblich bestimmt und somit den Kreditrisikotransfer hemmt.[589]

Daraus lässt sich folgende **Arbeitshypothese** ableiten:

1. Es ist zu erwarten, dass die besonders bei Kreditgenossenschaften als Agenten vorhandenen Informationsvorteile und Handlungsspielräume für Investoren des Kapitalmarkts als Prinzipale zu einer erhöhten Misstrauensprämie und somit zu einem schlechten Preis-Leistungs-Verhältnis führen.

4.2.2 Transaktionskostentheorie

Als weitere Theorie der Neuen Institutionenökonomik erklärt die Transaktionskostentheorie (oder Transaktionskostenansatz, TKA), warum bestimmte Transaktionen in bestimmten institutionellen Arrangements mehr oder weniger effizient abgewickelt und organisiert werden.[590] Im Unterschied zur Prinzipal-Agent-Theorie geht sie dabei auf den Vorgang der Transaktion selbst als Untersuchungsobjekt ein und nicht auf den handelnden Marktteilnehmer.[591] Daneben liefert sie im Rahmen von „Make-or-Buy"-Entscheidungen konkrete Empfehlungen hinsichtlich der Eigenerstellung oder des Fremdbezugs von Gütern und Dienstleistungen.[592]

Die Transaktionskostentheorie geht davon aus, dass jegliches Handeln in einer Marktwirtschaft mit Kosten verbunden ist. Dabei sind sowohl die Transaktionskosten, die sich aus Marktunvollkommenheiten ergeben, als auch die Kosten zu nennen, die sich aus fehlenden Standards im gesamten Prozess oder hohen Markteintrittsbarrieren ergeben.[593]

Die Transaktionskosten umfassen die Kosten eines Sofortigkeitsservice beziehungsweise Liquiditätsangebots, welche zusammen mit Opportunitätskosten in der Literatur auch als

589 Vgl. Henke, S. (2002), S. 64
590 Vgl. Joskow, P. L., (1985), S. 588-589
591 Vgl. Williamson, O. E. (1988), S. 571
592 Vgl. hierzu im Einzelnen Coase, R. H. (1937) und Coase, R. H. (1960)
593 Vgl. neben anderen Fama, E. F. (1978), S. 273 oder Coase, R. H. (1960), S. 15

indirekte oder implizite Transaktionskosten bezeichnet werden.[594] Ebenso fließen die beim Kreditrisikotransfer entstehenden Kosten in Form von Such- und Informationskosten, Aushandlungs- und Vertragsabschlusskosten sowie Überwachungs- und Durchsetzungskosten (direkte/explizite Transaktionskosten) ein.[595]

Durch die geringe Anzahl von bisher durchgeführten Transaktionen der genossenschaftlichen Primärinstitute sowie der Tatsache, dass wesentliche kapitalmarktbasierte Instrumente des Kreditrisikotransfers lediglich außerbörslich anwendbar sind, existiert kein standardisierter Prozess von der Informationsphase über die Vereinbarungsphase bis hin zur Abwicklungsphase. Dies führt einerseits zu hohen Transaktionskosten beispielsweise in Form von Informationskosten, andererseits aber auch zu einer hohen Unsicherheit bei den Marktteilnehmern. Ein Umstand, der wiederum die Illiquidität des Marktes erhöht.[596]

Darüber hinaus ist festzustellen, dass selbst bei symmetrisch verteilten Informationen die Transaktionskosten insbesondere dann hoch sind, wenn der Kreis potenzieller Käufer für ein spezifisches Kreditrisiko eng begrenzt ist. Die Investoren werden in diesem Zusammenhang für die Übernahme des Kreditrisikos einen höheren Preis verlangen, da sie aufgrund der Marktenge zum einen ihre starke Verhandlungsposition ausnutzen und zum anderen das Risiko des erschwerten Weiterverkaufs einpreisen werden.[597]

Daraus lässt sich folgende **Arbeitshypothese** schließen:

2. Es ist zu erwarten, dass hohe Transaktionskosten wegen einer vorhandenen Marktenge sowie wenig vorhandenen Standards hohe Investitionen für Marktteilnehmer bedingen und somit zu einem ungünstigen Preis-Leistungs-Verhältnis führen.

Ferner existieren gerade bei den vergleichsweise jungen Finanzinstrumenten des Kreditrisikotransfers für Kreditgenossenschaften hohe Markteintrittsbarrieren aufgrund einer mangelnden Institutionalisierung des Marktes. So stehen potenzielle Marktteilnehmer einer unzureichenden Übersicht von Angebot und Nachfrage, unsicheren Bewertungen sowie unklaren Abläufen gegenüber. Dies bedeutet, dass die Kosten der Aneignung entsprechender Kenntnisse in Relation zu der erwarteten Rendite sehr hoch sind. Daneben bedingen diese

---

[594] Vgl. Gerke, W./Schöner, M. A./van Rüth, V. (1992), S. 31-32
[595] Vgl. North, D. C. (1984), S. 7
[596] Vgl. Picot, A. (1991), S. 344
[597] Vgl. hierzu im Einzelnen Duffie, D./Gârleanu, N. (2001), S. 42 und Henke, S. (2002), S. 61-62

ausgeprägten Transaktionskosten in einem jungen Markt, dass die Marktteilnehmer im ersten Schritt zwecks Fixkostendegression große Volumina transferieren. Somit beschränken sich die potenziellen Marktteilnehmer auf Großbanken.[598]

Es ergibt sich daraus folgende **Arbeitshypothese**:

3. Es ist zu vermuten, dass die hohen Transaktionskosten in einem jungen, nicht institutionalisierten Finanzmarkt zu Transaktionsstrukturen führen, die sich nicht an den Bedarfen von Kreditgenossenschaften orientieren.

4.2.3 Ressourcentheorie

Die industrieökonomische Sichtweise richtet bei der Beschreibung von Erfolgspotenzialen eines Unternehmens den Fokus auf die Anpassung an äußere Gegebenheiten wie veränderte Marktbedingungen. Dahingegen definieren die Theorien des Strategischen Managements diese regelmäßig in Abhängigkeit von innerbetrieblichen Ressourcen.[599]

Die Ressourcentheorie (Resource-based View, RBV) ist eine wissenschaftliche Disziplin des Strategischen Managements zur alternativen Erklärung von Wettbewerbsvorteilen von Unternehmen, in denen der Begriff der Ressource in den Mittelpunkt gestellt wird.[600] Durch den im RBV verankerten Kernkompetenzansatz werden zum einen strategische Wettbewerbsvorteile von Unternehmen darauf zurückgeführt, dass Unternehmen über andere, strategisch wertvollere Ressourcen verfügen. Zum anderen, dass sie diese besser als ihre Konkurrenz nutzen können.[601]

Die Ressourcentheorie liefert dadurch die konzeptionelle Ausgangsbasis für die verschiedenen ökonomischen Ansätze des Human Ressources Management. Dieses postuliert einen spezifischen Beitrag des Personals zum Unternehmensergebnis, indem unter anderem die Kenntnisse, Fähigkeiten und Fertigkeiten der Mitarbeiter als eigenständige Quelle von

---

[598] Vgl. Speyer, B. (2003), S. 10

[599] Vgl. Sheth, J. N./Thomas, H. (1994), S. 170

[600] Vgl. im Einzelnen Wernerfelt, B. (1985) und Wernerfelt, B. (1994). Aufgrund der fehlenden einheitlichen Terminologie, seien hier weitere in der Literatur häufig verwendete Synonyme genannt: Resource-based Approach, Resource-based Theory und Ressourcenansatz.

[601] Vgl. unter anderem Penrose, E. T. (1995), S. 75 oder Freiling, J. (2001), S. 270. Einen Überblick über die den RBV beeinflussenden theoretischen Perspektiven geben Sanchez und Heene. (Vgl. Heene, A./Sanchez, R., 1997, S. 305 ff.)

Wettbewerbsvorteilen gesehen werden. Ebenso rückt der Knowledge-based View of the Firm als weitere Strömung des Strategischen Managements den Produktionsfaktor Wissen als entscheidenden Erfolgsfaktor in den Mittelpunkt der Betrachtung. Er stellt aus dieser Perspektive eine Begründung für das Wissensmanagement dar.[602]

Bei den Bedingungen zur Umwandlung von Ressourcen in anhaltende strategische Wettbewerbsvorteile setzt der RBV voraus, dass erstens die Unternehmen innerhalb einer Branche heterogen in Bezug auf ihre Strategien sind und dass zweitens die Ressourcen nicht vollständig mobil zwischen den Unternehmen sind. Darüber hinaus wird noch angenommen, dass diese Heterogenität nachhaltig existiert.[603]

Grundsätzlich ist festzustellen, dass der Komplexitätsgrad der kapitalmarktbasierten Kreditrisikotransferinstrumente vergleichsweise hoch ist. Zu deren Nutzung ist ein hohes Maß an Fach- und somit auch Spezialwissen notwendig. Aufgrund der jeweiligen Größen der genossenschaftlichen Kreditinstitute der Primärstufe und der damit verbundenen, teilweise stark begrenzten Mitarbeiterzahl verfügt diese Bankengruppe per se über ein entsprechendes Informationsdefizit im Vergleich zu Großbanken.

Der genossenschaftliche Finanzverbund weist eine heterogene Mitgliederstruktur auf. Diese reicht von Banken mit 9 Millionen EUR Bilanzsumme (Raiffeisenbank Struvenhütten) und einstelliger Mitarbeiterzahl bis zu Banken mit 27.440 Millionen EUR Bilanzsumme (Deutsche Apotheker- und Ärztebank) und über tausend Mitarbeitern. Somit ist zwischen den Einzelinstituten der Umfang und die Nutzung von Ressourcen sehr differenziert ausgeprägt.

Neben dem zentralen Inputgut Mitarbeiter im Dienstleistungsunternehmen Bank verfügen gerade Großbanken über weitere Wettbewerbsvorteile im Kreditrisikomanagement. So stellt beispielsweise eine funktions- und leistungsfähigere IT-Landschaft eine weitere strategisch wertvolle Ressource dar. Darüber hinaus zeigen die finanzwirtschaftlichen Kennziffern von Privatbanken im Vergleich zu Kreditgenossenschaften regelmäßig höhere Erträge aus dem Handelsgeschäft. Dies lässt die Vermutung zu, dass Großbanken durchschnittlich aktiver am Kapitalmarkt agieren, als es die Kreditgenossenschaften tun.

---

[602] Vgl. Al-Laham, A. (2003), S. 131-132

[603] Vgl. unter anderen Barney, 1991, S. 108-110, Mauri, A. J./Michaels, M. P. (1998), S. 212 oder Peteraf, M. A. (1993), S. 185

Daraus lässt sich folgende **Arbeitshypothese** ableiten:

4. Es ist zu vermuten, dass kleine und mittlere Kreditinstitute wie die Genossenschaftsbanken der Primärstufe aufgrund ihrer Institutsgröße insbesondere fachliche, aber auch technische Defizite hinsichtlich kapitalmarktorientiertem Kreditrisikotransfer aufweisen.

Zusammenfassend bieten die Neue Institutionenökonomik und hier insbesondere die Prinzipal-Agent-Theorie und die Transaktionskostentheorie sowie die Ressourcentheorie aus dem Strategischen Management Erklärungsmöglichkeiten für die Hemmnisse, die eine höhere Fungibilität des Kreditrisikotransfermarktes begrenzen.

Ob diese theoretischen Erklärungsansätze auch in der Praxis dominierend sind, gilt es nachfolgend zum einen in einer Selbsteinschätzung auf Basis eines Fragebogens und zum anderen in Expertengesprächen herauszuarbeiten. Zielsetzung ist die Erbeitung von Nutzungshemmnissen als Ausgangspunkt der Erfolgsfaktoren zum Betreiben von kapitalmarktorientiertem Kreditrisikotransfer. Dazu bedarf es einer vorherigen Analyse, ob die Kreditinstitute der genossenschaftlichen Bankengruppe in der Praxis über quantifizierbares Potenzial zum Kreditrisikotransfer verfügen und in welchem Umfang die bestehenden Instrumente genutzt werden.

4.3 Potenzial- und Nutzungsanalyse von kapitalmarktorientiertem Kreditrisikotransfer

4.3.1 Potenzialanalytische Bewertung des Kreditrisikotransfers

Der Markt für Kreditrisikotransfer wächst seit Jahren rasant. Dies zeigt sowohl eine Analyse des Kreditderivate-[604] als auch des Verbriefungsmarktes.[605] Fraglich ist, ob der Gesamtmarkt über weiteres Transfer- und somit Wachstumspotenzial verfügt.

Eine Analyse der prinzipiell für kapitalmarktorientierten Kreditrisikotransfer zur Verfügung stehenden Forderungen an Nichtbanken von kleinen und mittleren Banken in Deutschland

[604] Siehe 3.2.1.1
[605] Siehe 3.2.2

zeigt, dass sich 1.133 Milliarden EUR in den Portfolien des Sparkassen- und Genossenschaftssektors befinden. Davon entfallen allein auf die genossenschaftlichen Primärinstitute rund 410,7 Milliarden EUR an Kundenkreditvolumen.[606] Diese Daten unterstreichen, dass diese Bankengruppen einen zukünftigen Wachstumsmotor des deutschen Verbriefungsmarktes darstellen dürften,[607] und begründen folgende **Hypothese**:

1. Den Portfolien kleiner und mittlerer Banken in Deutschland ist ein enormes volumenbezogenes Potenzial für den Kreditrisikotransfer inhärent.

Nach dieser statistischen Volumensbetrachtung stellt sich die Frage: Wie hoch ist am Beispiel der Kreditgenossenschaften die Wahrscheinlichkeit, dass dieses Potenzial auch gehoben wird? Hierbei ist von zentraler Bedeutung, wie sich das Meinungsbild dieser Institute hinsichtlich der Zukunftsaussichten von Instrumenten zum Transfer von Kreditrisiken darstellt.

Abbildung 44: Wie schätzen Sie die Zukunftsaussichten von Instrumenten zum Transfer von Kreditrisiken ein?

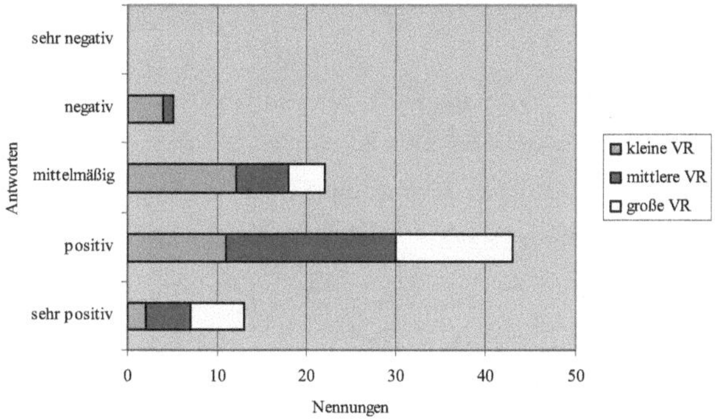

Quelle: Eigene Darstellung

Im Rahmen der Fragebogenerhebung wird deutlich, dass mit zunehmender Institutsgröße die Zukunftsaussichten positiv gesehen werden. Dies findet auch in der Betrachtung des arithmetischen Mittels (sehr positiv = 1 bis sehr negativ = 5) seinen Niederschlag. Hier errechnet sich für die kleinen ein Mittelwert in Höhe von 2,62, für die mittleren einer in Höhe von 2,10 und für die großen Kreditgenossenschaften ein Mittelwert in Höhe von 1,91. So räumen mehr als 2/3 aller Genossenschaftsbanken und über ¾ der mittleren beziehungsweise

[606] Vgl. Deutsche Bundesbank (2006), S. 24
[607] Vgl. Boston Consulting Group (2004), S. 16

über 80 % der großen Institute aktivem Kreditrisikomanagement positive oder sehr positive Zukunftsaussichten ein. Dahingegen sehen lediglich 6,02 % der Institute die Zukunftsaussichten negativ, während kein Institut diese als sehr negativ einschätzt.

Dies lässt sich in nachfolgender **Hypothese** zusammenfassen:

2. Die Zukunftsaussichten des kapitalmarktorientierten Kreditrisikotransfers werden von den deutschen Genossenschaftsbanken überwiegend positiv eingeschätzt.

Vor dem Hintergrund der tendenziell positiven Einschätzung der Genossenschaftsbanken hinsichtlich der weiteren Entwicklungen am Kreditrisikotransfermarkt stellt sich die Frage, ob die Kreditrisikoportfolien dieser Institutsgruppe neben Volumenspotenzial auch qualitatives Potenzial zur Teilnahme haben. Aus diesem Grund erfolgt eine entsprechende Analyse anhand finanzwirtschaftlicher Kennzahlen und struktureller Kreditrisikokonzentrationen.

4.3.1.1 Finanzwirtschaftliche Kennzahlen

Für genossenschaftliche Institute ist typisch, dass die Bilanzsumme von dem Kundenkreditvolumen dominiert wird. So stellt bei über 85 % aller Genossenschaftsbanken das Kundenkreditvolumen mehr als die Hälfte der Bilanzsumme und bei knapp 30 % aller Banken sogar über 70 % dar. Im Durchschnitt liegt der Anteil losgelöst von der Institutsgröße jeweils im Segment über 60 bis 70 %.

In diesem Zusammenhang ist von besonderem Interesse, wie sich die Eigenkapitalausstattung darstellt. Dabei ist festzustellen, dass 8,64 % der Institute über einen im genossenschaftlichen Sektor vergleichsweise niedrigen Solvabilitätskoeffizienten von maximal 10,0 verfügen. Auf der anderen Seite haben 40,70 % der teilnehmenden Geldhäuser einen vergleichsweise hohen Solvabilitätskoeffizienten von mindestens 12,0. Mit zunehmender Institutsgröße nimmt allerdings der Solvabilitätskoeffizient tendenziell ab; das heißt, kleinere Institute verfügen über eine bessere Eigenkapitalausstattung als die mittleren und diese wiederum über eine bessere als die großen. Dies könnte zum einen darin begründet sein, dass größere Institute ihr zur Verfügung stehendes Eigenkapital stärker investieren, und zum anderen, dass Fusionen mit beziehungsweise Übernahmen von wirtschaftlich angeschlagenen Instituten mit einer Reduzierung des Solvabilitätskoeffizienten verbunden sind.

Im Durchschnitt liegt das gewichtete arithmetische Mittel der Solvabilitätskoeffizienten in dem Segment über 11,0 bis 12,0. Sowohl Institute mit einem niedrigen als auch mit einem hohen Solvabilitätskoeffizienten verfügen über einen ausgeprägten Handlungsbedarf. Während die einen den Fokus auf die Risikoreduzierung legen sollten, bieten sich für die anderen aufgrund unzureichend genutzten Eigenkapitals erhebliche Ertragspotenziale zur Optimierung der Rendite-Risiko-Struktur.

Ein ähnliches Bild zeichnet eine Analyse der durchschnittlichen Bewertungsergebnisse aus dem Kreditgeschäft der letzten Jahre. So lassen diverse Institute (17,28 %) Ertragschancen durch eine restriktive beziehungsweise vorsichtige Kreditvergabepolitik ungenutzt, was sich in einem Bewertungsergebnis von unter 0,20 % der durchschnittlichen Bilanzsumme widerspiegelt. Auf der anderen Seite weisen 49,38 % aller Teilnehmerinstitute ein durchschnittliches Bewertungsergebnis von über 0,40 % auf. Dies führt zu einem gewichteten arithmetischen Mittel zwischen den zusammengefassten Segmenten über 0,30 % bis 0,50 %. Korrespondierend mit der Verteilung des Solvabilitätskoeffizienten ist hier die Tendenz wachsender Bewertungsergebnisse mit zunehmender Institutsgröße festzustellen.

Abbildung 45: Durchschnittliche Verzehrquoten der letzten Jahren

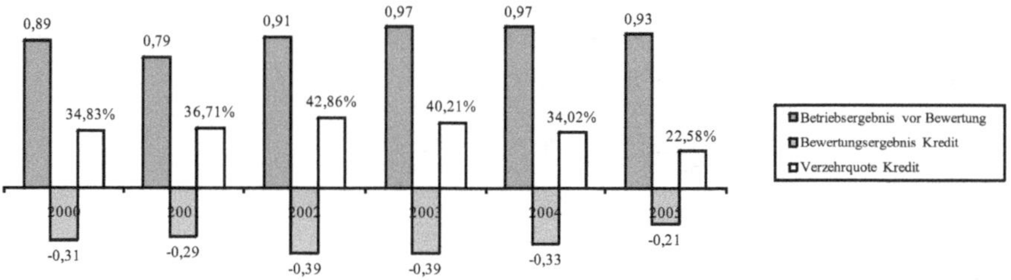

Quelle: Eigene Darstellung in Anlehnung an BVR (2001), BVR (2002b), BVR (2003), BVR (2004b), BVR (2005c) und BVR (2006d)

Werden allein die Bewertungsergebnisse aus dem Kreditgeschäft der Jahre 2000 bis 2005 ins Verhältnis mit den Betriebsergebnissen vor Bewertung gestellt, ergibt sich eine durchschnittliche Verzehrquote Kredit von rund 35,20 %. Auch wenn erste Anzeichen signalisieren, dass der Zenit der steigenden Belastungen aus dem Kreditgeschäft erreicht ist, wird selbst in 2005 noch immer ein erheblicher Teil des gesamten Betriebsergebnisses alleine durch das Bewertungsergebnis aus dem Kreditgeschäft aufgezehrt. Da Instrumente des kapitalmarktorientierten Kreditrisikotransfers eine Ertragssteigerung bei gleichzeitiger Risikoreduzierung bewirken, sind sie zentrales Element des aktiven Kreditrisikomanagements und geeignet, Banken bei der Optimierung ihrer Rendite-Risiko-Struktur zu unterstützen.

Aus der Betrachtung finanzwirtschaftlicher Kennzahlen lässt sich die folgende **Hypothese** ableiten:

3. Die finanzwirtschaftlichen Kennzahlen wie Solvabilitätskoeffizient oder Betriebs- und Bewertungsergebnisse dokumentieren, dass Kreditgenossenschaften über erhebliches qualitatives Potenzial zum Kreditrisikotransfer verfügen.

4.3.1.2 Strukturelle Kreditrisikokonzentrationen

Neben den finanzwirtschaftlichen Kennzahlen unterlegt auch eine mangelhafte Diversifikation hinsichtlich Bonitäten, Branchen und Größenklassen die Potenziale zum Kreditrisikotransfer im genossenschaftlichen Finanzverbund. Diese treten als strukturelle Kreditrisikokonzentrationen in Form von großen Einzel-Exposures oder Häufungen korrelierter Exposures mit hohen systematischen Kreditrisiken auf.[608]

Abbildung 46: Wie hoch war Ihr Anteil der Volumina in RG 2 und 3 am gesamten Kundenkreditvolumen zum 31. Dezember 2004?

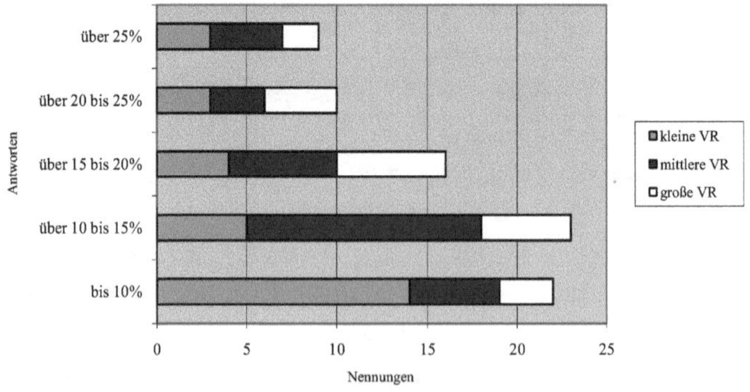

Quelle: Eigene Darstellung

[608] Vgl. Franzetti, C. (2001), S. 186

Wie die vergleichsweise hohen Bewertungsergebnisse vermuten lassen, sind den Portfolien der Kreditgenossenschaften risikobehaftete Kreditengagements inhärent. Bei cirka 44 % der teilnehmenden Banken ist der Anteil der latent ausfallgefährdeten und der ausfallgefährdeten (Risikogruppe [RG] 2 und 3) Kundenforderungen über 15 % und bei einem Viertel sogar größer als 20 %. Dies drückt sich im gewogenen Durchschnitt von 2,65 (von bis 10 % = 1 bis über 25 % = 5) aus. Korrespondierend mit dem Bewertungsergebnis ist ebenfalls eine Verschlechterung der Bonitätsstruktur des Kreditrisikoportfolios mit zunehmender Institutsgröße erkennbar. So verfügen die kleinen Banken über einen Durchschnitt von 2,17, während die mittleren 2,61 und die großen Kreditinstitute einen Wert von 2,85 aufweisen. In Verbindung mit einem eng begrenzten Geschäftsgebiet und der damit bestehenden Abhängigkeit von der Marktstruktur und eingeschränkter Handlungsfähigkeit bedarf es an Instrumenten, die Investitionen und Desinvestitionen auch außerhalb der Region ermöglichen. Dahingegen sind den Kreditrisikoportfolien hinsichtlich Branchen (von bis 10 % = 1 bis über 25 % = 5) im Durchschnitt mit dem gewichteten arithmetischen Mittel von 1,85 und insbesondere Größenklassen wie beispielsweise den zehn größten Kundenkrediten (von bis 10 % = 1 bis über 30 % = 6) mit 1,49 trotz des Regionalprinzips vergleichsweise wenig strukturelle Kreditrisikokonzentrationen inhärent.

Abbildung 47: Wie hoch ist der Anteil Ihrer zehn größten Kundenkredite am gesamten Kundenkreditvolumen zum 31. Dezember 2004?

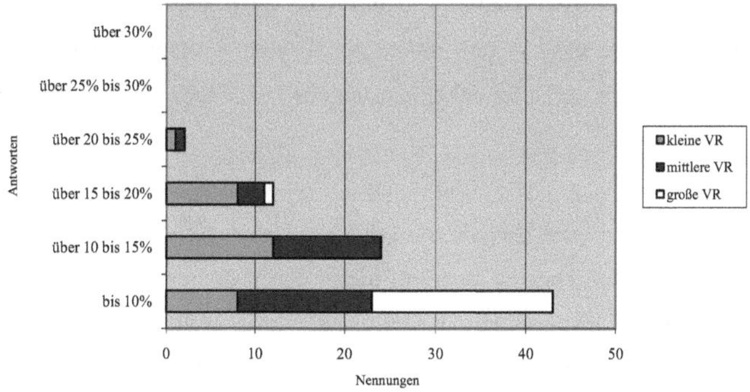

Quelle: Eigene Darstellung

Die einzelnen Schichten streuen hinsichtlich der Branchenkonzentrationen fast kaum um den gewogenen Durchschnitt. Es ist allerdings auffällig, dass große Genossenschaftsbanken über die mit Abstand größte Diversifizierung hinsichtlich der zehn größten Kundenkredite am gesamten Kundenkreditvolumen verfügen. Sie haben in weniger als 5 % aller Teilnehmerbanken einen Anteil von über 10 %. Dahingegen sind bei Instituten mittlerer Größe und insbesondere bei kleineren Instituten Großkreditkonzentrationen festzustellen. So beträgt bei rund 30 % der kleinen Institute der Anteil der zehn größten Kredite über 15 %. Dies liegt offensichtlich darin begründet, dass Fusionen zwar sehr zügig zu einer Verbreiterung der Eigenkapitalbasis des neuen Kreditinstitutes führen, die damit verbundenen erweiterten Kreditvergabespielräume aber nur mit zeitlicher Verzögerung genutzt werden.[609]

Die potenzialanalytische Bewertung wird dabei durch folgende **Hypothese** abgeschlossen:

4. Strukturelle Kreditrisikokonzentrationen in Form mangelhafter Diversifikation insbesondere hinsichtlich Bonitäten oder Größenklassen unterstreichen ebenfalls die vorhandenen qualitativen Potenziale zum Kreditrisikotransfer.

4.3.2 Nutzungsgrad der Kapitalmarktprodukte im genossenschaftlichen Finanzverbund

Einzelnen Genossenschaftsbanken ist es aufgrund der geringen Institutsgröße und somit auch der geringen Einzelengagementvolumina sowie der mit einer Verbriefung verbundenen hohen Kosten nicht möglich, am Kapitalmarkt eigenständig zu agieren und Kreditrisiken zu handeln.[610] Darüber hinaus besteht bei Einzeltransaktionen ein zentrales Problem: Informationen über die Kreditwürdigkeit kleiner und mittlerer Unternehmen sind aufgrund deren Informations- und Offenlegungspraktiken für die potenziellen Investoren zumeist nur schwer zugänglich. Sie können auch nur unter hohen Kosten beschafft werden.[611]

Darüber hinaus ist festzustellen, dass traditionelle genossenschaftliche Standard-Kreditrisikotransferinstrumente wie das Metakreditgeschäft aus Sicht der Primärbanken deutlich an Interesse verloren haben. Dies ist auch auf die in den vergangenen Jahren starke Zurückhaltung der Zentralinstitute, insbesondere der DZ Bank, zurückzuführen. So bekunden über nahezu alle Institutsgrößen hinweg lediglich 28,05 % ihre Zufriedenheit, während fast 22 % dem Metakreditgeschäft im Finanzverbund eine negative oder sogar sehr negative Funktionsfähigkeit und Nutzungskomponente bescheinigen. Die Hälfte aller Banken bewertet diese neutral.

---

[609] Diese Vermutung wird in den Expertengesprächen durchgängig bestätigt.
[610] Vgl. Piaskowski, F. (2005), S. 626
[611] Vgl. Burghof, H.-P./Henke, S./Rudolph, B. (2000), S. 3-19

In den letzten Jahren stand verstärkt die Entwicklung und Nutzung von synthetischen Verbriefungstransaktionen gemeinsam mit genossenschaftlichen Zentralinstituten im Fokus des genossenschaftlichen Kreditrisikomanagements. Dies oftmals mit der Zielsetzung Generierung eines Lerneffektes und weniger der Entlastung im Grundsatz I.[612]

Bei den bisher im genossenschaftlichen Finanzsektor unter Teilnahme der Primärgenossenschaften durchgeführten Verbriefungstransaktionen PROVIDE-VR 2002-1, PROVIDE-VR 2003-1, PROVIDE-VR 2004-1, PROSCORE-VR 2005-1, VR Circle 2005-1, VR Circle 2005-2 und VR Circle 2006-1 sowie WGZ-Loop wurde insgesamt ein Kundenkreditvolumen der Kreditgenossenschaften in Höhe von 446.371 TEUR durch kapitalmarktorientierten Kreditrisikotransfer an Risikokäufer veräußert. Im Vergleich zum gesamten Kundenkreditvolumen aller Genossenschaftsbanken mit 345.927.469 TEUR entspricht dies einem Anteil in Höhe von lediglich rund 0,13%.

Abbildung 48: Teilnehmer der genossenschaftlichen Kreditrisikotransfertransaktionen

PROVIDE-VR 2002-1				**PROVIDE-VR 2003-1**			
Name	Transaktions-volumen (in T€)	Anteil an Transaktion	Bilanzsumme (in T€)	Name	Transaktions-volumen (in T€)	Anteil an Transaktion	Bilanzsumme (in T€)
Raiffeisenbank Oldenburg eG	9.332	1,50%	437.931	Raiffeisen-Volksbank Fürth eG	9.728	2,17%	294.315
Volksbank Lingen eG	6.735	1,08%	471.958	Raiffeisen Ehingen eG	8.834	1,97%	186.645
Volksbank Mittelhessen eG	5.741	0,92%	3.894.620	Volksbank Paderborn-Höxter eG	7.174	1,60%	2.880.765
Vereinigte Volksbank Griesheim-Weiterstadt	4.059	0,65%	324.902	Volksbank Weinheim eG	5.009	1,12%	526.733
Raiffeisenbank Oberschleißheim eG	4.015	0,64%	163.811	Raiffeisenbank Oberschleißheim eG	2.090	0,47%	163.811
DG Hyp	593.385	95,21%	73.813.000	Bausparkasse Schwäbisch Hall	38.706	8,62%	35.395.000
				DG Hyp	377.492	84,07%	73.813.000
Transaktionsvolumen insgesamt	623.267			Transaktionsvolumen insgesamt	449.033		
Transaktionsvolumen Primärbanken	**29.882**	**4,79%**	**1.058.644**	**Transaktionsvolumen Primärbanken**	**32.835**	**7,31%**	**810.454**

PROVIDE-VR 2004-1				**PROSCORE-VR 2005-1**			
Name	Transaktions-volumen (in T€)	Anteil an Transaktion	Bilanzsumme (in T€)	Name	Transaktions-volumen (in T€)	Anteil an Transaktion	Bilanzsumme (in T€)
Volksbank Wetzlar-Weilburg eG	10.939	2,18%	1.140.016	Volksbank Weinheim eG	10.209	1,39%	526.733
Vereinigte Volksbank AG, Sindelfingen	10.387	2,07%	2.254.074	Volksbank Wetzlar-Weilburg eG	9.981	1,36%	1.140.016
Volksbank eG Wolfsburg	9.920	1,98%	934.679	Bremische Volksbank eG	8.267	1,13%	635.910
Volksbank Achern eG	9.594	1,92%	687.344	Vereinigte Volksbank AG, Sindelfingen	6.959	0,95%	2.254.074
Volksbank Biberach eG	9.524	1,90%	441.825	Vereinigte Volksbank Griesheim-Weiterstadt	6.062	0,82%	324.902
Raiffeisenbank Schwandorf-Nittenau eG	9.015	1,80%	358.865	Raiffeisenbank Oberschleißheim eG	3.761	0,51%	163.811
Vereinigte VB Hof-Helmbrechts-Münchberg	8.295	1,66%	299.803	DG Hyp	689.556	93,84%	73.813.000
Berliner Volksbank eG	5.909	1,18%	11.013.522				
Raiffeisen-Volksbank Fürth eG	4.127	0,82%	294.315				
VB-RB eG Husum-Eiderstedt-Viöl	3.807	0,76%	459.969				
Bausparkasse Schwäbisch Hall	150.071	29,96%	35.395.000				
DG Hyp	269.388	53,77%	73.813.000				
Transaktionsvolumen insgesamt	500.976			Transaktionsvolumen insgesamt	734.795		
Transaktionsvolumen Primärbanken	**81.517**	**16,27%**	**1.788.441**	**Transaktionsvolumen Primärbanken**	**45.239**	**6,16%**	**840.908**

612 Vgl. Piaskowski, F. (2004), S. 22

VR Circle 2005-1			
Name	Transaktions-volumen (in T€)	Anteil an Transaktion	Bilanzsumme (in T€)
Volksbank Göppingen eG	11.200	19,74%	1.620.015
Volksbank Helmstedt eG	7.964	14,04%	434.805
Grafschafter VB Nordhorn-Emlichh.-Veldh. e	7.127	12,56%	680.872
Volksbank Nagoldtal eG	5.629	9,92%	598.179
Groß-Gerauer Volksbank eG	5.039	8,88%	1.389.718
Volksbank Raiffeisenbank Eichstätt eG	4.573	8,06%	917.457
VR-Bank Rhön-Grabfeld eG	3.477	6,13%	364.548
Bremische Volksbank eG	3.258	5,74%	953.131
Volksbank Tübingen eG	2.180	3,84%	408.426
Raiffeisenbank Altdorf-Feucht eG	2.000	3,53%	293.526
Volksbank Ammerland-Süd eG	1.587	2,80%	228.100
Volksbank Raiffeisenbank Main-Kinzig eG	1.552	2,74%	898.684
Volksbank Straubing eG	1.140	2,01%	741.929
Transaktionsvolumen insgesamt	56.726		
Transaktionsvolumen Primärbanken	**56.726**	**100,00%**	**733.030**

VR Circle 2005-2			
Name	Transaktions-volumen (in T€)	Anteil an Transaktion	Bilanzsumme (in T€)
Volksbank Mittelhessen eG	8.500	12,29%	3.894.620
Volksbank Offenburg eG	7.504	10,85%	1.548.988
Volksbank Kirchheim-Nürtingen eG	6.470	9,35%	1.219.847
Volksbank Göppingen eG	5.000	7,23%	1.620.015
Volksbank Mittweida eG	4.500	6,51%	486.959
Volksbank Triberg eG	4.188	6,06%	319.397
Volksbank Laichingen eG	3.900	5,64%	269.332
Volksbank Dreieich eG	3.756	5,43%	1.110.298
Volksbank Raiffeisenbank eG, Neumünster	3.083	4,46%	802.770
Stuttgarter Volksbank AG	2.522	3,65%	1.653.679
Fellbacher Bank eG	2.489	3,60%	444.675
VR-Bank eG, Regen	2.250	3,25%	458.559
Volksbank Donau-Neckar eG	2.050	2,96%	1.067.426
Volksbank Jever eG	2.000	2,89%	656.223
Volksbank Baiersbronn eG	2.000	2,89%	138.659
Vereinigte Volksbank AG, Cochem	1.525	2,20%	354.536
Volksbank Wetzlar-Weilburg eG	1.500	2,17%	1.140.016
Volksbank Straubing eG	1.475	2,13%	741.929
Volksbank Magdeburg eG	1.010	1,46%	458.770
Hamburger Bank von 1861 Volksbank eG	1.000	1,45%	883.099
Volksbank Alzey eG	1.000	1,45%	559.091
Volksbank Tübingen eG	1.000	1,45%	408.426
Volksbank eG, Sulingen	443	0,64%	437.802
Transaktionsvolumen insgesamt	69.165		
Transaktionsvolumen Primärbanken	**69.165**	**100,00%**	**898.918**

VR Circle 2006-1			
Name	Transaktions-volumen (in T€)	Anteil an Transaktion	Bilanzsumme (in T€)
Allgäuer Volksbank eG Kempten-Sonthofen	750	1,14%	311.004
Augusta-Bank eG Raiffeisen-Volksbank	1.500	2,28%	1.186.385
Bremische Volksbank eG	10.080	15,35%	635.910
Raiffeisenbank Bad Saulgau eG	550	0,84%	101.323
Raiffeisenbank Bütthard-Gaukönigshofen eG	1.000	1,52%	203.442
Raiffeisenbank Ochsenfurt eG	700	1,07%	242.043
Raiffeisen-Volksbank Erlangen-Höchstadt eG	2.000	3,05%	790.824
Volksbank Sulmtal eG, Obersulm	900	1,37%	269.756
Volksbank Alzey eG	2.490	3,79%	559.091
Volksbank Backnang eG	2.500	3,81%	972.007
Volksbank Baiersbronn eG	800	1,22%	138.659
Volksbank Balingen eG	1.000	1,52%	404.002
Volksbank Donau-Neckar eG	1.915	2,92%	1.067.426
Volksbank Dreieich eG	2.314	3,52%	1.110.298
Volksbank eG Mosbach	1.400	2,13%	672.150
Volksbank Villingen eG	2.000	3,05%	1.998.540
Volksbank Hegau eG	700	1,07%	275.251
Volksbank Heilbronn eG	6.500	9,90%	1.379.014
Volksbank Höchst a.M. eG	1.500	2,28%	316.502
Volksbank Kirchheim-Nürtingen eG	3.016	4,59%	1.219.847
Volksbank Magdeburg eG	1.227	1,87%	458.770
Volksbank Mittelhessen eG	1.636	2,49%	3.894.620
Volksbank Pforzheim eG	2.600	3,96%	1.921.011
Volksbank Raiffeisenbank Eichstätt eG	2.645	4,03%	953.131
Volksbank Straubing eG	450	0,69%	741.929
Volksbank Triberg eG	2.000	3,05%	319.397
Volksbank Tübingen eG	1.000	1,52%	408.426
Volksbank Wetzlar-Weilburg eG	1.000	1,52%	1.140.016
VR Bank Bad Hersfeld-Rotenburg eG	822	1,25%	421.783
VR-Bank Asperg-Markgröningen eG	750	1,14%	711.219
VR-Bank Rhön-Grabfeld eG	1.410	2,15%	364.548
VR-Bank Rottal-Inn eG	4.000	6,09%	1.073.995
Westerwald Bank eG	2.500	3,81%	1.785.272
Transaktionsvolumen insgesamt	65.655		
Transaktionsvolumen Primärbanken	**65.655**	**100,00%**	**849.927**

WGZ-Loop			
Name	Transaktions-volumen (in T€)	Anteil an Transaktion	Bilanzsumme (in T€)
Poolingbank 1	2.994	4,58%	
Poolingbank 2	5.297	8,11%	
Poolingbank 3	8.260	12,64%	
Poolingbank 4	6.162	9,43%	
Poolingbank 5	3.772	5,77%	
Poolingbank 6	3.290	5,03%	
Poolingbank 7	2.610	3,99%	
Poolingbank 8	3.622	5,54%	
Poolingbank 9	6.481	9,92%	
Poolingbank 10	5.510	8,43%	
Poolingbank 11	6.511	9,96%	
Poolingbank 12	3.326	5,09%	
Poolingbank 13	4.915	7,52%	
Poolingbank 14	1.047	1,60%	
Poolingbank 15	1.555	2,38%	
Transaktionsvolumen insgesamt	65.352		
Transaktionsvolumen Primärbanken	**65.352**		

Quelle: Eigene Darstellung

Dabei zeigt sich, dass sowohl das eingebrachte Volumen (rund 30, 33 und 82 Millionen EUR) als auch der Anteil der Primärbanken (cirka 5, 7 und 16 %) pro Einzeltransaktion bei der PROVIDE-VR mit jeder Durchführung steigen. Allerdings bleibt die Zahl der Teilnehmerinstitute bei den beiden ersten PROVIDE-Transaktionen mit jeweils fünf gleich gering. Die PROSCORE-VR wurde bisher lediglich ein einziges Mal durchgeführt und weist mit einem transferierten Volumen der Kreditgenossenschaften in Höhe von rund 45 Millionen EUR einen Anteil am Gesamtportfolio von cirka 6 % auf.

Dahingegen wurde die VR Circle bisher drei Mal mit jeweils steigenden Teilnehmerzahlen (13, 23 und 33 Institute) durchgeführt. Während zu Beginn ebenfalls steigende Volumina (rund 57 und 69 Millionen EUR) zu beobachten waren, reduzierte sich bei der letzten Transaktion trotz eines erweiterten Teilnehmerkreises die Poolgröße auf cirka 66 Millionen EUR. Somit sank das durchschnittlich je Institut transferierte Kreditrisiko deutlich. Die WGZ-Loop weist mit rund 65 Millionen EUR ein ähnliches Poolvolumen auf, wobei sich dieses auf lediglich 15 Kreditgenossenschaften verteilt. Da ein Teil dieser Institute auf Anonymität bestand, nennt die WGZ Bank grundsätzlich keine Namen der teilnehmenden Institute.

Von den 1.334 Genossenschaftsbanken haben in den letzten vier Jahren mittlerweile maximal 82 Institute[613] (6,15 %) der Primärstufe an einer Transaktion im Finanzverbund teilgenommen. Ohne die WGZ-Loop zu berücksichtigen, unterteilen sich die Teilnehmerbanken in 7 kleine (10,45 %), 42 mittlere (62,69 %) und 18 große (26,87 %) Kreditgenossenschaften. Deren kumuliertes Bilanzvolumen in Höhe von 62.628.344 TEUR repräsentieren 10,95 % der Bilanzsumme aller genossenschaftlichen Kreditinstitute der Primärstufe (571.883.474 TEUR).

[613] Da keine Namen der WGZ-Loop-Teilnehmerbanken bekannt sind, wird davon ausgegangen, dass diese 15 Kreditgenossenschaften bisher an keiner anderen Transaktion teilgenommen haben. Aus diesem Grund wird von einer Maximalanzahl gesprochen. Ohne die WGZ-Loop haben bisher 67 Primärbanken die Transaktionen genutzt.

Abbildung 49: Vergleich Grundgesamtheit versus Teilnehmer der Verbriefungstransaktionen (Anzahl)

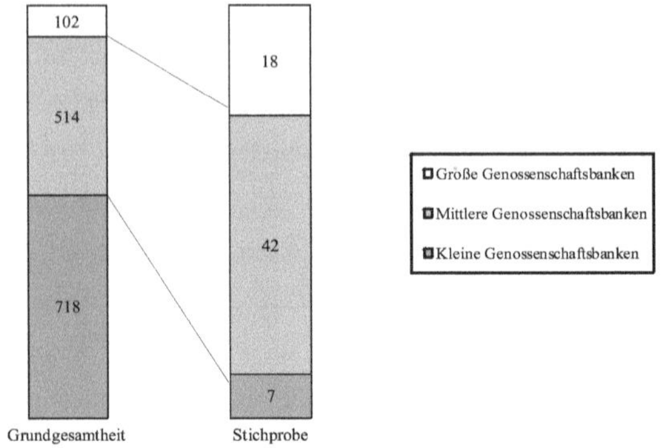

Quelle: Eigene Darstellung

Die geringe Anzahl an Instituten der kleinsten Größenklasse in Verbindung mit dem zeitlichen Horizont von vier Jahren bestätigt, dass kleine Genossenschaftsbanken sich im Vergleich mit den mittleren und großen Kreditinstituten mit dieser Problematik noch nicht so intensiv beschäftigt haben und die Zukunftsaussichten kritischer einstufen. So repräsentieren die sieben Institute lediglich 0,97 % aller kleinen Genossenschaftsbanken während diese Quote mit zunehmender Institutsgröße überproportional ansteigt. Die Teilnehmer mittlerer Größe und die großen Institute verkörpern 8,17 % und 17,65 % ihrer Schicht.

Abbildung 50: Vergleich Grundgesamtheit versus Teilnehmer der Verbriefungstransaktionen (kumulierte Bilanzsumme)

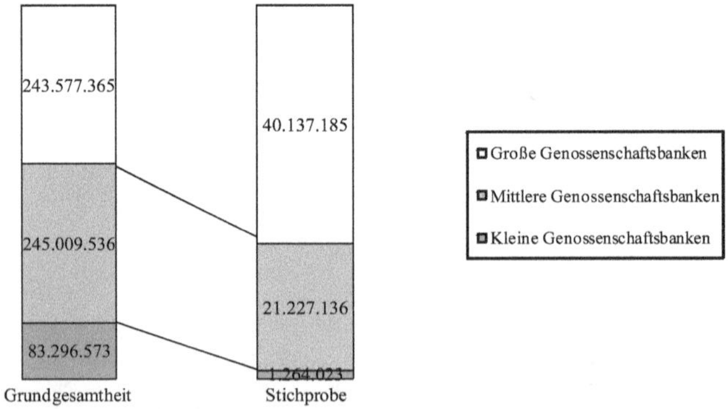

Quelle: Eigene Darstellung

Ein vergleichbares Bild zeigt die Analyse der jeweils kumulierten Bilanzsummen. So stellen die kleinen lediglich 1,52 %, die mittleren 8,66 % und die großen Kreditgenossenschaften 16,48 % der jeweiligen Schicht dar. Auffällig ist ebenfalls, dass es sich bei der kleinsten Teilnehmerbank mit einer Bilanzsumme von 101.323 TEUR um das 987.-größte genossenschaftliche Finanzinstitut handelt. Damit haben 346 noch kleinere Banken bisher an keiner vergleichbaren Transaktion teilgenommen.

Obwohl die Banken mit zunehmender Institutsgröße deutlich aktiver kapitalmarktorientierten Kreditrisikotransfer betreiben, ist es bei mittleren Kreditgenossenschaften nur cirka jedes 12. Institut und selbst bei den großen Banken nur rund jedes sechste Institut, das die vorhandenen Produkte nutzt. Eine Erkenntnis, die sich auch in den Fragebogenergebnissen widerspiegelt.

Abbildung 51: Welche Instrumente zum Kauf beziehungsweise Verkauf von Kreditrisiken haben Sie bisher angewandt beziehungsweise wenden Sie an? (Instrumente mit mind. zehn Nennungen)

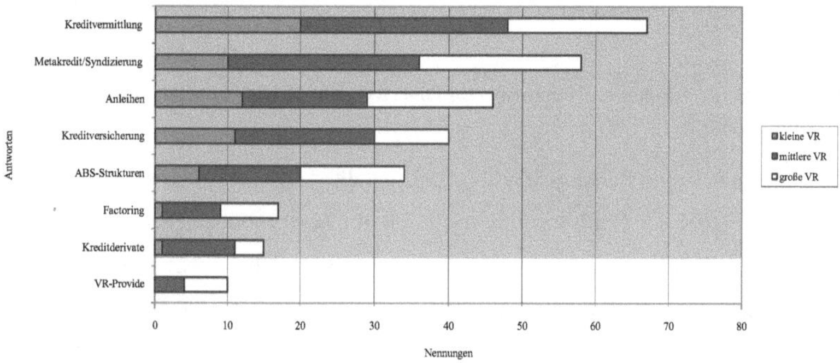

Quelle: Eigene Darstellung

So dominieren bei den Fragen, welche Instrumente zum Kauf beziehungsweise Verkauf von Kreditrisiken die Kreditgenossenschaften anwenden beziehungsweise bisher angewandt haben, eindeutig die traditionellen Produkte wie Kreditvermittlung oder Metakredit und Syndizierung. Kapitalmarktorientierte Produkte spielen eine nachgeordnete Bedeutung. Insbesondere die vergleichsweise jungen Instrumente wie Kreditderivate oder synthetische Verbriefungstransaktionen finden nur eine stark begrenzte Verbreitung. Auch hier zeigt sich, dass von kleinen Genossenschaftsbanken in letztgenanntem Produktspektrum lediglich in

Einzelfällen eine Nennung erfolgte. Mittlere und vor allem große Kreditgenossenschaften agieren aktiver (wenn auch in begrenztem Umfang) am Markt.

Sofern Kreditgenossenschaften Kapitalmarktinstrumente nutzen, vollziehen sie dies regelmäßig zuerst im Depot A. Somit können die Institute bei Produkten mit einfacher Struktur Erfahrungen sammeln.[614]

Zusammenfassend dargestellt lässt sich der Nutzungsgrad in einer **Hypothese** postulieren:

5. Kapitalmarktinstrumente finden im genossenschaftlichen Finanzverbund trotz des festgestellten vorhandenen Potenzials und der Anwendungsmöglichkeiten nur eine vergleichsweise geringe Verbreitung.

So ist auch nach mindestens vier Jahren Anwendungsmöglichkeiten bei allen Produkten eine Entwicklung mit Anstieg von Handelspartner und Volumina insbesondere im Vergleich mit der explosionsartigen Entwicklung des Kreditderivatemarktes nur stark begrenzt erkennbar.

4.4 Hemmnisse einer stärkeren Nutzung von Instrumenten zum Kreditrisikotransfer

Wie in der Potenzialanalyse herausgearbeitet, verfügen die deutschen Genossenschaftsbanken der Primärstufe sowohl auf Einzelinstituts- als auch auf Finanzverbundebene über enormes Potenzial für kapitalmarktorientierten Kreditrisikotransfer. Allerdings zeigt die Nutzungsanalyse, dass dieses Potenzial weitestgehend ungenutzt bleibt, obwohl sowohl das Interesse als auch die beigemessene Bedeutung als hoch beschrieben werden. Daher stellt sich die Frage, was eine noch stärkere Nutzung von Instrumenten zum Kreditrisikotransfer hemmt.

Im Rahmen einer Selbsteinschätzung wird von den Primärgenossenschaften nicht das Preis-Leistungs-Verhältnis oder der Mangel an Produkten als primäres Problem beschrieben. Vielmehr steht mangelnde Kenntnis im Mittelpunkt der Betrachtung. Die beiden zuvor genannten Hemmnisse landen hinter dem falschen Zeitpunkt auf den Plätzen drei und vier.

---

614 Vgl. Expertengespräche

Abbildung 52: Was sind aus Ihrer Sicht die Gründe, die eine intensivere Nutzung der Möglichkeiten beziehungsweise Instrumente zum Transfer von Kreditrisiken aktuell hemmen?

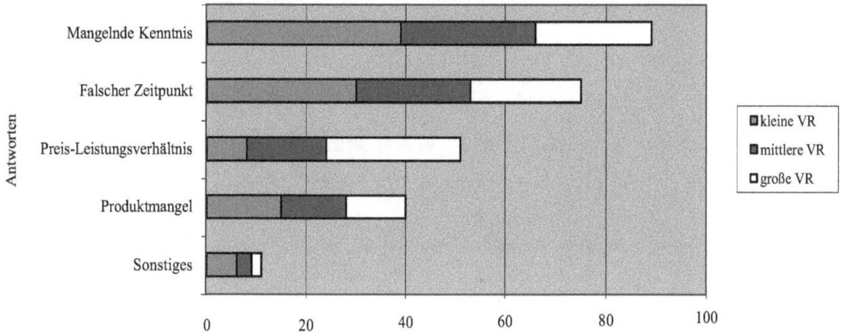

Quelle: Eigene Darstellung

Die beiden genannten Hemmnisse „Falscher Zeitpunkt" (auch als mangelnde Marktreife bezeichnet) und „Produktmangel" weichen in den drei Schichten unterschiedlicher Institutsgröße kaum vom jeweiligen arithmetischen Mittel ab. Lediglich die Probleme „Mangelnde Kenntnis" und „Preis-Leistungs-Verhältnis" zeigen eine jeweils enorme Streuung auf. Eine Differenzierung der Ergebnisse hinsichtlich der Institutsgrößen zeigt, dass die mangelnde Kenntnis mit steigender Bilanzsumme deutlich abnimmt. So stellt sie sowohl für die kleinen (39,80 %) als auch die mittleren Institute (32,93 %) die Hauptbarriere für den aktiveren Umgang mit Kreditrisikotransfer dar. Allerdings ist das Preis-Leistungs-Verhältnis für die großen mit 31,40 % das dominierende und für die kleinen Kreditgenossenschaften das geringste (8,16 %) Thema.

Entsprechend den Erkenntnissen aus der Fragebogenerhebung baut sich auch die nachfolgende Darstellung der Hemmnisse auf, wobei aus dem Bereich „Sonstiges" lediglich die technischen Barrieren erläutert werden.

4.4.1 Mangelnde Beurteilbarkeit der institutspezifischen Kreditrisikostruktur

Das durch die Teilnehmerinstitute selbstdefinierte Haupthemmnis, mangelnde Kenntnis, lässt sich im Rahmen einer vertieften Analyse der mangelnden Beurteilbarkeit der institutspezifischen Kreditrisikostruktur zuordnen. Darunter werden sowohl fachliche Defizite als auch mangelnde Kenntnis der Kreditrisiken aufgrund einer unzureichenden Quantifizierung des Kreditrisikos subsumiert.

4.4.1.1 Defizitäres Fachwissen

Defizitäres Fachwissen wird in nachfolgender Darstellung in fehlendes Spezialistenwissen vor dem Hintergrund der begrenzten Institutsgröße sowie genereller fachlicher Defizite untergliedert.

4.4.1.1.1 Engpassfaktor Institutsgröße

Die Ausprägung und die Qualität des Risikomanagements, im Speziellen des Kreditrisikomanagements, werden unter anderem von der Größe eines Institutes beeinflusst. Der Bankenmarkt in Deutschland besteht, wie auch andere Märkte, wie beispielsweise Österreich, zum größten Teil aus kleinen und mittleren Kreditinstituten in Form von Genossenschaftsbanken oder Sparkassen. Deren typisches Wesensmerkmal der Organisation (unter anderem Anzahl der Mitarbeiter, Kunden und Filialen) ist die Überschaubarkeit der Bank.[615]

Im Gegensatz zu Großbanken ist daher in genossenschaftlichen Primärinstituten eine weitgehende Arbeitsteilung nur stark limitiert möglich. Die einzelnen Stellenbeschreibungen beinhalten regelmäßig Tätigkeiten, für die es bei Großbanken eigene Abteilungen gibt. Die Ausbildung von Spezialistenfunktionen ist nur eingeschränkt umgesetzt. Generell, und insbesondere bei kleinen Kreditgenossenschaften, ist der betriebliche Erfolg von Regionalbanken stark durch die Persönlichkeit der Geschäftsleitungsmitglieder geprägt. Als Beispiel werden bei Kreditgenossenschaften mit einer Bilanzsumme unter 250 Millionen EUR oftmals nahezu alle Entscheidungen im risikorelevanten Kreditgeschäft durch die Vorstände getroffen. Durch diese starke Einbindung der obersten Führungsebene in das operative Geschäft werden strategische Fragen mitunter vernachlässigt.[616]

---

615 Vgl. Schmoll, A. (1999b), S. 70
616 Vgl. ebd., S. 70

Eine Analyse der quantitativen Ausgestaltung zeigt, dass Genossenschaftsbanken im Schnitt über drei (2,98) Vorstände verfügen. Während bei kleinen Instituten der Gesamtvorstand aus maximal drei Personen besteht, beträgt entsprechend der Tendenz „je größer desto mehr Vorstände" die Maximalanzahl bei großen Instituten fünf Personen. Durchschnittlich umfasst die Geschäftsleitungsebene bei kleinen 2,17, bei mittleren 2,68 und bei großen Kreditgenossenschaften 3,57 Personen.

Als Form der Bankorganisation dominiert (69,88 %) klar das klassische Organisationsmodell mit der Trennung zwischen Markt und Marktfolge. Dies ist ebenso wie die fast vollständige Eliminierung (1,20 %) der Trennung nach Aktiv- und Passivgeschäft durch aufsichtsrechtliche Pflichten wie MaK beziehungsweise MaRisk forciert. Die Markt-/Marktfolgetrennung ist zwar auch bei mittleren und großen Kreditgenossenschaften mit 58,06 % und 56,52 % herrschend, dominiert jedoch mit 93,10 % die Organisationsform von kleinen Instituten.

Allerdings scheint das zukunftsgerichtete Organisationsmodell Vertrieb, Produktion und Steuerung[617] bei genossenschaftlichen Instituten über 250 Millionen Bilanzsumme auf dem Vormarsch. Dies haben rund 40 % der mittleren und großen Genossenschaftsbanken als die für sie beste Organisationsform definiert. Mit diesem in den letzten Jahren im genossenschaftlichen Verbund an Verbreitung gewinnenden Modell erfährt das Thema der Gesamtbanksteuerung und damit auch die Adressrisikosteuerung durch die eigenständige Steuerungs-Säule zumindest perspektivisch eine größere Bedeutung.

[617] Vgl. Weinkauf, W. (2005), S. 1177

Abbildung 53: Organisatorische Ansiedelung der Adressrisikosteuerung auf Portfolioebene

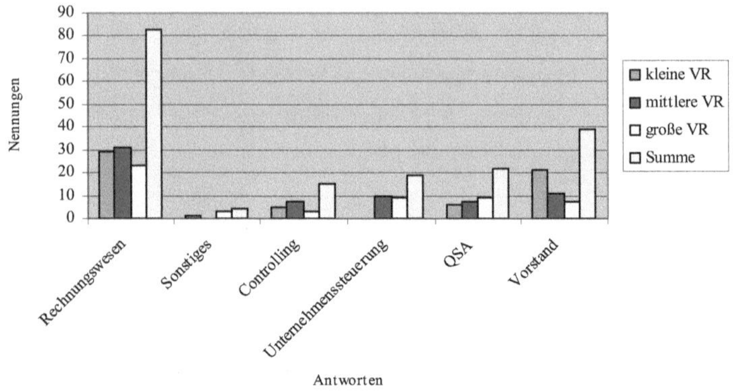

Quelle: Eigene Darstellung

Hinsichtlich der aktuellen organisatorischen Ansiedelung der Adressrisikosteuerung auf Portfolioebene ist eine klare Tendenz zur Ansiedlung beim Rechnungswesen erkennbar. Insgesamt haben sich (im arithmetischen Mittel) mit deutlichem Abstand fast die Hälfte (45,60 %) aller Banken, nahezu losgelöst von der Institutsgröße, für diese Organisationsform entschieden. Mit 21,43 % an Nennungen nimmt die Ausübung der Adressrisikoverantwortung der Vorstand wahr. Hier zeigen sich deutliche Unterschiede zwischen den drei Schichten kleine, mittlere und große Institute mit 33,87 %, 16,67 % und 12,96 %. Damit wird bestätigt, dass sich mit steigender Institutsgröße die Vorstände auch mehr aus dem operativen Geschäft lösen.

Etwa jedes achte Kreditinstitut hat sich für die Zuordnung der Adressrisikosteuerung sowohl auf Einzelengagement- als auch auf Portfolioebene zur Qualitätssicherung Aktiv[618] entschieden. Damit nehmen mehr Banken diese organisatorische Ansiedelung in Anspruch als eine Verzahnung mit dem Controlling oder insbesondere die zu erwartende und vor dem Hintergrund der theoretischen Organisationslehre sinnvolle Ansiedelung im Bereich der Unternehmenssteuerung. Für letztgenannte Organisationseinheit hat sich insgesamt nur rund jedes zehnte Institut entschieden. Bei einer Differenzierung nach Schichten haben sich immerhin 16,67 % (zweithäufigste Nennung) der großen und 15,15 % der mittleren Kredit-

[618] Diese wird in Kreditgenossenschaften unter anderem auch als Marktfolge Aktiv, Marktfolge Kredit, Marktunterstützung Aktiv oder Qualitätssicherung Risiken bezeichnet.

genossenschaften für die Unternehmenssteuerung entschieden. Für letztgenannten Bereich gab es keine einzige Nennung eines kleinen Institutes.

Daraus ist ersichtlich, dass auch innerhalb des genossenschaftlichen Finanzverbundes, losgelöst von Vergleichen mit Großbanken, mit zunehmender Institutsgröße Spezialistenfunktionen ausgebildet werden. Die Praxiserfahrung, dass Volks- und Raiffeisenbanken oftmals nicht über eine eigenständige Gesamtbanksteuerungsabteilung verfügen, bestätigt die Fragebogenergebnisse.

Aus den gewonnenen empirischen Befunden lässt sich folgende **Hypothese** ableiten:

6. Aufgrund ihrer jeweiligen Institutsgröße und damit verbundenen Organisationsstruktur verfügen Genossenschaftsbanken nur über begrenzte Ressourcen, was die Teilnahme am kapitalmarktorientierten Kreditrisikotransfer hemmt.

4.4.1.1.2 Fachliche Defizite

Darüber hinaus haftet dem Kreditrisikomanagement der Genossenschaftsbanken regelmäßig der Mangel des „Risikomanagement durch Improvisation“ an. Dies drückt sich in einer inkonsequenten und oftmals unsystematischen Vorgehensweise aus, in der vorhandenes Informationspotenzial nur unzureichend genutzt wird. Kreditüberwachung und -kontrolle werden regelmäßig als „notwendiges Übel“, kapitalmarktbasierte Instrumente zum Kreditrisikotransfer als „Teufelszeug“ und nicht als Beitrag zur Ertragssteigerung beziehungsweise Optimierung der Rendite-Risiko-Struktur verstanden.[619]

Neben der mangelnden Ausgestaltung von Spezialistenfunktionen aufgrund des Engpassfaktors Institutsgröße zeigen sich im Rahmen der Fragebogenerhebung auch Auffälligkeiten, die sich unter der Begrifflichkeit „fachliche Defizite“ subsumieren lassen.

Im Rahmen der Selbsteinschätzung, in welchen Bereichen das jeweilige Haus über detaillierte Fachkenntnisse verfügt, dominieren die zur Kernkompetenz einer jeden Bank gehörenden

[619] Vgl. Schmoll, A. (1999b), S. 70-71

Kenntnisse des traditionellen Kreditgeschäftes „Beurteilung von Kreditrisiken auf Einzelengagementebene“ mit 20,35 % und „Wertermittlung von Sicherheiten“ mit 19,35 %.

Abbildung 54: In welchen der nachfolgend genannten Bereiche verfügt Ihr Haus über detaillierte Fachkenntnisse?

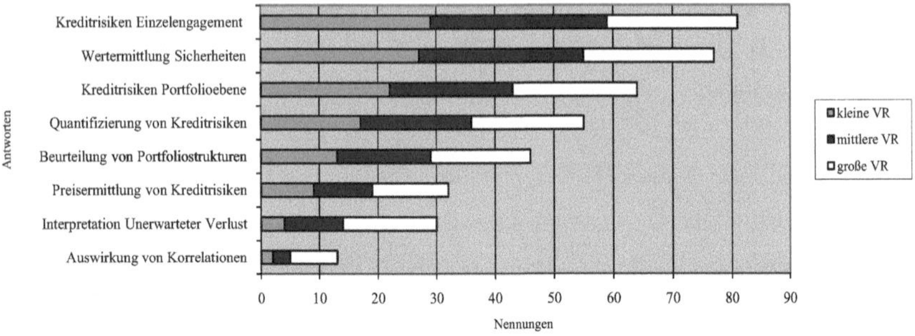

Quelle: Eigene Darstellung

Komplexere Themenstellungen und zur eigenständigen Durchführung von kapitalmarktorientiertem Kreditrisikotransfer zwingend notwendige Kenntnisse in den Bereichen Preisermittlung von Kreditrisiken (8,04 %), Interpretation des Unerwarteten Verlustes (7,54 %) oder Beurteilung der Auswirkungen von Korrelationen (3,27 %) nehmen dabei die hinteren Plätze ein. Auch hier zeigen sich zwar die leicht ausgeprägteren Fachkenntnisse der größeren Banken hinsichtlich der beiden letztgenannten Bereiche. Allerdings unterstellt sich selbst – wenngleich bei einem Maximalwert von beispielsweise 11,59 % bei der CVaR-Interpretation – nur rund jedes neunte große Institut detaillierte Kenntnisse.

So ist insgesamt gesehen das Fachwissen vergleichsweise schwach ausgeprägt, was auch dazu führt, dass die Banken über keine ausreichende Transparenz über die dem Portfolio inhärenten Kreditrisiken verfügen. Somit konnte sich auch kein ausreichender Leidensdruck mit wahrzunehmendem Handlungsbedarf entwickeln. Dies passt auch zu der Tatsache, dass nur sehr wenige Häuser bisher aktiv Kreditrisikotransfer betrieben haben.

Aufgrund des nur gering ausgeprägten Wissens hinsichtlich Quantifizierung von Kreditrisiken, der Beurteilung von Portfoliostrukturen sowie der Preisermittlung von Kreditrisiken haben die Banken auch keine Möglichkeit, den Preis und die Struktur von

Produkten zum Transfer von Kreditrisiken zu beurteilen. Dies wird umso schlüssiger, wenn man sich vor Augen führt, dass ein unbefriedigendes Preis-Leistungs-Verhältnis nicht als dominierendes Hemmnis angesehen wird.

Ein weiteres Indiz für fachliche Defizite ist die Art der Gesamtbanksteuerung, die Genossenschaftsbanken betreiben. Insgesamt ist festzustellen, dass eine Steuerung ohne Kennzahlen oder auf Basis nur traditioneller Kennzahlen mit insgesamt über ¾ aller Nennungen deren Adressrisikosteuerung prägt.

Abbildung 55: Mit welcher Kennzahl steuern Sie im Kreditrisikomanagement den Erfolg Ihrer Optimierungsbemühungen hinsichtlich Rendite-Risiko-Struktur?

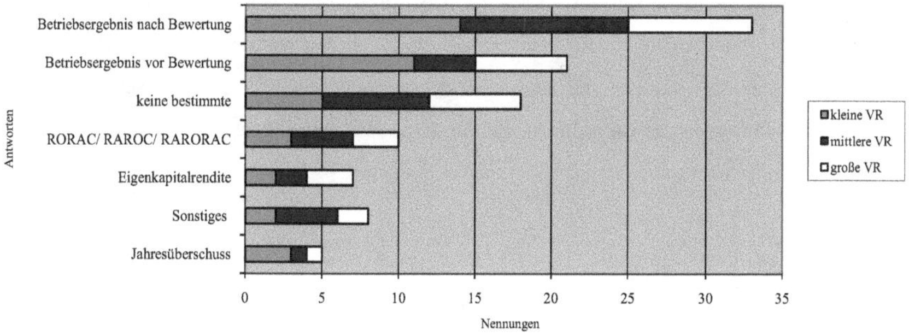

Quelle: Eigene Darstellung

So betreiben insgesamt bald 20 % der Banken aller Institutsgrößen Kreditrisikomanagement ohne Kennzahlorientierung. Sofern Kennzahlen Anwendung finden, sind dies mit klarem Abstand traditionelle wie das Betriebsergebnis vor und nach Bewertung mit insgesamt über 50 % der Nennungen. Institute über 250 Millionen EUR Bilanzsumme steuern weniger kennzahlenorientiert, als es kleine Banken, mit dem Fokus auf Steuerung nach Betriebsergebnis vor und nach Bewertung (62,50 %), tun. Risikoorientierte Kennzahlen wie beispielsweise RORAC finden in weniger als 10 % aller Fälle Anwendung und werden selbst von großen Instituten nur marginal mehr genutzt.

Ein ähnliches Bild wie die Fragebogenergebnisse zeichnen die Erkenntnisse aus den Expertengesprächen. Auch dort wird die mangelnde Fachkenntnis in Form von mangelnder personeller Qualifikation als auch von inhaltlichen Defiziten als Haupthemmnis genannt. Dabei werden die Kritikpunkte nicht nur auf die bankinternen Defizite wie geringe Kenntnis von neuen Finanzinstrumenten bezogen. Sie umfassen auch die aus ihrer Sicht unzureichende Qualifikation der Verbandsprüfer der einzelnen Genossenschaftsverbände im Rahmen der gesetzlichen Prüfung. Die dort erwartete Hilfestellung bei Bilanzierungs- und Bearbeitungsfragen kann regelmäßig nicht erbracht werden. Darüber hinaus verfügen nur sehr wenige Prüfungsverbände über entsprechende Spezialisten für Gesamtbanksteuerung in ihren Reihen. In Verbindung mit einer schnellen Evolution dieses komplexen Themengebietes wird dabei ohne Ausbildung von Spezialistenfunktionen der inhaltliche Engpass auch prüfungsseitig manifestiert.[620]

Ebenso fehlt die Erkenntnis in den Einzelinstituten, dass es sich bei dem zur Verfügung stehenden Eigenkapital nicht nur um einen Risikopuffer oder um ein Mitgliederbindungskonzept handelt, sondern dass es Instituten auch die Möglichkeit bietet, freie Eigenmittel als Ausgangsbasis für weitere Geschäfte zu verwenden. Vereinfacht dargestellt und über den Solvabilitätskoeffizienten dokumentiert, verfügen die Genossenschaftsbanken über die notwendige Eigenkapitalbasis für neue, zusätzliche Geschäfte zur Optimierung der Rendite-Risiko-Struktur.[621]

Darüber hinaus bestätigen die in den Interviews gewonnenen Eindrücke, dass es im genossenschaftlichen Finanzverbund weit verbreitete Vorbehalte gegen den Einsatz von Derivaten gibt. Dies geht teilweise soweit, dass in Anlehnung an Warren Buffets Ausspruch „Derivate sind finanzielle Massenvernichtungswaffen“[622] die Instrumente des kapitalmarktorientierten Kreditrisikotransfers als „Teufelszeug“ bezeichnet werden.[623]

Somit lässt sich folgende **Hypothese** formulieren:

7. Die Durchführung von aktivem Kreditrisikomanagement mittels Kapitalmarktprodukten wird im genossenschaftlichen Finanzverbund durch fachliche Defizite der Primärinstitute begrenzt.

---

620 Vgl. Expertengespräche
621 Vgl. Expertengespräche
622 Vgl. Dülfer, C. (2003), S. B04
623 Vgl. Expertengespräche

4.4.1.2 Mangelnde Transparenz des Kreditrisikoportfolios

Generell kann in den genossenschaftlichen Instituten der Primärstufe die Datenqualität als stark verbesserungsbedürftig beschrieben werden. Dies spiegelt sich in fehlerhaften Verschlüsselungen bei Sicherheiten und Kreditnehmereinheiten sowie bei Branchenzuordnungen wider. Teilweise zeigt sich diese Problematik sogar bei Analysen von Adressdaten.[624]

Eine solche Datenqualität führt nicht nur zu einem enormen manuellen Pflegeaufwand. Vielmehr behindert sie die Ermittlung der Erwarteten und Unerwarteten Verluste als Basis für das Management von Kreditrisiken und schränkt daher auch die Qualität von Analysen und Handlungsempfehlungen mit Blick auf die Gesamtbanksteuerung stark ein.

Als Grund für eine mangelnde Kenntnis der Kreditrisiken stellt die Datenqualität aber lediglich einen Baustein dar. Eine Betrachtung lässt die weiteren Mängel einer unzureichenden Quantifizierung des Kreditrisikos sowohl in Erwarteten Verlust als auch Unerwarteten Verlust untergliedern.

4.4.1.2.1 Erwarteter Verlust

Die genossenschaftlichen Banken der Primärstufe in Deutschland weisen nach wie vor keine ausgeprägte Ratingkultur auf. So verfügen noch immer 44,44 % der teilnehmenden Banken trotz maschineller Bonifizierungsmöglichkeiten über eine Risikoklassifizierungsquote, definiert als ein Anteil an maximal 15 Monate alten Bonitierungen, von unter 90 % des Kundenkreditvolumens. Interessanterweise hat die Institutsgröße dabei keine nennenswerten Auswirkungen auf den Anteil an bonifizierten Forderungen. Die großen Institute weisen im Vergleich mit den kleinen (29,63 %) zwar den höchsten Anteil (47,83 %) an risikoklassifiziertem Volumen über 95 % des Kundenkreditvolumens auf, verfügen aber auch mit 30,43 % gleichzeitig über den größten Anteil an weniger als 80 % bonifiziertem Volumen gegenüber 11,11 % der kleinen Banken.

[624] Vgl. Expertengespräche

Abbildung 56: Wie hoch ist Ihre Risikoklassifizierungsquote, das heißt, wieviel Prozent des Kundenkreditvolumens besitzen eine Bonitätseinstufung (Scoring, Rating, etc.), die maximal 15 Monate alt ist?

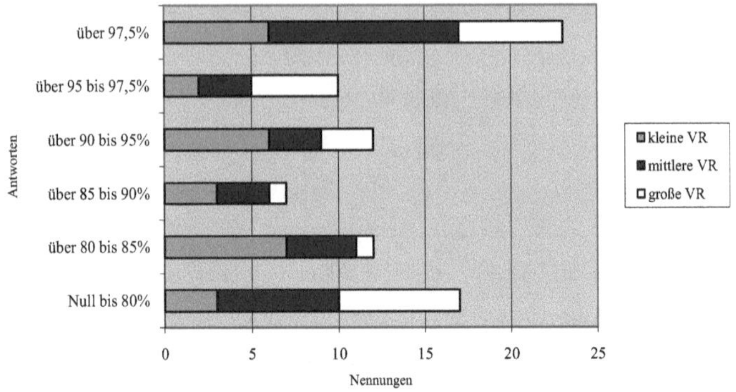

Quelle: Eigene Darstellung

Darüber hinaus ist festzustellen, dass trotz der Existenz eines verbundeinheitlichen Risikoklassifizierungssystems ein bundesweit genutztes, einheitliches Verfahren nicht im Praxiseinsatz ist. So nutzen nicht alle Genossenschaftsbanken das VR-Rating und diejenigen, die es nutzen, setzen nicht alle Ratingmodule ein.

Dies zum einen, weil noch nicht alle Module wie beispielsweise Landwirtschaft oder Bauträger erarbeitet und technisch zur Verfügung gestellt wurden. Zum anderen, weil die bereits anwendbaren Module aus unterschiedlichsten Gründen wie nicht vorhandenes Kundenklientel oder Verzicht auf Ratingaufwand wegen Nichterkennung des betriebswirtschaftlichen Mehrwerts von den Einzelinstituten nach wie vor nicht genutzt werden. Trotz dieser noch nicht vollumfänglichen Umsetzung des VR-Ratings wäre es auch bisher allen genossenschaftlichen Primärbanken durch die Nutzung des BVR-I-Ratings möglich gewesen, einen besseren Bonifizierungsgrad zu erreichen.

Allerdings ist die Nutzungsquote bezogen auf das VR-Rating sehr hoch: So setzen lediglich 9,21 %, darunter fast ausschließlich kleine Institute, der teilnehmenden Banken noch überhaupt kein VR-Rating ein. Hinsichtlich der Verbreitung der einzelnen Ratingmodule zeigt sich zum Zeitpunkt der Datenerhebung ein differenziertes Bild analog der zeitlichen Reihenfolge der Implementierung. So haben die zuerst eingeführten Module Mittelstand und Oberer Mittelstand die größte Verbreitung direkt gefolgt von den auch zeitlich nachgelagerten

Modulen Gewerbekunden/Freiberufler und Not-for-Profit-Organisationen. Das Modul für die letztgenannte Zielgruppe bezieht sich auf ein Kundenklientel, das sich nicht im Portfolio jeder Genossenschaftsbank befindet und daher auch nur einer geringen Nutzung unterliegt.

Das seinerzeit in der Implementierung befindliche Ratingmodul Privatkunden hat zum Zeitpunkt der Fragebogenerhebung nur eine untergeordnete Ausbreitung erfahren. Lediglich 1,21 % aller teilnehmenden Kreditgenossenschaften hatten dieses Modul für das nach Anzahl mit Abstand größte Kundenklientel einer Genossenschaftsbank bereits im Einsatz. Mittlerweile findet dieses Ratingmodul deutlich weitere Verbreitung.[625]

Abbildung 57: Welche Module aus dem VR-Rating setzen Sie aktuell bereits ein?

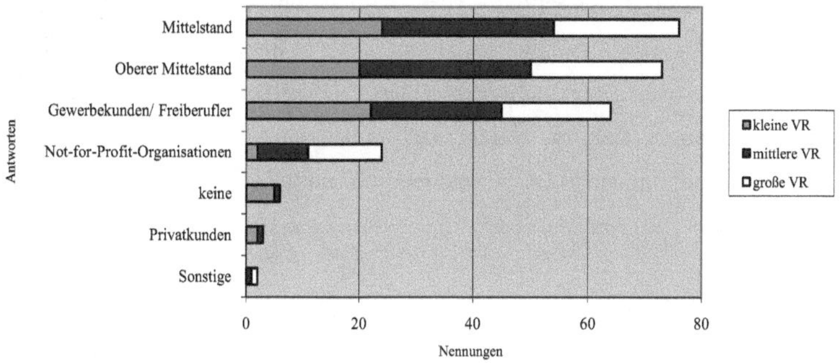

Quelle: Eigene Darstellung

Die ersten Module des VR-Ratings stehen bereits seit 2002 den Volks- und Raiffeisenbanken zur Verfügung und auch das Modul der Gewerbekunden/Freiberufler ist seit 2004 in den Banken einsatzbereit. Dies zeigt, dass es einen Zeitraum von rund 24 Monaten nach bundesweitem Startschuss benötigt, bis nahezu alle Kreditgenossenschaften das jeweilige Modul, sofern sie entsprechende Kunden haben, anwenden. Eine Erfahrung, die auch den Expertengesprächen zu entnehmen ist.

Darüber hinaus ist auch bei den Instituten, die alle anwendbaren Ratingmodule im Einsatz haben, bislang keine Vergleichbarkeit gegeben, da das Engagementvolumen, ab dem geratet wird, sehr unterschiedlich ist. Eine unterschiedliche Nutzung der Override-Möglichkeiten ist ebenfalls gegeben.

[625] Vgl. Expertengespräche

Das VR-Rating findet erst ab einem Mindestengagementvolumen bei Genossenschaftsbanken seinen Einsatz. Lediglich 3,95 % (ausschließlich kleine Institute) wenden das neue Ratingverfahren ab Null EUR und weitere 9,21 % ab maximal 50 TEUR an. Bei fast 2/3 aller teilnehmenden Banken wird es erst ab einem Engagementvolumen von über 100 TEUR eingesetzt. Im gewichteten Durchschnitt liegt die Untergrenze im Segment über 100 bis 200 TEUR und beträgt in 39,47 % der teilnehmenden Banken mindestens 200 TEUR. Dabei raten kleine Institute ab einem niedrigeren Volumen als große und vor allem mittlere Institute.

Eine Untergliederung der Risikoklassifizierungsquote zeigt, dass mehr als 54 % der Kreditgenossenschaften maximal 20 % und mehr als 85 % maximal 40 % des Kundenkreditvolumens mit dem VR-Rating risikoklassifiziert haben. Das heißt, die Voraussetzungen für die Nutzung einer Standardisierung bei der Risikoquantifizierung sind aktuell nicht gegeben. Dies liegt darin begründet, dass sowohl einige Module des VR-Ratings noch nicht im Einsatz sind, als auch die Mindestengagementhöhe stark unterschiedlich und insgesamt nach wie vor zu hoch ist. Bei kleinen Banken beträgt selbst bei einzelnen Instituten die VR-Risikoklassifizierungsquote maximal 60 %, während bei mittleren und großen Instituten in Einzelfällen bis über 90 % des Kundenkreditvolumens risikoklassifiziert sind.

In den Fällen, in denen das VR-Rating angewandt wird, erfolgt entweder keine (7,89 %) oder nur eine geringe (72,37 %) Nutzung (bis zu 5 %) der Override-Möglichkeiten. Im Umkehrschluss erfolgt bei rund einem Fünftel der Teilnehmer die Nutzung des Overrides in 5 bis 10 % aller Fälle. Durch die Nutzung von Override-Möglichkeiten wird das maschinell ermittelte Ratingergebnis manuell verzerrt.

Losgelöst von der bankindividuellen Anwendung der Ratingmodule ist festzustellen, dass sich das VR-Rating sowohl innerhalb des genossenschaftlichen Finanzverbundes als auch gegenüber dem Kapitalmarkt noch erheblich Vertrauen und Reputation erarbeiten muss. Die Gründe liegen in der geringen Historie, dem bei jungen Produkten grundsätzlich vorhandenen Nachjustierungsbedarf und den vermeintlich übergewichteten weichen Faktoren einzelner Ratingmodule wie beispielsweise des Moduls Gewerbekunden/Freiberufler.[626]

Zusammenfassend bleibt festzuhalten, dass das VR-Rating von fast allen Banken genutzt wird. Allerdings finden nicht alle Module Anwendung, eine einheitliche Mindestengagement-

[626] Vgl. Expertengespräche

höhe ist nicht existent und damit einhergehend ist der Anteil des durch VR-Rating insgesamt risikoklassifizierten Kundenkreditvolumens sehr gering. Somit verfügt der genossenschaftliche Finanzverbund weder über einen einheitlichen Ratingstandard noch über eine ausreichende Transparenz hinsichtlich des Erwarteten Verlusts.

Nachfolgende **Hypothesen** stellen die begrenzende Wirkung des Risikoklassifizierungsverfahrens heraus:

8. Der genossenschaftliche Finanzverbund und seine einzelnen Institute verfügen noch nicht über eine ausreichende Transparenz hinsichtlich ihrer Kreditrisikoportfolien und des Erwarteten Verlustes.
9. Aufgrund der nur eingeschränkt vorhandenen Existenz eines bundesweit einheitlich angewandten Risikoklassifizierungsverfahrens mangelt es Genossenschaftsbanken an einer durchgängigen Grundvoraussetzung zur Teilnahme am Kreditrisikotransfer.
10. Durch die Nichtexistenz eines genossenschaftseinheitlichen Ratingstandards und die existierenden Gestaltungsspielräume bei der Risikoklassifizierung genießt das VR-Rating sowohl verbundintern als auch -extern nur begrenztes Vertrauen.

4.4.1.2.2 Unerwarteter Verlust

Da bei der Ermittlung des Unerwarteten Verlustes auf Ergebnisse der Quantifizierung des Erwarteten Verlusts nach VR-Control und damit auf das VR-Rating zurückgegriffen wird, kann eine Transparenz hinsichtlich des CVaR ebenso nicht flächendeckend vorhanden sein. Dies wird durch die Ergebnisse der Fragebogenerhebung nochmals unterstrichen. So ist die Nutzung der CVaR-Quantifizierung sehr schwach ausgeprägt. 39,51 % der Institute verfügen über keine diesbezüglichen Erkenntnisse. In 18,52 % der Fälle erfolgt die Quantifizierung ohne einen genossenschaftlichen Standard, sondern in der Regel im Rahmen einer Einmalaktion mit einer selbst angepassten Excel-Version auf Basis des VR-CreditPortfolioManagers.[627] Letztgenannter wird lediglich von 41,98 % der Banken genutzt.

[627] Vgl. Hilgert, H./Hillmer, M. (2005), S. 623. Diese fand im Zuge der Akquisitionsbemühungen bei der VR Circle durch die DZ Bank Anwendung.

Abbildung 58: Mit welchem Instrument quantifizieren Sie den Unerwarteten Verlust (CVaR)?

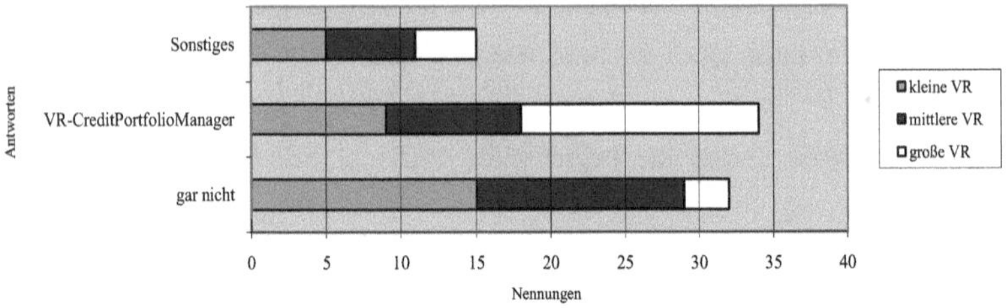

Quelle: Eigene Darstellung

Eine feinere Differenzierung zeigt, dass rund 70 % der großen Institute das genossenschaftliche Standardprodukt nutzen. Bei kleinen und mittleren Instituten bleibt der Nutzungsgrad mit jeweils 31,03 % aber deutlich dahinter zurück. Dabei verfügen fast die Hälfte der mittleren und mehr als die Hälfte der kleinen Institute über keinerlei Kenntnisse hinsichtlich ihres Unerwarteten Verlustes. Dies ist bei lediglich 13,04 % der großen Kreditgenossenschaften der Fall.

Bei den Instituten, die ihren CVaR bereits über den VR-CreditPortfolioManager quantifizieren, erfolgt dies erst seit wenigen Jahren. So nutzen knapp 50 % das Programm erst seit maximal einem Jahr und über 96 % seit maximal zwei Jahren. Während große Institute seit einem kürzeren Zeitraum über dieses Quantifizierungsinstrument verfügen, kennen Institute bis zu einer Bilanzsumme von 1 Milliarde EUR im Schnitt schon geringfügig länger ihren Unerwarteten Verlust.

Da es sich insgesamt über einen vergleichsweise geringen Zeitraum handelt, mangelt es den Banken noch an Gefühl und Erfahrung für den CVaR.[628] Darüber hinaus hatten die Banken keine Zeit, um bereits Steuerungsimpulse abgeleitet beziehungsweise umgesetzt zu haben. Migrationsmatrizen sowie Historien konnten ebenfalls noch nicht gebildet werden.[629]

Ebenso wird neben der geringen Historie die Aussagefähigkeit des VR-CreditPortfolioManagers auch durch die vergleichsweise geringe Risikoklassifizierungsquote

[628] Vgl. Expertengespräche
[629] Vgl. o. V. (2006g), S. 53

mittels VR-Rating sowie der bisherigen Nichtintegration der Privatkunden signifikant beeinträchtigt.

Zusammenfassend postuliert folgende **Hypothese**:

11. Der genossenschaftliche Finanzverbund und seine einzelnen Institute verfügen noch nicht über eine ausreichende Transparenz hinsichtlich des Unerwarteten Verlustes und somit hinsichtlich ihrer Kreditrisikoportfolien.

4.4.2 Mangelnde Marktreife

Wie vorne dargestellt, verfügen die Genossenschaftsbanken der Primärstufe noch nicht über die vollumfänglichen Möglichkeiten zur Quantifizierung ihrer Kreditrisiken. So stehen noch nicht alle Module des VR-Ratings zur Verfügung und somit auch noch nicht die ausreichenden Möglichkeiten zur Ermittlung des Unerwarteten Verlustes über den VR-CreditPortfolioManager. Letztgenannter baut auf dem neuen Ratingverfahren auf. Diese noch nicht vorliegenden Voraussetzungen deuten in Verbindung mit dem vorhandenen Potenzial im genossenschaftlichen Finanzverbund darauf hin, dass der Markt für kapitalmarktorientierten Kreditrisikotransfer noch nicht die notwendige Reife aufweist.

Obwohl die Zukunftsaussichten im genossenschaftlichen Sektor mit einem nach Bilanzsumme gewichteten arithmetischen Mittel von 2,09 positiv gesehen werden, beschäftigen sich die einzelnen Institute aktuell deutlich weniger stark mit dieser Thematik. Diese Einschätzung wird durch die Fragebogenerhebung bestätigt. Darin belegen die Genossenschaftsbanken, dass sie sich im Durchschnitt mit einem gewichteten arithmetischen Mittel von 3,00 (von sehr intensiv = 1 bis sehr gering = 5) nur mittelmäßig mit dem Kreditrisikotransfer beschäftigen.

Die Beschäftigungsintensität hängt dabei sehr stark von der Institutsgröße ab. So beschäftigen sich große Kreditgenossenschaften intensiver (2,52) mit Kreditrisikotransfer als mittlere Institute (3,03), während sich die kleinen zum jetzigen Zeitpunkt weitgehend uninteressiert (4,31) zeigen. Innerhalb der jeweiligen Schicht beschäftigen sich die Institute bis zu einer Bilanzsumme von 250 Millionen EUR zu knapp 80 % momentan nur gering bis sehr gering mit Kreditrisikotransfer. Dahingegen bestätigen bei den Primärbanken mit einer Bilanzsumme über 1 Milliarde EUR mehr als die Hälfte eine hohe Beschäftigungsintensität.

Abbildung 59: Wie intensiv beschäftigen Sie sich aktuell mit dem Transfer von Kreditrisiken?

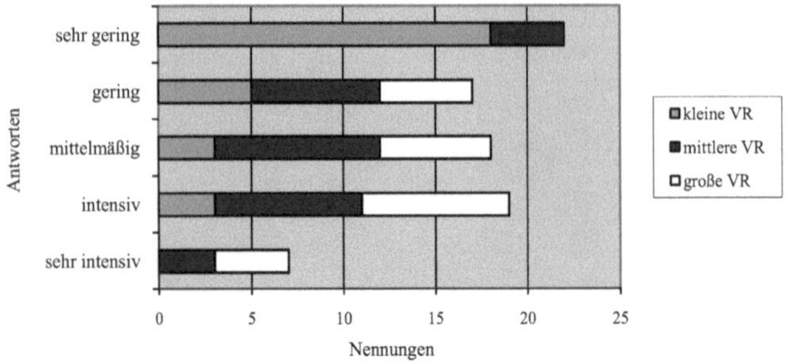

Quelle: Eigene Darstellung

Zusammengefasst belegt der Anteil von lediglich 31,32 % aller Genossenschaftsbanken, die sich intensiv oder sehr intensiv damit beschäftigen, dass die Marktteilnehmer noch nicht über den notwendigen Evolutionsstand verfügen beziehungsweise noch nicht der richtige Zeitpunkt vorhanden ist. Die Gründe hierfür liegen in der starken Involvierung der Vorstände kleinerer Institute in operative Tätigkeiten. Darüber hinaus ist die Bündelung der stark begrenzten personellen Ressourcen für aufsichtsrechtliche Umsetzungen wie MaK beziehungsweise MaRisk, Änderungen von § 18 KWG und die Begleitung der Verbandsprüfer im Rahmen gesetzlicher Prüfungen ursächlich.[630]

Neben diesen vorgenannten höher priorisierten Themengebieten rückte spätestens mit der Einführung des VR-Finanzplanes im Jahr 2003 das Thema Vertrieb mit hauptsächlichem Fokus auf das Privatkundengeschäft ins Zentrum des Handelns von Kreditgenossenschaften.[631] Nachdem in Folge der teilweise erratischen Kreditausfälle das Geschäft mit gewerblichen Kunden auf Grund des Risikopotenzials des Aktivgeschäftes in den letzten Jahren tendenziell vernachlässigt wurde,[632] bestimmen seit 2006 wieder Maßnahmen zur Aktivierung des Firmenkundengeschäftes das Marktgeschehen.

[630] Vgl. Expertengespräche
[631] Vgl. Kern, M./Seiler, A. (2007), S. 50
[632] Vgl. Kern, M./Lange, T. A. (2005), S. 41

Hierbei soll nunmehr neben dem Aktivgeschäft auch verstärkte Aufmerksamkeit auf die Vermögensanlagen, Vorsorgelösungen der Firmen und Firmeninhaber gerichtet werden. Um die Marktbearbeitung in diesem Segment zielgerichtet vorzunehmen, werden von vielen Primärbanken explizite Betreuungskonzepte für das Firmenkundensegment ausgearbeitet und mittels Instrumenten wie VR-Finanzplan Mittelstand in die Umsetzung gebracht.[633]

Daraus lässt sich folgende **Hypothese** ableiten:

12. Aufgrund eines mangelnden Evolutionsstandes der Genossenschaftsbanken und der Priorisierung anderer Themengebiete wie Umsetzung aufsichtsrechtlicher Vorgaben oder Aktivierung des Vertriebes verfügt der Markt für kapitalmarktorientierten Kreditrisikotransfer im Genossenschaftssektor noch nicht über die notwendige Reife.

Ein weiterer Aspekt, der die Marktreife negativ beeinflusst, ist die Differenz in der zeitlichen Wirkung der Kapitalmarktprodukte. So muss ein vermeintlich in der Zukunft liegender Verlust vergleichbar dem Versicherungsprinzip bereits heute über eine Optionsprämie abgesichert werden. Während Letztgenannte das Jahresergebnis direkt negativ beeinflusst, würde ein Kreditausfall (wenn überhaupt) erst in mehreren Jahren in der Gewinn- und Verlustrechnung wirksam werden. Dies führt bei der ein oder anderen Führungskraft mit traditionellem Kreditrisikoverständnis zu Akzeptanzproblemen.[634]

4.4.3 Unzureichendes Preis-Leistungs-Verhältnis

Wie oben dargestellt, wird das Preis-Leistungs-Verhältnis im Rahmen der Fragebogenerhebung aktuell von den wenigsten Banken als Problem dargestellt. Dies liegt darin begründet, dass die meisten Institute noch keine Praxiserfahrung gesammelt haben und daher auch keine Beurteilung abgeben können, ob der Preis „gut“ oder „schlecht“ ist. In Verbindung mit dem geringen Maß an Beschäftigung mit Kreditrisikotransfer manifestieren sich die nicht vorhandenen Transaktionserfahrungen im nicht vorhandenen Gespür für den notwendigen Preis.

[633] Vgl. Kern, M./Seiler, A. (2007), S. 50
[634] Vgl. Expertengespräche

Neben der unzureichenden Erfahrung trägt die oben beschriebene mangelnde Fachkenntnis ebenfalls dazu bei, dass vielen Kreditgenossenschaften die Fähigkeit fehlt, das Preis-Leistungs-Verhältnis zu beurteilen. Insbesondere die Prozesse und Besonderheiten des Kapitalmarktes und der Umgang mit oftmals ausländischen Investoren sind für nahezu alle genossenschaftlichen Institute ungewohntes Terrain.

Gerade eine prozessuale Beleuchtung der Transaktionen zeigt, dass durch diverse Notwendigkeiten wie die Einrichtung eines NPP sowie konzeptionelle Tätigkeiten hoher manueller Bearbeitungsaufwand entsteht.[635] Darüber hinaus weisen vergleichsweise geringe Poolgrößen sowie die kostenintensive Nutzung der KfW-Plattformen darauf hin, dass weitere Aspekte negativ auf das Preis-Leistungs-Verhältnis wirken.

Grundsätzlich ist festzustellen, dass ein unbefriedigendes Verhältnis von Leistung zu Preis dann nicht als größeres Problem angesehen wird, solange entsprechende Kenntnisse nicht vorhanden sind. Im Umkehrschluss bedeutet dies, je tiefer die Häuser inhaltlich im aktiven Kreditrisikomanagement verankert sind, desto eher wird das Preis-Leistungs-Verhältnis als Problem angesehen.

Über die meisten Erfahrungen mit Transaktionen verfügen wie oben dargestellt große Institute. Somit ist auch dort die Unzufriedenheit über das Preis-Leistungs-Verhältnis mit 31,40 % am deutlichsten ausgeprägt, während die mittleren mit 19,51 % und insbesondere die kleinen Institute mit 8,16 % diese Einschätzung nicht in gleichem Ausmaß teilen.

Im Rahmen der Expertengespräche berichten zahlreiche Transaktionsteilnehmer von Transaktionen, bei denen der betriebswirtschaftliche Vorteil lediglich über die Eigenkapitalentlastung zum Tragen kam. Diese rechnerische Entlastung des Eigenkapitals ist aber in den meisten Fällen rein theoretischer Natur, da, wie auch im Solvabilitätskoeffizienten dokumentiert, genossenschaftliche Primärinstitute keine Eigenmittelknappheit haben. Im Gegenteil, die Eigenkapitalausstattung würde das Eingehen weiterer Risiken zur Optimierung der Rendite-Risiko-Struktur in den meisten Banken sogar positiv beeinflussen.[636]

---

[635] Vgl. o. V. (2006g), S. 53

[636] Vgl. Expertengespräche

Neben einer ausschließlich finanziellen Betrachtung fließen in die Vorteilhaftigkeitsanalyse der teilnehmenden Banken auch nicht direkt finanzwirksame Vorteile ein. So berichten Transaktionsteilnehmer, dass sich die Teilnahme auch in der Personalentwicklung der Mitarbeiter durch „Training-on-the-Job"- beziehungsweise „Learning-by-Doing"-Effekte niederschlägt. Ebenso wird vielfach von einer kulturellen Weiterentwicklung beim Umgang mit Kreditrisiken in den jeweiligen Kreditgenossenschaften berichtet.[637]

Eine objektive Beurteilung des Preis-Leistungs-Verhältnisses kann lediglich anhand des theoretisch richtigen Preises erfolgen. Die vorliegende Dissertation setzt wie eingangs dargestellt einen anderen Schwerpunkt und verzichtet daher auf eine detaillierte analytische Betrachtung des Verhältnisses von Preis zu Leistung.

Da es sich beim Markt für kapitalmarktorientierten Kreditrisikotransfer um einen Verkäufermarkt mit lediglich geringen Anbietern handelt, sind aufgrund des mangelnden Wettbewerbs die Preise angabegemäß zu hoch. Eine ähnliche Entwicklung zeigte sich auch in der Gründungsphase der Deutschen Terminbörse, bei der es ebenfalls einiger Zeit bedurfte, bis der Großteil der Marktteilnehmer aktiv am Handelsgeschehen teilnahmen.[638]

Insgesamt kann als weitere **Hypothesen** festgehalten werden:

13. Die zur Verfügung stehenden Kapitalmarktprodukte zum Kreditrisikotransfer weisen ein unbefriedigendes Preis-Leistungs-Verhältnis auf, obwohl dieses Hemmnis nicht von der Mehrheit der Genossenschaftsbanken erkannt wird.
14. Das Preis-Leistungs-Verhältnis wird durch transaktionsspezifische Aspekte wie zu geringe Poolgrößen und hohe Transaktionskosten negativ beeinflusst.

4.4.4 Nicht bedarfsgerechte Transaktionsausgestaltungen

Wie im Rahmen der Nutzungsanalyse ersichtlich, erfolgt nur eine geringe Nutzung von den heute bereits existierenden und speziell für die Genossenschaftsbanken konzipierten Produkten. Dies liegt darin begründet, dass deren inhaltliche Ausgestaltung aktuell den Bedarf

---

[637] Vgl. Expertengespräche

[638] Vgl. Expertengespräche. Die Deutsche Terminbörse (DTB) ist im Jahr 1998 im Rahmen der Fusion mit der SOFFEX (Swiss Options and Financial Futures Exchange) in der Eurex (European Exchange) aufgegangen.

der Banken nicht komplett abdeckt beziehungsweise sogar an deren Bedarf vorbeigeht. Die Gründe hierfür sind zum einen in den einzelnen Transaktionsstrukturen und zum anderem in den jeweiligen Selektionskriterien zu finden.

4.4.4.1 Nicht bedarfsgerechte Selektionskriterien

Eine Analyse der einzelnen Transaktionen und ein Vergleich der individuellen Transaktionsausgestaltungen mit den Anforderungen der Primärinstitute der genossenschaftlichen Bankengruppe zeigt, dass die jeweiligen Selektionskriterien nicht bedarfsgerecht ausgestaltet sind.

Die PROVIDE-VR stellt ausschließlich auf private Immobilienforderungen mit einer erstrangigen Besicherung und somit nur auf mit vergleichsweise geringen Ausfallrisiken behaftete Kreditengagements ab. Das Kreditgeschäft mit Privatkunden kann aufgrund einer historischen Betrachtung im Vergleich zu großvolumigen Firmenkundenkrediten als grundsätzlich risikoarm bezeichnet werden. Die Ausfallquoten im Privatkreditgeschäft sind in der Breite verhältnismäßig gering.[639]

Somit weckt dieses Kundenklientel nicht das größte Absicherungsbedürfnis der genossenschaftlichen Institute, sofern es keine Monokulturen mit einem oder wenigen sehr großen Arbeitgebern im Marktgebiet wie beispielsweise Volkswagen in Wolfsburg oder Fraport und Opel in Rüsselsheim gibt. Weder das Bewertungsergebnis aus dem Kreditgeschäft noch Bonitäts-, Größenklassen-, Branchen- oder sonstige Kreditrisikokonzentrationen (mit Ausnahme der regionalen Konzentrationen) werden im Regelfall aus dem Privatkundengeschäft signifikant beeinflusst.

---

[639] Vgl. Lachnit, S. (2005), S. 13

Abbildung 60: Selektionskriterien PROVIDE-VR

PROVIDE-VR 2002-1	PROVIDE-VR 2003-1	PROVIDE-VR 2004-1
Alle per 31.12.2001 endausgezahlten, nicht öffentlich verbürgten Hypothekenkredite mit freier Spitze (DG Hyp, bisher nicht verbrieft)	Alle per 31.12.2002 endausgezahlten, nicht öffentlich verbürgten Hypothekenkredite, die bisher nicht verbrieft wurden.	Alle endausgezahlten, nicht öffentlich verbürgten Hypothekenkredite, die bisher nicht verbrieft wurden.
Der Kredit hat ein Zusagedatum oder letztes Kreditverlängerungsdatum ab 1992.	Annuitäten-, Raten-, Festkredite	Annuitäten-, Raten-, Festkredite
Ausschließlich Breitengeschäft (Objektbeleihung < 750 TEURO)	Ausschließlich Retailgeschäft, Einzelkredit bis max. € 600.000,00 (Objektbeleihung max. € 600.000,00, unabhängig davon, ob ein oder mehrere Kredite je Objekt)	Ausschließlich Retailgeschäft, Einzelkredit bis max. € 600.000,00 (Objektbeleihung max. € 600.000,00, unabhängig davon, ob ein oder mehrere Kredite je Objekt)
Das Beleihungsobjekt liegt im Inland.	Das Beleihungsobjekt liegt im Inland.	Das Beleihungsobjekt liegt im Inland.
	Der Kredit hat ein Zusagedatum oder letztes Kreditverlängerungsdatum ab 1993.	Der Kredit hat ein Zusagedatum oder letztes Kreditverlängerungsdatum ab 1994.
Der Kredit ist kein Treuhandkredit (aber KfW-Förderkredite für priv. Wohnungsbau enthalten).	Der Kredit ist kein Treuhandkredit .	Der Kredit ist kein Treuhandkredit .
Der Kredit ist nicht vollständig durch eine Bank verbürgt.	Der Kredit ist nicht vollständig durch eine Bank verbürgt.	Der Kredit ist nicht vollständig durch eine Bank verbürgt.
Der Kredit wird nicht variabel verzinst.	Der Kredit wird fest/variabel verzinst.	Der Kredit wird fest/variabel verzinst.
Der Kredit wurde vergeben für Wohnungsbau.	Der Kredit wurde vergeben für wohnwirtschaftliche und überwiegend wohnwirtschaftliche Zwecke.	Der Kredit wurde vergeben für wohnwirtschaftliche und überwiegend wohnwirtschaftliche Zwecke.
	Für den Kredit (bezogen auf das Stammaktenzeichen) waren in der Zeit zwischen 31.07.2002 und 31.07.2003 keinerlei Zahlungen länger als 20 Kalendertage rückständig.	Für den Kredit (bezogen auf das Stammaktenzeichen) waren im Zeitraum von 12 Monaten vor Datenerhebung keinerlei Zahlungen länger als 20 Kalendertage rückständig.
Im Grundbuch erstrangig abgesichert, ausgenommen Erbbaurechte mit ggf. vorrangigem Erbbauzins (d.h. Informationen sind im EDV-Bestand vorhanden und abgreifbar)	Im Grundbuch erstrangig abgesichert, ausgenommen Erbbaurechte mit ggf. vorrangigem Erbbauzins	Im Grundbuch erstrangig oder nachrangig abgesichert
Kreditnehmer ist kein Mitarbeiter (der DG Hyp) oder Organmitglied einer Primärbank.	Kein Agio oder Disagio	Kein Agio oder Disagio
Kreditnehmer ist keine Bank.	Keine "Plattenbauten" und "Großblockbauten" in Ostdeutschland	Keine "Plattenbauten" und "Großblockbauten" in Ostdeutschland
Kredit gehört nicht zum sofort tilgbaren Kreditplafond	Keine flutbetroffenen Engagements (bezogen auf Gesamtengagement!)	Keine flutbetroffenen Engagements (bezogen auf Gesamtengagement!)
Der Kredit ist seit 1997 nie im Mahnverfahren gewesen (bezogen auf das Stammaktenzeichen).	Kredit gehört nicht zum sofort tilgbaren Kreditplafond (Sondertilgungsrechte).	Klarer Durchgriff auf die Sicherheiten
	Kredit ist in Euro denominiert	Kredit gehört nicht zum sofort tilgbaren Kreditplafond (Sondertilgungsrechte von max. 10%).
	Kreditnehmer ist kein Mitarbeiter der DG Hyp oder Organmitglied der Primärbank (§15 KWG).	Kredit ist in Euro denominiert.
	Kreditnehmer ist private Person oder eine GbR oder eine OHG.	Kreditnehmer ist kein Mitarbeiter der DG Hyp oder Organmitglied der Primärbank (§15 KWG).
	Mind. eine Zins- bzw. Tilgungsleistung wurde bereits erbracht.	Kreditnehmer ist private Person oder eine GbR oder eine OHG.
	Nur grundschuldbesicherte Kredite	Mind. eine Zins- bzw. Tilgungsleistung wurde bereits erbracht.
		Nur ganze Darlehenskonten sind zu verbriefen.
		Nur grundschuldbesicherte Kredite

Quelle: Eigene Darstellung in Anlehnung an Lachnit, S. (2007)

Darüber hinaus sehen im Durchschnitt lediglich rund 5 % der genossenschaftlichen Primärbanken das Absicherungsbedürfnis in ihren Häusern im Privatkundensegment, während fast 94 % im Firmenkundensegment den größten Handlungsbedarf ausmachen. Dies deckt sich auch mit den durch die DZ Bank bei über 80 Genossenschaftsbanken durchgeführten CVaR-Ermittlungen. Dabei entfielen auf die zehn größten Risikotreiber, allesamt Firmenkunden, zwischen 50 und 70 % des gesamten CVaR.[640]

Die demographische Entwicklung, die hohe Zahl an Arbeitslosen und Privatinsolvenzen sowie die Veränderung der Immobilienpreise machen deutlich, dass dem Kreditausfallrisiko auch im immobilienbesicherten Bereich der Privatkunden zunehmend Aufmerksamkeit geschenkt werden muss. Dennoch ist auch in naher Zukunft nicht von einer deutlichen Änderung der Bankeneinschätzung auszugehen.[641]

---

[640] Vgl. Mathweis, R./Pergande, S. (2006), S. 243-245
[641] Vgl. Lachnit, S. (2005), S. 13

Dies spiegelt sich sowohl in den Äußerungen der Initiatoren als auch der Primärbanken wider. So waren die Beweggründe für die Teilnahme an der PROVIDE-VR weniger der Abbau von Klumpenrisiken, die Reduktion des CVaR oder die aufsichtsrechtliche Eigenkapitalfreisetzung. Vielmehr waren zum einen die Vorbereitung auf komplexere Transaktionen wie insbesondere gewerbliche Objektfinanzierungen und objektungebundene Gewerbefinanzierungen Motivationsgründe. Zum anderen veranlasste die frühzeitige Beschäftigung mit der bei solchen Transaktionen erforderlichen internen Datenqualität sowie die Erlangung von Know-how-Vorteilen bei der Steuerung bisher illiquider Adressrisiken zur Teilnahme. Darüber hinaus wurden die Transaktionen zur Dokumentation der nach den MaRisk erforderlichen Testphase in neuen Produkten genutzt.[642]

Letztendlich dient die PROVIDE-VR vielen Banken weniger als Instrument zum Kreditrisikotransfer, als vielmehr aufgrund des optionalen Globaldarlehens der KfW als Refinanzierungsinstrument.[643]

Die PROSCORE-VR weist mit der Ausnahme, dass gewerbliche Kreditrisiken abgesichert werden können, die grundsätzlich gleichen Selektionskriterien und damit Probleme wie seine Vorgängertransaktionen auf. Da gerade im gewerblichen Kundensegment die Vergabe von Immobilienkrediten nicht der Regelfall ist und auch erstrangig abgesicherte Kreditteile nicht das dominierende Absicherungskriterium darstellen, spricht diese Verbriefungsstruktur in Verbindung mit den vorgenannten Kritikpunkten ebenfalls nicht die Bedarfe der Genossenschaftsbanken zufriedenstellend an.

---

[642] Vgl. Meid, B. (2004), S. 18-19

[643] Vgl. Expertengespräche

Abbildung 61: Selektionskriterien PROSCORE-VR

PROSCORE-VR 2005-1
Per 31.03.2005 bestehende, endausgezahlte, nicht öffentlich verbürgte Hypothekenkredite.
Annuitäten-, Raten- oder Festkredite.
Der Kredit wurde vergeben für gewerbliche oder überwiegend gewerbliche Zwecke.
Der Kredit ist kein Treuhand- oder Konsortialkredit.
Der Kredit ist nicht vollständig durch eine Bank verbürgt.
Der Kredit wird fest verzinst.
Der Kredit ist in Euro denominiert.
Erstrangige besicherte Forderungen: keine externen und nur minimale interne Vorlasten
Kreditengagements bis max. Euro 2.500.000:
- objektbezogen, unabhängig davon, ob ein oder mehrere Kredite je Objekt gewährt wurden (bei mehreren Krediten sind alle zulässigen Kredite in die Verbriefung einbezogen) und
- kreditnehmerbezogen je Sub-Pool (auf Basis des jeweils aktuellen Kreditvolumens = Restkapitals).
Mindestens eine Zins- bzw. Tilgungsleistung wurde bereits erbracht.
Für den Kredit waren seit dem 01.04.2001 keinerlei Zahlungen länger als 10 Kalendertage rückständig.
Der Kreditnehmer ist private und/ oder juristische Person.
Der Kreditnehmer ist kein Mitarbeiter der DG Hyp oder Organmitglied einer Transaktionsbank.
Von dem Objekt wurde bisher noch keine Forderung verbrieft.
Das Beleihungsobjekt liegt im Inland, und der Kreditnehmer hat Sitz im Inland.

Quelle: Eigene Darstellung in Anlehnung an Lachnit, S. (2007)

Auch die VR Circle stellt lediglich auf gute Bonitäten ab, hat aber aufgrund ihrer speziellen Transaktionsstruktur noch weitere Eigenarten, die nicht den Bedarf der Banken treffen. So steht lediglich die Verringerung des Unerwarteten Verlustes im Fokus der Betrachtung und nicht die des Erwarteten Verlustes. Der Wunsch nach Absicherung des CVaR stellt aber bei weniger als jeder fünften Bank den gewünschten Risikominderungseffekt dar.

Abbildung 62: Selektionskriterien VR Circle

VR Circle 2005-1 / VR Circle 2005-2 / VR Circle 2006-1
Kreditart: Darlehen, KK-Kredite, Avale
Bezugsgröße der Absicherung: das von der Kreditgenossenschaft angesetzte Blankovolumen, maximal 50% des nominellen Gesamtengagements (zu Beginn)
Assetklasse: gewerbliche Finanzierungen unabhängig von ihrer Besicherung
VR-Ratingsegmente: Gewerbetreibende/Freiberufler, Mittelstand, Oberer Mittelstand, NPO
Bonität Kreditnehmer: max. 2d nach VR-Rating, quantitativer Teilscore: Mittelstand mind. 42 Punkte, Oberer Mittelstand mind. 59 (2005-1) bzw. 55 Punkte (2005-2 und 2006-1)
Sitzland: Deutschland
keine Negativmerkmale: wie z. B. Zahlungsverzug, Zwangsvollstreckung, Zahlungsunfähigkeit, Gegenstand einer Rechtsstreitigkeit, etc.
Definition Credit Event: über den Insolvenzantrag wurde vom Amtsgericht entschieden (Eröffnung oder Ablehnung) oder 90 Tage Zahlungsverzug von mehr als 10.000 EUR plus Kündigung und Einleitung üblicher Maßnahmen zur Beendigung der Geschäftsbeziehung
Laufzeit der Darlehen: endfällige Darlehen max. 10 Jahre Restlaufzeit, alle anderen Kredite beliebig
Laufzeit der Transaktion: max. 10 Jahre
Aufhellungsphase: auch wenn noch kein Credit Event eingetreten ist, aber eine erkennbare Leistungsstörung vorliegt, kann die Tilgung für ein Quartal ausgesetzt werden.
Außerplanmäßige Tilgungen: bleiben grundsätzlich bei der Berechnung der Nennwerte der Kreditgenossenschaft-CLN unberücksichtigt (Ausnahme: Ende der Geschäftsverbindung).
Kreditbearbeitung: verbleibt in vollem Umfang bei der verbriefenden Kreditgenossenschaft (inkl. Einhaltung § 18 KWG)

Quelle: Eigene Darstellung in Anlehnung an Pergande, S. (2007)

Im Zusammenhang mit der Tatsache, dass die Genossenschaftsbanken erst in den nächsten Jahren umfangreiche Transparenz hinsichtlich des Erwarteten und Unerwarteten Verlusts erhalten, wird deutlich, dass die VR Circle nicht auf die aktuellen Bedarfe weiter Teile der Genossenschaftsbanken passt.

Als weiteres Spezifikum weist die VR Circle als einzige Transaktion eine Bilanzverlängerung auf. Bei der Frage nach den Bankpräferenzen kommt deutlich hervor, dass lediglich 21,13 % der Kreditinstitute diese Form bevorzugen. Dahingegen wünschen sich fast 2/3 der Primärbanken eine konstante Bilanzsumme und wollen keinen Einfluss von kapitalmarktorientiertem Kreditrisikotransfer auf die Bilanzpolitik. Der Wunsch nach Bilanzverkürzung ist mit insgesamt 14,08 % am geringsten ausgeprägt. Insgesamt bleibt bei der VR Circle festzuhalten, dass die Selektionskriterien zum jetzigen Zeitpunkt lediglich eine Begrenzung und nicht eine Steuerung von Kreditrisiken ermöglichen.

Die WGZ-Loop ist nicht nur die aktuellste Transaktionsstruktur im genossenschaftlichen Sektor, sondern weist mit ihrer vergleichsweise einfachen Transaktionsstruktur und den definierten Selektionskriterien auch den flexibelsten Rahmen auf. Allerdings hemmen auch deren Kriterien eine stärkere Verbreitung. So ist lediglich eine begrenzte Absicherung in Höhe von 60 % des jeweiligen nichtgesicherten Einzelengagementrisikovolumens möglich. Auch hier beschränkt sich die Bonitätsstruktur auf die besseren Bonitäten und bezieht lediglich Firmenkunden in die Transaktion mit ein. Neukunden sind ebenfalls nicht inkludierbar.

Abbildung 63: Selektionskriterien WGZ-Loop

WGZ-Loop
Geschäftsbeziehung zum Referenzschuldner mindestens 2 Jahre
Vorliegen der Unterlagen des Referenzschuldners gem. § 18 KWG
Keine offensichtlichen Leistungsstörungen in der Vergangenheit
VR-Rating bei Aufnahme in den Pool nicht schlechter als 3a (kein Override)
Verpflichtung zum Regionalprinzip
Transfer von max. 60% des Risikovolumens blanko eines Kreditnehmers
Ausschließlich inländische Firmenkundenkredite in Euro
Darlehen mit endfälliger, annuitätischer- oder Ratentilgung
Kontokorrentlinien (KK) sowie KK aus Rahmenkreditvereinbarungen
Keine Avale (Ausnahme: Finanzavale, Anzahlungsgarantien, Zollbürgschaften)
Keine Wechsel und Kreditkartenforderungen
Als Kreditereignis i.S.v. WGZ-LOOP gelten die Insolvenz und eine strikte Auslegung der Nicht-Zahlung
Nicht-Zahlung i.S.v. WGZ-LOOP: 90 Tage Zahlungsverzug bei einem abgesicherten Referenzaktivum (Konto) mindestens in Höhe des Zahlungsschwellenbetrages in Höhe von 10.000 EUR mit umgehender Kündigung der Geschäftsbeziehung zum Schuldner.
Da Umstrukturierungen von Kreditforderungen durch den Gläubiger leicht herbeigeführt werden können und ihre wirtschaftlichen Auswirkungen schlecht nachzuvollziehen sind, gilt dieses Kriterium – im Gegensatz zum Handel von CDS auf liquide (handelbare) Adressrisiken – bei WGZ-LOOP nicht als Kreditereignis.

Quelle: Eigene Darstellung in Anlehnung an Heine, S. (2006), S. 16-17

Alle Transaktionen im genossenschaftlichen Finanzverbund haben in ihren Selektionskriterien gemeinsam, dass sie die Volks- und Raiffeisenbanken zu sehr im Rahmen der Erweiterung des Handlungsspielraumes begrenzen. Beispielsweise erlauben alle Transaktionen lediglich den Transfer von guten Bonitäten. Hintergrund ist, dass gute Bonitäten wichtig für Emotionen sind und erste Transaktionen gut laufen müssen. Vereinfacht ausgedrückt orientieren sich die Kriterien an den Wünschen der Zentralinstitute und weniger an den Bedarfen der Primärgenossenschaften.[644]

Ferner berichten Transaktionsteilnehmer regelmäßig davon, dass aufgrund der Selektionskriterien generell nur relativ wenig Kreditnehmer und Volumina für Kreditrisikotransfer in Betracht kommen. Bei einer näheren Beleuchtung und Analyse der Einzelengagements tritt dann der Praxiseffekt ein, dass in letzter Konsequenz lediglich wenige, teilweise nur ein bis zwei Kunden die Kriterien erfüllen. Hinsichtlich der Volumina zeigt sich, dass zu Beginn der Analyse beispielsweise im Falle eines Kreditinstituts maximal rund 20 Millionen EUR abzusicherndes Kundenkreditvolumen ausgewählt werden konnte. Dieses reduzierte sich dann im Laufe des Abschmelzungsprozesses auf lediglich 1,5 Millionen EUR. Für solches Volumen lohnt sich der Aufwand für viele Genossenschaftsbanken nicht, da es sich oftmals bei den übrig gebliebenen Engagements genau um die vermeintlich guten Kreditnehmer mit dem geringsten emotionalen Absicherungsbedürfnis für die Banken handelt.[645]

Die Gründe für diese weit verbreitete deutliche Reduktion der potenziell transferierbaren Volumina sind je nach Transaktion unterschiedlich. So ist oftmals kein VR-Rating existent, der Jahresabschluss-Score zu niedrig oder es sind die wirtschaftlichen Unterlagen zu alt. Ein weiteres K.O.-Kriterium ist die Handhabung von Überziehungen. Einige Banken nutzen diese nach wie vor weniger als Risikomerkmal, sondern vielfach aus Ertragsgesichtpunkten zur Generierung von Überziehungszinsen. Entsprechend geringe Kontokorrentlimite führen zu einer regelmäßig hohen Auslastung oder gar Überschreitung dieser Linien und somit direkt oder indirekt über die Ratingnote zum Transaktionsausschluss.[646]

---

644 Vgl. Expertengespräche
645 Vgl. Expertengespräche
646 Vgl. Expertengespräche

Insgesamt ist festzustellen, dass die Selektionskriterien aller genossenschaftlichen Transaktionen jeweils ein vergleichsweise starres Auswahlmuster aufzeigen. Dabei wird deutlich, dass weniger die Wünsche der Primärbanken im Mittelpunkt stehen, als vielmehr die Zentralbankinteressen. Es wird der Eindruck geweckt, dass die Transaktionen „nicht schief gehen“ dürfen und dies entsprechend auch in den Einzelkriterien Niederschlag findet. Wenngleich in Teilen nachvollziehbar, insbesondere um die bislang weitgehend nicht existente Reputation des genossenschaftlichen Finanzverbundes am internationalen Kapitalmarkt herzustellen, trägt dies nicht zu einer weiteren Verbreitung des kapitalmarktorientierten Kreditrisikotransfers bei.

Dies lässt sich in folgender **Hypothese** festhalten:

15. Die Selektionskriterien der nutzbaren Kapitalmarktprodukte begrenzen das transferierbare Volumen stark und gehen am Bedarf der Primärinstitute vorbei.

4.4.4.2 Komplexe Transaktionsstrukturen

Grundsätzlich ist festzustellen, dass von Seiten der Primärbanken nicht nur aufgrund der großen Institutsanzahl sehr individuelle Anforderungen an die Möglichkeiten zur aktiven Steuerung der einzelnen Kreditrisikoportfolien bestehen. So erfordern die heterogenen Kunden- und Bilanzstrukturen der Einzelinstitute größtmögliche Flexibilität hinsichtlich der Absicherung von Risiken beziehungsweise der Übernahme von fremden Risiken zwecks Prämiengenerierung. Die Institute möchten in die Lage versetzt werden, individuell zu entscheiden, ob sie Risiken abgeben, aufnehmen oder beides parallel durchführen wollen. Auch eine Entscheidungsfreiheit hinsichtlich der Laufzeit und des Umfanges der Absicherung sowie der Risikoklassenauswahl sollte erreicht werden.[647]

---

[647] Vgl. Rehm, H. (2005), S. 613

Abbildung 64: Was sind Ihre Gründe für den Wunsch nach Kreditrisikotransfer?

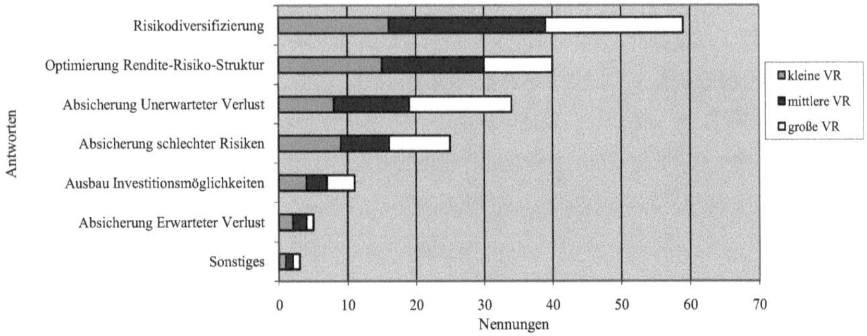

Quelle: Eigene Darstellung

Diese Institutsbedarfe kommen auch in den Fragebogenauswertungen zum Ausdruck. So stehen die Verringerung von strukturellen Kreditrisikokonzentrationen für mittlere und große sowie die Optimierung der Rendite-Risiko-Struktur insbesondere für kleine Kreditgenossenschaften im Vordergrund der Betrachtung. Dies obwohl der CVaR noch nicht oder gerade erst gemessen werden kann beziehungsweise eine risikoadjustierte Kennzahlensteuerung de facto nicht existiert. Auch die Absicherung schlechter Risiken ist für viele Banken ein Transfergrund und zeigt damit die vielfältigen, individuellen Intentionen der einzelnen Banken.

Alle für Volks- und Raiffeisenbanken nutzbaren kapitalmarktbasierten Kreditrisikotransfermöglichkeiten haben gemeinsam, dass sie als Einmaltransaktionen durchgeführt werden. Es erfolgt das Einsammeln von abzusichernden Volumina, um einen entsprechenden Pool an Forderungen zu erhalten. Dies hat zur Folge, dass für viele, insbesondere kleine Banken die einzubringenden Mindestgrößen zu groß sind und jede Transaktion bisher lediglich ein bis maximal zwei (VR Circle) Mal pro Jahr durchgeführt wurde. Dies engt nicht nur das Handeln der Kreditgenossenschaften stark ein, weil beispielsweise nicht direkt bei Kreditvergabe die Absicherungsmechanismen greifen können, sondern erschwert auch die Kalkulierbarkeit. So bleiben durch das zeitliche Auseinanderfallen von Absicherungswunsch und -möglichkeit für die Bank weiterhin Zins- und Risikoentwicklung als große Unbekannte.

Aufgrund der geringen Nachfrage haben die Transaktionsstrukturen der VR Circle und WGZ-Loop gemeinsam, dass die Poolgrößen mit 56,7 bis 69,2 Millionen EUR relativ gering sind.

Dies bewirkt, dass für einzelne Institute das einzubringende Volumen zu groß und für andere Kreditinstitute das maximal einbringbare Volumen zu gering ist. Sobald eine Bank ein größeres Teilportfolio einbringen möchte, beeinflusst dies nachhaltig deren Diversifizierungseffekt negativ. Ebenso ist die CVaR-Wirkung aufgrund des geringen Pools stark limitiert.

Darüber hinaus sind die VR Circle und die WGZ-Loop keine reinen Kapitalmarkttransaktionen. Vielmehr handelt es sich lediglich um die Nutzung von Kapitalmarktprodukten wie den Kreditderivaten zum Transfer von Kreditrisiken innerhalb des Finanzverbundes ohne die Einbeziehung des Kapitalmarktes. Somit verbleiben die Risiken im genossenschaftlichen Sektor Deutschlands bei den teilnehmenden Banken, wenngleich besser diversifiziert. Der mit diesen Transaktionsstrukturen verbundene Zwang, Risiken nicht nur zu verkaufen, sondern auch wieder direkt zurückzukaufen, engt die Genossenschaftsbanken ebenfalls zu stark ein. Die damit verbundene ausschließliche Senkung des CVaR ohne Reduktion des Erwarteten Verlustes führt für viele Banken zu keiner betriebswirtschaftlichen Vorteilhaftigkeit.

Ein Vergleich der kapitalmarktbasierten mit den traditionellen Kreditrisikotransferinstrumenten zeigt, dass sich viele Produkte gegenseitig Konkurrenz machen. So verfolgen sowohl Standard-Meta, Kreditderivate als auch die Verbriefungstransaktionen jeweils eine vergleichbare Zielrichtung. Für die Banken steht ein großer und komplexer „Instrumentenkoffer" mit vielfältigen Produkten und Produktvariationen zu Verfügung, obwohl die Bedarfe der Banken zum Kreditrisikotransfer vergleichsweise einfach strukturiert sind.

Darüber hinaus reduziert die erfolgreiche Durchführung eines Produktes das insgesamt potenziell transferierbare Volumen. Bei funktionierenden Kapitalmarktinstrumenten wären zahlreiche traditionelle Produkte obsolet, was auch zu Ertragseinbrüchen bei Zentralinstituten führen würde. Diese haben oftmals ihr Handeln auf traditionelle Produkte ausgelegt und verfügen dort beispielsweise im Metakreditgeschäft über eine Quasi-Monopolstellung. Somit entsteht hier eine Anreizproblematik zur Forcierung der Kapitalmarktprodukte.

Dieser Sachverhalt kann in folgender **Hypothese** formuliert werden:

16. Aufgrund ihrer vergleichbaren Wirkungsweisen konkurrieren parallel existierende Transaktionsstrukturen, verringern dadurch die jeweilige Liquidität und erhöhen die Komplexität bei der Instrumentenauswahl beziehungsweise -anwendung.

Insbesondere die Tatsache, dass innerhalb des genossenschaftlichen Finanzverbundes drei Verbundpartner (DZ Bank, DG Hyp und WGZ Bank) ihr Know-how zum kapitalmarktorientierten Kreditrisikomanagement einbringen, verhindert Synergieeffekte. Letztendlich wird dadurch eine Konkurrenzsituation erzeugt, bei der jedes Institut seine eigene Transaktionsstruktur durchzusetzen versucht. Dieses Konkurrenzverhalten innerhalb des eigenen Sektors wird auch von nahezu allen Gesprächspartnern kritisch gesehen.[648]

Da wie oben beschrieben die Kreditgenossenschaften auch mittelfristig allein aufgrund ihrer Institutsgröße nicht über die notwendigen Fachkenntnisse verfügen werden, sind an dieser Stelle sämtliche Transaktionsstrukturen, die aktuell den Genossenschaftsbanken Kreditrisikotransfermöglichkeiten in unterschiedlicher Ausprägung bieten, als nicht bedarfsgerecht zu beschreiben.

Abschließend werden bei den Transaktionen auch die Durchführungsprozesse in der Praxis als problematisch beschrieben. So wird beispielsweise bei der VR Circle jeder einzelne Kredit nochmals von der DZ Bank als vermeintlich neutrale Instanz qualitätsgesichert, was hohe Transaktionskosten fördert. Im Rahmen der Servicing Standards werden die Banken von den mangelnden fachlichen Kenntnissen eingeholt. So werden von Transaktionsteilnehmern alltägliche Probleme wie das Verschwinden von Hinweisen auf verbriefte Kredite in den Kreditakten und unabgestimmte Sondervereinbarungen durch Marktteilnehmer beschrieben. Aufgrund des Verstoßes gegen die Vertragsvereinbarungen führt dies zu einem Verlust des Absicherungsschutzes.

Zusammenfassend kann folgende **Hypothese** formulieren werden:

17. Die existierenden Transaktionsstrukturen sind zu komplex und engen die Genossenschaftsbanken in ihrem Handeln ein.

4.4.5 Mangelnde technische Unterstützung und Belastbarkeit der IT-Infrastruktur

Neben den vorgenannten Hemmnissen existieren noch technische Hemmnisse, die zwar keine dominanten Barrieren darstellen, aber dennoch eine stärkere Nutzung von kapitalmarkt-

[648] Vgl. Expertengespräche. Ausschnitt aus dem Originalzitat: „Es ziehen zwar alle am gleichen Strang, künftig müssen sie noch in die gleiche Richtung ziehen.“

basierten Produkten begrenzen. Durch eine mangelnde technische Unterstützung und Belastbarkeit der IT-Infrastruktur steigt der Aufwand zur Teilnahme an entsprechenden Transaktionen stark an und hemmt durch eine verschlechterte Aufwand-Ertrags-Relation eine stärkere Verbreitung. Ebenso geht damit die Gefahr operationeller Verluste einher.

Bei Transaktionen im kapitalmarktorientierten Kreditrisikotransfer ist die Grundlage für die ordnungsgemäße Verarbeitung der Daten ein vollständiger und qualitativ hochwertiger Datenhaushalt. Die Daten aus den operativen Systemen der Kreditgenossenschaften, in denen die Assets selbst und die mit ihnen verknüpften Informationen wie beispielsweise Sicherheiten und Kundeninformationen verwahrt werden, werden an die IT-Systeme der Arrangers weitergeleitet und in einem Data-Warehouse für weitere Verarbeitungsschritte bereitgehalten. Gerade bei Multi Seller-Transaktionen wird daher ein sehr hohes Datenvolumen transferiert und bearbeitet.[649] Darüber hinaus ergeben sich im Rahmen der Qualität des Reportings weitere Herausforderungen durch fehlende Daten, falsche Aufbereitung, fehlende Transparenz oder ungenügende Integration in die Bankbasissysteme. Gefragt ist daher eine leistungsfähige IT-Infrastruktur.[650]

Die beiden genossenschaftlichen Rechenzentren haben mit den neuen Banksystemen „Agree" der Fiducia IT[651] und „Bank 21" der GAD jeweils einheitliche IT-Systeme für die rund 900 beziehungsweise knapp 500 betreuten Regionalbanken geschaffen.[652] Diese integrieren nicht nur zentrale Geschäftsprozesse der Banken, sondern bieten auch Schnittstellen zu Anwendungen anderer, verbundinterner und -externer Unternehmen.[653]

Die Einbindung der Rechenzentren in die Datenerhebung im Vorfeld einer Transaktion und in die Datenaufbereitung im Rahmen des Reportings im Laufe der Transaktionen hat sich deutlich verbessert und die Zahl der zum Abruf stehenden maschinell verfügbaren Daten erhöht. Dennoch müssen die erforderlichen Daten von den genossenschaftlichen Primärbanken vielfach manuell erfasst werden.[654] Dies drückt sich auch in fehlenden

[649] Vgl. Häcker, J./Max-Heine, C. (2005), S. 67-68
[650] Vgl. Baulig, B. (2005), S. 42
[651] Vgl. Krings, M. (2005), S. 15-16
[652] Vgl. Lederer, A. (2005), S.19
[653] Vgl. Krings, M. (2005), S. 15-16
[654] Vgl. Hoppe, T./Lachnit, S. (2004), S. 36

Kennzeichnungsmöglichkeiten der zum Pool angemeldeten Forderungen im bestandsführenden System der jeweiligen Rechenzentrale aus.[655]

Als Folge daraus existiert nach wie vor beispielsweise keine Möglichkeit, die in voller Höhe durch Eigenkapital zu unterlegende Erstverlustposition maschinell in der Bista-Meldung an die Bundesbank zu berücksichtigen. Die nach §§ 13 und 14 KWG meldepflichtigen Kredite von in das Portfolio eingebrachten Kreditnehmereinheiten können maschinell ebenfalls nicht korrigiert werden. Ebenso wird auch die Sicherstellung der Beachtung der Servicepflichten durch die Technik nicht unterstützt und ist manuell zu pflegen. Darüber hinaus müssen in den aus dem technischen Programm zu Kreditrisikosteuerung im genossenschaftlichen Sektor KRM (KreditRisikoManager) ermittelten Strukturen die verbrieften Kredite manuell ebenso korrigiert werden wie die EWB-Listen, die Ist-Risikokostenermittlung und die integrierten Limitsysteme.[656]

Während dieser Aufwand bei der erstmaligen Durchführung noch als erheblich beschrieben wird, reduziert sich der Arbeitsaufwand bei weiteren Transaktionen angabegemäß aber um 30 bis 40 %.[657]

Als positiver Nebeneffekt dieses manuellen Erfassungsaufwandes ist eine Überprüfung und Optimierung der elektronisch verfügbaren Datenqualität sowie der Programme zu verzeichnen. Somit kann durch die Analyse der Datenlage und das Ergreifen entsprechender Maßnahmen zur Behebung von elektronischen Informationslücken ein wesentlicher Beitrag zur Transparenz und Qualitätssicherung des gesamten Kreditbestands geleistet werden.[658] So steht die Aufbereitung des Datenhaushalts zum Kreditportfolio am Anfang der Prozesskette zur Verhinderung des Garbage-in-Garbage-out-Prinzips.[659]

Technische Restriktionen sind auch auf internationaler Ebene bei der Abwicklung von Kreditderivatetransaktionen durch die mangelnde Belastbarkeit der IT-Infrastruktur ersichtlich. Dies zeigt sich beispielsweise in Form von handschriftlichen Vereinbarungen und

---

655 Vgl. Meid, B. (2004), S. 18

656 Vgl. ebd., S. 18

657 Vgl. Krüger, M. (2005a), S. 17

658 Vgl. Hoppe, T./Lachnit, S. (2004), S. 36

659 Vgl. Kirmße, S. (2000), S. 116. Das Garbage-in-Garbage-out-Prinzip bezeichnet das Phänomen, dass Datenanalysen auf Basis eines unzureichenden Datenhaushaltes zwangsläufig eine schlechte Qualität aufweisen.

Rückstaus bei der Abwicklung solcher Finanzderivate,[660] mit einer Fehlerquote von fast 20 % aller Handelsabschlüsse.[661]

Als Reaktion werden elektronische Handelssysteme implementiert, um die Risiken auf dem stark wachsenden Markt für Kreditderivate zu begrenzen.[662] So startete die Depository Trust & Clearing Corporation (DTCC), die sich bislang auf die Abwicklung (Clearing) im Handel mit Aktien und Anleihen konzentriert hat, mit AffirmX-press ein elektronisches Handelssystem zur Automatisierung der Geschäftsabschlüsse und Senkung der Fehlerquote.[663] Da Genossenschaftsbanken nicht direkt am Kapitalmarkt agieren und daher auch nicht von eigenen Erfahrungen zu berichten wissen, wird dieses Hemmnis von ihnen nicht als signifikant empfunden. Vielfach ist die Problematik gänzlich unbekannt.[664]

Die technischen Restriktionen lassen zu, die folgende **Hypothese** zu formulieren:

18. Die mangelnde technische Unterstützung und die mangelnde Belastbarkeit der IT-Infrastruktur führen aufgrund eines hohen manuellen Aufwandes und einer Misstrauensprämie wegen Unsicherheit zu einem schlechteren Preis-Leistungs-Verhältnis und begrenzen eine höhere Fungibilität des Marktes für kapitalmarktorientierten Kreditrisikotransfer.

4.5 Zusammenfassende Darstellung

Zu Beginn dieses Kapitels wurden nach methodischen Vorbemerkungen auf Basis der drei finanzwirtschaftlichen Finanzierungstheorien Prinzipal-Agent-Theorie, Transaktionskostentheorie und Ressourcentheorie Arbeitshypothesen zu der Frage herausgearbeitet, welche Hemmnisse eine stärkere Nutzung der kapitalmarktbasierten Instrumente des Kreditrisikotransfers für Kreditgenossenschaften begrenzen könnten. Diese Arbeitshypothesen bildeten die Grundlage für die sich anschließende empirische Untersuchung der Praxis. Dabei wurde auf die schriftliche und mündliche Befragung mittels Fragebogen beziehungsweise Expertengesprächen zurückgegriffen. Damit konnten die Meinungen und

[660] Vgl. Mörschen, T. (2006), S. 23
[661] Vgl. o. V. (2006c), S. 34
[662] Vgl. Rettberg, U. (2006b), S. 27
[663] Vgl. o. V. (2006c), S. 34
[664] Vgl. Expertengespräche

das Wissen der Genossenschaftsbanken der Primärstufe auch entsprechend in die Bewertung einfließen.[665]

Im Rahmen der durchgeführten empirischen Untersuchung erfolgte die Überprüfung der Arbeitshypothesen hinsichtlich Aussagekraft und Anwendbarkeit in der Praxis. Dabei wurden die Ergebnisse der Analyse (Befunde) in Form von Hypothesen formuliert.

---

[665] Vgl. Green, P. E./Tull, D. S. (1982), S. 125-128

Abbildung 65: Arbeitshypothesen und Hypothesen

Arbeitshypothesen			Hypothesen		
			4.3 Deskriptive Potenzial- und Nutzungsanalyse	1.	Den Portfolien kleiner und mittlere Banken in Deutschland ist ein enormes volumenbezogenes Potenzial für den Kreditrisikotransfer inhärent.
				2.	Die Zukunftsaussichten des kapitalmarktorientierten Kreditrisikotransfers werden von den deutschen Genossenschaftsbanken überwiegend positiv eingeschätzt.
				3.	Die finanzwirtschaftlichen Kennzahlen wie Solvabilitätskoeffizient oder Betriebs- und Bewertungsergebnisse dokumentieren, dass Kreditgenossenschaften über erhebliches qualitatives Potenzial zum Kreditrisikotransfer verfügen.
				4.	Strukturelle Kreditrisikokonzentrationen in Form mangelhafter Diversifikation insbesondere hinsichtlich Bonitäten oder Größenklassen unterstreichen ebenfalls die vorhandenen qualitativen Potenziale zum Kreditrisikotransfer.
				5.	Kapitalmarktinstrumente finden im genossenschaftlichen FinanzVerbund trotz des festgestellten vorhandenen Potenzials und der Anwendungsmöglichkeiten nur eine vergleichsweise geringe Verbreitung.
4.2.1 Principal-Agent-Theorie	1.	Es ist zu erwarten, dass die besonders bei Kreditgenossenschaften als Agenten vorhandenen Informationsvorteile und Handlungsspielräume für Investoren des Kapitalmarkts als Prinzipale zu einer erhöhten Misstrauensprämie und somit zu einem schlechten Preis-Leistungs-Verhältnis führen.	**4.4.3 Unzureichendes Preis-Leistungs-Verhältnis**	13.	Die aktuell zur Verfügung stehenden Kapitalmarktprodukte zum Kreditrisikotransfer weisen ein unbefriedigendes Preis-Leistungs-Verhältnis auf, obwohl dieses Hemmnis nicht von der Mehrheit der Genossenschaftsbanken erkannt wird.
4.2.2 Transaktions-kostentheorie	2.	Es ist zu erwarten, dass hohe Transaktionskosten wegen einer vorhandenen Marktenge sowie wenig vorhandenen Standards hohe Investitionen für Marktteilnehmer bedingen und somit zu einem ungünstigen Preis-Leistungs-Verhältnis führen.		14.	Das Preis-Leistungs-Verhältnis wird durch transaktionsspezifische Aspekte wie zu geringe Poolgrößen und hohe Transaktionskosten negativ beeinflusst.
	3.	Es ist zu vermuten, dass die hohen Transaktionskosten in einem jungen, nicht institutionalisierten Finanzmarkt zu Transaktionsstrukturen führen, die sich nicht an den Bedarfen von Kreditgenossenschaften orientieren.	**4.4.4 Nicht bedarfsgerechte Transaktions-ausgestaltungen**	15.	Die Selektionskriterien der aktuell nutzbaren Kapitalmarktprodukte begrenzen das transferierbare Volumen stark und gehen am Bedarf der Primärinstitute vorbei
				16.	Aufgrund ihrer vergleichbaren Wirkungsweisen konkurrieren parallel existierende Transaktionsstrukturen und verringern dadurch die jeweilige Liquidität und erhöhen die Komplexität bei der Instrumentenauswahl beziehungsweise -anwendung.
				17.	Die existierenden Transaktionsstrukturen sind zu komplex und engen die Genossenschaftsbanken in ihrem Handeln sein.
4.2.3 Ressourcen-theorie	4.	Es ist zu vermuten, dass kleine und mittlere Kreditinstitute wie die Genossenschaftsbanken der Primärstufe aufgrund ihrer Institutsgröße insbesondere über fachliche aber auch über technische Defizite hinsichtlich kapitalmarktorientiertem Kreditrisikotransfer verfügen.	**4.4.1 Mangelnde Beurteilbarkeit der individuellen Kreditrisiko-struktur**	6.	Aufgrund ihrer jeweiligen Institutsgröße und damit verbundenen Organisationsstruktur verfügen Genossenschaftsbanken nur über begrenzte Ressourcen, was die Teilnahme am kapitalmarktorientierten Kreditrisikotransfer hemmt.
				7.	Die Durchführung von aktivem Kreditrisikomanagement mittels Kapitalmarktprodukten im genossenschaftlichen FinanzVerbund wird durch fachliche Defizite der Primärinstitute begrenzt.
				8.	Der genossenschaftliche FinanzVerbund und seine einzelnen Institute verfügen aktuell noch nicht über eine ausreichende Transparenz über ihre Kreditrisikoportfolien hinsichtlich des Erwarteten Verlustes.
				9.	Aufgrund der nur eingeschränkt vorhandenen Existenz eines bundesweit einheitlich angewandten Risikoklassifizierungsverfahrens mangelt es Genossenschaftsbanken aktuell an einer durchgängigen Grundvoraussetzung zur Teilnahme am Kreditrisikotransfer.
				10.	Durch die Nichtexistenz eines genossenschaftseinheitlichen Ratingstandards und die existierenden Gestaltungsspielräume bei der Risikoklassifizierung genießt das VR-Rating sowohl verbundintern als auch -extern nur begrenztes Vertrauen.
				11.	Der genossenschaftliche FinanzVerbund und seine einzelnen Institute verfügen aktuell noch nicht über eine ausreichende Transparenz hinsichtlich des Unerwarteten Verlustes und somit über ihre Kreditrisikoportfolien.
			4.4.5 Mangelnde technische Unterstützung und Belastbarkeit der IT-Infrastruktur	18.	Die mangelnde technische Unterstützung und die mangelnde Belastbarkeit der IT-Infrastruktur führen aufgrund eines hohen manuellen Aufwandes und einer Misstrauensprämie wegen Unsicherheit zu einem schlechteren Preis-Leistungs-Verhältnis und begrenzen eine höhere Fungibilität des Marktes für kapitalmarktorientierten Kreditrisikotransfer.
			4.4.2 Mangelnde Marktreife	12.	Aufgrund eines mangelnden Evolutionsstandes der Genossenschaftsbanken und der Priorisierung anderer Themengebiete wie Umsetzung aufsichtsrechtlicher Vorgaben oder Aktivierung des Vertriebes verfügt der Markt für kapitalmarktorientierten Kreditrisikotransfer im Genossenschaftssektor aktuell noch nicht über die notwendige Reife.

Quelle: Eigene Darstellung

Zusammenfassend ist festzustellen, dass durch das gewählte Forschungsdesign nicht nur gezeigt wird, welche Hemmnisse eine stärkere Verbreitung des kapitalmarktorientierten Kreditrisikotransfers begrenzen. Darüber hinaus werden auch zugehörige Erklärungsansätze geliefert. Dies ist möglich, da die in der Praxis gewonnenen Hypothesen die durch finanzwirtschaftliche Finanzierungstheorien gelieferten Arbeitshypothesen bestätigen. Somit lassen sich auf Basis der Theorien die praktischen Empiriebefunde erklären.

Beispielhaft sei hierbei die Ressourcentheorie angeführt. Diese finanzwirtschaftliche Finanzierungstheorie liefert Erklärungsansätze für die sich in der Praxis zeigenden Hemmnisse der mangelnden Beurteilbarkeit der institutspezifischen Kreditrisikostruktur und der mangelnden technischen Unterstützung und Belastbarkeit der IT-Infrastruktur.

Die gewonnenen Hypothesen dienen als Ausgangsbasis für die nachfolgende Bildung von Erfolgsfaktoren zum Betreiben von aktivem Kreditrisikomanagement.

5. Ableitung von Erfolgsfaktoren zum Betreiben von aktivem Kreditrisikomanagement

Nachfolgendes Kapitel beschäftigt sich aufbauend auf den erarbeiteten Hypothesen mit der Frage: Welche Voraussetzungen müssen erfüllt sein, damit die genossenschaftlichen Institute der Primärstufe künftig aktives Kreditrisikomanagement mittels kapitalmarktorientiertem Kreditrisikotransfer betreiben können?

Dabei sind diese Erfolgsfaktoren nach drei verschiedenen Kategorien zu gliedern. Genossenschaftsbanken müssen sowohl ihre institutsspezifische Kreditrisikostruktur beurteilen als auch auf mit erweiterten Nutzungsmöglichkeiten versehene Instrumente zum kapitalmarktorientierten Kreditrisikotransfer zurückgreifen können. Davon abhängig ist die Erreichung der notwendigen Marktreife.

5.1 Herstellung der Beurteilbarkeit der institutspezifischen Kreditrisikostruktur

Zur Herstellung der Beurteilbarkeit der institutspezifischen Kreditrisikostruktur ist der Abbau fachlicher Defizite sowie die Schaffung von Transparenz des Kreditrisikoportfolios notwendig.

5.1.1 Abbau fachlicher Defizite

Mit dem kapitalmarktorientierten Kreditrisikotransfer ist ein Grad der Komplexität und mathematischen Quantifizierung verbunden, zu dessen Verständnis Spezialwissen erforderlich ist. Ist dies nicht gegeben, stehen die Genossenschaftsbanken einem komplexen und undurchschaubaren Rechenwerk gegenüber, welches sie nicht voll durchdringen. Dieses beinflusst aber ihre Geschäftsmöglichkeiten und hat signifikante Auswirkungen auf die Profitabilität.[666]

---

[666] Vgl. Zielke, A. (2003), S. 2

Dabei ist festzustellen, dass die fachlichen Defizite in Bezug auf die Anforderungen des Kapitalmarktes wie Transaktionsstruktur, Vertragsgestaltung oder prozessuale Notwendigkeiten besonders ausgeprägt sind und für die einzelnen Institute teilweise unüberbrückbare Hindernisse darstellen.

Zum Abbau dieser vor allem in der Institutsgröße begründeten Problematik bedarf es großer Aufwendungen innerhalb des genossenschaftlichen Finanzverbundes. Zwar führt der Konzentrationsprozess bei den Kreditgenossenschaften durch Fusionen grundsätzlich zu größeren Einheiten; allerdings hat sich die Zahl der jährlichen Zusammenschlüsse in den letzten Jahren deutlich reduziert. Selbst wenn sich die geplante, vom BVR proklamierte Anzahl von Primärgenossenschaften in den nächsten Jahren auf maximal 800 Institute reduzieren würde,[667] bedeutet dies eine Erhöhung der durchschnittlichen Bilanzsumme von rund 429 Millionen EUR auf dann rund 715 Millionen EUR. Damit würde sie noch immer deutlich unter 50 % der aktuellen durchschnittlichen Bilanzsumme von knapp 2 Mrd. EUR der Sparkassen liegen. Ein Vergleich mit Privatbanken erübrigt sich an dieser Stelle.

Grundsätzlich ist ersichtlich, dass eine Vergrößerung der Einzelinstitute auch mit einer steigenden Herausbildung von Spezialistenfunktionen und dadurch mit einer Erhöhung des betriebswirtschaftlichen Fachwissens verbunden ist. Dieser Prozess ist jedoch langwierig. Des weiteren führt er selbst in fortgeschrittenem Ausmaß im genossenschaftlichen Sektor nicht zu Institutsgrößen, bei denen regelmäßig die notwendigen Spezialistenfunktionen für kapitalmarktorientierten Kreditrisikotransfer vorzufinden sind. Darüber hinaus setzen Institute im Rahmen eines Fusionsprozesses oftmals andere Prioritäten als auf Kreditrisikotransfer. Somit bleibt festzuhalten, dass sich auch mittelfristig für den Abbau fachlicher Defizite durch den verbundsinternen Konzentrationsprozess keine signifikante Verbesserung ergeben wird.

Als ebenfalls langfristige Maßnahme zur Erhöhung der Fachkenntnisse kann der „natürliche" Qualifizierungsprozess beschrieben werden. Damit wird der Trend umschrieben, dass ein Generationenwechsel innerhalb der Einzelinstitute aufgrund einer erhöhten Quote an Absolventen mit akademischer Ausbildung perspektivisch zu theoretisch fundierter ausgebildeten Führungskräften führt.

---

[667] Vgl. o. V. (2003b)

Eine weitere Möglichkeit zum Abbau fachlicher Defizite stellt aus Bankensicht die Einrichtung von so genannten Erfahrungsaustausch-(Erfa)-Gruppen dar. In solchen, oftmals nach regionalen oder größenspezifischen Aspekten strukturierten Gremien würden aus Sicht der Interviewteilnehmer zum einen die positiven Eigenschaften und Erfolge thematisiert werden. Zum anderen könnte der kapitalmarktorientierte Kreditrisikotransfer durch Praxisberichte seinen Mythos als „Teufelszeug" verlieren, könnten die Führungskräfte sensibilisiert werden und Fachwissen größere Verbreitung finden.[668]

Grundsätzlich bedarf es zur systematischen Weiterentwicklung der Fachkenntnisse aus Sicht der Interviewpartner einer größeren Verbreitung der Thematik sowohl in Seminaren des genossenschaftlichen Finanzverbundes als auch in der Aufnahme in Weiterbildungsprogrammen wie GenoPE. Darüber hinaus trägt eine literarische Penetration dieser Thematik über regelmäßige Artikel zu einer intensiveren Beschäftigung verbunden mit einem entsprechenden Lerneffekt bei. Beispielhaft seien hier die genossenschaftlichen Fachblätter wie Bankinformation oder Genossenschafts-Kurier[669] sowie entsprechende Fachbücher genannt.[670]

Dies lässt sich in folgendem **Erfolgsfaktor** festhalten:

1. Integration der fachlichen Inhalte in Weiterbildungsprogramme und Penetration der Thematik über genossenschaftliche Medien.

Diese Aussagen decken sich auch mit themenbezogenen Ergebnissen der Fragebogenerhebung. So wollen sich beschäftigen beziehungsweise beschäftigen sich durchschnittlich knapp 2/3 (64,50 %) aller Genossenschaftsbanken über Seminare, Fachartikel oder Fachbücher mit dem Transfer von Kreditrisiken. Dabei unterscheiden sich die einzelnen Schichten nicht grundsätzlich vom Durchschnitt, wenngleich sich mit zunehmender Institutsgröße eine leicht abnehmende Tendenz zeigt. Während die kleinen Institute sich zu 71,43 % und die mittleren zu 63,08 % über diese Medien beschäftigen, bevorzugen große Institute diese Informationsmöglichkeit zu 61,29 %.

[668] Vgl. Expertengespräche
[669] Herausgeber sind der BVR sowie der Genossenschaftsverband Frankfurt.
[670] Vgl. Expertengespräche

Abbildung 66: In welcher Form beschäftigen Sie sich oder wollen Sie sich mit dem Transfer von Kreditrisiken beschäftigen?

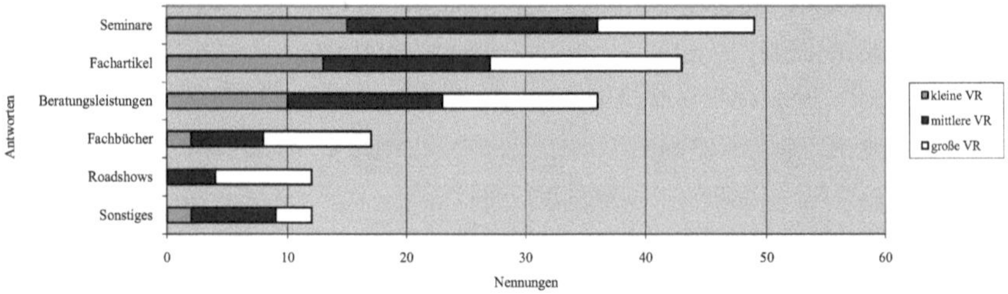

Quelle: Eigene Darstellung

Die wohl zentralste Rolle, um die fachlichen Kenntnisse im genossenschaftlichen Finanzverbund deutlich und zeitnah zu verbessern, spielen nach Meinung der Interviewten die einzelnen Prüfungsverbände. Neben den vorgenannten Einflussmöglichkeiten über die Personalentwicklungsprogramme oder die Presseveröffentlichungen dominiert die Wirkung über die Prüfungshandlungen im Rahmen der gesetzlichen Prüfung sowie der individuellen Interpretation des Betreuungsauftrages.

Durch das Prüfungsmonopol verfügen die einzelnen Verbände über eine einzigartige Marktstellung, die insbesondere in der Umsetzung aufsichtsrechtlicher Vorgaben zum Ausdruck kommt. So fungieren die einzelnen Prüfungsverbände als Katalysator bei aufsichtsrechtlichen und als treibende Kraft bei betriebswirtschaftlichen Entwicklungen. Auf der einen Seite erfolgen durch die einzelnen Verbände die verbandszentrale Auswertung und Interpretation aufsichtsrechtlicher Neuerungen sowie die Vorbereitung und Unterstützung bei deren Umsetzung von Primärbanken. Regelmäßig werden den angeschlossenen Instituten Umsetzungshilfen in Form von Handbüchern oder Muster-Arbeitsanweisungen zur Verfügung gestellt. Gleichzeitig werden die notwendigen Prüfungshandlungen entsprechend auf die Vorlagen ausgerichtet. Darüber hinaus agieren die Verbandsorgane als Sprachrohr der Einzelinstitute bei überregionalen Vorgängen.[671] Die Protokolle der MaK-Fachgremiumssitzungen illustrieren dies sehr schön.[672]

[671] Vgl. Expertengespräche
[672] Vgl. Schwirten, C./Zattler, M. (2005), S. 52

Auf der anderen Seite forcieren die Prüfungsverbände betriebswirtschaftliche Innovationen über die Bildungs- und die teilweise in eigenen Tochtergesellschaften aggregierten Beratungsleistungen. Ebenso wirken die in einigen Verbänden institutionalisierten Bankenbetreuer unterstützend in Richtung Einzelinstitute. Diese Marktstellung gilt es aus Sicht der Experten zu nutzen, um die notwendige Sensibilität für den kapitalmarktorientierten Kreditrisikotransfer herzustellen.[673] So sehen sie die Verbände in der Pflicht, die fachlichen Kenntnisse dort vorzuhalten und den Primärinstituten in „mundgerechten Stücken" zu liefern. Eine Vorgehensweise, wie sie bei Produkten zur Steuerung von Marktpreisrisiken oder zur Aktivierung des Vertriebes im Rahmen des Subsidiaritätsprinzips immer wieder genutzt wurde beziehungsweise noch wird.[674]

Bislang halten sich die einzelnen Prüfungsverbände weitestgehend zurück und nehmen angabegemäß kaum Einfluss auf eine Forcierung des aktiven Kreditrisikomanagements der Primärgenossenschaften. Dies liegt grundsätzlich darin begründet, dass die vorhandenen Produkte aus Sicht der Verbände noch nicht die notwendige Bedarfsgerechtigkeit zur Weiterempfehlung aufweisen. Zum anderen befinden sich auch bei den Verbänden die entsprechenden Fachkenntnisse noch im Aufbau. Diese Anstrengung erfolgt allerdings bereits seit einiger Zeit und drückt sich im Einzelfall sogar darin aus, dass auf Verbandsebene ein Spezialistenteam zum Thema Gesamtbanksteuerung implementiert wurde.[675]

Problematisch bleibt allerdings nach wie vor die Heterogenität im genossenschaftlichen Finanzverbund, die sich auch bei den Prüfungsverbänden zeigt. Auch hier ist bislang keine Dynamik zur Konsolidierung zu erkennen, was eine verbundeinheitliche Forcierung des Kreditrisikotransfers mittels Kapitalmarktinstrumenten wiederum erschwert. Allerdings kann auf Ebene der einzelnen Verbandsgebiete die Thematik auch kurzfristig höher priorisiert werden. Des Weiteren zeigen die Erfahrungen der Vergangenheit wie bei der Umsetzung der MaRisk, dass eine Abstimmung zwischen den Verbänden durchaus möglich ist, um eine konzertierte Aktion zu starten.

[673] Die Interviewpartner bezeichnen die aktive Nutzung der Einflussmöglichkeiten als „Verbandskeule".
[674] Vgl. Expertengespräche
[675] Vgl. Expertengespräche. Beispielsweise verfügt der Genossenschaftsverband Frankfurt über ein Spezialistenteam mit dem Schwerpunkt der Gesamtbanksteuerung als eigenständige Organisationseinheit.

Somit können als **Erfolgsfaktoren** festgehalten werden:

2. Ausgleich der begrenzten Ressourcen und fachlichen Defizite durch die Einschaltung von Zentralinstituten.
3. Thematische Involvierung der Genossenschaftsverbände aufgrund ihrer Marktpositionierung und politischen Bedeutung innerhalb des genossenschaftlichen Finanzverbundes zur Sensibilisierung der Primärgenossenschaften.

Insgesamt ist kritisch zu hinterfragen, ob für das Einzelinstitut entsprechendes Fachwissen zum aktiven Kreditrisikomanagement überhaupt in vergleichbarem Ausmaß wie bei Großbanken vorgehalten werden muss. Vielmehr könnte diese Problematik umgangen werden, indem die Einbindung des Kreditrisikoverkäufers in Kapitalmarkttransaktionen durch die Integration eines Zentralinstitutes weitestgehend umgangen wird.

In diesem Fall würde das abgebende Institut das Kreditrisiko bei Bedarf auf das Zentralinstitut transferieren und neben den standardisierten Servicingnotwendigkeiten keine weiteren Verpflichtungen mehr haben. Sämtliche prozessualen Notwendigkeiten und administrativen Aufgaben in Richtung Kapitalmarkt obliegen dabei ausschließlich dem Zentralinstitut. Das Fachwissen der Primärbanken könnte sich auf den Prozess von Einzelinstitut zur Zentralbank konzentrieren und bedürfte nicht der komplexen Anforderungen des Kapitalmarktes. Neben den Erfordernissen bei der Risikoübertragung würden den Volks- und Raiffeisenbanken im Rahmen der Transaktionslaufzeit klare Vorgaben (Servicing Standards) gemacht werden, vergleichbar dem Versicherungsprinzip. Sollte ein Risiko schlagend werden, erfolgt die Überprüfung der Einhaltung dieser Standards analog den Versicherungsbedingungen und dementsprechend die Ausgleichzahlung.

Als **Erfolgsfaktor** lässt sich dies wie folgt darstellen:

4. Begrenzung der fachlichen und prozessualen Notwendigkeiten für Genossenschaftsbanken im Rahmen von Transaktionen des kapitalmarktorientierten Kreditrisikotransfers.

5.1.2 Transparenz des Kreditrisikoportfolios

Um die Kreditrisiken der einzelnen Kreditgenossenschaften transparent und innerhalb des genossenschaftlichen Finanzverbundes vergleichbar machen zu können, bedarf es einer standardisierten Kreditrisikoquantifizierung. Dabei ist es bei kleineren Instituten wichtig, dass die eingesetzten Instrumente und Verfahren nicht zu kompliziert und zu zeitaufwendig zu handhaben sind. Somit gilt es nicht, Methoden von Großbanken einfach maßstabsverkleinert auf kleine Häuser zu übertragen, vielmehr benötigen sie einen eigenen „Maßanzug", der auf ihre Institutsgröße zugeschnitten ist.[676]

Dieser Maßanzug ist sowohl hinsichtlich des Erwarteten als auch des Unerwarteten Verlustes bereits seit einigen Jahren durch VR-Control in der Implementierung befindlich und weit fortgeschritten. Allerdings bedarf es dabei noch einer Feinjustierung der Verfahren, bis die Voraussetzungen für kapitalmarktorientierten Kreditrisikotransfer geschaffen sind.

Grundsätzlich bleibt festzuhalten, dass sich die Adressrisikosteuerung aus VR-Control nach wie vor in der Einführung befindet und somit weder eine belastbare Historie aufweisen noch als ausgereiftes Verfahren beschrieben werden kann. Dennoch ist die Implementierungsgeschwindigkeit immens und die Verfahren beginnen zu greifen und werden stetig weiterentwickelt.

Dabei ist von zentraler Bedeutung, dass sich die Datenqualität in den einzelnen Häusern signifikant verbessert. Durch die oben beschriebene Einführung der Adressrisikosteuerungsverfahren aus VR-Control und der verstärkten Nutzung von EDV-Tools wie des Programms KRM mit seinen Auswertungsmöglichkeiten wird sich die Datenqualität sukzessive verbessern. Dennoch wird dies auch aufgrund großer Kundenzahlen und einem nicht sonderlich ausgeprägten Verständnis auf Mitarbeiterebene ein Dauerthema bleiben und große Anstrengungen bedingen.[677] Dazu bedarf es grundsätzlich eines professionelleren Umgangs mit der Thematik Datenqualität.

---

[676] Vgl. Schmoll, A. (1999b), S. 72

[677] Vgl. Expertengespräche. Auf Mitarbeiterebene sind regelmäßig sinngemäße Meinungsäußerungen wie „Welchen Mehrwert generiert dieser „unnötige" Arbeitsaufwand bei der Kontoeröffnung?" vorzufinden.

5.1.2.1 Erwarteter Verlust

Bei der Ermittlung des Erwarteten Verlustes stellt wie oben beschrieben im genossenschaftlichen Finanzverbund das VR-Rating die Basis der Adressrisikosteuerung dar. Auf dieser Basis sind die Genossenschaftsbanken in der Lage ihr Gesamtrisiko aus dem Kreditbuch zu ermitteln und die Value-at-Risk-Beiträge der einzelnen Risikoträger zum Gesamtrisiko zu errechnen.[678]

Damit das VR-Rating allerdings auch als Basis für den Kreditrisikotransfer dienen kann, bedarf es der vollständigen Einführung und vor allem Nutzung aller Ratingmodule sowie einer massiven Absenkung des Mindestengagementvolumens ab dem geratet wird. Durch das in der Einführung befindliche VR-Rating Privatkunden sowie des schlanken gewerblichen Ratingverfahrens Gewerbekunden/Freiberufler sind die weit verbreiteten Vorurteile des zu großen Aufwandes entkräftet und die technischen Möglichkeiten auf breiter Basis geschaffen.[679]

Allerdings bedarf es neben der Schaffung der theoretischen Voraussetzungen noch eines Bewusstseinswandels. Die vorhandenen Module müssen auch von allen Banken ab einem niedrigen Mindestengagementvolumen, idealerweise ab Null EUR, eingesetzt werden, damit das Kreditrisikoportfolio einheitlich und vergleichbar risikoklassifiziert ist. Sobald den Genossenschaftsbanken die Möglichkeit des Kreditrisikotransfers von kleinen Engagementvolumina mit dem verpflichtenden Selektionskriterium „VR-Rating“ gegeben wird, werden die Banken ein verstärktes Eigeninteresse zur Reduzierung der Mindestengagementvolumina haben.

Insgesamt bleibt festzuhalten, dass ausschließlich das VR-Rating als Basis für Kreditrisikotransfer genommen werden kann. Somit stellt das Ergebnis des genossenschaftlichen Ratingverfahrens eine objektive Tauschwährung für illiquide Mittelstandskredite dar. Nur auf Basis einheitlicher und auch für alle Beteiligten transparenter Standards ist ein umfassender Risikotransfer möglich.[680]

---

[678] Vgl. Hilgert, H./Hillmer, M. (2005), S. 625
[679] Vgl. Expertengespräche
[680] Vgl. o. V. (2006g), S. 52

Daraus lässt sich folgender **Erfolgsfaktor** ableiten:

5. Fertigstellung und Implementierung der noch fehlenden Ratingmodule und bundesweit einheitliche Nutzung des VR-Ratings als Standardverfahren der Risikoklassifizierung und Generierung von Erfahrungswerten.

Durch die VR-Ratingsystematik müssten theoretisch zwei voneinander unabhängig durchgeführten Bewertungen bei zwei unterschiedlichen Kreditinstituten zum gleichen Ergebnis führen, wenn bestimmte Musteranweisungen zur Bilanzerfassung und zur Bewertung von Kreditsicherheiten zugrunde gelegt werden.[681]

Trotz der systemisch gleichen Ermittlung genießen doch innerhalb des genossenschaftlichen Bankenverbundes auf Primärbankenebene die Ratingergebnisse nur begrenzt Vertrauen. Ursächlich ist, dass jedes Institut individuelle Maßstäbe an Teilaspekte des Ratings wie die inhaltliche Gliederung des Jahresabschlusses im Programm Geno-FBS legt. So weist die Vertrauenswürdigkeit des VR-Ratingergebnisses durchschnittlich lediglich einen Wert von 2,67 (von 1 = sehr vertrauenswürdig bis 5 = gar nicht vertrauenswürdig) auf und differenziert dabei auch nur geringfügig zwischen kleinen (2,57), mittleren (2,71) und großen Instituten (2,30).

Abbildung 67: Zusammenfassung: Vertrauenswürdigkeit des VR-Ratingergebnisses

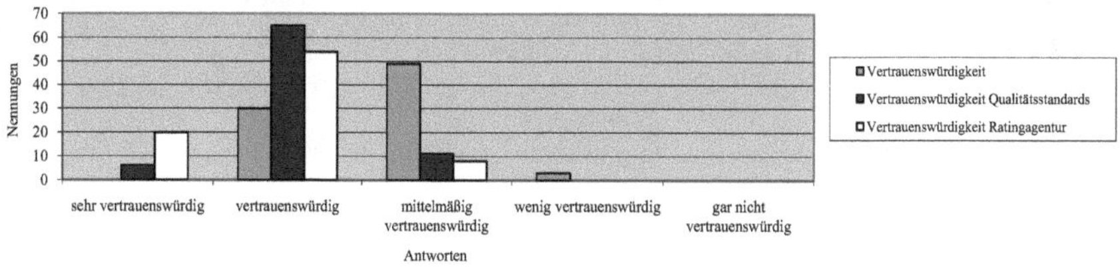

Quelle: Eigene Darstellung

Durch die Implementierung von Qualitätsstandards würde die Vertrauenswürdigkeit jedoch signifikant ansteigen und durch die Einschaltung eines externen Dritten (Beispiel: Ratingagentur, Zentralinstitut) ihren Höhepunkt erreichen. Dies drückt sich in einem arithmetischen Mittel von 2,06 bei Qualitätsstandards, unterteilt in kleine mit 1,96, mittlere mit 2,19 und große Institute mit 2,00, beziehungsweise 1,85 bei Ratingagenturen, unterteilt in

[681] Vgl. Overbeck, R. (2005), S. 20-21

kleine mit 1,82, in mittlere mit 1,90 und große Institute mit 1,82 aus. Allerdings steht der mit Ratingagenturen verbundene finanzielle und prozessuale Aufwand kaum in einem Verhältnis zu dem Mehrwert an der nur gering höheren Vertrauenswürdigkeit im Vergleich zu Qualitätsstandards.

Somit scheint auch vor dem Hintergrund des Preis-Leistungs-Verhältnisses die Einbindung von prozessualen Qualitätsstandards als zielführend und führt aufgrund der deutlich gestiegenen Vertrauenswürdigkeit zu einem erheblichen Mehrwert. Durch diese positiven Effekte sind also Qualitätsstandards in Transaktionen des genossenschaftlichen Sektors zwingend zu integrieren, auch um die Zahl der potenziellen Underlying und Investoren deutlich zu erhöhen. Im Übrigen führt die Einbindung von entsprechenden Standards auch bei der Beleihungswertermittlung von Genossenschaftsbanken zu einer signifikanten Erhöhung der Vertrauenswürdigkeit.

Als Qualitätsstandards können dabei laut Interviewpartner sowohl quantitative als auch qualitative Faktoren dienen. Beispielhaft für erstgenannte Faktoren ist der Mindest-Jahresabschluss-Score aus dem VR-Rating zu nennen, wie er beispielsweise im Rahmen der VR Circle genutzt wird. Darüber hinaus können als qualitative Faktoren prozessuale Standards wie fixe Indikatoren zur Früherkennung von Kreditrisiken und Mindestanforderungen einzelner Prozesse dienen. So ist als Beispiel für Letztgenannten die Bilanzauswertung und damit die Gliederung der Bilanz in das Bilanzauswertungsprogramm Geno-FBS zu nennen, damit sie verbundweit einheitlich erfolgt.[682]

Hierzu existiert eine zugehörige, bundesweit einheitliche Kontierungsrichtlinie, eine Vorschrift, wie Jahresabschlusspositionen im Programm zu erfassen sind. Diese ist allerdings aus Sicht der Primärinstitute zum einen nicht durchgängig bekannt und zum anderen nicht ausreichend konkret. Somit wäre es zielführend, bei dem Selektionskriterium Mindestnote VR-Rating auch eine zwingend einzuhaltende Kontierungsrichtlinie zur Bilanzauswertung zur Qualitätssicherung vertraglich zu dokumentieren. Dies würde qualitative Einflussmöglichkeiten verringern, das Ratingergebnis subjektivieren und somit für die Investoren sicherstellen, dass bei der Risikoklassifizierung entsprechende Qualitätsstandards eingehalten werden. Für den Risikoverkäufer wäre gewährleistet, dass der Versicherungsschutz auch

[682] Vgl. Expertengespräche

während der Laufzeit verlässlich besteht, dass klare Vorgaben umgesetzt wurden und kein Rechtsrisiko aufgrund von Fehleingaben besteht.

Folgender **Erfolgsfaktor** fasst dies zusammen:

6. Implementierung von quantitativen und qualitativen Qualitätsstandards zur Erhöhung der Vertrauenswürdigkeit und Reduzierung beziehungsweise Eliminierung von mit Informationsasymmetrien verbundenen Risikoaufschlägen.

Dabei bleibt es allerdings weiterhin fraglich, ob interne Ratings aufgrund der Gefahr der Subjektivität verbundextern die notwendige Anerkennung am Kapitalmarkt finden. Am globalen Markt zählen nach wie vor nahezu ausschließlich Ratings von Standard & Poor's, Moody's und FitchRatings.[683]

Aus diesem Grund wird es Genossenschaftsbanken auch weiterhin nicht möglich sein, als eigenständige Marktteilnehmer direkt am Kapitalmarkt zu agieren. Innerhalb des Genossenschaftssektors hingegen könnte über die Qualitätsstandards eine Ausgangsbasis für erfolgreichen Kreditrisikotransfer geschaffen werden. Somit erscheint ein funktionierender Markt innerhalb des Finanzverbundes grundsätzlich denkbar und realistisch. Der Transfer von genossenschaftlichen Kreditrisiken über den Kapitalmarkt kann allerdings nur über die Einbindung eines Zentralinstitutes erfolgen. So wird zum einen dessen Reputation genutzt. Zum anderen kann über eine Portfoliobildung auf Zentralinstitutsebene ein höheres Maß an Flexibilität für die externe Platzierung geschaffen werden.

5.1.2.2 Unerwarteter Verlust

Neben der Quantifizierung des Erwarteten Verlustes bedarf es auch der standardisierten Ermittlung des Unerwarteten Verlustes. Dessen organisatorische und technische Voraussetzungen werden ebenfalls im Zuge der VR-Control-Umsetzung durch die Implementierung des VR-CreditPortfolioManagers geschaffen. Es ist also auch hier nur eine Frage der Zeit, in der Regel zwei bis drei Jahre, bis die programmtechnischen Möglichkeiten in nahezu allen Genossenschaftsbanken vorhanden sind. In dieser Zeit sind auch die noch bestehenden

[683] Vgl. Köhler, P. (2006), S. 31

Handlungsnotwendigkeiten wie die Integration der Privatkunden und der noch offenen Ratingmodule in die CVaR-Quantifizierung abzuarbeiten.

Eine größere Hürde als die technische verbundweite Implementierung ist die Integration des VR-CPM in die jeweiligen Arbeitsabläufe und Steuerungsmechanismen der Bank. So müssen viele Kreditgenossenschaften erst entsprechende Erfahrungen mit den Analyseergebnissen sammeln, um passende Steuerungsimpulse ableiten und deren Auswirkungen verarbeiten zu können.

Aus diesem Grund ist wie bei der Quantifizierung des Erwarteten Verlustes auch bei der CVaR-Ermittlung die Schaffung der theoretischen und technischen Voraussetzungen in absehbarer Zeit vollzogen. Das „Leben" der Einsatzmöglichkeiten lässt noch länger auf sich warten. Somit wird die Sinnhaftigkeit der Adressrisikosteuerung mittels Kreditrisikotransfer auch erst zeitversetzt in den genossenschaftlichen Primärbanken Einzug halten.

Hier ist als **Erfolgsfaktor** zu nennen:

7. Vollständige Implementierung des VR-CreditPortfolioManagers und Generierung von Erfahrungswerten.

5.2 Erweiterung der Nutzungsmöglichkeiten von Instrumenten zum Transfer von Kreditrisiken

Neben der Herstellung der Beurteilbarkeit der institutspezifischen Kreditrisikostruktur bedarf es noch der Erweiterung der Nutzungsmöglichkeiten von Instrumenten zum Kreditrisikotransfer durch die Adaption der Transaktionsstrukturen an die Kundenbedarfe sowie der Schaffung von mehr Transparenz.

5.2.1 Adaption der Transaktionsstrukturen an die Kundenbedarfe

Wie oben dargestellt, werden die von Genossenschaftsbanken nutzbaren Transfermöglichkeiten den Kundenbedarfen nicht umfänglich gerecht. Damit die Strukturen für die einzelnen Kreditgenossenschaften interessant werden, bedarf es einer Analyse der

Kundenbedürfnisse und der Umsetzung der gewonnenen Erkenntnisse in die jeweiligen Transaktionsstrukturen.

5.2.1.1 Flexible Selektionskriterien

Die Selektionskriterien engen die einzelnen Institute zu stark ein. Aus diesem Grund muss zur Eliminierung der Hemmnisse der Fokus auf flexible Selektionskriterien gelegt werden. Schließlich sind die Bedürfnisse der Banken beispielsweise hinsichtlich der Risikodiversifizierung höchst unterschiedlich. So streben die Kreditinstitute sowohl nach einer Auflösung der strukturellen Kreditrisikokonzentrationen hinsichtlich Größenklassen-, Branchen-, Bonitäten- als auch geographischen Strukturen. Eine ausschließliche Konzentration auf oder ein genereller Ausschluss von einzelnen Branchen ist daher ebenso wenig zielführend wie die Begrenzung von Größenklassen, der Ausschluss von Regionen oder die Begrenzung von transferierbaren Bonitäten.

Abbildung 68: Welche Schwerpunkte belegen Sie bei der Risikodiversifizierung?

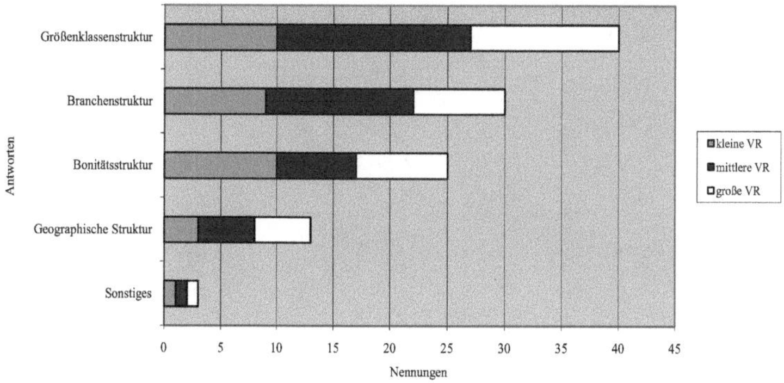

Quelle: Eigene Darstellung

Die Auswertung der Fragebogenerhebung zeigt, dass mit jedem Ausschluss eines Kriteriums sofort Geschäftspotenzial verloren geht. So präferieren die teilnehmenden Genossenschaftsbanken im Rahmen der Risikodiversifizierung die Verbesserung der Größenklassen- (36,04 %) und der Branchenstruktur (27,03 %). Daneben strebt aber rund 1/3 aller Banken nach einer Diversifizierung der Bonitäts- (22,52 %) beziehungsweise der geographischen Struktur (11,71 %). Allerdings unterscheiden sich die einzelnen Schichten dabei deutlich. Während gerade große und mittlere Banken nach einer Verbesserung der

Branchen- und Größenklassenstruktur streben, dominiert bei kleinen Kreditinstituten der Wunsch nach einer Verbesserung der Bonitätsstruktur.

Eine Analyse der bevorzugt zu verkaufenden Ratingklassen unterstreicht ebenfalls die notwendige Flexibilisierung der Selektionskriterien. So existieren hinsichtlich der sehr guten Bonitäten des VR-Ratings (0a bis 1e) kaum Veräußerungswünsche von Seiten der Primärbanken. Dahingegen ist im Non-Investment-Grade-Bereich (2e und schlechter) deutlich mehr Veräußerungswille erkennbar, mit Schwerpunkt auf die mittleren bis schlechten Bonitäten (2a bis 3e).

Abbildung 69: Welche Risiken welcher Ratingklasse würden Sie bevorzugt verkaufen wollen?

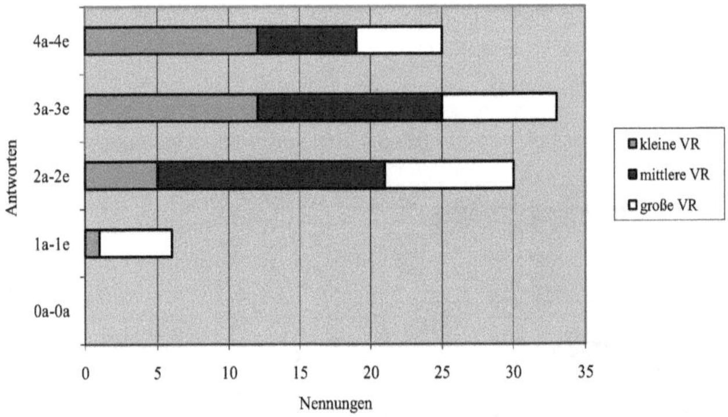

Quelle: Eigene Darstellung

Dabei unterscheiden sich auch hier die einzelnen Schichten deutlich voneinander. Mit zunehmender Institutsgröße reduziert sich der Wunsch nach Veräußerung schlechter Bonitäten. Während das gewichtete arithmetische Mittel aller Genossenschaftsbanken bei 3,72 (von 0a - 0e = 1 bis 4a - 4e = 5) liegt, weisen die kleinen einen Wert von 4,17, die mittleren einen von 3,75 und die großen Institute ein Mittel von 3,54 auf. So präferieren gerade bei den Kreditgenossenschaften bis zu einer Größe von 250 Millionen EUR 80,00 % der Teilnehmer einen Verkauf von Kreditrisiken mit den hohen Ausfallwahrscheinlichkeiten 3a bis 4e. Dies erklärt auch in Teilen die geringe Teilnahmequote von kleinen Instituten bei den bisherigen Transaktionen. Schließlich sind genau diese Bonitäten bei allen nutzbaren Verfahren vollständig oder nahezu vollständig ausgeschlossen.

Dahingegen herrscht bei mittleren und großen Banken dieser Wunsch lediglich bei 55,55 % beziehungsweise 50,00 % vor. Bei Primärgenossenschaften über 250 Millionen EUR Bilanzsumme dominiert der Wunsch nach Veräußerung der Kreditrisiken aus der Ratingklasse 2a bis 2e mit 44,44 % beziehungsweise 32,14 %. Eine Veräußerung von Risiken der besten Ratingklassen 0a bis 0e ist für keine Genossenschaftsbank von Interesse. Diese Ratingklassen sind lediglich den besten internationalen Adressen wie beispielsweise Staaten mit höchster Bonität vorbehalten. Auch der Veräußerungswunsch nach durchaus in den einzelnen Portfolien enthaltenen Kreditrisiken aus den Ratingklassen 1a bis 1e ist mit einem arithmetischen Mittel von 6,38 % von untergeordneter Bedeutung.

Somit herrscht insbesondere hinsichtlich der bisher im Rahmen der genossenschaftlichen Transaktionen ausgeschlossenen Bonitäten zum Verkauf ein Bankenbedarf, der nur äußerst unzureichend bedient wird. Die WGZ-Loop hat dabei das Bonitätsfenster mit der Möglichkeit des Kreditrisikotransfers von Bonitäten bis maximal 3a noch am weitesten geöffnet.

Es ist also wünschenswert, dass die Selektionskriterien den Genossenschaftsbanken die Möglichkeit geben, strukturelle Kreditrisikokonzentrationen, in welcher Form auch immer, transferieren zu können.

Eine Betrachtung der Bonitäten zum Kauf zeigt, dass der Bedarf der Genossenschaftsbanken grundsätzlich auf gute Bonitäten fokussiert ist. Dies zeigt sich auch an dem gewichteten arithmetischen Mittel von 2,39 (von 0a - 0e = 1 bis 4a - 4e = 5) und der Dominanz der Risikoklassen 1a bis 2e mit 90,59 %. Dabei streuen die einzelnen Institutsschichten mit jeweils 2,53 für kleine und mittlere Institute sowie 2,21 für große Institute nur marginal um den Durchschnitt. Es wird deutlich, dass die aktuellen Transaktionsstrukturen mit ihrer Begrenzung auf Ratingklassen bis maximal 3a zwar für den Verkauf kaum von Interesse sind, aber auf der Investorenseite durchaus den Bedarfen der einzelnen Banken entsprechen.

Abbildung 70: Welche Risiken welcher Ratingklasse würden Sie bevorzugt kaufen?

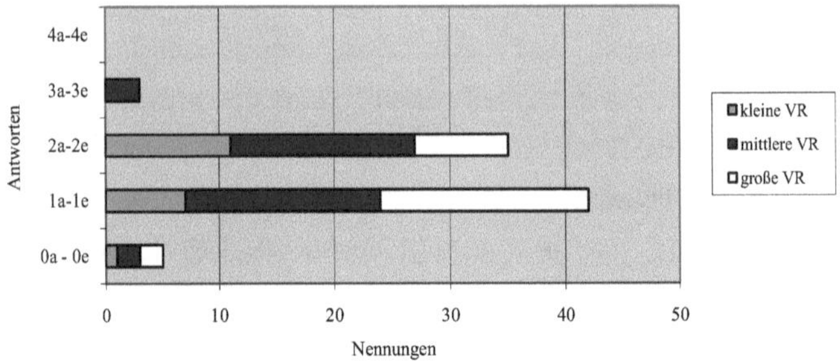

Quelle: Eigene Darstellung

Letztendlich zeigt sich aber an der Auswertung der präferierten Bonitäten zum Kauf und Verkauf, dass hier keine Deckungsgleichheit herrscht. So wollen Genossenschaftsbanken tendenziell schlechte Risiken verkaufen und gute Risiken kaufen. Somit zeigt sich, dass Transaktionsstrukturen wie die VR Circle und die WGZ-Loop, die mit dem Zwang zur Rücknahme von Kreditrisiken in gleichem Ausmaß am Markt agieren, aufgrund vorgenannter Diskrepanz nie von nachhaltigem Erfolg gekrönt sein können.

Ebenso wird es grundsätzlich sehr schwer werden, geeignete Investoren für schlechte Kreditrisiken innerhalb des genossenschaftlichen Finanzverbundes auf Primärinstitutsebene zu finden. Es bedarf daher einer Nutzung des Kapitalmarktes, um einerseits Abnehmer für risikobehaftetere Engagements zu finden und andererseits den Zwang, Kreditrisiken gleichzeitig zu veräußern und zu erwerben, eliminieren zu können.

Ebenso zeigt sich die Notwendigkeit des Höchstmaßes an Flexibilität auch in dem Wunsch der Banken nach Öffnung der Selektionskriterien hinsichtlich Produkten, Laufzeiten und großen ungesicherten Kreditteilen. Letztendlich muss ein erfolgreicher kapitalmarktorientierter Kreditrisikotransfer den Banken das breite Spektrum ermöglichen.

Die Notwendigkeit der Eliminierung der Informationsasymmetrien Adverse Selection und Moral Hazard[684] nehmen die Kreditgenossenschaften in ihren Absicherungswünschen bereits vorweg. So möchten 73,24 % aller Teilnehmer maximal 50 % des jeweiligen Einzelengagements beziehungsweise des Portfolios und 71,83 % maximal 50 % des Blankoanteils

[684] Vgl. Burghof, H.-P./Henke, S. (2005a), S. 33-34

des jeweiligen Einzelengagements beziehungsweise des Portfolios durch den Verkauf von Kreditrisiken absichern. Im Fazit sollten sich die Kreditrisikotransfermöglichkeiten immer nur auf die ungesicherten Kreditteile beziehen, um somit sämtliche Problematiken rund um das Thema Sicherheiten zu vermeiden.[685]

Insbesondere aus den Interviews wird deutlich, dass ein weiterer Erfolgsfaktor die Reduzierung der Mindestlosgröße ist. Dies ist vor allem für kleine Institute von zentraler Bedeutung, da ihre Portfolien von Kleinstengagements geprägt sind. Darüber hinaus erhöht eine Senkung der Mindestvolumina auch das handelbare Potenzial an Kreditrisiken. Allerdings reduziert sich der Arbeitsaufwand je transferiertem Engagement nur minimal mit der entsprechenden Losgröße. Somit bleibt im Rahmen einer Beleuchtung des Preis-Leistungs-Verhältnisses fraglich, ab welchem Mindestengagement die Fixkosten einen Kreditrisikotransfer rentabel erscheinen lassen.

Insgesamt ist festzuhalten, dass die Selektionskriterien deutlich breiter aufgestellt werden müssen, um den Anforderungen der Kunden, sprich der Kreditinstitute, gerecht zu werden. So sind die Kriterien an die Belange der Genossenschaftsbanken anzupassen und nicht an die Bedarfe der Zentralinstitute. Dies auch dann, wenn die Reputation des genossenschaftlichen Finanzverbundes am Kapitalmarkt erst noch erarbeitet werden muss.

Zielsetzung der Selektionskriterien muss es sein, dass die Produkte auf alle Kunden angewandt werden können und somit den Banken ein Höchstmaß an Flexibilität bieten. Die dadurch stärkere Nutzung der Möglichkeiten des Kreditrisikotransfers würde eine Eigendynamik entwickeln und zu einer deutlichen Reduktion weiterer Hemmnisse wie des Preis-Leistungs-Verhältnisses oder der mangelnden Marktreife führen.

Daraus lässt sich folgender **Erfolgsfaktor** ableiten:

8. Flexibilisierung der Selektionskriterien durch die Öffnung für alle Größenklassen-, Branchen-, Bonitäten- als auch geographischen Strukturen als auch durch Reduzierung der Mindestlosgrößen.

[685] Vgl. Expertengespräche

5.2.1.2 Einfache Transaktionsstrukturen

Die vorgenannten Präferenzen nach einem Höchstmaß an Flexibilität hinsichtlich der Selektionskriterien zeigen sich auch in der Transaktionsstruktur. Die Primärgenossenschaften hegen den dominierenden Wunsch nach Transaktionen, welche keinen Einfluss auf die Bilanzsumme nehmen. So wünschen sich fast 2/3 (64,79 %) aller Teilnehmer der Fragebogenerhebung eine konstante Bilanzsumme, wie sie die synthetischen Transaktionen bieten. Lediglich 21,13 % würden eine Bilanzverlängerung beziehungsweise 14,08 % eine -verkürzung bevorzugen. Kreditgenossenschaften wollen sich in ihrer Bilanzpolitik nicht durch Transaktionsstrukturen einengen lassen, sondern selbst ihre Kreditrisikoportfolien modellieren. Dabei streuen die einzelnen Schichten nicht signifikant um das gewichtete arithmetische Mittel.

Dieser Wunsch nach Individualität gilt in gleichem Maße für den Zeitpunkt des Kreditrisikotransfers. Die Produkte müssen den Banken die Möglichkeit geben, sowohl bei Kreditvergabe (29,49 %), bei Eintritt von Leistungsstörungen (17,95 %), nach EWB-Bildung (5,13 %) als auch insbesondere während der Kreditlaufzeit (47,44 %) kapitalmarktorientierten Kreditrisikotransfer betreiben zu können. Auch wenn die bisherigen Transaktionen zwar grundsätzlich unabhängig vom Kreditvergabezeitpunkt durchführbar sind, bieten sie allerdings den Kreditgenossenschaften lediglich die Möglichkeit, ein bis maximal zwei Mal pro Jahr zu einem fixen Zeitpunkt Kreditrisiken zu transferieren. Beispielsweise ist es einer Bank somit nicht möglich, das Kreditrisiko einer soeben eintreffenden Kreditanfrage direkt mit Abschluss weiter zu veräußern.

Abbildung 71: Zu welchem Zeitpunkt der Kreditlaufzeit herrscht aus Ihrer Sicht der größte Bedarf an Möglichkeiten zum Transfer von Kreditrisiken?

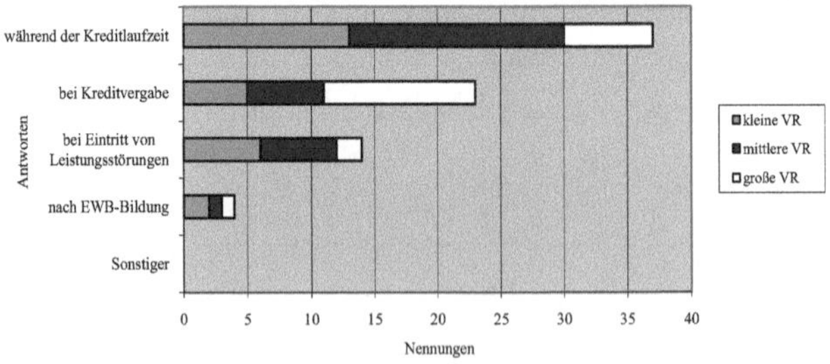

Quelle: Eigene Darstellung

Die Einschätzungen der einzelnen Institutsschichten differieren dabei sehr stark. Während der Transferwunsch von Kreditrisiken bei Kreditvergabe von 19,23 % der kleinen und 20,00 % der mittleren Institute geäußert wird, überwiegt diese Anforderung bei Banken über 1 Mrd. EUR Bilanzsumme mit 54,55 %. Dominierender Transferzeitpunkt für kleine und mittlere Primärinstitute ist jeweils während der Kreditlaufzeit mit 50,00 % beziehungsweise 56,67 %, wenngleich weniger als 1/3 (31,82 %) der großen Institute diesen Zeitpunkt präferiert.

Diese Erkenntnis zeigt einen weiteren Grund für den bislang begrenzten Erfolg der einzelnen Transaktionen. So nehmen die großen Kreditgenossenschaften unter anderem aufgrund der erhöhten Fachkenntnisse und der größeren Beschäftigungsintensität eher an Transaktionen zum aktiven Kreditrisikomanagement teil. Dies tritt im Rahmen der Nutzungsanalyse auch deutlich zu Tage. Obwohl also die Institute über 1 Mrd. EUR Bilanzsumme das größte Potenzial für die „Pilottransaktionen" bieten, wurden dennoch deren Wünsche hinsichtlich des Transferzeitpunktes nicht ausreichend berücksichtigt.

Aufgrund der starren Transaktionsstrukturen werden die bisherigen Möglichkeiten zum kapitalmarktorientierten Kreditrisikotransfer daher den Anforderungen von über der Hälfte der großen Kreditgenossenschaften nicht gerecht. Eine Flexibilisierung der Veräußerungsmöglichkeiten würde das gesamte Teilnehmerpotenzial um rund 1/3 erweitern. Als Zielsetzung kann daher nach Ansicht der Interviewten nur eine jederzeitige oder zumindest monatliche Veräußerungsmöglichkeit definiert werden.[686]

Dies lässt sich in folgendem **Erfolgsfaktor** festhalten:

9. Standardisierung und Vereinfachung der Transaktionsstruktur zur Sicherstellung flexibler Einsatzmöglichkeiten.

Diese Steigerung der Anwenderfreundlichkeit muss aus Sicht der Genossenschaftsbanken auch technisch abgebildet werden. Es bedarf einer deutlich besseren Unterstützung im Rahmen von Datenlieferungen sowohl bei Transaktionsvorbereitung als auch während der Laufzeit durch die Rechenzentren. Ebenso ist die Erstellung einer integrierten Transaktionsplattform, über die institutionalisiert Kauf und Verkauf von Kreditrisiken abgewickelt werden, als virtueller elektronischer Markt notwendig.[687]

---

686 Vgl. Expertengespräche

687 Vgl. Damaske, M. (2005), S. 1007

Als **Erfolgsfaktor** lässt sich dies wie folgt formulieren:

10. Verbesserung der technischen Unterstützung durch Erhöhung des Automatisierungsgrades der Datenlieferung sowie durch die Schaffung einer einheitlichen, adressatengerechten Transaktionsplattform.

Weiterer Änderungsbedarf ist hinsichtlich des bevorzugten Transaktionspartners zu erkennen. Es ist bei teilnehmenden Kreditgenossenschaften aller Institutsgrößen der klare Wille erkennbar, dass nahezu ausschließlich (81,01 %) ein Kreditrisikotransfer innerhalb des genossenschaftlichen Finanzverbundes erfolgen soll. Dabei wird den Zentralinstituten DZ Bank und WGZ Bank mit zusammen 36,27 % als Partner der größte Vertrauensbonus gegeben. Somit fallen aus Analysegesichtspunkten auch die Möglichkeiten von externen Brokern, Handelsplattformen oder Börsen mit insgesamt weniger als 4,00 % aller Nennungen aus dem Blickpunkt der Betrachtung. Ein direkter Weg an den Kapitalmarkt verschließt sich also auch aus dieser Sichtweise.

Abbildung 72: Zusammenfassung: Mit welchem Transaktionspartner beziehungsweise auf welchem Markt würden Sie bevorzugt handeln? (mind. fünf Nennungen)

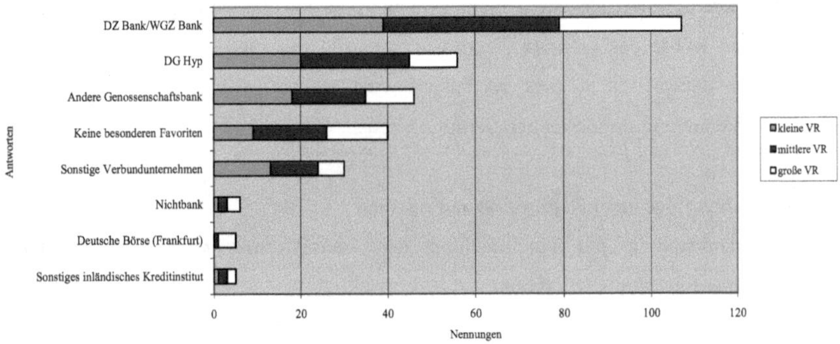

Quelle: Eigene Darstellung

Diese Erkenntnis korrespondiert mit dem dominierenden Hemmnis der mangelnden Fachkenntnisse und der damit verbundenen Unsicherheit. Wenn sich Einzelinstitute in einem Themengebiet nicht detailliert auskennen, benötigen entsprechende Vertragsvereinbarungen ein erhöhtes Maß an Vertrauen und Verlässlichkeit. Dieses genießen aus Sicht der

Primärinstitute die Transaktionspartner aus dem eigenen Finanzverbund bei denen die handelnden Akteure den Entscheidern oftmals noch persönlich bekannt sind.[688]

Allerdings wird eine funktionierende Handelsplattform oder Börse wie die RMX verbunden mit marktgerechten Preisen (Fair Value) sehr schnell zu einer Änderung des Meinungsbildes führen. Letztendlich bestimmen Angebot und Nachfrage auch den Markt für Kreditrisiken.[689] Sollten die genossenschaftlichen Zentralinstitute die bestehenden Hemmnisse nicht zeitnah abbauen können, wird die genossenschaftliche Treue analog der Produktentwicklung bei Marktpreisrisiken individuell gestaltet werden. Schließlich nutzen zahlreiche Genossenschaftsbanken in diesem Bereich bereits das Produktangebot von Großbanken wie der Deutschen Bank.

Auffällig ist ebenfalls der Wunsch nach einem vermittelnden Institut. Der direkte Kontakt zwischen den Primärbanken ist mit 15,59 % lediglich von nachrangiger Bedeutung. Der direkte Kontakt mit Investoren am Kapitalmarkt existiert auch in den persönlichen Gesprächen nicht. Somit erscheinen direkte Transaktionen am Kapitalmarkt von Genossenschaftsbanken der Primärstufe auch dann nicht als realistisch, sollten sich die dortigen Anforderungen wie Mindestgrößen und Ratinganerkennung ändern. Kapitalmarktorientierter Kreditrisikotransfer von Kreditgenossenschaften ist daher immer nur in Verbindung mit einem Zentralinstitut möglich.

Ebenfalls deutlich ersichtlich ist der klare Wunsch der Primärbanken nach der Problemlösung „aus einer Hand". So wird als Produktlieferant im Bereich des Kreditrisikotransfers ein Zentralinstitut präferiert, welches sämtliche genossenschaftsweite Tätigkeiten integriert. Es wären die Aktivitäten der lediglich auf Immobilienkreditrisiken fokussierten DG Hyp sowie die Bemühungen der WGZ Bank oder der DZ Bank auf ein einziges Institut zu bündeln. Gerade die Bündelung der Kräfte der beiden verbliebenen Zentralbanken könnte im Rahmen der avisierten vertieften Kooperation in absehbarer Zukunft erfolgen.[690] Dabei würde von den Primärbanken aus Sicht von Interviewteilnehmern auch das damit einhergehende Problem des mangelnden Wettbewerbs in Kauf genommen werden, da die Marktgerechtigkeit der Preise über Alternativinvestments hergestellt ist.[691]

---

688 Vgl. Expertengespräche
689 Vgl. Flesch, J. R. (2006), S. 230-231
690 Vgl. Shinde, S. (2006), S. 27
691 Vgl. Expertengespräche

Durch diese Konzentration würden sich die Zentralbanken auf ihre Funktion als Produktlieferanten und Dienstleister für ihre Eigentümer, die Genossenschaftsbanken, konzentrieren. Somit vollziehen sie in ihren Marktgebieten sowohl eine Ausgleichsfunktion als Regulativ der heterogenen Kreditrisikoportfolien als auch eine organisatorische Sicherstellung der Diversifikation.[692]

Somit lässt sich folgender **Erfolgsfaktor** herleiten:

11. Ausschließlicher Transfer von Kreditrisiken an genossenschaftlichen Institute und Konzentration der genossenschaftlichen Produktlieferanten auf ein Verbundunternehmen.

Die freie Auswahl, das heißt dass bei der jeweiligen Transaktion sowohl ein Kauf als auch ein Verkauf von Kreditrisiken möglich ist, ist ein weiteres dominierendes Transaktionsmerkmal, das in den existierenden Strukturen nicht ausreichend berücksichtigt wurde. Dieses würde den Einzelinstituten auch die Möglichkeit geben, ihr Kreditrisikoportfolio und damit sowohl den Erwarteten als auch den Unerwarteten Verlust zu modellieren. Die im Rahmen der VR Circle und WGZ-Loop enthaltenen Verpflichtungen zum Rückkauf von Kreditrisiken werden lediglich von 7,59 % aller Genossenschaftsbanken bevorzugt. Dahingegen präferieren 75,95 % der Institute nahezu losgelöst von der jeweiligen Größe eine freie Auswahl.

Abbildung 73: Welche Transaktionsstruktur beim Transfer von Kreditrisiken würden Sie bevorzugen?

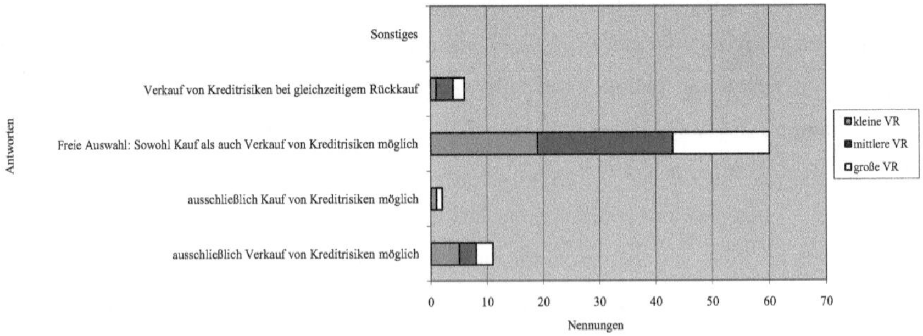

Quelle: Eigene Darstellung

[692] Vgl. Hilgert, H. (2005), S. 1173-1174

Sowohl vor dem Hintergrund der mangelnden Fachkenntnisse als auch der hohen Transaktionskosten bei komplexen Produktstrukturen wird insbesondere in den Expertengesprächen deutlich, dass erfolgreiche Transaktionsstrukturen einfach und verständlich sein und ein hohes Maß an Standardisierung aufweisen müssen. Somit scheiden auch direkte Kreditrisikotransfers am Kapitalmarkt mit den damit verbundenen Anforderungen wie englischsprachigen Verträgen aus.

Die Standardisierung der Produkte muss gleichzeitig von einer Verschlankung der heterogenen Produktlandschaft im genossenschaftlichen Finanzverbund begleitet werden. So bedarf es künftig nicht mehrerer Kapitalmarktprodukte, und auch traditionelle Produkte wie der Standard-Meta könnten ersatzlos gestrichen werden.

Als **Erfolgsfaktor** lässt sich festhalten:

12. Zur Sicherstellung ausreichender Liquidität und zur Entschlankung der bestehenden Produktvielfalt sind parallel existierende Transaktionsstrukturen zu zentralisieren.

Insgesamt ist festzuhalten, dass die Transaktionsstrukturen den Einzelinstituten ein Höchstmaß an Flexibilität gewährleisten müssen. Dabei muss es Zielsetzung sein, dass das Produkt sehr einfach gestaltet ist und ein Höchstmaß an Standardisierung hinsichtlich Abwicklung aufweist. Dabei können sämtliche Bedarfe durchaus über lediglich eine einzige Transfermöglichkeit abgedeckt werden. Auch wenn ein Teil der Genossenschaftsbanken eine True-Sale-Transaktion zur Verbesserung finanzwirtschaftlicher Kennzahlen präferieren würde, ist es doch klarer Wunsch der Mehrzahl der Genossenschaftsbanken, rein synthetische Transaktionen durchzuführen.

So wäre es eine Möglichkeit, dass die Volks- und Raiffeisenbanken Kreditrisiken aus ihrer Sicht abschließend auf ihr Zentralinstitut übertragen. Dieses nimmt die Risiken im ersten Schritt auf seine Bücher, sammelt diese und schnürt ein Portfolio. Anschließend wird Letzteres entweder an interessierte Genossenschaftsbanken oder in Form einer Kapitalmarkttransaktion aus dem genossenschaftlichen Finanzverbund transferiert. Somit könnte eine bundesweit einheitliche Lösung in Abstimmung mit regionalen Prüfungsverbänden entstehen.

5.2.2 Verbesserung Preis-Leistungs-Verhältnis

Wie in der Zielsetzung dieser Dissertation deutlich wurde, steht nicht eine intensive Beleuchtung von Preisermittlungsverfahren im Fokus der Betrachtung. Aus diesem Grund werden die Erfolgsfaktoren, die zu einer Verbesserung des Preis-Leistungs-Verhältnisses führen, anhand des vergleichsweise einfachen Preisfindungsverfahrens der WGZ-Loop dargestellt.

Dabei tritt jede teilnehmende Kreditgenossenschaft (Poolingbank) als Risikoverkäufer für ihre über die Primär-CDS in den Pool eingebrachten Kreditrisiken auf, wofür sie eine Prämie generiert. Deren Berechnung erfolgt auf Basis der potenziellen Ausgleichszahlungen für das abgesicherte Referenzaktivum, der VR-Ausfallwahrscheinlichkeiten sowie der zum Abschlussdatum gültigen Diskontfaktoren.[693]

Darüber hinaus tritt jede Poolingbank aufgrund des Rücknahmezwangs gleichzeitig als Sicherungsgeber für den Pool auf, indem sie anteilig Kreditrisiken über den Pro-Rata-CDS zurücknimmt. Die Teilnehmerbank erhält hierfür eine entsprechende Prämie. Dabei erfolgt die Berechnung Letztgenannter auf Basis des Pro-Rata-Anteils, das heißt dem Verhältnis des eigenen in WGZ-LOOP eingebrachten Risikovolumens zum gesamten Poolvolumen, und der Prämiensumme aller Primär-CDS.[694]

Die für jede Poolingbank anfallende Risiko-Pooling-Gebühr setzt sich im Falle der WGZ-Loop aus einer Teilnahmegebühr (5.000 EUR), einer Gebühr (300 EUR) für jeden eingebrachten Kreditnehmer-Stamm sowie 15 % der Prämiensumme aller Primär-CDS zusammen. Sämtliche CDS-Prämien und Risiko-Pooling-Gebühren fließen einmalig upfront.[695]

Vereinfacht dargestellt, setzt sich somit der Zielpreis aus dem Ratingergebnis und den Transaktionskosten zusammen. Während die Kosten des Ratingergebnisses von den Einzelinstituten kaum beeinflussbar sind, manifestieren sich die Möglichkeiten zur Verbesserung des Preis-Leistungs-Verhältnisses an den Transaktionskosten. Diese setzen sich

[693] Vgl. Heine, S. (2006), S. 18
[694] Vgl. Geilmann-Ebbert, A./Heine, S. (2006), S. 1148
[695] Vgl. Heine, S. (2006), S. 18

aus Investorensicht aus den Kosten für den Schutz vor Adverse Selection und Moral Hazard, Transparenz und Informationseffizienz des Sekundärmarkthandels sowie den Managementkosten zusammen.[696]

Eine Reduzierung der Transaktionskosten beim Kreditrisikotransfer erfordert eine Standardisierung der Titel, eine Sicherung der Kontrakterfüllung über eine ausreichende Bonität der Handelspartner sowie eine kostengünstige Handelsplattform. Eine hohe Transparenz des Marktgeschehens senkt die Informationskosten der Investoren, Informationseffizienz schützt sie vor Insiderhandel. Vor dem Hintergrund der begrenzten Ressourcen benötigen die Kreditgenossenschaften einfache Produkte, um ihre Managementkosten niedrig halten zu können.[697] Darüber hinaus kann durch die Einbindung von prozessualen Qualitätsstandards auch die bislang vorgenommene Einbindung einer objektivierenden Stelle wie die Ratingüberprüfung der DZ Bank im Rahmen der VR Circle entfallen. Dies führt zu einer weiteren Reduzierung von Transaktionskosten.

Durch die Implementierung des VR-Ratings und des VR-CreditPortfolioManagers wurden beziehungsweise werden die Voraussetzungen für eine einheitliche Ermittlung der Ausfallwahrscheinlichkeit geschaffen. Sollten sich darüber hinaus die Transaktionsausgestaltungen stärker an den Bedarfen der Banken orientieren und die Beurteilbarkeit des Kreditrisikoportfolios den notwendigen Handlungsbedarf für das Einzelinstitut herstellen, würde dies zu einer deutlichen Intensivierung des kapitalmarktorientierten Kreditrisikotransfers führen. Mit der dadurch steigenden Nachfrage nach entsprechenden Produkten würden aufgrund der Lukrativität des Geschäftsfeldes auch neue Anbieter in den Markt drängen und somit für eine signifikante Verbesserung des Preis-Leistungs-Verhältnisses sorgen.

Neben diesen Vereinbarungen können auch die Verfahren Bonding, Monitoring und Signalling zur Reduktion der Agency-Kosten herangezogen werden. Beim Bonding, oft mit Selbstbindung übersetzt, verhält sich der Agent durch selbstaktive Maßnahmen im Interesse des Prinzipals. Monitoring beschreibt das Beobachten und Kontrollieren des Agenten mittels vertraglich geregelter Vereinbarungen.[698] Dahingegen erfolgt beim Signalling durch das freiwillige Aussenden von verbindlichen Signalen eine Reduktion der Informations-

[696] Vgl. Franke, G. (2005b), S. 11
[697] Vgl. ebd., S. 11. Originalzitat aus mehreren Expertengesprächen: „keep it simple and stupid“.
[698] Vgl. Hartmann-Wendels, T./Pfingsten, A./Weber, M. (2007), S. 100-101

asymmetrien, was somit ebenfalls zur Senkung von Agency-Kosten beiträgt.[699] Somit würden die vorgenannten einfachen Produktstrukturen verbunden mit einem hohen Standardisierungsgrad in Form von klaren Servicing Standards zu einer Senkung der Prozesskosten signifikant beitragen.

Darüber hinaus zeigen die beiden Transaktionen VR Circle und WGZ-Loop im Vergleich zu den synthetischen Verbriefungstransaktionen PROVIDE-VR und PROSCORE-VR angabegemäß ein besseres Preis-Leistungs-Verhältnis für die Genossenschaftsbanken als Risikoverkäufer auf. Dies liegt hauptsächlich darin begründet, dass bei Letztgenannten eine Einbindung der KfW und deren Verbriefungsplattform erfolgt. Eine Eliminierung dieser würde zur Senkung der Transaktionskosten und damit zur Verbesserung des Preis-Leistungs-Verhältnisses beitragen. Allerdings würde auch die optionale Refinanzierungsmöglichkeit über das Globaldarlehen wegfallen. Da aber Zielsetzung dieser Transaktionen der Kreditrisikotransfer und nicht die Erweiterung von Refinanzierungsmöglichkeiten ist, wäre dieser Verlust akzeptabel.[700]

Als Transaktionspartner würde daher aus Sicht der Interviewpartner neben den Primärgenossenschaften ein Zentralinstitut ausreichen, dessen Reputation am Kapitalmarkt genutzt werden kann. Der dadurch reduzierte Wettbewerb wird akzeptiert.[701] Somit würde eine Bündelung von Kreditrisiken der Primärstufe auf Ebene der Zentralbank erfolgen und bei Bedarf durch Volumina interessierter Verbundpartner, vergleichbar der PROVIDE-VR, angereichert werden. Dies würde auch zu einer Erhöhung der Poolgrößen und somit zu einer besseren Fixkostenverteilung sorgen.

Anschließend könnte die Zentralbank den Pool ganz oder teilweise entweder strukturiert an interessierte Primärinstitute zurückverkaufen oder über eine Verbriefungstransaktion eigenständig am Kapitalmarkt platzieren. Die bei Zentralinstituten vorhandenen notwendigen spezifischen Fachkenntnisse werden durch in der in der Vergangenheit mehrfach durchgeführte Transaktionen wie League oder Bauhaus der DZ-Bank-Gruppe dokumentiert.

---

699 Vgl. Leland, H. E./Pyle, D. H. (1977), S. 372-377
700 Vgl. Expertengespräche
701 Vgl. Expertengespräche

Zusammenfassend lässt sich als **Erfolgsfaktor** festhalten:

13. Verbesserung des Preis-Leistungs-Verhältnisses durch Erhöhung der Poolgrößen und Verringerung der Transaktionskosten.

5.3 Herstellung der Marktreife

Bislang wurden die Notwendigkeiten zur Herstellung der Beurteilbarkeit der institutspezifischen Kreditrisikostruktur unterteilt nach Abbau fachlicher Defizite und Transparenz über das Kreditrisikoportfolio beschrieben. Darauf hin folgte anhand der Adaption der Transaktionsstrukturen an die Kundenbedarfe und der Verbesserung des Preis-Leistungs-Verhältnisses die Darstellung der Nutzungsmöglichkeiten von Instrumenten zum Kreditrisikotransfer. Abschließend ist die Frage zu beantworten: Bis wann führen die vorgenannten Erfolgsfaktoren zu einer Herstellung der notwendigen Marktreife?

Grundsätzlich werden die Zukunftsaussichten wie oben dargestellt als positiv bis sehr positiv beschrieben. Wenngleich dabei kurzfristig aufgrund der mangelnden Beurteilbarkeit der Kreditrisikostruktur, der aktuell höher priorisierten anderen Handlungsnotwendigkeiten und der nicht bedarfsgerechten Transaktionsausgestaltungen nicht von einem gravierenden Anstieg des kapitalmarktorientierten Kreditrisikotransfers auszugehen ist. Ebenso trägt die Unerfahrenheit der Banken mit diesen vergleichsweise jungen Finanzprodukten zu einer erhöhten Vorsicht bei.[702]

So werden sich im Rahmen des Haupthemmnisses „mangelnde Beurteilbarkeit der institutspezifischen Kreditrisikostruktur" die Institutsgrößen und somit die personellen Ressourcen in den nächsten Jahren nicht signifikant verändern. Darüber hinaus erscheint für viele Genossenschaftsbanken der Aufwand zur Aneignung der Fachkenntnisse hinsichtlich kapitalmarktorientiertem Kreditrisikotransfer zu groß im Verhältnis zum vermeintlichen Ertrag.

Aufbauend auf diesen Erkenntnissen stellt sich die Frage, bis wann sich die einzelnen Institute mit dem Kreditrisikotransfer beschäftigen wollen. Auch hier ist die grundsätzliche Tendenz erkennbar: je größer die Häuser, desto eher beschäftigen sie sich mit Möglichkeiten zum

[702] Vgl. Expertengespräche. Originalzitát: „Ich will kein Montagsprodukt."

Transfer mit Kreditrisiken. 86,37 % der großen und 64,52 % der mittleren Banken beschäftigen sich zum jetzigen Zeitpunkt oder wollen sich kurzfristig mit dem Thema beschäftigen. Dies gilt für insgesamt 58,54 % der Genossenschaftsbanken. Dahingegen will sich nur ein Teil (30,93 %) der kleinen Kreditgenossenschaften in naher Zukunft mit Kreditrisikomanagement beschäftigen. 37,93 % schließen eine Beschäftigung komplett aus.

Abbildung 74: Bis wann wollen Sie sich mit dem Transfer von Kreditrisiken intensiv beschäftigen?

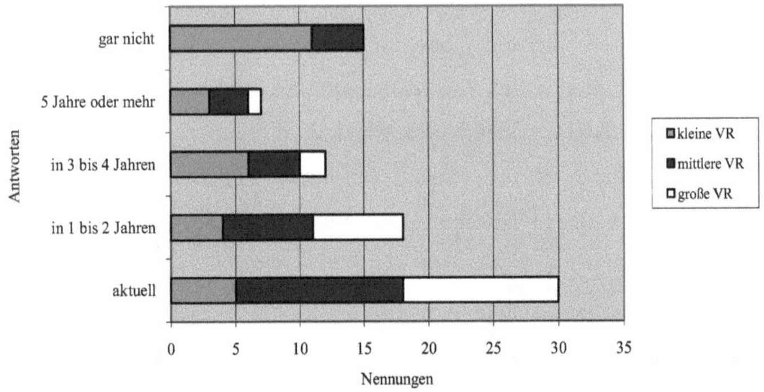

Quelle: Eigene Darstellung

Diese auch in den nächsten Jahren geringe Beschäftigungsintensität gerade bei kleinen und mittleren Banken ist dem vorgenannten geringen Handlungsdruck und dem vermeintlich geringen Bedarf an kapitalmarktorientiertem Kreditrisikotransfer zuzuschreiben. Insbesondere bei den Meinungsführern im genossenschaftlichen Finanzverbund bestehen im Regelfall keine signifikanten Probleme in ihren Kreditrisikoportfolien und somit keine ausgeprägten kurzfristigen Handlungsnotwendigkeiten.[703]

Insgesamt ist der Aufbau von Wissen ein langwieriger Prozess, der in Verbindung mit einer erst mittelfristig geplanten Auseinandersetzung mit der Thematik nicht erwarten lässt, dass Genossenschaftsbanken an diesem Markt in naher Zukunft auf breiter Basis partizipieren können.

[703] Vgl. Expertengespräche

Trotz dieser Hemmnisse kann mittelfristig dennoch davon ausgegangen werden, dass der Markt auch im Genossenschaftssektor an Dynamik gewinnen wird. Die zeitliche Entwicklung wird sich nach Meinung zahlreicher Interviewpartner analog der Entwicklung der Handelsgeschäfte im Zins-, Devisen- und Aktienbereich vollziehen.[704]

Die Gründe hierfür sind vielschichtig. So wird einerseits der immense Wettbewerbsdruck die Banken zur Erschließung neuer Ertragsquellen und zur Optimierung der Rendite-Risiko-Struktur zwingen. Andererseits sorgt auch die steigende Transparenz des Kreditrisikoportfolios durch die Erfahrungen, die mittels VR-Rating und VR-CreditPortfolioManager generiert werden, perspektivisch für eine höhere Sensibilität und einen höheren Handlungsdruck. Dies zieht eine andere Priorisierung von Maßnahmen im Rahmen der Gesamtbanksteuerung nach sich. Verstärkt wird dieser Trend durch die Tendenz zur aufsichtsrechtlichen Deregulierung und somit frei werdende Ressourcen. Ebenso gewinnt durch die Erhöhung der Fachkenntnisse aktives Kreditrisikomanagement an Bedeutung. Grundsätzlich ist die Einschätzung der interviewten Primärgenossenschaften, dass sich in den nächsten drei bis fünf Jahren das transferierte Volumen und die Zahl der teilnehmenden Banken signifikant steigern wird.[705]

Von zentraler Bedeutung für die zeitliche und qualitative Entwicklung des kapitalmarktorientierten Kreditrisikotransfers wird dabei ebenfalls das Engagement der Prüfungsverbände als vielzitierter „Meinungsführer“ sein. Neben den Einflussmöglichkeiten im Rahmen der Prüfungshandlungen mit Verweis auf ein funktionierendes Kreditrisikomanagement verfügen sie durch ihr Prüfungsmonopol und ihre Stellung im genossenschaftlichen Finanzverbund über die notwendige politische Verzahnung. So könnten die Verbände beispielsweise über institutionalisierte Kommunikationskreise wie die Bezirkskonferenzen zur Verbreitung der Sensibilität für dieses Thema und der Transaktionsstrukturen sorgen.

Ebenso nehmen sie im Gegensatz zu den anderen Zentralinstituten, denen als Produktlieferanten zwangsläufig Verkäufermentalität unterstellt und damit Skepsis entgegengebracht wird, eine vermeintlich neutrale Stellung ein. So könnten die Prüfungsverbände die notwendige Vertrauensbasis herstellen und damit den Banken die Unsicherheit

[704] Vgl. Meister, E. (1999), S. 8
[705] Vgl. Expertengespräche

nehmen. Darüber hinaus könnten sie den Abbau der mangelnden Fachkenntnisse fördern sowie die Verzahnung mit der gesetzlichen Prüfung sicherstellen.

Des Weiteren ist auch eine Optimierung der technischen Unterstützung notwendig, um im Rahmen der Verbesserung des Preis-Leistungs-Verhältnisses durch einen erhöhten Automatisierungsgrad die Transaktionskosten zu senken und die Primärinstitute von administrativen Tätigkeiten zu entlasten. Voraussetzung hierfür ist, dass die bestehenden technischen Systeme nicht über das Mögliche hinaus belastet werden und eine Verzahnung mit dem jeweiligen Rechenzentrum erfolgt.

Letztendlich wird ein funktionierender Markt für aktiven Kreditrisikotransfer nur dann entstehen, wenn das Marktvolumen von verschiedenen, aber vergleichbaren Transaktionen insgesamt eine kritische Größe überschreitet.[706]

Zusammenfassend lässt sich als **Erfolgsfaktor** festhalten:

14. Priorisierung der Thematik „Aktives Kreditrisikomanagement“ und Generierung von Erfahrungswerten.

5.4 Grundsätzliche Merkmale einer potenziellen Lösungsstruktur

Nachdem auf Basis der erarbeiteten Haupthemmnisse diverse Erfolgsfaktoren abgeleitet wurden, wird in diesem Kapitel nun dargestellt, welche grundsätzlichen Merkmale eine potenzielle Lösungsstruktur aufweisen muss. Dabei wird zum einen auf das in der Literatur diskutierte und bei manchen Bankprodukten bereits umgesetzte Drei-Banken-Modell eingegangen. Zum anderen werden grundsätzliche Elemente eines bedarfsorientierten Transaktionsmodells hergeleitet, die eine Kombination von Erfolgsfaktoren beinhalten.

5.4.1 Drei-Banken-Modell

Der genossenschaftliche Finanzverbund bietet aufgrund seiner organisatorischen Ausgestaltung die grundsätzliche Möglichkeit, das so genannte „Drei-Banken-Modell“

---

[706] Vgl. Reich, H. W. (2005), S. 964

verbundintern umzusetzen. Dabei fungieren die Institute nicht mehr als Universalbank, sondern unterteilen sich in Vertriebs-, Produktions- und Portfoliobanken, auch als Steuerungsbanken bezeichnet.[707]

Die Institute der Primärstufe würden sich in diesem Modell mit einer deutlich verringerten Fertigungstiefe als Vertriebsbanken auf eine klare Kunden- und Verkaufsorientierung mit dem Fokus auf Akquisition und Betreuung der exklusiven Kundenbeziehungen konzentrieren. Darüber hinaus werden Produkte und Geschäftsabwicklung bei den Produktionsbanken eingekauft. Diese agieren mit der strategischen Zielsetzung der Produkt- beziehungsweise Kostenführerschaft vergleichbar mit Zulieferbranchen in anderen Industrien.[708] Die Steuerungsbanken verfolgen als Kernstrategie die Produktführerschaft und konzentrieren sich auf ihre Funktion als Portfoliomanager am internationalen Geld- und Kapitalmarkt. Sie übernehmen die mit den Kundengeschäften verbundenen Marktpreis- und Adressausfallrisiken gegen entsprechende Risikoprämien.[709]

Sowohl die Produktions- als auch die Portfoliobanken im genossenschaftlichen Finanzverbund rekrutieren sich aus Zentralinstituten. In Bezug auf das aktive Kreditrisikomanagement würde dies bedeuten, dass sich die Primärbanken auf den Transfer der Kreditrisiken nebst Pflege der Kundenverbindung konzentrieren, während die Risikoverantwortung auf ein zentrales Verbundinstitut übertragen wird. Hiermit wäre eine nachhaltige Abkehr vom Prinzip der Dezentralität und Aufgabe der Autonomie von Genossenschaftsbanken, Regionalverbänden und Rechenzentralen verbunden.

Obwohl eine solche Arbeitsteilung bereits bei anderen Bankdienstleistungen[710] sehr große Verbreitung findet, stehen die Kreditgenossenschaften einer solchen Struktur in Reinkultur sehr skeptisch und ablehnend gegenüber. Dabei würden sie lediglich als reine Vertriebsstellen agieren, während sowohl die Produktlieferung, die Abarbeitung der Arbeitsaufträge (Produktion) als auch das Management der Erträge und Risiken (Steuerung) zentral abgebildet werden. 76,83 % der Fragebogenteilnehmer haben eine negative oder sehr negative Auffassung zu einer solchen generellen Arbeitsteilung. Lediglich 4,88 % schätzen diese Strukturänderungen positiv ein.

---

707 Vgl. Flesch, J. R. (2005), S. 604
708 Vgl. ebd., S. 604-605
709 Vgl. Weinkauf, W. (2005), S. 1177
710 Beispielsweise erfolgt die Wertpapierabwicklung bei vielen Genossenschaftsbanken durch die dwp bank.

Abbildung 75: Meinungsbild der Kreditgenossenschaften zur Umsetzung des „Drei-Banken-Modells“ innerhalb des Finanzverbundes

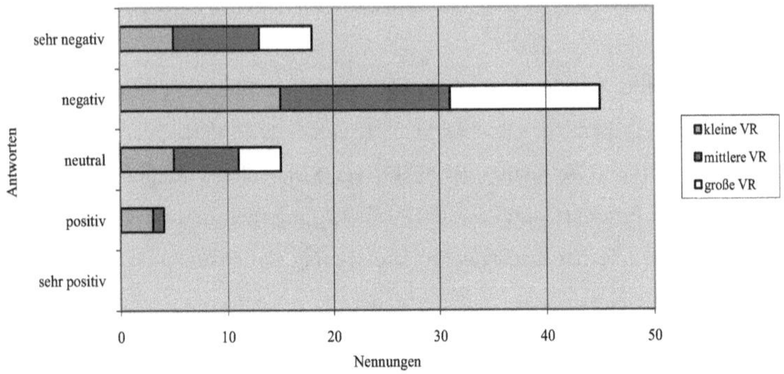

Quelle: Eigene Darstellung

Dabei ist festzustellen, dass mit abnehmender Institutsgröße die Sympathie für das „Drei-Banken-Modell“ wächst: so haben „nur“ 71,43 % der kleinen Institute eine negative oder sehr negative Einschätzung, während dies mit 77,42 % der mittleren und 82,61 % der großen Institute deutlich stärker ausgeprägt ist. Dies liegt darin begründet, dass mit zunehmender Bankengröße auch die Ressourcen wachsen und die einzelnen Kreditgenossenschaften weniger auf Hilfestellungen von Zentralinstituten angewiesen sind.

Generell ist festzustellen, dass der Wunsch nach Eigenständigkeit und Erhalt der unternehmerischen Selbständigkeit im Genossenschaftssektor sehr stark ausgeprägt ist. Daher ist die dominierende Begründung für die negative Grundhaltung zum „Drei-Banken-Modell“ auch der Verlust der unternehmerischen Selbständigkeit (85,71 %) und nicht die zu komplexen Transaktionsstrukturen (6,35 %) oder sonstige Aspekte (7,94 %). Im Gegensatz zu Aspekten wie der Wertpapierabwicklung sehen die Kreditinstitute auch aus Sicht der befragten Experten das Kreditrisikomanagement sowohl auf Einzel- als auch auf Portfolioebene als ihre Kernkompetenz an.

5.4.2 Bedarfsorientiertes Transaktionsmodell

Eine Analyse des präferierten Instrumentes zum Kreditrisikotransfer zeigt, dass es aus Sicht der Kreditgenossenschaften nicht ein einziges, perfektes Instrument oder Verfahren gibt. So gibt es für nahezu alle den Primärgenossenschaften zur Verfügung stehenden Transfermöglichkeiten zahlreiche Nennungen, ohne dass ein Verfahren besonders dominiert. Die meisten Nennungen können der Metakredit (25,00 %), die verbundinterne Handelsplattform (23,31 %) und die Kreditvermittlung (16,95 %) für sich verzeichnen. Dahingegen spielen die reinen Kapitalmarkttransaktionen zwar insgesamt mit 35,59 % eine durchaus bemerkenswerte Rolle, aber ihre einzelnen Instrumente sind mit maximal 11,44 % von untergeordneter Bedeutung.

Abbildung 76: Zusammenfassung: Welche Instrumenten/Verfahren würden Sie zur Absicherung beziehungsweise zum Kauf von Kreditrisiken bevorzugen? (mind. zehn Nennungen)

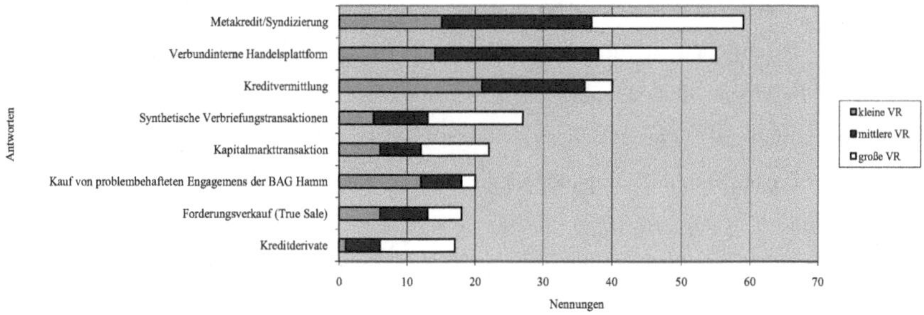

Quelle: Eigene Darstellung

Insgesamt wird deutlich, dass aufgrund der nicht vorhandenen Präferenz für ein bestimmtes Instrument oder Verfahren der Erfolg oder Misserfolg des aktiven Kreditrisikomanagements nicht ausschließlich von der Wahl des Instrumentes abhängt. Letztendlich ist aus Sicht der Primärgenossenschaft die Flexibilität entscheidend, damit auch der Individualität des einzelnen Hauses Rechnung getragen werden kann. Über welches bestimmte Instrument dabei das jeweilige Ziel erreicht wird, ist auch aus Sicht der Interviewpartner nachrangig.

Den existierenden Produkten ist gemeinsam, dass die Strukturen für Kreditgenossenschaften zu komplex und wenig nachvollziehbar sind. Um eine Transaktionsstruktur auf die

Bedürfnisse der Kreditgenossenschaften abstellen zu können, ist es von essentieller Bedeutung, dass die Kreditrisiken mit einfachen, hoch standardisierten Produkten je nach Zielsetzung gekauft und verkauft werden können. Daher bedient sich das nachfolgend skizzenhaft dargestellte Modell verschiedener Elemente von mehreren kapitalmarktbasierten Instrumenten zum Kreditrisikotransfer.

Von zentraler Bedeutung ist, dass die Kreditgenossenschaften in einem ersten Schritt als Risikoverkäufer agieren und die Kreditrisiken in Form ungesicherter Kreditteile an die Zentralbank des jeweiligen Geschäftsgebietes durch ein vergleichsweise einfaches Instrument wie der CDS oder die CLN übertragen. Aufgrund dieser synthetischen Übertragung würde die Bilanzsumme nicht beeinflusst und durch die Wahl des einfachsten und gebräuchlichsten Kreditderivates die Nachvollziehbarkeit für die Kreditgenossenschaften sichergestellt werden. Diese Übertragung muss jederzeit möglich sein und über eine leicht zu handhabende, technische Transaktionsplattform erfolgen. Dabei könnten sich die Produktlieferanten an der Abwicklungsstruktur des Standard-Meta orientieren.

Skizzenhaft beschrieben stellt die Primärgenossenschaft dabei über eine entsprechende technische Plattform das abzusichernde Engagement mit zentralen Koordinaten wie Engagementvolumen, nicht gesicherten Kreditteilen, Laufzeit und Risikoklassifizierungsergebnis auf Basis des VR-Ratings technisch ein. Anschließend übermittelt sie die Jahresabschlussunterlagen in Papierform an die Zentralbank. Diese nimmt ebenfalls eine Prüfung der Bonitätseinschätzung vor und teilt der beantragenden Bank ihre Entscheidung mit. Entweder erfolgt eine Ablehnung oder eine Zusage mit der Unterbreitung eines entsprechenden Angebotes zur Risikoübernahme. Damit obliegt es abschließend der Kreditgenossenschaft, ob sie bereit ist, zu dem genannten Preis das Kreditrisiko zu transferieren.[711]

Mit diesem Verfahren würde die Vision, einen virtuellen Marktplatz für Kreditrisiken zur Verfügung stellen zu können, auf dem in naher Zukunft via Knopfdruck Risiken aus dem Portfolio zum Verkauf und im Gegenzug Kreditrisikoprodukte zum Kauf angeboten werden sollen, in greifbare Nähe rücken.[712]

---

[711] Vgl. Expertengespräche
[712] Vgl. Remaklus, H. (2002), S. 942

In einer weiteren Ausbaustufe könnte auch die erneute Prüfung des Jahresabschlusses auf Zentralbankebene durch die Vereinbarung entsprechender Qualitätsstandards eliminiert werden. Vorerst erscheint als Art vertrauensbildende Maßnahme zur Generierung von Erfahrungseffekten für alle Beteiligten eine zweite Prüfung zielführend.[713]

Abbildung 77: Grundsätzliche Merkmale einer potenziellen Lösungsstruktur

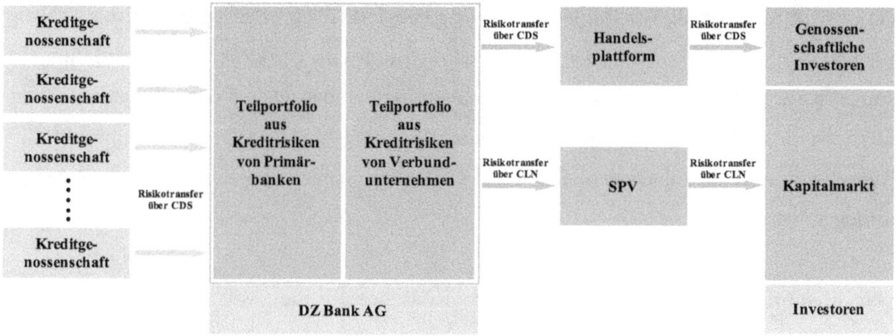

Quelle: Eigene Darstellung

In einem zweiten Schritt schnürt die Zentralbank auf Basis der auf die eigenen Bücher genommenen Kreditrisiken ein verbriefungsfähiges Kreditrisikoportfolio, in dem es bei Bedarf zur Sicherstellung einer entsprechenden Poolgröße weitere Risiken von Verbundunternehmen wie der Bausparkasse Schwäbisch Hall, der VR-Leasing, der DG Hyp oder der Münchener Hypothekenbank integriert.

Anschließend erfolgt die Platzierung der Kreditrisiken als synthetische Verbriefungstransaktion direkt am Kapitalmarkt, beispielsweise über eine CLN. Dabei könnten die Erfahrungen der beiden Transaktionen PROVIDE-VR und PROSCORE-VR einfließen, ohne die kostenintensive Plattform der KfW nutzen zu müssen. Parallel dazu könnte auch eine Rückplatzierung der diversifizierten Kreditrisiken an die einzelnen Kreditgenossenschaften erfolgen. Dies zum einen im Rahmen der synthetischen Verbriefungstransaktion als Investor vergleichbar mit dem Mechanismus der bisher durchgeführten Securitisation. Zum anderen über das Instrument der Handelsplattform vergleichbar der WGZ-Loop- oder VR Circle-Systematik. Ebenfalls vergleichbar mit der

[713] Vgl. Expertengespräche

technischen Plattform im Rahmen des Kreditrisikoverkaufs könnten auch entsprechende Angebote anderer Primärgenossenschaften integriert und über CDS direkt transferiert werden.

Diese interne Plattform kann aber nur für einen Teil des Portfolios greifen. So müssen die Selektionskriterien wie oben beschrieben den Banken Handlungsspielraum bezüglich Bonitäten, Größenklassen und Branchen bieten. Für diese Anforderungen der Kreditrisikokäufer wird es innerhalb der Primärinstitute wie ebenfalls oben beschrieben nur sehr schwer möglich sein, Investoren zu finden. Aus diesem Grund wird der Großteil des Portfolios am Kapitalmarkt platziert werden. Durch die Struktur der synthetischen Verbriefungstransaktion fällt auch die nicht vorhandene Reputation des VR-Ratings nicht ins Gewicht, da hier für die Transaktionsstruktur mindestens ein externes Rating einer renommierten Ratingagentur vorliegen würde.[714]

Als Zukunftsvision könnten in letzter Konsequenz die von den Primärbanken herausgegebenen Kreditrisiken beispielsweise über eine Credit Linked-IHS den eigenen Privat- und Firmenkunden als lukrative Investitionsmöglichkeit angeboten werden.[715]

Darüber hinaus werden als weitere Selektionskriterien vereinbart, dass die teilnehmenden Kreditinstitute über einen entsprechenden Selbstbehalt zur Verminderung der Anreizproblematik beitragen. Somit bringen sie verantwortungsbewusst Kreditrisiken ein und betreuen sie während der Laufzeit auch sorgfältig weiter. Darüber hinaus ist während der Transaktionslaufzeit über Servicing Standards beispielsweise in Form von Ad-hoc-Mitteilungen sicherzustellen, dass kreditrisikobeeinflussende Informationen sofort weitergegeben werden.[716]

Im Falle eines Credit Events könnte zudem, vergleichbar den WGZ-Loop-Bedingungen, auf einen externen Gutachter zurückgegriffen werden. Dieser klärt zum Beispiel analog dem Versicherungsprinzip, ob ein Kredit schon zum Zeitpunkt der Einbringung in den Pool die festgelegten Poolingkriterien verletzt hat.[717]

---

714 Vgl. Reich, H. W. (2005), S. 964
715 Vgl. Expertengespräche
716 Vgl. o. V. (2006g), S. 52
717 Vgl. Geilmann-Ebbert, A./Heine, S. (2006), S. 1149-1150

Zusammenfassend ist festzustellen, dass das Haupthemmnis der mangelnden Fachkenntnis durch diese Transaktionsstruktur umgangen werden kann. So müssen die einzelnen Primärgenossenschaften durch den ausschließlichen Kauf und Verkauf von Kreditrisiken an die Zentralbank auch nur das hierfür benötigte Fachwissen vorhalten. Da die hierzu notwendige Transaktionsstruktur ebenfalls vergleichsweise einfach ist und nicht durch parallel existierende Alternativen substituiert wird, könnte eine erfolgreiche Umsetzung zeitnah erfolgen. Durch das höhere Ausmaß der Nutzung von Instrumenten zum Transfer von Kreditrisiken würde im Umkehrschluss auch das Fachwissen positiv beeinflusst. Schließlich würden als Art „Training-on-the-Job" die involvierten Mitarbeiter eine fachliche Weiterentwicklung erfahren.

Ebenso würde mit dieser, aus Sicht der Kreditgenossenschaften ausschließlich verbundinternen, Finanzinnovation weiteren Anforderungen der Primärgenossenschaft Rechnung getragen werden. Die Einzelinstitute verfügen dabei über eine freie Auswahl bezüglich Kauf und Verkauf, können sowohl den Erwarteten als auch den Unerwarteten Verlust beeinflussen und somit in letzter Konsequenz ihr jeweiliges Kreditrisikoportfolio Rendite-Risiko-optimiert modellieren.

Durch die gestiegenen Poolgrößen, die Eliminierung der KfW-Plattform und geringere Prozesskosten aufgrund einer vergleichsweise einfachen Produktstruktur sinken die Transaktionskosten. Dies führt somit zu einem deutlich verbesserten Preis-Leistungs-Verhältnis. Die Rechenzentralen haben über eine Verbesserung ihrer Infrastruktur in Verbindung mit einem höheren Maß an Automatisierung im Rahmen des Meldewesens ebenfalls ihren Beitrag zur Kostensenkung zu bringen. Entsprechender Handlungsdruck wäre dabei von den Anteilseignern, Primärgenossenschaften und Zentralbanken, zu erzeugen.

5.5 Zusammenfassende Darstellung

Nachdem zuvor empirische Befunde in Form von Hypothesen auf Basis der theoriebasierten Arbeitshypothesen gewonnen wurde, erfolgte in diesem Kapitel die Ableitung von Erfolgsfaktoren zum Betreiben von aktivem Kreditrisikomanagement. Dabei wurde nicht nur der jeweilige Entwicklungsbedarf im genossenschaftlichen Finanzverbund aufgezeigt, sondern auch erste Lösungsstrukturen dargestellt.

Abbildung 78: Hypothesen und Erfolgsfaktoren[718]

Mangelnde Beurteilbarkeit der individuellen Kreditrisikostruktur

6. Aufgrund ihrer jeweiligen Institutsgröße und damit verbundenen Organisationsstruktur verfügen Genossenschaftsbanken nur über begrenzte Ressourcen, was die Teilnahme am kapitalmarktorientierten Kreditrisikotransfer hemmt.	7. Die Durchführung von aktivem Kreditrisikomanagement mittels Kapitalmarktprodukten im genossenschaftlichen FinanzVerbund wird durch fachliche Defizite der Primärinstitute begrenzt.
8. Der genossenschaftliche FinanzVerbund und seine einzelnen Institute verfügen aktuell noch nicht über eine ausreichende Transparenz über ihre Kreditrisikoportfolien hinsichtlich des Erwarteten Verlustes.	9. Aufgrund der nur eingeschränkt vorhandenen Existenz eines bundesweit einheitlich angewandten Risikoklassifizierungsverfahrens mangelt es Genossenschaftsbanken aktuell an einer durchgängigen Grundvoraussetzung zur Teilnahme am Kreditrisikotransfer.
10. Durch die Nichtexistenz eines genossenschaftseinheitlichen Ratingstandards und die existierenden Gestaltungsspielräume bei der Risikoklassifizierung genießt das VR-Rating sowohl verbundintern als auch -extern nur begrenztes Vertrauen.	11. Der genossenschaftliche FinanzVerbund und seine einzelnen Institute verfügen aktuell noch nicht über eine ausreichende Transparenz hinsichtlich des Unerwarteten Verlustes und somit über ihre Kreditrisikoportfolien.

Entwicklungsbedarf

Herstellung der Beurteilbarkeit der individuellen Kreditrisikostruktur

1. Integration der fachlichen Inhalte in Weiterbildungsprogramme und Penetration der Thematik über genossenschaftliche Medien.	2. Ausgleich der begrenzten Ressourcen und fachlichen Defizite durch die Einschaltung von Zentralinstituten.
3. Thematische Involvierung der Genossenschaftsverbände aufgrund ihrer Marktpositionierung und politischen Bedeutung innerhalb des genossenschaftlichen FinanzVerbundes zur Sensibilisierung der Primärgenossenschaften.	4. Begrenzung der fachlichen und prozessualen Notwendigkeiten für Genossenschaftsbanken im Rahmen von Transaktionen des kapitalmarktorientierten Kreditrisikotransfers.
5. Fertigstellung und Implementierung der noch fehlenden Ratingmodule und bundesweit einheitliche Nutzung des VR-Ratings als Standardverfahren der Risikoklassifizierung und Generierung von Erfahrungswerten.	6. Implementierung von quantitativen und qualitativen Qualitätsstandards zur Erhöhung der Vertrauenswürdigkeit und Reduzierung beziehungsweise Eliminierung von mit Informationsasymmetrien verbundenen Risikoaufschlägen.
7. Vollständige Implementierung des VR-CreditPortfolioManagers und Generierung von Erfahrungswerten.	

Mangelnde Marktreife

12. Aufgrund eines mangelnden Evolutionsstandes der Genossenschaftsbanken und der Priorisierung anderer Themengebiete wie Umsetzung aufsichtsrechtlicher Vorgaben oder Aktivierung des Vertriebes verfügt der Markt für kapitalmarktorientierten Kreditrisikotransfer im Genossenschaftssektor aktuell noch nicht über die notwendige Reife.

Entwicklungsbedarf

Herstellung der Marktreife

14. Priorisierung der Thematik „Aktives Kreditrisikomanagement" und Generierung von Erfahrungswerten.

[718] Die einzelnen Ziffern beziehen sich auf die gleichlautenden Passagen im Text. Doppelungen von Zählungen ergeben sich daraus, dass es eine Zählung für Hypothesen und eine für Erfolgsfaktoren gibt.

Nicht bedarfsgerechte Transaktionsausgestaltungen / Mangelnde technische Unterstützung

15. Die Selektionskriterien der aktuell nutzbaren Kapitalmarktprodukte begrenzen das transferierbare Volumen stark und gehen am Bedarf der Primärinstitute vorbei.

16. Aufgrund ihrer vergleichbaren Wirkungsweisen konkurrieren parallel existierende Transaktionsstrukturen und verringern dadurch die jeweilige Liquidität und erhöhen die Komplexität bei der Instrumentenauswahl beziehungsweise -anwendung.

17. Die existierenden Transaktionsstrukturen sind zu komplex und engen die Genossenschaftsbanken in ihrem Handeln sein.

18. Mangelnde technische Unterstützung und mangelnde Belastbarkeit der IT-Infrastruktur führen aufgrund eines hohen manuellen Aufwandes und einer Misstrauensprämie wegen Unsicherheit zu einem schlechteren Preis-Leistungsverhältnis und begrenzen eine höhere Fungibilität des Marktes für Kreditrisikotransfer.

Entwicklungsbedarf

Adaption der Transaktionsstrukturen an die Kundenbedürfnisse

8. Flexibilisierung der Selektionskriterien durch die Öffnung für alle Größenklassen-, Branchen-, Bonitäten- als auch geographischen Strukturen als auch durch Reduzierung der Mindestlosgrößen.

9. Standardisierung und Vereinfachung der Transaktionsstruktur zur Sicherstellung flexibler Einsatzmöglichkeiten.

10. Verbesserung der technischen Unterstützung durch Erhöhung des Automatisierungsgrades der Datenlieferung sowie durch die Schaffung einer einheitlichen, adressatengerechten Transaktionsplattform.

11. Ausschließlicher Transfer von Kreditrisiken an genossenschaftlichen Institute und Konzentration der genossenschaftlichen Produktlieferanten auf ein Verbundunternehmen.

12. Zur Sicherstellung ausreichender Liquidität und zur Entschlankung der bestehenden Produktvielfalt sind parallel existierende Transaktionsstrukturen zu zentralisieren.

Unzureichendes Preis-Leistungsverhältnis

13. Die aktuell zur Verfügung stehenden Kapitalmarktprodukte zum Kreditrisikotransfer weisen ein unbefriedigendes Preis-Leistungsverhältnis auf, obwohl dieses Hemmnis nicht von der Mehrheit der Genossenschaftsbanken erkannt wird.

14. Das Preis-Leistungsverhältnis wird durch transaktionsspezifische Aspekte wie zu geringe Poolgrößen und hohe Transaktionskosten negativ beeinflusst.

Entwicklungsbedarf

Verbesserung Preis-Leistungsverhältnis

13. Verbesserung des Preis-Leistungsverhältnisses durch Erhöhung der Poolgrößen und Verringerung der Transaktionskosten.

Quelle: Eigene Darstellung

6. Schlussbetrachtung und Ausblick

Zu Beginn dieser Dissertation wurde im **ersten Kapitel** die Problemstellung hergeleitet und die Zielsetzung in Form von zentralen Fragestellungen formuliert. Daran schloss sich die Beschreibung des Forschungsstandes und des methodischen Vorgehens an. Den Abschluss bildete eine Darstellung des Gesamtüberblicks der Dissertationsstruktur. Diese gibt einen Überblick der zentralen Fragestellungen, der gewählten Forschungsmethodik sowie des sich daraus ableitenden Aufbaus der Untersuchung.

Im **zweiten Kapitel** wurden die zentralen Begrifflichkeiten definiert und die aufsichtsrechtlichen Rahmenbedingungen als Determinanten des Kreditrisikomanagements deutscher Genossenschaftsbanken erläutert. Dabei erfolgte eine Beschreibung des genossenschaftlichen Finanzverbundes und seiner strukturellen Besonderheiten. Dies beinhaltet auch die Grundlagen und Steuerungsgrößen des genossenschaftlichen Kreditrisikomanagements unterteilt in Erwarteten und Unerwarteten Verlust mit dem Fokus auf der Adressrisikosteuerung im Kontext von VR-Control.

Daran schloss sich die Darstellung der Instrumente und Methoden zur Gestaltung von Kreditportfolien deutscher Genossenschaftsbanken im **dritten Kapitel** an. Dabei wurde der Schwerpunkt insbesondere auf die Kapitalmarktprodukte und deren Nutzung durch Kreditgenossenschaften gelegt. Als zentrale Transaktionsstrukturen wurden die Kreditderivate in der genossenschaftlichen Anwendung am Beispiel der WGZ-Loop, die Verbriefung von privaten (PROVIDE-VR) und gewerblichen (PROSCORE-VR) Immobilienforderungen sowie das genossenschaftliche Kreislaufmodell VR Circle dargestellt.

Sie bieten den Genossenschaftsbanken aktuell die einzigen Möglichkeiten, mit Kapitalmarktprodukten Kreditrisikotransfer zu betreiben. Den Abschluss des dritten Kapitels bildet die Darstellung von Erfolgsmessung und Pricing sowie der Anwendungsmöglichkeiten von Instrumenten zur Gestaltung von Kreditrisikoportfolien.

Das **vierte Kapitel** stellt den Schwerpunkt dieser Dissertation dar. Dort erfolgte die explorative Hypothesengewinnung zur Darstellung der Nutzungshemmnisse von kapitalmarktbasierten Instrumenten zum Kreditrisikotransfer. An methodische Vorbemerkungen zur Beschreibung des wissenschaftlichen Forschungsdesigns schloss sich die Gewinnung von Arbeitshypothesen als Ausgangsbasis explorativer Hypothesengewinnung auf Basis der finanzwirtschaftlichen Finanzierungstheorien Prinzipal-Agent-Theorie, Transaktionskostentheorie und Ressourcentheorie an.

Daraufhin erfolgte die potenzialanalytische Bewertung des Kreditrisikotransfers anhand finanzwirtschaftlicher Kennzahlen und struktureller Kreditrisikokonzentrationen sowie die Darstellung des Nutzungsgrades der Kapitalmarktprodukte im genossenschaftlichen Finanzverbund. Schließlich wurden die Arbeitshypothesen durch empirisch-quantitative und empirisch-qualitative Exploration hinsichtlich ihrer Aussagekraft und Anwendbarkeit in der genossenschaftlichen Praxis überprüft. Dabei wurden die Ergebnisse der Analyse (Befunde) in Form von Hypothesen formuliert.

Die Hemmnisse, die eine stärkere Nutzung von kapitalmarktbasierten Instrumenten zum Kreditrisikotransfer begrenzen, untergliedern sich in:

- mangelnde Beurteilbarkeit der institutspezifischen Kreditrisikostruktur aufgrund defizitären Fachwissens und mangelnder Kenntnis der Kreditrisiken,
- mangelnde Marktreife,
- unzureichendes Preis-Leistungs-Verhältnis,
- nicht bedarfsgerechte Transaktionsausgestaltungen aufgrund nicht bedarfsgerechter Selektionskriterien und komplexer Transaktionsstrukturen sowie
- mangelnde technische Unterstützung und Belastbarkeit der IT-Infrastruktur.

Im sich anschließenden **fünften Kapitel** wurde auf Grundlage der gewonnenen Hypothesen gezeigt, welche Erfolgsfaktoren notwendig sind, um eine Erhöhung der Möglichkeiten beim kapitalmarktorientierten Kreditrisikotransfer herbeizuführen. Neben der Herstellung der Beurteilbarkeit der institutspezifischen Kreditrisikostruktur durch den Abbau fachlicher Defizite sowie der Schaffung von Transparenz des Kreditrisikoportfolios hinsichtlich Erwartetem und Unerwartetem Verlust bedarf es einer Erweiterung der Nutzungsmöglichkeiten von Instrumenten zum Transfer von Kreditrisiken. Diese wird über die Adaption der Transaktionsstrukturen an die Kundenbedarfe über flexible Selektionskriterien und einfache Transaktionsstrukturen sowie über eine Verbesserung des Preis-Leistungs-Verhältnisses erreicht. Darüber hinaus wurde beschrieben, welche Maßnahmen zur Herstellung der Marktreife notwendig sind.

Abschließend erfolgte eine Darstellung der grundsätzlichen Elemente einer potenziellen Lösungsstruktur anhand des Drei-Banken-Modells sowie eines bedarfsorientierten Transaktionsmodells.

Abbildung 79: Zusammenfassende Darstellung

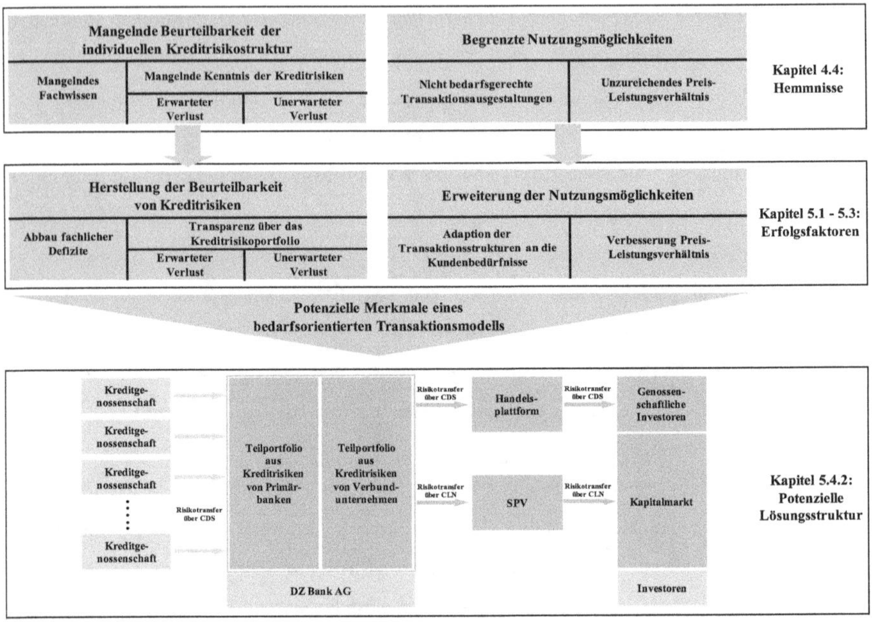

Quelle: Eigene Darstellung

Zusammenfassend wird durch das gewählte Forschungsdesign gezeigt, welche Hemmnisse eine stärkere Verbreitung des kapitalmarktorientierten Kreditrisikotransfers begrenzen. Darüber hinaus werden auch zugehörige Erklärungsansätze geliefert. Dies ist möglich, da die in der Praxis gewonnenen Hypothesen die durch finanzwirtschaftliche Finanzierungstheorien gelieferten Arbeitshypothesen bestätigen. Somit lassen sich auch auf Basis der Theorien die praktischen Empiriebefunde erklären und auf deren Grundlage entsprechende Erfolgsfaktoren zur Erhöhung der Möglichkeiten des kapitalmarktorientierten Kreditrisikotransfers für deutsche Genossenschaftsbanken gewinnen.

Im Rahmen dieser Dissertation werden nicht nur die Hemmnisse beim kapitalmarktorientierten Kreditrisikotransfer im genossenschaftlichen Finanzverbund auf wissenschaftlicher Basis hergeleitet. Vielmehr werden darauf aufbauend Erfolgsfaktoren erarbeitet, damit auch kleine und mittlere Kreditinstitute künftig aktiv Kreditrisikomanagement betreiben können. Insbesondere die Umsetzung zentraler Elemente der Lösungsstruktur auf Basis des bedarfsorientierten Transaktionsmodells bietet aus Sicht des Autors aufgrund der Orientierung an den Bedarfen der Genossenschaftsbanken die größten Chancen, um zur Forcierung des kapitalmarktorientierten Kreditrisikotransfers von kleinen und mittleren Banken beizutragen. Somit könnte es in wenigen Jahren den Genossenschaftsbanken möglich sein, als Risk Manager zu agieren und sich gegenüber der direkten Konkurrenz im Bankenmarkt zu profilieren.

Abbildung 80: Arbeitshypothesen, Hypothesen und Erfolgsfaktoren

<table>
<tr><th></th><th colspan="2">Arbeitshypothesen</th><th colspan="3">Hypothesen</th><th colspan="3">Erfolgsfaktoren</th></tr>
<tr><td>4.2.1 Principal-Agent-Theorie</td><td>1.</td><td>Es ist zu erwarten, dass die besonders bei Kreditgenossenschaften als Agenten vorhandenen Informationsvorteile und Handlungsspielräume für Investoren des Kapitalmarkts als Prinzipale zu einer erhöhten Misstrauensprämie und somit zu einem schlechten Preis-Leistungs-Verhältnis führen.</td><td rowspan="2">4.4.3 Unzureichendes Preis-Leistungs-verhältnis</td><td>13.</td><td>Die aktuell zur Verfügung stehenden Kapitalmarktprodukte zum Kreditrisikotransfer weisen ein unbefriedigendes Preis-Leistungs-Verhältnis auf, obwohl dieses Hemmnis nicht von der Mehrheit der Genossenschaftsbanken erkannt wird.</td><td rowspan="2">5.2.2 Verbesserung Preis-Leistungs-verhältnis</td><td rowspan="2">13.</td><td rowspan="2">Verbesserung des Preis-Leistungs-Verhältnisses durch Erhöhung der Poolgrößen und Verringerung der Transaktionskosten.</td></tr>
<tr><td rowspan="5">4.2.2 Transaktions-kostentheorie</td><td>2.</td><td>Es ist zu erwarten, dass hohe Transaktionskosten wegen einer vorhandenen Marktenge sowie wenig vorhandenen Standards hohe Investitionen für Marktteilnehmer bedingen und somit zu einem ungünstigen Preis-Leistungs-Verhältnis führen.</td><td>14.</td><td>Das Preis-Leistungs-Verhältnis wird durch transaktionsspezifische Aspekte wie zu geringe Poolgrößen und hohe Transaktionskosten negativ beeinflusst.</td></tr>
<tr><td rowspan="4">3.</td><td rowspan="4">Es ist zu vermuten, dass die hohen Transaktionskosten in einem jungen, nicht institutionalisierten Finanzmarkt zu Transaktionsstrukturen führen, die sich nicht an den Bedarfen von Kreditgenossenschaften orientieren.</td><td rowspan="4">4.4.4 Nicht bedarfsgerechte Transaktions-ausgestaltungen</td><td>15.</td><td>Die Selektionskriterien der aktuell nutzbaren Kapitalmarktprodukte begrenzen das transferierbare Volumen stark und gehen am Bedarf der Primärinstitute vorbei.</td><td rowspan="4">5.2.1 Adaption der Transaktions-strukturen an die Kundenbe-dürfnisse</td><td>8.</td><td>Flexibilisierung der Selektionskriterien durch die Öffnung für alle Größenklassen-, Branchen-, Bonitäten- als auch geographischen Strukturen als auch durch Reduzierung der Mindestlosgrößen.</td></tr>
<tr><td>16.</td><td>Aufgrund ihrer vergleichbaren Wirkungsweisen konkurrieren parallel existierende Transaktionsstrukturen und verringern dadurch die jeweilige Liquidität und erhöhen die Komplexität bei der Instrumentenauswahl beziehungsweise -anwendung.</td><td>12.</td><td>Zur Sicherstellung ausreichender Liquidität und zur Entschlankung der bestehenden Produktvielfalt sind parallel existierende Transaktionsstrukturen zu zentralisieren.</td></tr>
<tr><td rowspan="2">17.</td><td rowspan="2">Die existierenden Transaktionsstrukturen sind zu komplex und engen die Genossenschaftsbanken in ihrem Handeln sein.</td><td>11.</td><td>Ausschließlicher Transfer von Kreditrisiken an genossenschaftlichen Institute und Konzentration der genossenschaftlichen Produktlieferanten auf ein Verbundunternehmen.</td></tr>
<tr><td>9.</td><td>Standardisierung und Vereinfachung der Transaktionsstruktur zur Sicherstellung flexibler Einsatzmöglichkeiten.</td></tr>
<tr><td rowspan="8">4.2.3 Ressourcen-theorie</td><td rowspan="8">4.</td><td rowspan="8">Es ist zu vermuten, dass kleine und mittlere Kreditinstitute wie die Genossenschaftsbanken der Primärstufe aufgrund ihrer Institutsgröße insbesondere über fachliche aber auch über technische Defizite hinsichtlich kapitalmarktorientiertem Kreditrisikotransfer verfügen.</td><td rowspan="7">4.4.1 Mangelnde Beurteilbarkeit der individuellen Kreditrisiko-struktur</td><td>6.</td><td>Aufgrund ihrer jeweiligen Institutsgröße und damit verbundenen Organisationsstruktur verfügen Genossenschaftsbanken nur über begrenzte Ressourcen, was die Teilnahme am kapitalmarktorientierten Kreditrisikotransfer hemmt.</td><td rowspan="7">5.1 Herstellung der Beurteilbarkeit der individuellen Kreditrisiko-struktur</td><td>1.</td><td>Integration der fachlichen Inhalte in Weiterbildungsprogramme und Penetration der Thematik über genossenschaftliche Medien.</td></tr>
<tr><td rowspan="2">7.</td><td rowspan="2">Die Durchführung von aktivem Kreditrisikomanagement mittels Kapitalmarktprodukten im genossenschaftlichen FinanzVerbund wird durch fachliche Defizite der Primärinstitute begrenzt.</td><td>2.</td><td>Ausgleich der begrenzten Ressourcen und fachlichen Defizite durch die Einschaltung von Zentralinstituten.</td></tr>
<tr><td>3.</td><td>Thematische Involvierung der Genossenschaftsverbände aufgrund ihrer Marktpositionierung und politischen Bedeutung innerhalb des genossenschaftlichen FinanzVerbundes zur Sensibilisierung der Primärgenossenschaften.</td></tr>
<tr><td>8.</td><td>Der genossenschaftliche FinanzVerbund und seine einzelnen Institute verfügen aktuell noch nicht über eine ausreichende Transparenz über ihre Kreditrisikoportfolien hinsichtlich des Erwarteten Verlustes.</td><td>4.</td><td>Begrenzung der fachlichen und prozessualen Notwendigkeiten für Genossenschaftsbanken im Rahmen von Transaktionen des kapitalmarktorientierten Kreditrisikotransfers.</td></tr>
<tr><td>9.</td><td>Aufgrund der nur eingeschränkt vorhandenen Existenz eines bundesweit einheitlich angewandten Risikoklassifizierungsverfahrens mangelt es Genossenschaftsbanken aktuell an einer durchgängigen Grundvoraussetzung zur Teilnahme am Kreditrisikotransfer.</td><td>5.</td><td>Fertigstellung und Implementierung der noch fehlenden Ratingmodule und bundesweit einheitliche Nutzung des VR-Ratings als Standardverfahren der Risikoklassifizierung und Generierung von Erfahrungswerten.</td></tr>
<tr><td>10.</td><td>Durch die Nichtexistenz eines genossenschaftseinheitlichen Ratingstandards und die existierenden Gestaltungsspielräume bei der Risikoklassifizierung genießt das VR-Rating sowohl verbundintern als auch -extern nur begrenztes Vertrauen.</td><td>6.</td><td>Implementierung von quantitativen und qualitativen Qualitätsstandards zur Erhöhung der Vertrauenswürdigkeit und Reduzierung beziehungsweise Eliminierung von mit Informationsasymmetrien verbundenen Risikoaufschlägen.</td></tr>
<tr><td>11.</td><td>Der genossenschaftliche FinanzVerbund und seine einzelnen Institute verfügen aktuell noch nicht über eine ausreichende Transparenz hinsichtlich des Unerwarteten Verlustes und somit über ihre Kreditrisikoportfolien.</td><td>7.</td><td>Vollständige Implementierung des VR-CreditPortfolioManagers und Generierung von Erfahrungswerten.</td></tr>
<tr><td>4.4.5 Mangelnde technische Unterstützung und Belastbarkeit der IT-Infrastruktur</td><td>18.</td><td>Die mangelnde technische Unterstützung und die mangelnde Belastbarkeit der IT-Infrastruktur führen aufgrund eines hohen manuellen Aufwandes und einer Misstrauensprämie wegen Unsicherheit zu einem schlechteren Preis-Leistungs-Verhältnis und begrenzen eine höhere Fungibilität des Marktes für kapitalmarktorientierten Kreditrisikotransfer.</td><td>5.2.1 Adaption der Transaktions-strukturen an die Kundenbe-dürfnisse</td><td>10.</td><td>Verbesserung der technischen Unterstützung durch Erhöhung des Automatisierungsgrades der Datenlieferung sowie durch die Schaffung einer einheitlichen, adressatengerechten Transaktionsplattform.</td></tr>
<tr><td></td><td></td><td></td><td>4.4.2 Mangelnde Marktreife</td><td>12.</td><td>Aufgrund eines mangelnden Evolutionsstandes der Genossenschaftsbanken und der Priorisierung anderer Themengebiete wie Umsetzung aufsichtsrechtlicher Vorgaben oder Aktivierung des Vertriebes verfügt der Markt für kapitalmarktorientierten Kreditrisikotransfer im Genossenschaftssektor aktuell noch nicht über die notwendige Reife.</td><td>4.4.2 Mangelnde Marktreife</td><td>14.</td><td>Priorisierung der Thematik „Aktives Kreditrisikomanagement“ und Generierung von Erfahrungswerten.</td></tr>
</table>

Quelle: Eigene Darstellung

Letztendlich wird die Frage für den genossenschaftlichen Finanzverbund nicht sein, *ob* er weiter an Möglichkeiten zum aktiven Kreditrisikomanagement arbeiten soll oder nicht, sondern *wie* er dies tun soll. Entscheidend ist, wann, in welcher Form und mit welcher Dynamik dieser Bereich von den Genossenschaftsbanken weiterentwickelt wird. Vor dem Hintergrund, dass auch die regionalen Wettbewerber mit Hochdruck an der Einführung eines Lösungsmodells arbeiten, ist es wichtig, in diesem Bereich einen "First-Mover-Advantage" zu erzielen.

Die Genossenschaftsbanken sind gerade im Vergleich mit der direkten Konkurrenz wie den Sparkassen in einem Vorteil, den es zu verteidigen beziehungsweise auszubauen gilt. Nur durch Nutzung des jeweiligen Verbundes wird es Regionalbanken möglich sein, größenspezifische Nachteile im Kreditrisikomanagement gegenüber Großbanken zu schließen. Wie das Eingangszitat zeigt, haben diese den Trend zur Kapitalmarktorientierung schon vor Jahren erkannt und nutzen ihn für sich.[719]

Die Möglichkeiten des kapitalmarktorientierten Kreditrisikotransfers stellen dabei das zentrale Instrumentarium dar, damit Kreditgenossenschaften ein Kreditrisikoportfolio Rendite-Risiko-optimiert nach Wunsch modellieren und sich vom Risk Taker zum Risk Manager entwickeln können.[720]

Auch wenn die vorliegende Dissertation zur Eingrenzung des Forschungsfeldes den Fokus auf die deutschen Genossenschaftsbanken der Primärstufe legt, ist festzuhalten, dass aufgrund der grundsätzlich vergleichbaren Struktur die gewonnenen Erkenntnisse auch auf den deutschen Sparkassensektor übertragbar sind. Ebenso erscheint die Übertragbarkeit zentraler Elemente auch auf andere nationale und internationale Regionalbankstrukturen gegeben. Der genossenschaftliche Finanzverbund könnte daher die Keimzelle für ein aktives Kreditrisikomanagement von Regionalbanken darstellen.

---

[719] Vgl. o. V. (2003a), S. 22. Beispielsweise nutzt die Deutsche Bank Kreditderivate, um alle Großkredite über 180 Tage abzusichern.

[720] Vgl. Klein, J. (2005), S. 631

Quellenverzeichnis

Achleitner, A.-K. (2001): Handbuch Investment Banking, Wiesbaden, 2001.

Adams, P. (2000): Mortgage-Backed Securities, in: Barclays Capital, Asset-Backed Securities Research, May/June 2000.

Adelt, T./Zeiselmaier, A. (2005): Günstig absichern, in: Bankinformation, 11/2005, S. 60-62.

Akerlof, G. A. (1970): The Market for „Lemons": Quality Uncertainty and the Market Mechanism, in: Quarterly Journal of Economics, Vol. 84, S. 488-500.

Alchian, A. A./Demsetz, H. (1973): The Property Rigth Paradigma, in: Journal of Economic History, Vol. 33, No. 1, 1973, S. 16-27.

von Alemann, U./Forndran, E. (2005): Methodik der Politikwissenschaft, Stuttgart, 2005.

Al-Laham, A. (2003): Organisationales Wissensmanagement, München, 2003.

Althaus, T. (2003a): Verbriefung in Deutschland aus Sicht der Ratingagentur, in: Zeitschrift für das gesamte Kreditwesen, 12/2003, S. 632 - 638.

Althaus, T. (2003b): Deutsche Structured Finance-Transaktionen im europäischen Vergleich, Vortragsunterlagen zum Seminar „Asset Backed Securities - Alternative Formen der Unternehmensfinanzierung" des D, in: Zeitschrift für das gesamte Kreditwesen, 12/2003, S. 632 - 638.

Altman, E. I./Caouette, J. B./Narayanan P. (1998): Managing credit risk: the next great financial challenge, Wiley, 1998.

Arbeitskreis „Finanzierung" der Schmalenbach-Gesellschaft Deutsche Gesellschaft für Betriebswirtschaft e. V. (Arbeitskreis „Finanzierung") (1992): Asset Backed Securities - ein neues Finanzierungsinstrument für deutsche Unternehmen?, in: Zeitschrift für betriebswirtschaftliche Forschung, 1992, S. 495-530.

Arrow, K. J. (1980): Wo Organisation endet, Wiesbaden, 1980.

Arrow, K. J. (1985): The Economics of Agency, in: Pratt, J. W./Zeckhauser, R. J. (1985): Principals and Agents: The Structure of Business, Boston, 1985, S. 37-51.

Atteslander, P. (1995): Methoden der empirischen Sozialforschung, New York, 1995.

Auerbach, D. (2003): Kreditderivate, in: Risikomanagement - Schriftlicher Management-Lehrgang in 12 Lektionen, Düsseldorf, 2003.

Auerbach, D./Hashagen, J. (1998): Bilanzierung und Bewertung von Kreditderivaten, in: Die Bank, 10/1998, S. 625-629.

Aufterbeck, S./Landgraf, R. (2006): Pleister geht in die Offensive, in: Handelsblatt, 05.01.2006, S. 21.

Bächstädt, K.-H./Bauer, C./Geldermann, A. (2004): Mit höherer Trennschärfe beim Rating Kosten sparen und Erträge steigern, in: Zeitschrift für das gesamte Kreditwesen, 11/2004, S. 576-580.

Bänziger, H./Kampmann, T. (2005): Neue Wege in der Risikosteuerung, in: Die Bank, 8/2005, S. 50-55.

Bär, H. P. (2000): Asset Securitisation, Bern, 2000.

BAG Hamm (2005): Intelligentes Management von Problemkrediten, Hamm, 2005.

Balgheim, T./Kuhn, R./Schröck, G. (2004): Implementierung von Basel II - Europa führend, in: Zeitschrift für das gesamte Kreditwesen, 22/2004, S. 12-16.

Bamberg, G./Spremann, K. (1987): Agency Theory, Information, and Incentives, Berlin, 1987.

Bank for International Settlements (BIS) (2007): About the Basel Commitee, eingesehen unter URL: http://www.bis.org, Link: Monetary & financial stability/Basel Committee on Banking Supervision, letzte Einsicht am 28.02.2007.

Barckow, A./Beike, R. (2002): Risk-Management mit Finanzderivaten, München, 2002.

Barnea, A./Haugen, R. A./Senbet, L. W. (1985): Agency Problems and Financial Contracting, Englewood Cliffs (New Jersey), 1985.

Barney, J. B. (1991): Firm Resources and Sustained Competitive Advantage, in: Journal of Management, 01/1991, S. 99-120.

Bartelt, N. (1999): Asset-backed securities: ein Produkt für deutsche Banken, Wiesbaden, 1999.

Baseler Ausschuss für Bankenaufsicht (2004): Internationale Konvergenz der Eigenkapitalmessung und der Eigenkapitalanforderungen, Basel, 2004.

Batchvarov, A./Davies, W./Davletova, A. (2006): Waterfall cash-flow mechanics in European RMBS, in: Fabozzi, F. J. (2006): The handbook of mortgage-backed securities, New York (NY), 2006, S. 157-168.

Baulig, B. (2005): Akteure müssen kommunizieren, in: Bankmagazin, 09/2005, S. 42-43.

Becker, A. (2001): Risiken streuen mit syndizierten Krediten, in: Börsen-Zeitung, 14.02.2001, S. 5.

Becker, A./Gruber, W. (2002): MaK - wesentliche Eckpunkte der neuen Verlautbarung, in: Zeitschrift für das gesamte Kreditwesen, 17/2002, S. 24-29.

Becker, H. P./Peppmeier, A. (2006): Bankbetriebslehre, Ludwigshafen, 2006.

Benkenstein, M. (2001): Entscheidungsorientiertes Marketing - Eine Einführung, Wiesbaden, 2001.

Benkert, C. (2006): Mehr Flexibilität für Anleger, in: Handelsblatt, 02./03./04./05.06.2006, S. C19.

Berekoven, L./Eckert, W./Ellenrieder, P. (2006): Marktforschung, Wiesbaden, 2006.

Bielefeld, F./Maifarth, M. (2005): Traditionelle und moderne Kennzahlen der Gesamtbanksteuerung, in: Hahnenstein, L./Neupel, J./Rudolph, B. (2005): Aktuelle Entwicklungen im Bankcontrolling: Rating, Gesamtbanksteuerung und Basel II, Düsseldorf, 2005, S. 145-181.

Bindseil, U./Richter, R. (1995): Neue Institutionenoekonomik, in: Wirtschaftswissenschaftliches Studium, 03/1995, S. 132-140.

Blome-Drees, J./Schmale, I./Zerche, J. (1998): Einführung in die Genossenschaftslehre, München, 1998.

Blümli, U. D. (2000): Kreditrisikomanagement: Betriebswirtschaftliche Grundlagen und praktische Erfahrungen, in: Bankpraxis, 2000, S. 87-100.

Böhler, H. (2004): Marktforschung, Stuttgart, 2004.

Bolder, M./Lehrbaß, F./Zimmer, K.-A. (2005): Non-Performing Loans in Deutschland: Wachstumsmarkt oder Strohfeuer?, in: Die Bank, 02/2005, S. 14-17.

Bolsinger, H. J. (2005): Kreditgenossenschaften gestern und morgen: zwei Szenarien für die Zukunftsentwicklung, in: Zeitschrift für das gesamte Kreditwesen, 21/2005, S. 1188-1191.

Boos, K.-H./Meyer-Ramloch, D. (1999): Kreditderivate: Die Regeln der Bankenaufsicht, in: Die Bank, 09/1999, S. 644-653.

Borgel, G./Loch, F./Thelen-Pischke, H. (2005): Auf dem Weg zur nationalen Umsetzung von Basel II, in: Kreditwesen, 17/2005, S. 910-911.

Bortz, J./Döring, N. (2006): Forschungsmethoden und Evaluation, Berlin, 2006.

Boston Consulting Group (2004): Optimale staatliche Rahmenbedingungen für einen Kreditrisikomarkt/Verbriefungsmarkt für Kreditforderungen und -risiken in Deutschland, Gutachten im Auftrag des Bundesministeriums der Finanzen, Projektnummer 16/03, The Boston Consulting Group GmbH, Frankfurt am Main, 30.01.2004.

Bouwmeester, R. (2001): Zu viele Profis, zu wenig Amateure, in: Planung & Analyse, 18.12.2001. S. 44-47.

Bowler, T./Folkerts-Landau, D./Knott, D./ Moulton, P./Tierney, J. F. (1999): Kreditderivate, Deutsche Bank AG, Global Markets Research, 26.07.1999.

Brakensiek, T. (1991): Die Kalkulation und Steuerung von Ausfallrisiken im Kreditgeschäft der Banken, Frankfurt am Main, 1991.

Breuer, R.-E./ Hummel, D. (2001): Handbuch Europäischer Kapitalmarkt, Wiesbaden, 2001.

British Bankers' Association (2006): BBA Credit Derivatives Report 2006 - Executive Summary, London, 21.09.2006.

Brixner, U. (2002): Zur Zukunft des genossenschaftlichen Bankwesens, in: Dewner, T./Gramlich, L./Krumnow, J./Lange, T. A. (2002): Gabler Bank Lexikon: Bank - Börse - Finanzierung, Wiesbaden, 2002, S. 589-594.

Brixner, U. (2004): Vision 2010. Der genossenschaftliche FinanzVerbund in der Wettbewerbslandschaft von morgen, in: Genossenschaftsverband Frankfurt e. V. (2004): Freiheit und Verantwortung, Neu-Isenburg, 2004, S. 250-257.

Brüning, J.-B./Hoffjan, A. (1997): Gesamtbanksteuerung mit Risk-Return-Kennzahlen, in: Die Bank, 06/1997, S. 362-369.

Brütting, C./Heidenreich, M./Weber, N. (2003): Einsatz von Kreditderivaten durch deutsche Banken, in: Finanz Betrieb, 11/2003, S. 754-763.

Bruhn, M./Meffert, H. (2006): Dienstleistungsmarketing, Wiesbaden 2006.

Bruns, H. (1996): Der Gemeinschaftskredit - der strategische Hebel im Firmenkundengeschäft, in: Bankinformation, 04/1996, S. 54-56.

Büschgen, H. E. (1999): Bankbetriebslehre, Wiesbaden, 1999.

Bühler, W./Engel, C./Korn, O./Stahl, G. (2002): Backtesting von Kreditrisikomodellen, in: Oehler, A.: Kreditrisikomanagement, Stuttgart, 2002, S. 181-218.

Bund, S. (2000): Asset Securitisation: Anwendbarkeiten und Einsatzmöglichkeiten in deutschen Universalkreditinstituten, Frankfurt am Main, 2000.

Bund, S. (2001): Asset Backed Securities als strukturierte Produktalternative auf den europäischen Bondmärkten, in: Breuer, R.-E./ Hummel, D. (2001): Handbuch Europäischer Kapitalmarkt, Wiesbaden, 2001, S. 685-700.

Bund, S./Morlok, M. (2005): True-Sale-Verbriefungen aus Sicht einer Rating-Agentur, in: Zeitschrift für das gesamte Kreditwesen, 18/2005, S. 969-972.

Bundesanstalt für Finanzdienstleistungsaufsicht (BaFin) (1999): Rundschreiben 10/99, Behandlung von Kreditderivaten im Grundsatz I gemäß §§ 10, 10a KWG und im Rahmen der Großkredit- und Millionenkreditvorschriften, 16.06.1999.

Bundesanstalt für Finanzdienstleistungsaufsicht (BaFin) (2002): Mindestanforderungen an das Kreditgeschäft der Kreditinstitute, Rundschreiben 34/2002, 20.12.2002.

Bundesanstalt für Finanzdienstleistungsaufsicht (BaFin) (2005): Mindestanforderungen an das Risikomanagement, Rundschreiben 18/2005, 20.12.2005.

Bundesministerium der Finanzen (2004): Umsatzsteuer; Haftung bei Abtretung, Verpfändung oder Pfändung von Forderungen (§ 13c UStG) sowie Haftung bei Änderung der Bemessungsgrundlage (§ 13d UStG), BMF-Schreiben IV B7 - S 7279b - 2/04, Berlin 2004.

Bundesverband der Deutschen Volksbanken und Raiffeisenbanken e. V. (BVR) (2000): Fachkonzept Kreditportfoliomodell, Berlin, 2000.

Bundesverband der Deutschen Volksbanken und Raiffeisenbanken e. V. (BVR) (2001): Jährlicher Betriebsvergleich der Volksbanken und Raiffeisenbanken für das Jahr 2000, Berlin, 04.07.2001.

Bundesverband der Deutschen Volksbanken und Raiffeisenbanken e. V. (BVR) (2002a): Rating als Chance, Berlin, 2002.

Bundesverband der Deutschen Volksbanken und Raiffeisenbanken e. V. (BVR) (2002b): Jährlicher Betriebsvergleich der Volksbanken und Raiffeisenbanken für das Jahr 2001, Berlin, 02.07.2002.

Bundesverband der Deutschen Volksbanken und Raiffeisenbanken e. V. (BVR) (2003): Jährlicher Betriebsvergleich der Volksbanken und Raiffeisenbanken für das Jahr 2002, Berlin, 27.06.2003.

Bundesverband der Deutschen Volksbanken und Raiffeisenbanken e. V. (BVR) (2004a): Übersicht aller Volks- und Raiffeisenbanken nach Bilanzsumme per Ende 2004, BVR-Rundschreiben, 31.12.2004.

Bundesverband der Deutschen Volksbanken und Raiffeisenbanken e. V. (BVR) (2004b): Jährlicher Betriebsvergleich der Volksbanken und Raiffeisenbanken für das Jahr 2003, Berlin, 15.07.2004.

Bundesverband der Deutschen Volksbanken und Raiffeisenbanken e. V. (BVR) (2005a): Bearbeitung von Problemkrediten gem. § 25 a KWG, BVR-Rundschreiben, 15.06.2005.

Bundesverband der Deutschen Volksbanken und Raiffeisenbanken e. V. (BVR) (2005b): Konsolidierter Jahresabschluss 2004, Berlin, 21.07.2005.

Bundesverband der Deutschen Volksbanken und Raiffeisenbanken e. V. (BVR) (2005c): Jährlicher Betriebsvergleich der Volksbanken und Raiffeisenbanken für das Jahr 2004, Berlin, 13.06.2005.

Bundesverband der Deutschen Volksbanken und Raiffeisenbanken e. V. (BVR) (2006a): Leitfaden MaRisk, BVR-Rundschreiben, 28.04.2006.

Bundesverband der Deutschen Volksbanken und Raiffeisenbanken e. V. (BVR) (2006b): VR-Control - Kommunikationskonzept Masterskala, Berlin, 23.05.2006.

Bundesverband der Deutschen Volksbanken und Raiffeisenbanken e. V. (BVR) (2006c): Umbenennung der „BVR-II-Ratingverfahren“ in „VR-Rating“/Erfolgreiche Validierung des „VR-Rating Oberer Mittelstand“, BVR-Rundschreiben, 27.11.2006.

Bundesverband der Deutschen Volksbanken und Raiffeisenbanken e. V. (BVR) (2006d): Jährlicher Betriebsvergleich der Volksbanken und Raiffeisenbanken für das Jahr 2005, Berlin, 16.06.2006.

Bundesverband der Deutschen Volksbanken und Raiffeisenbanken e. V. (BVR) (2007a): Strukturelle Darstellung der Genossenschaften, eingesehen unter URL: http://www.bvr.de, Link: FinanzVerbund/Genossenschaften, letzte Einsicht am 19.01.2007.

Bundesverband der Deutschen Volksbanken und Raiffeisenbanken e. V. (BVR) (2007b): Darstellung des genossenschaftlichen FinanzVerbundes, eingesehen unter URL: http://www.bvr.de, Link: FinanzVerbund/Verbundpartner, letzte Einsicht am 19.01.2007.

Bundesverband der Deutschen Volksbanken und Raiffeisenbanken e. V. (BVR) (2007c): Satzung, eingesehen unter URL: http://www.bvr.de, Link: Publikationen/Verband/Finanzverbund, letzte Einsicht am 22.02.2007.

Bundesverband der Deutschen Volksbanken und Raiffeisenbanken e. V. (BVR) (2008): Wertorientiert und sicher – Jahresbericht 2007 des Bundesverbandes der Deutschen Volksbank und Raiffeisenbanken, Berlin, 2008.

Burghof, H.-P. (2000): Credit and Information in Universal Banking, in: Schmalenbach Business Review, Vol. 52/2000, S. 282-309.

Burghof, H.-P.-/Henke, S. (1999): Kreditderivate und Eigenkapitalunterlegung: das Rundschreiben 10/99 des BAKred, in: Zeitschrift für das gesamte Kreditwesen, 14/1999, S. 726-733.

Burghof, H.-P./Henke, S. (2005a): Entwicklungslinien des Marktes für Kreditderivate, in: Burghof, H.-P./Henke, S./Rudolph, B./Schönbucher, P. J./Sommer, D.: Kreditderivate - Handbuch für die Bank- und Anlagepraxis, Stuttgart, 2005, S. 21-42.

Burghof, H.-P./Henke, S. (2005b): Alternative Produkte des Kreditrisikotransfers, in: Burghof, H.-P./Henke, S./Rudolph, B./Schönbucher, P. J./Sommer, D.: Kreditderivate - Handbuch für die Bank- und Anlagepraxis, Stuttgart, 2005, S. 95-109.

Burghof, H.-P./Henke, S./Rudolph, B. (2005): Kreditrisiken und Kreditmärkte, in: Burghof, H.-P./Henke, S./Rudolph, B./Schönbucher, P./Sommer, D.: Kreditderivate - Handbuch für die Bank- und Anlagepraxis, Stuttgart, 2005, S. 3-19.

Burghof, H.-P./Henke, S./Rudolph, B./Schönbucher, P. J./Sommer, D. (2005): Kreditderivate - Handbuch für die Bank- und Anlagepraxis, Stuttgart, 2005.

Carlstrom, C. T./Samoly, K. A. (1993): Examing the Microfoundations of Market Incentives for Asset-Backed Lending, in: Federal Reserve Bank of Cleveland, Economic Review. 01/1993, S. 27-38.

Cetkovic, T./Max-Heine, C. (2006): Basel II: Von der Theorie in die Praxis, in: Geldinstitute, 05/2006, S. 42-44.

Chaplin, G. (2005): Credit Derivatives: Risk Management, Trading and Investing, Hoboken (NJ), 2005.

Chevalier, S. (2005): Keine Zeit zu verlieren, in: Finance, 10/2005, S. 18-19.

Cluse, M./Cremer, A. (2006): Die Umsetzung von Basel II in deutsches Recht, in: Zeitschrift für das gesamte Kreditwesen, 07/2006, S. 329-337.

Coase, R. H. (1937): The Nature of the Firm, in: Economica, Volume 4, Number 16, 11/1937, S. 386-405.

Coase, R. H. (1960): The Problem of Social Cost, in: Journal of Law & Economics, Vol. III, Chicago, 1960. S. 1-44.

Creditreform (2006): Insolvenzen, Neugründungen, Löschungen - Jahr 2006, Neuss, 2006.

Cünnen, A. (2006a): Kreditderivate boomen, in: Handelsblatt, 27./28./29.01.2006, S. 26.

Cünnen, A. (2006b): Mit großen Hebel spekulieren, in: Handelsblatt, 22.11.2006, S. 28.

Damaske, M. (2005): Verbriefungssoftware - noch in den Kinderschuhen!, in: Zeitschrift für das gesamte Kreditwesen, 18/2005, S. 1005-1007.

von Daniels, H. (2001): Private Equity Secondary Transactions, Wiesbaden, 2004.

Dartsch, A./Hrozek, S./Rast, M./Späth, M. (2004): Verbriefungsmarkt - Zugang für eine Regionalbank, in: Zeitschrift für das gesamte Kreditwesen, Nr. 21/2004, S. 1194-1195.

Das, S. (2005): Credit Derivatives: CDOs and Structured Credit Products, Hoboken (NJ), 2005.

Deutsche Bundesbank (1997): Asset-Backed Securities in Deutschland: Die Veräußerung und Verbriefung von Kreditforderungen durch deutsche Kreditinstitute, in: Deutsche Bundesbank Monatsbericht, Juli 1997, S. 57-67.

Deutsche Bundesbank (2004): Monatsbericht Dezember 2004, Nr. 12, Frankfurt, 2004.

Deutsche Bundesbank (2006): Monatsbericht Dezember 2006, Nr. 12, Frankfurt, 2006.

Deutsche Bundesbank (2007a): Basel II, eingesehen unter URL: http://www.bundesbank.de, Link: Bankenaufsicht/Basel II, letzte Einsicht am 19.01.2007.

Deutsche Bundesbank (2007b): Monatsbericht Januar 2007, Nr. 1, Frankfurt, 2007.

Deutscher Genossenschafts- und Raiffeisenverband (DGRV) (2007): Genossenschaftswesen, eingesehen unter URL: http://www.dgrv.de, Link: Genossenschaftswesen, letzte Einsicht am 22.02.2007.

Dewatripont, M./Tirole, J. (1994): The Prudential Regulation of Banks, Cambridge (Mass.), 1994.

Dewner, T./Gramlich, L./Krumnow, J./Lange, T. A. (2002): Gabler Bank Lexikon: Bank - Börse - Finanzierung, Wiesbaden, 2002.

DG Hyp - Deutsche Genossenschaftshypothenkenbank (DG Hyp) (2005): Immofori - Gelungener Start im wachsenden NPL-Markt, in: Newsmagazin, 07/2005, S. 6-7.

DG Hyp - Deutsche Genossenschaftshypothekenbank (DG Hyp) (2006): Club Deal, eingesehen unter URL: http://www.dghyp.de, Link: Kapitalmarkt/Syndizierung/Produkte, letzte Einsicht am 29.12.2006.

DG Hyp - Deutsche Genossenschaftshypothekenbank (DG Hyp) (2007): Struktur der PROVIDE-VR 2004-1, eingesehen unter URL: http://www.dghyp.de, Link: Kapitalmarkt/Verbriefung/RMBS-Transaktionen/PROVIDE-VR 2004-1, letzte Einsicht am 29.01.2007.

Diamond, D. W. (1984): Financial Intermediation and Delegated Monitoring, in: Review of Economic Studies, Volume 51, Number 3, July 1984, S. 393-414.

Diehm, A./Richter, W. (2004): Banken entlasten ihre Bilanzen, in: Bankmagazin, 11/2004, S. 46-48.

Disselbeck, K. (2004): Basel II, CAD III und die Solvabilitätsverordnung II - nur Übergangsstandards, in: Zeitschrift für das gesamte Kreditwesen, 22/2004, S. 10-11.

Döhring, J. (1996): Gesamtrisikomanagement von Banken, München, 1996.

Dohmen, C. (2005): Zahl der Insolvenzen sinkt, in: Handelsblatt, 14.12.05, S. 25.

Doswald, H. (2003): Sieben auf einen Streich - neue Spielräume für Banken, in: Sonderdruck aus Immobilien & Finanzierung, 12/2003, S. 11-13.

Doswald, H./Lachnit, S. (2004): Aktive Portfoliosteuerung, in: Kredit & Rating Praxis, 01/2004, S. 11-14.

Drost, F. M. (2004): Sparkasse Görlitz verkauft faule Kredite, in: Handelsblatt, 29.06.04, S. 18.

Drost, F. M. (2005): Finanzpolitikerin Scheel will Banken im Wettbewerb helfen, in: Handelsblatt, 28.01.2005, S. 27.

Dülfer, C. (2003): Kreditderivate locken mit ihren Chancen, in: Handelsblatt, 06./07.06.2003, S. B04.

Dürselen, K. (2002): Institutseigene Risikomodelle unter aufsichtsrechtlichen Aspekten, in: Oehler, A.: Kreditrisikomanagement, Stuttgart, 2002, S. 243-278.

Duffie, D./Gârleanu, N. (2001): Risk and Valuation of Collateralized Debt Obligations, in: Financial Analysts Journal, Vol. 7, S. 41-59.

Duffie, D./Singleton, K. J. (2003): Credit risk: pricing, measurement, and management, Princeton, 2003.

Dyllick, T./Probst, G./Ulrich, H. (1984): Management, Bern, 1984.

DZ Bank (2006a): Geschäftsbericht 2005, Frankfurt, 2006.

DZ Bank (2006b): DZ Bank mit dritter VR Circle Transaktion erfolgreich, eingesehen unter URL: http://www.dzbank.de, Link: Aktuelles/Presseinformationen/14.11.2006, letzte Einsicht am 29.01.2007.

Eilenberger, G. (1997): Bankbetriebswirtschaftslehre, München, 1997.

Eilenberger, G. (2003): Betriebliche Finanzwirtschaft, München, 2003.

Eller, R./Deutsch, H.-P. (1998): Derivate und interne Modelle: modernes Risikomanagement, Stuttgart, 1998.

Eller, R./Gruber, W./Reif, M. (1999): Handbuch Kreditrisikomodelle und Kreditderivate, Stuttgart, 1999.

Elsas, R./Ewert, R./Krahnen, J. P./Rudolph, B./Weber, M. (1999): Risikoorientiertes Kreditmanagement deutscher Banken, in: Die Bank, 03/1999, S. 190-199.

Emse, C. (2005): Verbriefungstransaktionen deutscher Kreditinstitute, Wiesbaden, 2005.

Entrop, O./Völker, J./Wilkens, M. (2001): Strukturen und Methoden von Basel II - Grundlegende Veränderungen der Bankenaufsicht, in: Zeitschrift für das gesamte Kreditwesen, 04/2001, S. 187-193.

Erxleben, S./Krob, B. (2002): Turbo für Kreditgenossenschaften, in: Bankinformation, 03/2002, S. 28-32.

Esser, E./Hill, P. B./Schnell, R. (2004): Methoden der empirischen Sozialforschung, München, 2004.

Euler, A./Holschuh, K. (1999): Credit Default Swap, DZ Bank AG, DZ Bank Research, Dezember 1999.

European Securitisation Forum (2006): ESF Securitisation Data Report - Autumn 2006 eingesehen unter URL: http://www.europeansecuritisation.com/ ESFDataRprt1006.pdf vom 03.11.2006, letzte Einsicht am 04.02.2007.

Everling, O. (2003): Externes versus internes Rating, in: Risikomanagement - Schriftlicher Management-Lehrgang in 12 Lektionen, Düsseldorf, 2003.

Everling, O. (2005): Kein Rating ohne Kontrolle, in: Finance, 03/2005, S. 76.

Fabozzi, F. J. (2006): The handbook of mortgage-backed securities, New York (NY), 2006.

Fabozzi, F. J./Goodman, L. S. (2002): Collateralized debt obligations structures and analysis, Hoboken (NJ), 2002.

Faltermeier, R./Harnischmacher, T. (2005): Aktive Steuerung von Kreditrisiken über Basket-Transaktionen - Erfahrungen und Perspektiven aus Sicht der S-Finanzgruppe, in: Zeitschrift für das gesamte Kreditwesen, 12/2005, S. 616-618.

Fama, E. F. (1970): Efficient Capital Markets. A Review of theory and empirical work, in: Journal of Finance, 1970, S. 383-417.

Fama, E. F. (1978): The Effects of a Firm's Investment and Financing Decisions on the Welfare of its Security Holders, in: American Evonomic Review, Vol. 68/1978, S. 272-284.

Fehl, U. (2002): Genossenschaften und genossenschaftliches Verbandswesen, in: Genossenschafts-Kurier, 04/2002, S. 5.

Finanzen (2006): Eurex startet Handel mit Kreditderivaten am 27. März 2007, eingesehen unter URL: http://www.finanzen.net/news/news_detail.asp?NewsNr= 462034 vom 14.12.2006, letzte Einsicht am 04.01.2007.

Fischer, L. H. (1999): Portfolio-Management für Kreditrisiken ermöglicht Pareto-Optimalität, in: Zeitschrift für das gesamte Kreditwesen, 04/1999, S. 177-180.

Flach, J./Rommelfanger, H. (2002): Fuzzy-Logik-basiertes Bonitätsrating, in: Oehler, A. (2002): Kreditrisikomanagement, Stuttgart, 2002, S. 1-34.

Flesch, J. R. (2000): Kreditderivate - Marktentwicklungen und Einsatzmöglichkeiten im Kreditrisikomanagement, in: Bankpraxis, 2000, S. 101-107.

Flesch, J. R. (2005): Die Zukunft der deutschen Kreditwirtschaft - von der Drei-Säulen- zur „Drei-Banken"-Struktur, in: Zeitschrift für das gesamte Kreditwesen, 12/2005, S. 604-608.

Flesch, J. R. (2006): Kredite über die Börse handeln, in: Zeitschrift für das gesamte Kreditwesen, 05/2006, S. 228-231.

Flick, U. (2005): Qualitative Sozialforschung - Eine Einführung, Reinbek bei Hamburg, 2005.

Franck, J./Poppel, M. (2005): Synthetische CDOs in einem Marktumfeld mit niedrigen Risikoaufschlägen, in: Zeitschrift für das gesamte Kreditwesen, 12/2005, S. 637-639.

Franke, D. (2005): Neuer Marktplatz: Börsenhandel mit Krediten, in: Die Bank, 01/2005, S. 14-15.

Franke, G. (2005a): Risikomanagement mit Kreditderivaten, in: Burghof, H.-P./Henke, S./Rudolph, B./Schönbucher, P. J./Sommer, D.: Kreditderivate - Handbuch für die Bank- und Anlagepraxis, Stuttgart, 2005, S. 269-289.

Franke, G. (2005b), Transformation nicht-gehandelter in handelbare Kreditrisiken, Konstanz, 2005.

Franzetti, C. (2001): Risiko aus Konzentration, in: Die Bank, 03/2001, S. 186-191.

Freiling, J. (2001): Ressourcenorientierte Reorganisationen: Problemanalyse und Change Management auf der Basis des Resource-based View, Wiesbaden, 2001.

Friedrich, J./Mathweis, R. (2005): Neues Kapital aufgeschlagen - Mit VR Circle wird aktives Kreditrisikomanagement im Verbund möglich, in: Bankinformation, 08/2005, S. 24-27.

Frien, B./Hülsbömer, A. (2005): Genossen im Wandel - im Gespräch mit Dr. Thomas Duhnkrack, in: Finance, 07/08/2005, S. 72-75.

Fritschi, H./Köhler, B. (2006): Aktienmärkte - getrennte Wege, in: Bilanz, 21.06.2006, S. 42-46.

Froitzheim, R. O. (2003): Verbriefung als Instrument wertorientierter Portfoliosteuerung, in: Risikomanagement - Schriftlicher Management-Lehrgang in 12 Lektionen, Düsseldorf, 2003.

Fromm, E. (1990): Haben oder Sein, Stuttgart, 1990.

Früh, W. (1992): Analyse sprachlicher Daten - Zur konvergenten Entwicklung quantitativer und qualitativer Daten: in Hoffmeyer-Zlotnik, J. H. P. (1992): Analyse verbaler Daten, Opladen, 1992, S.59-89.

Frühauf, M. (2005): Der Coup der Eurohypo, in: Börsen-Zeitung, 19.11.2004, S. 1.

Geilmann-Ebbert, A./Heine, S. (2006): Kreditrisikotransfer im genossenschaftlichen Finanzverbund, in: Zeitschrift für das gesamte Kreditwesen, 21/2006 , S. 1147-1150.

Genossenschaftsverband Frankfurt (2006): MaRisk für Kreditgenossenschaften, Wiesbaden, 2006.

Gerke, W./Knipper, H.-J. (2005): „Wir haben auch Fehler gemacht“ – drei Banker diskutieren über das vergangene Jahrzehnt, in: Handelsblatt, 13.10.2005, S. 28.

Gerke, W./Schöner, M. A./van Rüth, V. (1992): Informationsbörse, Stuttgart, 1992.

Germann, U. (2004): Die BaFin - Eine für alle, in: Bankmagazin, 08/2004, S. 15-23.

Geurts, M. (1999): Steuerliche Aspekte bei Asset backed Securities, in: Der Betrieb, 1999, S. 451-454.

Göbel, E. (2002): Neue Institutionenökonomik, Stuttgart, 2002.

Gramlich, D. (2003): Risikomanagement in der Banksteuerung, in: Risikomanagement - Schriftlicher Management-Lehrgang in 12 Lektionen, Düsseldorf, 2003.

Green, P. E./Tull, D. S. (1982): Methoden und Techniken der Marktforschung, Stuttgart, 1982.

Gruber, W. (2003): Aufsichtsrechtliche Entwicklungen, in: Risikomanagement - Schriftlicher Management-Lehrgang in 12 Lektionen, Düsseldorf, 2003.

Grüther, M. D./Lister, M./Schierenbeck, H. (2005): Ertragsorientierte Risikokapitalallokation in der Gesamtbanksteuerung, in: Lange, T. A./Schulz, H. (2005): Wertmanagement in Banken, Wiesbaden, 2005, S. 185-214.

Gundlach, M. (2004): CreditRisk+ in the banking industry, Berlin, 2004.

Haase, M. (2000): Institutionenökonomische Betriebswirtschaftslehre – Allgemeine Betriebswirtschaftslehre auf sozial- und institutionentheoretischer Grundlage, Wiesbaden, 2000.

Haberer, A. F. (1996): Umweltbezogene Informationsasymmetrien und transparenzschaffende Institutionen, Marburg, 1996.

Häcker, J./Max-Heine, C. (2005): Die Strukturierung ist nur die Spitze des Eisbergs, in: Die Bank, 07/2005, S. 66-73.

Häusler, F. (1976): Kapitalmarkttheorie, München, 1976.

Hager, P. (2006): Nutzen des Risikomanagements für die Unternehmenssteuerung, in: Lüders, U./Wiedemann, A. (2006): Integrierte Rendite-/Risikosteuerung, Münster, 2006, S. 31-51.

Hahnenstein, L./Neupel, J./Rudolph, B. (2005): Aktuelle Entwicklungen im Bankcontrolling: Rating, Gesamtbanksteuerung und Basel II, Düsseldorf, 2005.

Hanker, P. (2002): Der virtuelle Marktplatz für Kreditrisiken, in: Bankinformation, 10/2002, S. 36-38.

Hardt, C. (2006): Baufinanzierung: Wie Internet-Vermittler Interhyp die Branche aufwirbelt, in: Handelsblatt, 06.11.2006, S. 31.

Harold, P./Prinker, E. (2000): Credit Default Swaps, in: Zeitschrift für das gesamte Bank- und Börsenwesen, 06/2000, S. 453-460.

Hartmann-Wendels, T./Pfingsten, A./Weber, M. (2007): Bankbetriebslehre, Berlin, 2007.

Hausen, F./Rachev, S. T./Trück, S. (2004): Basel II: Letzte Änderungen der Risikogewichtskurve, in: Zeitschrift für das gesamte Kreditwesen, 22/2004, S. 18-23.

Heene, A./Sanchez, R. (1997): Strategic Learning and Knowledge Management, Chichester, 1997.

Heide, H./Mangels, T. (2004): Kreditrisiken mit innovativen Finanzinstrumenten managen, in: Bankmagazin, 08/2004, S. 32-34.

Heidorn, T. (1999): Kreditderivate, Hochschule für Bankwirtschaft (HfB), 02/1999.

Heimann, R./Kramer, E. M. (2002): Grundsätzliches zu synthetischen ABS, in: Bankinformation, 04/2002, S. 6-9.

Heinrich, M. (1999): Management des Portfolios von Adressrisiken, in: Bankinformation, 12/1999, S. 42-45.

Heine, S. (2006): WGZ-LOOP - Kreditportfoliosteuerung im Regionalen FinanzVerbund, Akquisitionsunterlagen für Primärbanken, Düsseldorf, 2006.

Hellwig, M. (1998): Banks, Markets, and the Allocation of Risks in an Economy, in: Journal of Institutional and Theoretical Economics, Vol. 154, 1998, S. 328-345.

Henke, S. (2002): Anreizprobleme beim Transfer der Kreditrisiken aus Buchkrediten, Berlin, 2002.

Herbert, T. (1999): Asset Backed Securities in Europa, Europäische Bonitäten Spezial, DZ Bank AG, Frankfurt a. M., 1999.

Hermann, F./Kirschner, W./Wiedemann, M. (2005): Kreditderivate im institutionellen Portfoliomanagement in: Burghof, H.-P./Henke, S./Rudolph, B./Schönbucher, P. J./Sommer, D. (2005): Kreditderivate - Handbuch für die Bank- und Anlagepraxis, Stuttgart, 2005, S. 345-367.

Herrmann, A./Homburg, C. (2000): Marktforschung - Methoden, Anwendungen, Praxisbeispiele, Wiesbaden, 2000.

Hesdahl, R. (2006): Erfahrungen und Perspektiven der Verbriefung von Automobilforderungen, in: Zeitschrift für das gesamte Kreditwesen, 18/2005, S. 1002-1004.

Hilgert, H. (2005): Subsidiäres Investmentbanking: Dienstleistungen einer Zentralbank für das Eigengeschäft der Genossenschaftsbanken, in: Zeitschrift für das gesamte Kreditwesen, 21/2005, S. 1172-1174.

Hilgert, H./Hillmer, M. (2005): Aktives Kreditrisikomanagement im genossenschaftlichen Verbund mit der „VR Circle", in: Zeitschrift für das gesamte Kreditwesen, 12/2005, S. 623-625.

Hilgert, H./Ziese, M. (2006): Zentrale Verbriefungsplattform des genossenschaftlichen Finanzverbundes, in: Zeitschrift für das gesamte Kreditwesen, 06/2006, S. 284-286.

Himberger, A. (1994): Der Elektronische Markt als Koordinierungssystem, St. Gallen, 1994.

Hoffmeyer-Zlotnik, J. H. P. (1992): Analyse verbaler Daten, Opladen, 1992.

Hohl, S./Liebig, T. (1999): Kreditderivate - ein Überblick, in: Eller, R./Gruber, W./Reif, M. (1999): Handbuch Kreditrisikomodelle und Kreditderivate, Stuttgart, 1999, S. 499-525.

Hommel, U./Schmittat, J. (2006): Ausweitung der True-Sale-Verbriefung auf neue Assetklassen, in: Zeitschrift für das gesamte Kreditwesen, 18/2005, S. 981-984.

Hopf, C./Weingarten, E. (1993): Qualitative Sozialforschung, Stuttgart, 1993.

Hoppe, T./Lachnit, S. (2004): Standardisierungen vereinfachen Kreditverbriefungen, in: Genossenschafts-Kurier, 06/2004, S. 36-39.

Hüning, H. (2005): Welche Ziele hat die Interessengemeinschaft und wie ist ihr Verhältnis zu den Gremien und Verbänden, in: Zeitschrift für das gesamte Kreditwesen, 21/2005, S. 1170-1171.

Hüttemann, P. (1998): Derivative Instrumente für den Transfer von Kreditrisiken, in: Oehler, A. (1998): Credit Risk und Value-at-Risk-Alternativen, Stuttgart, 1998, S. 54-76.

Hüttemann, P. (1999): Kreditderivate im europäischen Kapitalmarkt, Wiesbaden, 1999.

Hultsch, C./Klug, K. (2005): Bonitätsurteile gewinnen an Bedeutung, in: Handelsblatt, 14.09.2005, S. B5.

Huschens, S./Locarek-Junge, H. (2002): Grundlagen der portfolioorientierten Kreditrisikomessung, in: Oehler, A. (2002): Kreditrisikomanagement, Stuttgart, 2002, S. 89-114.

Immofori - Gesellschaft für Immobilienforderungsinkasso mbH (Immofori) (2007): Wir über uns, eingesehen unter URL: http://www.immofori.de, Link: Über uns, letzte Einsicht am 21.01.2007.

Jansen, S. A. (2001): Mergers & Acquisitions, Wiesbaden, 2001.

Jansen, S./Kirmße, S. (2001): BVR-II-Rating: Das verbundeinheitliche Ratingsystem für das mittelständische Firmenkundengeschäft, in: Bankinformation, 02/2001, S. 67-71.

Jensen, M./Meckling, W. (1976): Theory of the Firm: Managerial Behavior Agency Costs and Ownership Structure, in: Journal of Financial Economy, Vol. 3, 1976, S. 305-360.

Jensen, O./Mertesdorf, S. (2006): Einführung in die Meta-Analyse, in: Wirtschaftswissenschaftliches Studium, 12/2006, S. 657-663.

Jobst, A. A. (2002): Collateralised Loan Obligations (CLOs) - A Primer, CFS Working Paper No. 2002/13, Frankfurt am Main, 2002.

Joskow, P. L. (1985): Long Term Vertical Relationship, in: Journal of Institutional and Theoretical Economics, 1985, No. 141, S. 588-589.

Jost, M./Siwik, T. (2000): Bewertung von Kreditderivaten, in: Die Bank, 12/2000, S. 868-871.

Kehl, A. (2004): Banking is people - Strategische Personalentwicklung als Wettbewerbsfaktor, in: Genossenschaftsverband Frankfurt e. V. (2004): Freiheit und Verantwortung, Neu-Isenburg, 2004, S. 300-309.

Kemmer, M. (2005): „Buy an Hold“ war gestern: Portfoliooptimierung durch Kreditrisikohandel, in: Zeitschrift für das gesamte Kreditwesen, 12/2005, S. 609-612.

Kendall, P. L./Merton, R. K. (1993): Das fokussierte Interview, in: Hopf, C./Weingarten, E. (Hrsg.): Qualitative Sozialforschung, Stuttgart, 1993, S. 171-204.

Kepper, G. (2000): Methoden der Qualitativen Marktforschung, in: Herrmann, A./Homburg, C. (2000): Marktforschung, Wiesbaden, 2000, S. 159-201.

Kern, M. (2003a): Kreditderivate - Chancen auf dem Markt für Bonitätsrisiken, Wiesbaden, 2003.

Kern, M. (2003b): Kreditderivate - Welche Möglichkeiten bieten sie den Genossenschaftsbanken? (Teil I), in: Genossenschafts-Kurier, 05/2003, S. 14-16.

Kern, M./Kroschel, I./Peppmeier, A. (2002): Rendite und Risiko im Portfoliozusammenhang, in: Chancen und Risikoaspekte des Immobilien-InvestmentBanking, Marktbericht XII der Westdeutschen ImmobilienBank, 06/2002, S. 40-51.

Kern, M./Lange, T. A. (2005): Kreditportfolio nach Wunsch, in: Bankmagazin, 06/2005, S. 40-41.

Kern, M./Seiler, A. (2007): Attraktive Kundenklasse, in: Bankinformation, 03/2007, S. 50-51.

Kersting, S. (2006): Hermes differenziert Risikoprämien, in: Handelsblatt, 10.04.2006, S. 4.

von Kibed, S. V. (2005): Der deutsche Markt für „non-performing Loans" - die Rolle der Investmentbanken, in: Zeitschrift für das gesamte Kreditwesen, 12/2005, S. 635-636.

KfW Bankengruppe (KfW) (2007): Europäischer Verbriefungsmarkt, eingesehen unter URL: www.kfw.de, Link: Kreditverbriefung/Europäischer Verbriefungsmarkt, letzte Einsicht am 27.02.2007.

Kirmße, S. (2000): Integration der Kreditrisikosteuerung in die Gesamtbanksteuerung, in: Bankpraxis, 2000, S. 114-124.

Klein, J. (2005): Kreditrisikohandel - allgemeine Anmerkungen aus Sicht der BaFin, in: Zeitschrift für das gesamte Kreditwesen, 12/2005, S. 629-631.

Kletzing, S./Schulze, H. (2005): Neue Anforderungen an die Kreditwürdigkeitsprüfung, in: Lange, T. A./Schulz, H. (2005): Wertmanagement in Banken, Wiesbaden, 2005, S. 161-182.

Klüwer, A./Weller, M. (2004): Der True-Sale-Markt wird von einem verbesserten Rechtsrahmen profitieren - Deutscher Markt im europäischen Vergleich noch deutlich unterentwickelt, in: Börsen-Zeitung, 21.02.2004, S. B6.

Koch-Weser, C. K. (2003): Rahmenbedingungen für die Verbriefung von Kreditforderungen in Deutschland, in: Zeitschrift für das gesamte Kreditwesen, 12/2003, S.623-626.

Köhler, P. (2005): Deutsche Verbriefungsinitiative TSI verfehlt ihre Ziele für 2005, in: Handelsblatt, 29.07.2005, S. 19.

Köhler, P. (2006): Noten für das Management, in: Handelsblatt, 15.03.2006, S. 31.

Köhler, P./Krause, A. (2006): Factoring liegt im Trend, in: Handelsblatt, 04.01.2006, S. 25.

Köhler, P./Landgraf, R. (2004): Deutsche Kredit Börse geht an den Start, in: Handelsblatt, 04.10.2004, S. 23.

Köhler, P./Landgraf, R. (2006): Rendite mit faulen Krediten, in: Handelsblatt, 29.05.2006, S. 25.

Kölle, W./Lachnit, S. (2005): Verbriefungsmarkt - Entwicklung weiter vorangetrieben, in: Genossenschafts-Kurier, 06/2005, S. 13-15.

Koll, M./Wissendorf, C. (2005): Adressrisikosteuerung in der Praxis, in: Bankinformation, 10/2005, S. 43-446.

Koneberg, M. (2006): Management von Firmenkreditportfolios in Genossenschaftsbanken - Der Einsatz von Kreditderivaten zur Portfoliooptimierung, Hohenheim, 2006.

Kräkel, M. (2004): Organisation und Management, Tübingen, 2004.

Krall, M. (2005): Basel II – Ein Beitrag zur Wertschaffung in Banken?, in: Lange, T. A./Schulz, H. (2005): Wertmanagement in Banken, Wiesbaden, 2005, S. 215-232.

Kretschmer, J. (1999): Credit Risk^{+} - Ein portfolioorientiertes Kreditrisikomodell, in: Eller, R./Gruber, W./Reif, M. (1999): Handbuch Kreditrisikomodelle und Kreditderivate, Stuttgart, 1999, S. 359-384.

Krings, M. (2005): IT der Zukunft mit Partnerbanken gestalten, in: Zeitschrift für das gesamte Kreditwesen, 03/2005, S. 15-18.

Kroon, G./Pool, F. (2002): Professionelle Kundengeschäftssteuerung mit Hilfe der DB-III-Rechnung, in: Bankinformation, 04/2002, S. 26-34.

Krüger, M. (2005a): Für gut befunden, in: Bankinformation, 08/2005, S. 16-18.

Krüger, M. (2005b): Führungsposition ausgebaut, in: Bankinformation, 08/2005, S. 30-31.

Krumnow, J. (1999): Kreditrisikomanagement bei der Deutschen Bank, in: Zeitschrift für das gesamte Kreditwesen, 03/1999, S. 118-122.

Kullmann, A. (2004): Forderungsverbriefung als attraktives Finanzierungsprodukt, in: Kredit & Rating Praxis, 01/2004, S. 6-9.

Lachnit, S. (2005): Immer attraktiver, in: Bankinformation, 08/2005, S. 12-15.

Lachnit, S. (2007): Persönliche Informationen vom 31.01.2007, Leiter Verbundvertrieb, Deutsche Genossenschafts-Hypothekenbank AG (DG Hyp).

Lachnit, S./Lorenz, K. (2004): Aktive Portfoliosteuerung schafft neue Handlungsspielräume, in: Genossenschaftsblatt, 07/2004, S. 16-18.

Lambert, K. (2002): Verband und Genossenschaften zwischen Innovation und Tradition, in: Genossenschafts-Kurier, 03/2002, S. 5-7.

Lamnek, S. (1993): Qualitative Sozialforschung - Band 2 Methoden und Techniken, Weinheim, 1993.

Landry, S./Radeke, O. (1999): Kreditderivate in der Praxis, in: Eller, R./Gruber, W./Reif, M. (1999): Handbuch Kreditrisikomodelle und Kreditderivate, Stuttgart, 1999, S. 527-574.

Lange, T. A. (2005): Kapitalmarktbasierte Preismodell für Firmenkundenkredite, in: Lange, T. A./Schulz, H. (2005): Wertmanagement in Banken, Wiesbaden, 2005, S. 113-134.

Lange, T. A./Schulz, H. (2005): Wertmanagement in Banken, Wiesbaden, 2005.

Lederer, A. (2005): Einheitliches Bankenverfahren für 490 Genossenschaftsbanken, in: Zeitschrift für das gesamte Kreditwesen, 03/2005, S. 19-21.

Lehnhoff, J. (2005): Basel II verbessert, in: Bankinformation, 11/2005, S. 8-9.

Leinberger, D. (2004): Verbriefung von Kreditportfolien wird immer interessanter. Darlehen an KMU als eigene Assetklasse - Programme Promise und Provide unterstützen die Entwicklung des Verbriefungsmarktes in Deutschland, in: Börsen-Zeitung, 21.02.2004, S. B1.

Leland, H. E./Pyle, D. H. (1977): Informational Asymmetries, Financial Structure, and Financial Intermediation, in: The Journal of Finance, Volume 32, Number 2, Oxford, May 1977, S. 371-387.

Lenhard, M./Lindner, J. (2005): True-Sale-Verbriefung - Erfahrungen und Perspektiven für deutsche NPL-Transaktionen, in: Zeitschrift für das gesamte Kreditwesen, 18/2005, S. 973-976.

Leschke, M./Pies, I. (2000): Ronald Coase' Transaktionskosten-Ansatz, Tübingen, 2000.

Lewalter, K. (2005): BVR-II-Rating - Umsetzungsstand und Ausblick, in: Genossenschafts-Kurier, 02/2005, S. 16-18.

Lewalter, K. (2006a): Mindestanforderungen an das Risikomanagement, in: Genossenschafts-Kurier, 02/2006, S. 5-7.

Lewalter, K. (2006b): Umsetzung von Basel II, in: Genossenschafts-Kurier, 04/2006, S. 28-31.

Lindemann, J./Martiné, M. (2005): Wenig Aufwand für weniger Risiko, in: Bankinformation, 08/2005, S. 28-29.

Lister, M. (1997): Risikoadjustierte Ergebnismessung und Risikokapitalallokation, Frankfurt am Main, 1997.

Litten, R./Brandt, S. (2003): Was True-Sale-Verbriefungen von synthetischen unterscheidet, in: Börsen-Zeitung, 24.07.2003, S. 18.

Loch, F./Thelen-Pischke, H. (2001): Basel II - Herausforderungen für die Geschäftsleitung der Institute, in: Zeitschrift für das gesamte Kreditwesen, 13/2001, S. 736-739.

Loistl, O. (1994): Kapitalmarkttheorie, München, 2004.

Loy, B. (2006): Capital structure arbitrage - Can investors set up profitable trading strategies?, in: Finanz Betrieb, 07/08/2006, S. 487-499.

Lubitz, K.-J. (2005): Forderungen werden verstärkt verkauft, in: Handelsblatt, 16.11.2005, S. B10.

Lüders, U./Seel, W. (2006): Die Bedeutung der Kreditkultur für die Umsetzung einer risikodifferenzierten Konditionenpolitik, in: Lüders, U./Wiedemann, A. (2006): Integrierte Rendite-/Risikosteuerung, Münster, 2006, S. 197-219.

Lüders, U./Weber, F. S. J. (2005): Umsetzungsaufwand nicht unterschätzen, MaRisk - Anforderungen an eine ganzheitliche Risikobetrachtung, in: Bankinformation, 03/2005, S. 36-39.

Lüders, U./Wiedemann, A. (2006): Integrierte Rendite-/Risikosteuerung, Münster, 2006.

Lührig, R. (1980): Art. Kreditgenossenschaften, in: Mändle, E./ Winter, H. W. (1980): Handwörterbuch des Genossenschaftswesens (HdG), Wiesbaden, 1980, Sp. 1049.

Lützenrath, C./Neumann, A. (2005): Kreditportfolios gezielt bereinigen, in: Bankmagazin, 09/2005, S. 26-28.

Maier, S.-P./von Trotha, A. (2004): Refinanzierung und Risikotransfer „à la carte" - Synthetische Verbriefung bietet erhebliche Flexibilität und Möglichkeiten zur Innovation bei der Gestaltung des Risikotransfers, in: Börsen-Zeitung, 21.02.2004, S. B2.

Maifarth, A./Pfingsten, M./Rieso, S. (2005): Was ist neu?, in: Die Bank, 06/2005, S. 34-39.

Markowitz, H. M. (2005): Portfolio Selection, München, 2005.

Mathweis, R. (2003): Kreditportfoliomanagement in Genossenschaftsbanken, in: Sonderdruck aus Immobilien & Finanzierung, 12/2003, S. 17-19.

Mathweis, R./Pergande, S. (2006): Möglichkeiten der aktiven Kreditportfoliosteuerung in der Praxis, in: Lüders, U./Wiedemann, A. (2006): Integrierte Rendite-/Risikosteuerung, Münster, 2006, S. 237-249.

Mauelshagen, M./Müller, B. R. (2004): Effiziente Risikosteuerung mit Hilfe von Kreditderivaten, in: Sparkasse, 02/2004, S. 94-98.

Mauri, A. J./Michaels, M. P. (1998): Firm and Industry Effects within Strategic Management: An Empirical Examination, in: Strategic Management Journal, 1998, S. 211-219.

Mayring, P. (2002): Einführung in die qualitative Sozialforschung, Weinheim, 2002.

McLachlan, C. (2004): Wettbewerbsorientierte Gestaltung von Informationsasymmetrien, Norderstedt, 2004.

McNee, A. (1999): Commercial Debt Trading Takes Off, in: Risk, Vol. 12, 12/1999, S. 12.

Meffert, H. (2000): Marketing, Wiesbaden, 2000.

Meid, B. (2004): Kreditderivate in der betrieblichen Praxis (Teil III), in: Genossenschafts-Kurier, 02/2004, S. 18-20.

Meister, E. (1999): Kreditrisiken und deren bankaufsichtliche Eigenkapitalunterlegung, in: Bankinformation, 04/1999, S. 7-9.

Meister, E. (2005): Entwicklungstendenzen und Struktur der internationalen Bankenaufsicht, Vortrag beim 6. Norddeutschen Bankentag in Lüneburg, 01.07.2005.

Meister, E. (2006): Basel II - was ist erreicht, was bleibt zu tun?, in: Zeitschrift für das gesamte Kreditwesen, 15/2006, S. 750-751.

Melzer, A. (2001): Mit Kreditderivaten sichern sich Banken gegen Bonitätsrisiken ab, in: Handelsblatt, 26.09.2001, S. B02.

Merz, A. (2001): Kreditderivate als innovatives Instrument zur Steuerung der Kreditrisiken, DZ Bank AG, Vortrag zum 2. Norddeutschen Bankentag in Lüneburg, 22.06.2001.

Modigliani, F./Miller, M. H. (1958): The Cost of Capital, Corporation Finance and the Theory of Investments, in: American Economic Review, Vol. 48, 1958, S. 261-297.

Mörschen, T. (2006): Notenbanker sehen Risiken am Derivatemarkt, in: Handelsblatt, 22.05.2006, S. 23.

Moody's (2007): Moody's Special Report: 2006 Review & 2007 Outlook - German/Austrian/Swiss Structured Finance, International Structured Finance, 10.01.2007.

Müller, F. (2000): Kreditderivate und Risikomanagement, Frankfurt, 2000.

Müller, S. (2000): Grundlagen der Qualitativen Marktforschung, in: Herrmann, A./Homburg, C. (2000): Marktforschung, Wiesbaden, 2000, S. 127-157.

Mußler, H. (2003): In aller Stille wälzt die DZ Bank hohe Risiken ab, eingesehen unter URL: www.faz.net, 19.05.2003, letzte Einsicht am 08.06.2006.

Nagl, H. G. (2006): Norisbank ganz neu, eingesehen unter URL: www.n-tv.de/721598.html, 16.10.2006, letzte Einsicht am 18.01.2007.

Neske, C. (2005): Grundformen von Kreditderivaten, in: Burghof, H.-P./Henke, S./Rudolph, B./Schönbucher, P. J./Sommer, D. (2005): Kreditderivate - Handbuch für die Bank- und Anlagepraxis, Stuttgart, 2005, S. 45-59.

Neuss, W. (2001): Einführung in die Betriebswirtschaftslehre aus institutionenökonomischer Sicht, Tübingen, 2001.

Neyer, U. (2000): Fehlallokation von Kapital als Folge asymmetrisch verteilter Informationen auf den Kreditmärkten, Baden-Baden, 2000.

Nordhues, H.-G./Benzler, M. (2005): Zivilrechtliche Einordnung von Kreditderivaten, in: Burghof, H.-P./Henke, S./Rudolph, B./Schönbucher, P. J./Sommer, D. (2005): Kreditderivate - Handbuch für die Bank- und Anlagepraxis, Stuttgart, 2005, S. 169-196.

North, D. C. (1984): Transaction Costs, Institutions, and Economic History, in: Journal of Institutional and Theoretical Economics, 1984, S. 7.

o. V. (1991): KKB: Forderungsverkauf schont Eigenkapital, in: Börsen-Zeitung, 25.04.1991, S. 5.

o. V. (1999): BVR muss für Berliner Genossen schwer bluten, in: Börsen-Zeitung, 28.01.1999, S. 6.

o. V. (2001): Banken sehen Basel II auf dem richtigen Weg, in: Handelsblatt, 01.11.2001, S. 34.

o. V. (2003a): Deutsche Bank geht bei Großkrediten auf Nummer sicher, in: Handelsblatt, 25.11.2003, S. 22.

o. V. (2003b): Konkurrenz wird es keine geben, eingesehen unter URL: http://www.welt.de:81/data/2003/08/08/149270.html vom 08.08.2003, letzte Einsicht: 29.01.2007.

o. V. (2003c): Neue Plattform für True-Sale-Verbriefungen. Modell soll rasch Zustimmung von Kartellamt und BaFin finden - KfW: Erste Transaktion im Frühjahr, in: Börsen-Zeitung, 12.11.2003, S. 18.

o. V. (2004a): True Sale International, eingesehen unter URL: http://www.kfw.de/Textversion/DE/Die%20Bank/AktuellesausderKfW/TrueSale-I.jsp, letzte Einsicht: 04.10.2004.

o. V. (2004b): TSI: Es geht los!, in: Zeitschrift für das gesamte Kreditwesen, 23/2004, S. 1310.

o. V. (2005a): Regierung regt Öffnung der Sparkassen an, in: Handelsblatt, 24.02.2005, S. 21.

o. V. (2005b): Der Handel von Kreditrisiken soll auf eine neue Basis gestellt werden, in: Handelsblatt, 22.03.2005, S. 27.

o. V. (2005c): Norisbank strebt 2005 Rekordergebnis an, in: Handelsblatt, 28.04.2005, S. 25.

o. V. (2005d): Verbriefungsinitiative kommt in Fahrt, in: Handelsblatt, 17.08.2005, S. 21.

o. V. (2006a): Dresdner verkauft Kredite in Milliardenhöhe, in: Handelsblatt, 04.01.2006, S. 22.

o. V. (2006b): Banken sparen durch neue Regeln Eigenkapital, in: Handelsblatt, 26./27./28.05.2006, S. 26.

o. V. (2006c): Kreditderivate sollen sicher werden, in: Handelsblatt, 09.06.2006, S. 34.

o. V. (2006d): Großfusion bei Derivatebrokern, in: Handelsblatt, 26.07.2006, S. 28.

o. V. (2006e): Ratingagenturen droht neue Konkurrenz, in: Handelsblatt, 04./05./06.08.2006, S. 26.

o. V. (2006f): Ackermann kauft Norisbank, in: Handelsblatt, 07.08.2006, S. 22.

o. V. (2006g): Hilfreiche Erkenntnisse, in: Bankinformation, 10/2006, S. 52-55.

Oehler, A. (2002): Kreditrisikomanagement, Stuttgart, 2002.

Oehler, A. (1998): Credit Risk und Value-at-Risk-Alternativen: Herausforderungen für das Risk-Management, Stuttgart, 1998.

Österreichische Nationalbank (2004): Best Practice im Risikomanagement von Verbriefungen, Wien 2004.

Overbeck, L. (1999): Die Portfolioversion des Asset-Value-Modells für das Kreditrisiko, in: Eller, R./Gruber, W./Reif, M. (1999): Handbuch Kreditrisikomodelle und Kreditderivate, Stuttgart, 1999, S. 103-119.

Overbeck, R. (2005): Im Kreislauf - Risikotransfer durch Pooling illiquider Firmenkundenkredite mit WGZ-Loop, in: Bankinformation, 08/2005, S. 20-23.

Papperitz, G. (1993): Factoring, Forfaitierung und gewerbesteuerliche Dauerschulden, in: Deutsches Steuerrecht, 50/1993, S. 1841-1844.

Paul-Choudhury, S. (1998): Fables of the Reconstruction, in: Risk, Credit Risk Supplement, 11/1998, No. 3, S. 20-24.

Pechtl, A. (1999): Rationales Risikomanagement - Bewertungsansätze für Ausfallrisiken, in: Eller, R./Gruber, W./Reif, M. (1999): Handbuch Kreditrisikomodelle und Kreditderivate, Stuttgart, 1999, S. 180-225.

Peiß, S. (1998): Management kumulierter Risiken bei Banken, Wiesbaden, 1998.

Penrose, E. T. (1995): The Theory of the Growth of the Firm, Oxford, 1995.

Peppmeier, A. (2006): Einführung in die Kreditderivate, Aachen, 2006.

Pergande, S. (2007): Persönliche Informationen vom 31.01.2007, Seniorberater, Fixed Income Consulting Vertriebs- und Kreditportfolioberatung, DZ Bank AG.

Perridon, L./Steiner, M. (2007): Finanzwirtschaft der Unternehmung, München, 2007.

Peteraf, M. A. (1993): The Cornerstones of Competitive Advantage: A Resource-Based View, in: Strategic Management Journal, 1993, S. 179-191.

Piaskowski, F. (2004): Immobilienkreditportfolios aktiv managen, in: Börsen-Zeitung, 21.02.2004, S. 5.

Piaskowski, F. (2005): Transfer von Immobilienkreditrisiken im genossenschaftlichen Finanzverbund, in: Zeitschrift für das gesamte Kreditwesen, 12/2005, S. 626-628.

Picot, A. (1991): Ein neuer Ansatz zur Gestaltung der Leistungstiefe, in: Zeitschrift für betriebswirtschaftliche Forschung, 04/1991, S. 336-357.

Pleister, C. (2002): Erfolgsgeschichte und Herausforderungen der Genossenschaften, in: Genossenschafts-Kurier, 03/2002, S. 14-16.

Pleister, C. (2004): Bündelung der Kräfte - Bilanz und Ausblick, in: Genossenschaftsverband Frankfurt e. V. (2004): Freiheit und Verantwortung, Neu-Isenburg, 2004, S. 474-485.

Pluto, K. (2002): Basel II - ein Weg zur bankaufsichtlichen Anerkennung von Kreditrisikomodellen?, in: Oehler, A. (2002): Kreditrisikomanagement, Stuttgart, 2002, S. 297-322.

Pohl, H. (2005): Neue Marktchancen, in: Bankinformation, 06/2005, S. 30-33.

Poppel, M./Spieler, C. (2005): Kein Spiel mit dem Feuer, in: Finance, 04/2005, S. 11-12.

Popper, K. (1989): Logik der Forschung, Tübingen, 1989.

Posthaus, A. (2005): Exotische Kreditderivate, in: Burghof, H.-P./Henke, S./Rudolph, B./Schönbucher, P. J./Sommer, D. (2005): Kreditderivate - Handbuch für die Bank- und Anlagepraxis, Stuttgart, 2005, S. 61-75.

Pracht, J. G. (2005): Eigenkapitalmanagement mittels Asset-backed Securities, Wiesbaden, 2005.

Presber, M. (2002): Die Vorschriften von Basel II machen Kreditrisikomanagement zur Pflichtaufgabe, in: Handelsblatt, 25.09.2002, S. B5.

Rahn, S./Ziese, M. (2002): Auf die Plätze ..., in: Bankinformation, 10/2002, S. 28-29.

Rehm, H. (2005): Kreditrisikohandel - ein Instrument zur Optimierung der Risikostruktur der Sparkassen, in: Zeitschrift für das gesamte Kreditwesen, 12/2005, S. 613-615.

Reich, H. W. (2005): Verbriefung und Beteiligungsfinanzierung - die nächste Runde, in: Zeitschrift für das gesamte Kreditwesen, 18/2005, S. 962-964.

Reiß, W./Weber, S. (2004): Umsatzsteuerliche Beurteilung von ABS-Transaktionen, in: Betriebs-Berater, 2004, S. 1367-1374.

Remaklus, H. (2002): Aktives Risikomanagement - Eine Erweiterung der Wertschöpfungskette „Kredit“, in: Zeitschrift für das gesamte Kreditwesen, 18/2002, S. 940-945.

Rettberg, U. (2004): Derivate halten an den Kreditmärkten Einzug, in: Handelsblatt, 18.02.2004, S. B5.

Rettberg, U. (2006a): Zwei Börsen unter einem Dach, in: Handelsblatt, 10./11./12.02.2006, S. B20.

Rettberg, U. (2006b): Ein Markt wird elektronisch, in: Handelsblatt, 11./12./13.08.2006, S. 27.

Rettberg, U. (2006c): Ungebremster Boom, in: Handelsblatt, 10./11./12.11.2006, S. B21.

Rezmer, A. (2001): Kreditderivate - neue Messlatte für Anleihen, in: Handelsblatt, 31.05.2001, S. 47.

Ridder, T. (2002): Portfoliosteuerung der Adressrisiken, in: Bankinformation, 07/2002, S. 17-24.

Riel, C. (2001): Asset Backed Securities (ABS) – ein zeitgemäßes Finanzierungsinstrument, in: Sparkasse, 08/2001, S. 368-373.

Rittinghaus, H.-R./Scheel, J. (1993): Das neue Instrument der Asset Backed Transaktionen, in: Sparkasse, 10/1993, S. 475-477.

Rösch, D. (2001): Transfer von Kreditrisiko, in: Kreditpraxis, 01/2001, S. 8-13.

Rolfes, B. (1999): Gesamtbanksteuerung, Stuttgart, 1999.

Rosar, M. (2000): Asset-Backed Securities – Chancen und Risiken einer derivaten Finanzinnovation, Aachen, 1999.

Ross, S. A. (1973): The Economic Theory of Agency: The Principal's Problem, in: American Economic Review, 05/1973, S. 134-139.

Rudolph, B. (1999): Ansätze zur Kreditnehmerbeurteilung: Theoretische Analyse und Würdigung, in: Zeitschrift für das gesamte Kreditwesen, 03/1999, S. 112-117.

Rudolph, B. (2002): Risikomanagement, in: Dewner, T./Gramlich, L./Krumnow, J./Lange, T. A. (2002): Gabler Bank Lexikon: Bank - Börse - Finanzierung, Wiesbaden, 2002, S. 1181-1183.

Russ, A. (2004): Kapitalmarktorientiertes Kreditrisikomanagement in der prozessbezogenen Kreditorganisation, Sternenfels, 2004.

Sahm, A./Ulbricht, V. (2005): Zunehmende Attraktivität von Portfolioverkäufen, in: Zeitschrift für das gesamte Kreditwesen, 12/2005, S. 632-634.

Sanio, J. (2006a): Capital Requirements Directives: Chance oder Risiko für nationale Aufseher?, in: Zeitschrift für das gesamte Kreditwesen, 01/2006, S. 24.

Sanio, J. (2006b): Am Anfang war die Krise, in: Die Bank, 05/2006, S. 14-18.

Saunders, A. (2002): Credit risk measurement: new approaches to value at risk and other paradigms, Wiley, 2002.

Savelberg, A. H. (1996): Risikomanagement mit Kreditderivaten, in: Die Bank, 06/1996, S. 328-332.

Schierenbeck, H. (2001): Ertragsorientiertes Bankmanagement, Band 1: Grundlagen, Marktzinsmethode und Rentabilitäts-Controlling, Wiesbaden, 2001.

Schierenbeck, H. (2003): Ertragsorientiertes Bankmanagement, Band 2: Risiko-Controlling und integrierte Rendite-/Risikosteuerung, Wiesbaden, 2003.

Schiller, B./Tytko, D. (2001): Risikomanagement im Kreditgeschäft, Stuttgart, 2001.

Schmeisser, K./Schmeisser, W. (2005): Auswirkungen von Basel II für den Mittelstand: Kreditvergabe und Bepreisung von Krediten, in: Betriebswirtschaft und Wirtschaftsprüfung, 03/2005, S. 344-348.

Schmidt, R. H. (1986): Grundzüge der Investitions- und Finanzierungstheorie, Wiesbaden, 1985.

Schmidt, R. H./Terberger, E. (2006): Grundzüge der Investitions- und Finanzierungstheorie, Wiesbaden, 2006.

Schmoll, A. (1999a): Kreditrisiken erfolgreich managen, Wiesbaden, 1999.

Schmoll, A. (1999b): Effizientes Kredit-Risikomanagement in Kleinbanken, in: Schmoll, A. (1999): Kreditrisiken erfolgreich managen, Wiesbaden, 1999, S. 69-111.

Schulz, A. (1999): Anforderungen des KonTraG an das Risikomanagement und Risikocontrolling im Firmenkundengeschäft bei Banken und Sparkassen, in: Eller, R./Gruber, W./Reif, M. (1999): Handbuch Kreditrisikomodelle und Kreditderivate, Stuttgart, 1999, S. 477-496.

Schwirten, C./Zattler, M. (2005): MaRisk - Die Konfliktpunkte, in: Die Bank, 10/2005, S. 52-55.

Seel, W. (2006): Neuausrichtung der Kreditportfoliosteuerung im Kontext von VR-Control, in: Lüders, U./Wiedemann, A. (2006): Integrierte Rendite-/Risikosteuerung, Münster, 2006, S. 221-235.

Sengera, J. (2002): Verbriefung - und Disintermediation, in: Die Bank, 04/2002, S. 238-242.

Sharpe, W. (1964): Capital Asset Prices: A Theory of Market Equilibrium under Conditions of Risk, in: Journal of Finance, 19/1964, S. 425-442.

Sheth, J. N./Thomas, H. (1994): Theories of the Firm: implications for Strategy Research, in: Journal of Management Studies, 1994, S. 165-191.

Shiely, J. S./Stern, J. M. (2001): The EVA Challenge - Implementing Value-Added Change in an Organization, New York, 2001.

Shinde, S. (2006): WGZ und DZ Bank finden nicht zusammen, in: Handelsblatt, 18.12.2006, S. 27.

Siekeberg, M./Stenke, K. (2000): Banking 2000: Perspektiven und Projekte, Festschrift zum 60. Geburtstag von Hermann Meyer zu Selhausen, Wiesbaden, 2000.

Siemons, C. (2005): Wertschaffung durch systematischen Vertrieb am Beispiel der Deutsche Bank Privat- und Geschäftskunden AG, in: Lange, T. A./Schulz, H. (2005): Wertmanagement in Banken, Wiesbaden, 2005, S. 31-58.

Siems, S. (2005): Qualitative Aufsicht statt Detailregelflut, in: Banken+Partner, 03/2005, S. 8-11.

Speyer, B. (2003): Credit derivatives: Implications for credit markets, Deutsche Bank AG, Deutsche Bank Research, 10.07.2003.

Spremann, K. (1987): Agent und Principal, in: Bamberg, G./Spremann, K. (Hrsg.): Agency Theory, Information, and Incentives, Berlin, 1987, S. 3-338.

Spremann, K. (1990): Asymmetrische Information, in: Zeitschrift für Betriebswirtschaft, 05/06/1990, S. 561-586.

Stappel, M. (2004): Die deutschen Genossenschaften 2004, Entwicklungen - Meinungen - Zahlen, Wiesbaden, 2004.

Steinmetz, P./Weis, H. C. (2005): Marktforschung, Ludwigshafen, 2005.

Stiegler, G. J. (1961): The Economics of Information, in: Journal of Political Economy, 69/1961, S. 213-225.

Terberger-Stoy, E. (2000): Ronald Coase - Ausgangspunkt für die strukturierte Suche nach der effizienten Organisationsform, in: Leschke, M./Pies, I. (2000): Ronald Coase' Transaktionskosten-Ansatz, Tübingen, 2000, S. 66-72.

Theiler, U.-A. (2000a): Kreditrisikomanagement mit bankeigenen Modellen, in: Siekeberg, M./Stenke, K. (2000): Banking 2000: Perspektiven und Projekte, Festschrift zum 60. Geburtstag von Hermann Meyer zu Selhausen, Wiesbaden, 2000, S. 415-432.

Theiler, U.-A. (2000b): Herausforderungen der Kreditrisikomodellierung, in: Zeitschrift für das gesamte Kreditwesen, 09/2000, S. 468-473.

Theiler, U.-A. (2002): Optimierungsverfahren zur Risk-/Return-Steuerung der Gesamtbank, Wiesbaden, 2002.

Townsend, R. M. (1979): Optimal Contracts and Competitive Markets with Costly State Verification, in: Journal of Economic Theory, 21/1979, S. 265-293.

Ulrich, H. (1995): Von der Betriebswirtschaftslehre zur systemorientierten Managementlehre, in: Wunderer, R. (1995): Betriebswirtschaftslehre als Management- und Führungslehre, Stuttgart, 1995, S. 161-178.

VR Factorem GmbH (VR Factorem) (2007): VR Factorem, eingesehen unter URL: http://www.vr-factorem.de, Link: VR Factorem, letzte Einsicht am 21.01.2007.

Voigt, S. (2002): Institutionenökonomik, München, 2002.

Waas, F. S. (2004): Landesbanken müssen Geschäftsmodell modifizieren - Verbriefungen als Mittel zur Unterstützung von Veränderungsprozessen in Landesbanken, in: Börsen-Zeitung, 21.02.2004, S. B5.

Wagenknecht, C.-R. (2004): Verbriefungsmarkt muss effizienter werden - Kein Verbriefungsgesetz, sondern gezielte gesetzgebende Änderungen bzw. Klarstellungen notwendig, in: Börsen-Zeitung, 21.02.2004, S. B3.

Weber, M. (1999): Netting - Ein Instrument zur Reduzierung des Kreditrisikos bei derivativen Geschäften, in: Eller, R./Gruber, W./Reif, M. (1999): Handbuch Kreditrisikomodelle und Kreditderivate, Stuttgart, 1999, S. 459-475.

Wehrt, A./Wehrt, K. (2000): Verbraucherkreditregelung begünstigt unseriöse Vermittlungspraktiken, in: Handelsblatt, 12.01.2000, S. 41.

Weinkauf, W. (2004): Stabilität in der Veränderung: Der Genossenschaftsverband und die Beschleunigungsgesellschaft, in: Genossenschaftsverband Frankfurt e. V. (2004): Freiheit und Verantwortung, Neu-Isenburg, 2004, S. 518-533.

Weinkauf, W. (2005): Arbeitsteilung in erneuerten Wertschöpfungsketten: neue Architektur für den Verbund, in: Zeitschrift für das gesamte Kreditwesen, 21/2005, S. 1176-1179.

Weiß, W. (2004/2005): Vergleichen lohnt, in: Finance, 12/2004-01/2005, S. 64-65.

Wernerfelt, B. (1984): The Resourced-based View of the Firm, in: Strategic Management Journal, 1984, S. 171-180.

Wernerfelt, B. (1995): The Resourced-based View of the Firm: Ten Years After, in: Strategic Management Journal, 1995, S. 171-174.

WGZ Bank AG (2007): WGZ Bank stärkt Zusammenarbeit mit Mitgliedsbanken, eingesehen unter URL: http://www.wgz-bank.de, Link: Presse/Pressemitteilungen vom 15.08.2006, letzte Einsicht am 22.02.2007.

Wiedemann, A. (2006): Barwertige Steuerung als Philosophie, in: Lüders, U./Wiedemann, A. (2006): Integrierte Rendite-/Risikosteuerung, Münster, 2006, S. 3-29.

Willeke, S. (2004): Der König von Hof, in: Die Zeit, 13.05.2004, S. 23.

Williamson, O. E. (1988): Corporate Finance and Corporate Governance, in: The Journal of Finance, Volume 43, No. 3, 07/1988, S. 567-591.

Wimmer, K. (2002): MaK und die Konsequenzen, in: Bank- und Kapitalmarktrecht, 24/2002, S. 1079-1084.

Witzani, E. (2000): Steuerrechtliche Beurteilung von Asset Backed Securities-Transaktionen, in: Bankbetriebliche Blätter, 2000, S. 2125-2131.

Wöhe, G. (2000): Einführung in die Allgemeine Betriebswirtschaftslehre, München, 2000.

Wohlert, D. (1999): Die Benchmark zur Messung von Kreditrisiken: JP Morgans CreditMetrics, in: Eller, R./Gruber, W./Reif, M. (1999): Handbuch Kreditrisikomodelle und Kreditderivate, Stuttgart, 1999, S. 337-358.

Wohlert, D. (2003): Die Mindestanforderungen im Überblick - MaH, MaK, in: Risikomanagement - Schriftlicher Management-Lehrgang in 12 Lektionen, Düsseldorf, 2003.

Wunderer, R. (1995): Betriebswirtschaftslehre als Management- und Führungslehre, Stuttgart, 1995.

Wyss, W. (1991): Marktforschung von A-Z, Adligenswil, 1991.

Zahn, A./Lemke, R. (2002): Die Credit Linked Note - Anleihe mit integriertem Kreditderivat, in: Wertpapier-Mitteilungen, 30/2002, S. 1536-1544.

Zielke, A. (2003): Kreditrisikomodellierung und -management, in: Risikomanagement - Schriftlicher Management-Lehrgang in 12 Lektionen, Düsseldorf, 2003.

Zink, H. (2002): Quantifizierung des Risikos von Finanzmarktkrisen im Kreditrisikomanagement von Banken, in: Oehler, A. (2002): Kreditrisikomanagement, Stuttgart, 2002, S. 59-88.

Anhang

Anhang A

Alle Genossenschaftsbanken per 31. Dezember 2004

Rang	Name der Bank	Ort/Sitz	Bilanzsumme	Kundenforderungen
1	Deutsche Apotheker- und Ärztebank eG	Düsseldorf	27.439.919	18.437.772
2	Berliner Volksbank eG	Berlin	11.013.522	6.053.160
3	Sparda-Bank Baden-Württemberg eG	Stuttgart	7.713.019	6.094.951
4	Sparda-Bank Südwest eG	Mainz	7.307.518	5.110.107
5	Sparda-Bank West eG	Düsseldorf	6.093.068	3.356.247
6	BBBank eG	Karlsruhe	5.892.507	1.979.116
7	Frankfurter Volksbank eG	Frankfurt a.M.	5.462.419	3.801.805
8	Sparda-Bank Berlin eG	Berlin	4.322.123	1.116.932
9	Evangelische Darlehnsgenossenschaft eG, Kiel	Kiel	4.240.369	1.909.813
10	Mainzer Volksbank eG	Mainz	4.149.113	3.467.588
11	Sparda-Bank Hessen eG	Frankfurt	4.109.746	2.241.249
12	norisbank AG	Nürnberg	3.913.738	3.621.273
13	Bank für Sozialwirtschaft AG, Köln	Köln	3.811.184	1.852.285
14	Sparda-Bank München eG	München	3.776.326	2.322.029
15	KD-Bank eG - die Bank für Kirche und Diakonie	Duisburg	3.685.556	1.171.314
16	Sparda-Bank Hannover eG	Hannover	3.424.353	2.409.574
17	Evangelische Kreditgenossenschaft eG, Kassel	Kassel	3.327.923	1.384.640
18	LIGA Bank eG, Regensburg	Regensburg	3.192.090	1.200.615
19	Bank 1 Saar eG	Saarbrücken	3.100.816	1.981.091
20	Volksbank Gießen-Friedberg eG	Gießen	2.912.933	1.750.536
21	Dortmunder Volksbank eG	Dortmund	2.885.235	1.731.649
22	Volksbank Paderborn-Höxter eG	Paderborn	2.880.765	2.034.511
23	Bank für Kirche und Caritas eG	Paderborn	2.701.461	301.801
24	Hannoversche Volksbank eG	Hannover	2.652.234	1.480.450
25	PSD Bank Rhein-Ruhr eG	Düsseldorf	2.650.956	1.900.180
26	Sparda-Bank Nürnberg eG	Nürnberg	2.645.675	1.411.052
27	Bank im Bistum Essen eG	Essen	2.611.290	932.152
28	Wiesbadener Volksbank eG	Wiesbaden	2.558.257	1.798.971
29	DKM Darlehnskasse Münster eG	Münster	2.461.341	708.154
30	Vereinigte Volksbank AG, Sindelfingen	Sindelfingen	2.254.074	1.454.088
31	Sparda-Bank Hamburg eG	Hamburg	2.118.269	1.339.613
32	Volksbank Rhein-Neckar eG	Mannheim	2.011.762	1.208.922
33	Volksbank eG, Villingen-Schwenningen	Villingen-Schwenningen	1.998.540	884.364
34	Volksbank Bonn Rhein-Sieg eG	Bonn	1.931.424	997.831
35	Volksbank Pforzheim eG	Pforzheim	1.921.011	1.209.987
36	Vereinigte Volksbank Maingau eG	Obertshausen	1.875.470	1.147.257
37	Volksbank Freiburg eG	Freiburg	1.848.374	1.233.434
38	Westerwald Bank eG Volks- und Raiffeisenbank	Hachenburg	1.785.272	1.292.195
39	Sparda-Bank Münster eG	Münster	1.754.740	1.103.396
40	Volksbank Lahr eG	Lahr	1.748.807	950.254
41	Ulmer Volksbank eG	Ulm	1.657.783	820.882
42	Stuttgarter Volksbank AG	Stuttgart	1.653.679	918.836
43	PSD Bank Nürnberg eG	Nürnberg	1.622.890	972.343
44	Volksbank Oberberg eG	Wiehl	1.621.971	1.236.698
45	Volksbank Göppingen eG	Göppingen	1.620.015	952.773
46	Volksbank Gütersloh eG	Gütersloh	1.594.224	1.026.015
47	PSD Bank RheinNeckarSaar eG	Stuttgart	1.569.974	892.244
48	Volksbank Offenburg eG	Offenburg	1.548.988	913.380
49	Volksbank Ludwigsburg eG	Ludwigsburg	1.547.502	920.890
50	Kasseler Bank eG Volksbank Raiffeisenbank	Kassel	1.526.318	966.502
51	Volksbank eG Gelsenkirchen-Buer	Gelsenkirchen	1.478.202	996.320
52	Volksbank RheinAhrEifel eG	Bad Neuenahr-Ahrweiler	1.469.430	949.383
53	Münchner Bank eG	München	1.466.773	794.478
54	Volksbank Speyer-Neustadt-Hockenheim eG	Speyer	1.460.720	1.112.238
55	Volksbank Rems eG, Waiblingen	Waiblingen	1.449.696	1.003.122
56	VR-Bank Rhein-Sieg eG	Siegburg	1.444.138	1.086.836
57	Pax Bank eG, Köln	Köln	1.419.832	562.186
58	Sparda-Bank Regensburg eG	Regensburg	1.417.055	643.902
59	Kölner Bank eG	Köln	1.411.661	913.914
60	PSD Bank Nord eG	Hamburg	1.404.635	1.130.621

Rang	Name der Bank	Ort/Sitz	Bilanzsumme	Kundenforderungen
61	Groß-Gerauer Volksbank eG	Groß-Gerau	1.389.718	1.015.175
62	PSD Bank München eG	Augsburg	1.389.076	740.966
63	Volksbank Heilbronn eG	Heilbronn	1.379.014	912.651
64	PSD Bank Frankfurt am Main eG	Eschborn	1.374.157	665.560
65	Volksbank Baden-Baden * Rastatt eG	Rastatt	1.358.563	835.897
66	VR Bank Südpfalz eG	Landau in der Pfalz	1.350.987	917.513
67	Volksbank Raiffeisenbank Starnberg-Herrsching-Landsberg eG	Starnberg	1.326.702	674.895
68	VR Bank München Land eG	Oberhaching	1.300.424	949.136
69	Volksbank Karlsruhe eG	Karlsruhe	1.297.793	794.984
70	Volksbank Bad-Oeynhausen-Herford eG	Herford	1.287.315	692.940
71	Volksbank Gronau-Ahaus eG	Gronau	1.277.693	977.307
72	Volksbank Odenwald eG	Michelstadt	1.233.653	903.002
73	PSD Bank Berlin-Brandenburg eG	Berlin	1.221.045	605.049
74	Volksbank Kirchheim-Nürtingen eG	Nürtingen	1.219.847	846.915
75	Raiffeisenbank Rosenheim eG	Rosenheim	1.194.062	949.464
76	Augusta-Bank eG Raiffeisen-Volksbank Augsburg	Augsburg	1.186.385	591.824
77	PSD Bank Köln eG	Köln	1.177.318	577.280
78	Volksbank Raiffeisenbank Dachau eG	Dachau	1.157.276	772.889
79	Volksbank Wetzlar-Weilburg eG	Wetzlar	1.140.016	643.830
80	Volksbank Düsseldorf Neuss eG	Neuss	1.137.667	415.490
81	Volksbank Hohenlohe eG, Íhringen	Íhringen	1.129.883	542.602
82	Volksbank Reutlingen eG	Reutlingen	1.129.758	659.403
83	Raiffeisen-Volksbank in den Landkreisen Altötting-Mühldorf eG	Altötting	1.129.178	854.488
84	VR-Bank eG, Würselen	Würselen	1.124.413	705.903
85	Raiffeisenbank Ingolstadt-Pfaffenhofen-Eichstätt eG	Ingolstadt	1.120.716	748.784
86	Volksbank Breisgau-Nord eG	Emmendingen	1.114.131	856.828
87	Volksbank Remscheid-Solingen eG	Remscheid	1.111.661	843.707
88	Volksbank Dreieich eG	Langen	1.110.298	648.686
89	EDEKABANK AG	Hamburg	1.106.493	757.207
90	Volksbank eG, Pattensen	Pattensen	1.105.204	636.359
91	Volksbank Raiffeisenbank Würzburg eG	Würzburg	1.083.504	627.356
92	VR-Bank Rottal-Inn eG	Pfarrkirchen	1.073.995	677.701
93	Volksbank Donau-Neckar eG, Tuttlingen	Tuttlingen	1.067.426	660.830
94	Volksbank Herrenberg-Rottenburg eG	Herrenberg	1.047.993	702.591
95	Volksbank Hameln-Stadthagen eG	Hameln	1.042.870	546.468
96	Volksbank Rhein-Ruhr eG	Duisburg	1.030.708	440.329
97	Volksbank Esslingen eG	Esslingen	1.027.627	698.444
98	VR Bank eG, Ludwigshafen	Ludwigshafen	1.022.605	684.557
99	Genossenschaftsbank eG München	München	1.012.757	763.757
100	VR Bank eG, Alsfeld	Alsfeld	1.009.917	625.592
101	Sparda-Bank Augsburg eG	Augsburg	1.008.630	552.778
102	PSD Bank Karlsruhe-Neustadt eG	Karlsruhe	1.000.202	625.835
103	Volksbank Kraichgau eG, Sinsheim	Sinsheim	997.153	725.833
104	Volksbank eG, Überlingen	Überlingen	990.378	758.463
105	Marburger Bank Volksbank Raiffeisenbank eG	Marburg	981.687	606.271
106	Heidenheimer Volksbank eG	Heidenheim	979.684	612.631
107	Volksbank Backnang eG	Backnang	972.007	670.377
108	VR-Bank Aalen eG	Aalen	961.214	626.223
109	Volksbank Metzingen-Bad Urach eG	Metzingen	958.495	586.271
110	Volksbank Raiffeisenbank Eichstätt eG	Eichstätt	953.131	383.322
111	Märkische Bank eG	Hagen	944.923	630.879
112	Gladbacher Bank AG von 1922	Mönchengladbach	942.251	348.645
113	VOLKSBANK MAIN-TAUNUS EG	Kelkheim (Taunus)	941.445	505.851
114	Volksbank Nordheide eG	Buchholz	940.674	554.448
115	Volksbank eG Wolfsburg	Wolfsburg	934.679	582.627
116	Volksbank Main-Tauber eG	Wertheim	934.176	553.042
117	Volksbank Darmstadt eG	Darmstadt	930.441	514.174
118	VR Bank Schwäbisch Hall eG	Schwäbisch Hall	926.663	445.140
119	Volksbank Neckartal eG	Eberbach	909.553	594.355
120	Volksbank Raiffeisenbank Fürstenfeldbruck eG	Fürstenfeldbruck	904.349	688.695
121	Volksbank RaiffeisenbankMain-Kinzig eG	Langenselbold	898.684	638.476
122	Volksbank Plochingen eG	Plochingen	896.000	465.776
123	Raiffeisen-Volksbank Donauwörth eG	Donauwörth	893.029	646.288
124	Volksbank Nordmünsterland eG	Rheine	893.012	649.242
125	Volksbank Wiesloch eG	Wiesloch	891.910	592.604

Rang	Name der Bank	Ort/Sitz	Bilanzsumme	Kundenforderungen
126	Volksbank Hellweg eG	Soest	888.268	622.078
127	Volksbank Niederrhein eG	Alpen	884.770	533.874
128	Hamburger Bank von 1861 Volksbank eG	Hamburg	883.099	477.048
129	Volksbank Münster eG	Münster	878.030	542.562
130	Volksbank Bühl eG	Bühl	863.438	599.481
131	Volksbank Worms-Wonnegau eG	Worms	863.180	634.542
132	Volksbank Hamm eG	Hamm	860.558	591.786
133	VOLKSBANK eG, Büdingen	Büdingen	858.921	591.017
134	Volksbank Lübbecker Land eG	Lübbecke	848.188	525.059
135	VR Genossenschaftsbank Fulda eG Volksbank Raiffeisenbank seit 1862	Fulda	839.450	578.725
136	Bank für Haus- und Grundbesitz eG Hausbank München	München	834.203	344.437
137	Volksbank Krefeld eG	Krefeld	833.483	486.430
138	Volksbank Bochum Witten eG	Bochum	828.998	549.492
139	Volksbank Tecklenburger Land eG	Ibbenbüren	822.761	490.921
140	Volksbank Dreiländereck eG	Lörrach	818.332	592.117
141	Heidelberger Volksbank eingetragene Genossenschaft	Heidelberg	817.736	469.226
142	Raiffeisen-Volksbank eG, Aurich	Uplengen	812.436	560.440
143	Volksbank Gelderland eG	Geldern	810.636	513.895
144	Volksbank Raiffeisenbank Nürnberg eG	Nürnberg	805.244	538.074
145	Volksbank Raiffeisenbank eG, Neumünster	Neumünster	802.770	469.963
146	Volksbank-Raiffeisenbank Bayreuth eG	Bayreuth	796.374	376.316
147	RV Bank Rhein-Haardt eG	Lambsheim	793.801	541.691
148	Raiffeisen-Volksbank Erlangen-Höchstadt eG	Erlangen	790.824	499.062
149	Volksbank Euskirchen eG	Euskirchen	789.483	519.115
150	H+G BANK Heidelberg Kurpfalz eG	Heidelberg	788.176	470.010
151	Volksbank Braunschweig eG	Braunschweig	782.191	526.173
152	Volksbank Coesfeld eG	Coesfeld	781.663	507.623
153	Kieler Volksbank eG	Kiel	777.190	481.373
154	Raiffeisenbank München eG	München	776.496	421.195
155	VR-Bank Rhein-Erft eG	Brühl	776.017	543.958
156	Borkener Volksbank eG	Borken	773.212	598.882
157	Ostfriesische Volksbank eG, Leer	Leer	762.537	553.551
158	Volksbank Bocholt eG	Bocholt	762.502	539.522
159	Volksbank Marl-Recklinghausen eG	Marl	758.423	471.548
160	Volksbank Rhein-Lippe eG	Wesel	755.424	544.650
161	Volksbank Mainspitze eG	Ginsheim-Gustavsburg	754.456	473.158
162	Raiffeisenbank Aschaffenburg eG	Aschaffenburg	751.644	474.123
163	Volksbank Rhein-Lahn eG	Diez	746.739	479.542
164	Dresdner Volksbank Raiffeisenbank eG	Dresden	745.457	282.621
165	PSD Bank Hannover eG	Hannover	742.422	350.184
166	Volksbank Straubing eG	Straubing	741.929	467.671
167	Volksbank Lippstadt eG	Lippstadt	741.605	524.151
168	Volksbank eG , Konstanz	Konstanz	738.003	549.831
169	Volksbank Burgdorf-Celle eG	Burgdorf	737.825	442.635
170	VR-Bank Stuttgart eG	Stuttgart	734.441	444.906
171	Genossenschaftsbank Unterallgäu eG	Mindelheim	715.703	420.581
172	ACREDOBANK EG, Nürnberg	Nürnberg	713.038	377.300
173	VR-Bank Asperg-Markgröningen eG, Möglingen	Möglingen	711.219	444.365
174	Volksbank Goch-Kevelaer eG	Goch	707.715	500.627
175	Volksbank eG, Osterholz-Scharmbeck	Osterholz-Scharmbeck	705.466	551.520
176	Volksbank Hochrhein eG	Waldshut-Tiengen	703.495	504.010
177	RaiffeisenVolksbank eG Gewerbebank, Ansbach	Ansbach	700.043	410.431
178	Raiffeisen-Volksbank Miltenberg eG	Miltenberg	699.420	541.593
179	Raiffeisenbank Rheinbach Voreifel eG	Rheinbach	698.421	418.493
180	Volksbank in Schaumburg eG	Bückeburg	697.653	469.094
181	Aachener Bank eG	Aachen	695.837	448.668
182	Volksbank-Raiffeisenbank Memmingen-Unterallgäu eG	Memmingen	693.352	362.322
183	Volksbank Ahlen-Sassenberg-Warendorf eG	Warendorf	693.099	437.685
184	Volksbank Kreis Bergstraße eG	Lampertheim	687.441	540.137
185	Volksbank Achern eG	Achern	687.344	511.628
186	Grafschafter Volksbank Nordhorn-Emlichheim-Veldhausen eG	Nordhorn	680.872	453.305
187	Volksbank Bruhrain-Kraich-Hardt eG	Oberhausen-Rheinhausen	676.314	489.569
188	Volksbank eG Mosbach	Mosbach	672.150	438.095
189	VR-Bank Werra-Meißner eG	Eschwege	670.174	376.533
190	Volksbank Bad Saulgau eG	Bad Saulgau	669.611	387.172

Rang	Name der Bank	Ort/Sitz	Bilanzsumme	Kundenforderungen
191	Raiffeisen-Volksbank Neuburg/Donau eG	Neuburg/Donau	667.435	325.017
192	Volksbank Franken eG	Buchen	667.337	464.258
193	vr bank Untertaunus eG	Idstein	667.126	411.874
194	Paffrather Raiffeisenbank eG	Bergisch Gladbach	667.124	411.920
195	Volksbank Allgäu-West eG, Isny	Isny	666.999	479.623
196	Volksbank Breisgau-Süd eG	Breisach	664.755	414.004
197	Volksbank Lüneburger Heide eG	Soltau	664.712	385.667
198	Volksbank Göttingen eG	Göttingen	657.919	360.381
199	Volksbank Jever eG	Jever	656.223	480.178
200	Volksbank im Siegerland eG	Siegen	654.767	385.577
201	Raiffeisenbank Oberallgäu-Süd eG	Sonthofen	654.385	437.130
202	VR Bank Pinneberg eG	Pinneberg	649.140	315.770
203	PSD Bank Regensburg eG	Regensburg	644.776	204.879
204	Volksbank Bielefeld eG	Bielefeld	642.412	451.806
205	Volksbank Stade-Cuxhaven eG	Stade	642.177	443.340
206	VR-Bank Passau eG	Passau	639.166	406.910
207	Bremische Volksbank eG	Bremen	635.910	378.927
208	Emsländische Volksbank eG	Meppen/Ems	635.451	394.760
209	Geno-Volks-Bank Essen eG	Essen	633.506	337.759
210	VR Bank Biedenkopf-Gladenbach eG	Biedenkopf	626.369	382.798
211	Volksbank Raiffeisenbank Berchtesgadener Land eG	Bad Reichenhall	624.039	373.112
212	Raiffeisenbank Neu-Ulm/Weißenhorn eG	Weißenhorn	622.899	374.359
213	Volksbank Bautzen eG	Bautzen	622.327	298.447
214	VR-Bank Schwalm-Eder Volksbank Raiffeisenbank eG	Homberg (Efze)	620.409	402.855
215	Volksbank Rottweil eG	Rottweil	618.235	417.505
216	Hallertauer Volksbank eG	Pfaffenhofen a.d.Ilm	614.808	378.941
217	Raiffeisenbank Frechen-Hürth eG	Hürth	614.160	427.581
218	VR-Bank Mainz eG	Mainz	608.981	421.975
219	Volksbank Koblenz Mittelrhein eG	Koblenz	608.688	382.441
220	Volksbank Büren und Salzkotten eG	Salzkotten	608.566	477.907
221	Volksbank Forchheim eG	Forchheim	608.276	335.126
222	Volksbank Ebingen eG, Albstadt	Albstadt	603.878	258.745
223	Vereinigte Volksbank eG, Sendenhorst	Sendenhorst	603.434	425.831
224	Raiffeisen-Volksbank Ries eG	Nördlingen	603.097	391.292
225	Volksbank Region Leonberg eG	Leonberg	602.013	352.283
226	Volksbank Winnenden eG	Winnenden	601.650	336.129
227	Freisinger Bank eG Volksbank-Raiffeisenbank	Freising	600.131	419.350
228	Raiffeisenbank Buchloe-Kaufbeuren-Marktoberdorf eG	Kaufbeuren	598.243	380.640
229	Volksbank Nagoldtal eG	Nagold	598.179	348.073
230	Volksbank Chemnitz eG	Chemnitz	597.550	296.475
231	Rheingauer Volksbank eG	Geisenheim	596.512	354.817
232	Volksbank eG Minden-Hille-Porta	Minden	595.193	320.321
233	Raiffeisenbank Hof eG	Hof	595.175	344.936
234	VR-Bank Gersthofen-Meitingen eG	Gersthofen	594.056	363.753
235	Volks- und Raiffeisenbank Neuwied-Linz eG	Neuwied	593.642	419.382
236	Volksbank eG, Waltrop	Waltrop	593.615	340.593
237	Raiffeisenbank Mangfalltal eG	Bad Aibling	592.296	404.828
238	Volksbank Brackwede eG	Bielefeld	589.704	292.018
239	Volksbank Hildesheim eG	Hildesheim	587.060	344.893
240	Rüsselsheimer Volksbank eG	Rüsselsheim	584.027	370.262
241	Volksbank Ettlingen eG	Ettlingen	581.867	330.870
242	VR-Bank Uffenheim-Neustadt eG Raiffeisen-Volksbank	Neustadt	580.259	332.025
243	VR-Bank Coburg-Rennsteig eG Raiffeisenbank/Volksbank	Coburg	576.952	280.973
244	Raiffeisenbank Cham-Roding eG	Cham	574.075	282.839
245	Volksbank Wilferdingen-Keltern eG	Remchingen	570.958	496.464
246	VR-Bank Landau eG	Landau a.d. Isar	569.484	308.139
247	VR-Bank NordRhön eG	Hünfeld	568.690	377.076
248	Volksbank Nahetal eG	Bad Kreuznach	567.737	424.703
249	VBU Volksbank im Unterland eG, Schwaigern	Schwaigern	564.717	379.979
250	PSD Bank Westfalen-Lippe eG	Münster	562.830	328.548
251	Untertürkheimer Volksbank eG, Stuttgart	Stuttgart	560.875	394.053
252	Volksbank Alzey eG	Alzey	559.091	389.819
253	Volksbank Emmerich-Rees eG	Emmerich am Rhein	557.860	427.390
254	Volksbank Saaletal eG	Rudolstadt	557.366	230.152
255	Raiffeisenbank Roth-Schwabach eG	Roth	556.203	337.396

Rang	Name der Bank	Ort/Sitz	Bilanzsumme	Kundenforderungen
256	VR Bank Westthüringen eG	Mühlhausen/Thür.	554.878	173.174
257	Volksbank Dudweiler eG	Saarbrücken	554.248	314.072
258	Volksbank Wolfenbüttel-Salzgitter eG	Wolfenbüttel	549.166	320.923
259	Raiffeisenbank eG, Iffezheim	Iffezheim	545.705	399.176
260	Volksbank Uelzen-Salzwedel eG	Uelzen	542.734	299.017
261	Credit- und Volksbank eG, Wuppertal	Wuppertal	541.618	393.263
262	Volksbank eG, Seesen	Seesen	540.738	243.786
263	Volksbank Beckum eG	Beckum	539.993	405.078
264	Volksbank Erft eG	Elsdorf	535.740	368.748
265	Kulmbacher Bank eG Raiffeisen-Volksbank	Kulmbach	534.011	296.788
266	Volksbank Eichsfeld-Northeim eG	Duderstadt	529.013	280.924
267	Volksbank Dill eG -Volksbank und Raiffeisenbank-	Dillenburg	528.079	316.810
268	Raiffeisen-Volksbank Varel-Nordenham eG	Varel	527.965	338.746
269	VR Bank Flensburg-Schleswig eG	Jübek	527.691	355.484
270	Volksbank Kleverland eG	Kleve	526.984	393.211
271	Volksbank Weinheim eG	Weinheim	526.733	328.503
272	Volksbank Hamburg Ost-West eG	Hamburg	526.411	235.896
273	Raiffeisenbank Neumarkt i.d. OPf. eG	Neumarkt i.d.OPf	525.018	278.526
274	GenoBank DonauWald eG	Viechtach	522.576	322.553
275	Pommersche Volksbank eG	Stralsund	521.488	172.746
276	Volksbank Vechta eG	Vechta	518.320	370.183
277	Volksbank Arnsberg-Sundern eG	Arnsberg	517.717	368.807
278	Volksbank Mönchengladbach eG	Mönchengladbach	516.005	379.517
279	Volksbank Bretten-Raiffeisenbank eG	Bretten	514.212	336.549
280	Volksbank Filder eG, Neuhausen	Neuhausen	514.127	347.996
281	Volksbank Rosenheim eG	Rosenheim	513.956	318.364
282	VR Bank eG, Niebüll	Niebüll	509.007	380.577
283	Volksbank Oelde-Ennigerloh-Neubeckum eG	Ennigerloh	507.509	272.494
284	Volksbank Schmallenberg eG	Schmallenberg	507.281	364.045
285	Volksbank Bezirk Schwetzingen eG	Schwetzingen	506.706	326.863
286	Volksbank Hohenzollern eG, Hechingen	Hechingen	506.045	333.352
287	Volksbank eG, Nienburg	Nienburg	504.456	332.980
288	St. Wendeler Volksbank eG	Sankt Wendel	503.571	301.566
289	Volksbank Osnabrück eG	Osnabrück	502.108	318.056
290	Volksbank Eifel Mitte eG	Prüm	500.303	357.610
291	GLS Gemeinschaftsbank eG, Bochum	Bochum	498.558	292.309
292	Volksbank Ostholstein Nord eG, Neustadt	Lensahn	497.454	303.021
293	Raiffeisenbank München-Nord eG	Unterschleißheim	497.330	267.108
294	Vereinigte Volksbank eG Limburg	Limburg a.d.Lahn	496.742	341.920
295	Volksbank eG, Syke	Bassum	496.464	309.032
296	Volksbank Strohgäu eG, Korntal-Münchingen	Korntal-Münchingen	491.537	273.450
297	PSD Bank Braunschweig eG	Braunschweig	490.351	381.014
298	Landsberg-Ammersee Bank eG Volks- und Raiffeisenbank	Landsberg am Lech	490.326	320.831
299	Raiffeisenbank im Allgäuer Land eG	Dietmannsried	489.314	298.623
300	Raiffeisenbank Weiden eG	Weiden	488.682	252.679
301	Vereinigte Volksbank eG, Wernigerode	Wernigerode	488.294	265.452
302	Raiffeisenbank Rhein-Berg eG	Monheim am Rhein	486.960	285.370
303	Volksbank Mittweida eG	Mittweida	486.959	305.368
304	Volksbank Detmold eG	Detmold	486.563	256.641
305	Nordthüringer Volksbank eG	Nordhausen	486.195	159.861
306	VR Bank Südliche Weinstraße eG	Bad Bergzabern	485.837	308.742
307	Rottaler Volksbank-Raiffeisenbank eG	Eggenfelden	482.870	267.872
308	VR-Bank Langenau-Ulmer Alb eG	Langenau	482.477	297.620
309	Raiffeisenbank im Naabtal eG	Nabburg	480.857	218.359
310	Volksbank Raiffeisenbank Bad Kissingen-Bad Brückenau eG	Bad Kissingen	478.481	189.609
311	Volksbank Brüggen-Nettetal eG	Brüggen	476.523	249.421
312	Volksbank Lingen eG	Lingen	471.958	348.743
313	Volksbank Tettnang eG	Tettnang	471.628	302.831
314	Volksbank Nordoberpfalz eG	Weiden	471.452	270.445
315	Volksbank Bad Driburg - Brakel - Steinheim eG	Steinheim	469.192	297.015
316	Volksbank Regensburg eG	Regensburg	469.108	267.424
317	VR-Bank Stromberg-Neckar eG, Bönnigheim	Bönnigheim	468.682	300.686
318	VR-Bank Marktredwitz eG	Marktredwitz	468.527	345.068
319	Volksbank Raiffeisenbank Ismaning eG	Ismaning	466.153	343.286
320	Volksbank Zuffenhausen eG, Stuttgart	Stuttgart	466.141	251.356

Rang	Name der Bank	Ort/Sitz	Bilanzsumme	Kundenforderungen
321	Volksbank Kirchhellen eG	Bottrop	465.385	315.677
322	Volksbank eG, Itzehoe	Itzehoe	464.896	220.450
323	Ehinger Volksbank eG, Ehingen	Ehingen	463.044	302.913
324	VR Bank Rhein-Mosel eG	Ochtendung	462.697	257.577
325	Raiffeisenbank eG, Baunatal	Baunatal	461.207	279.836
326	Volksbank im Märkischen Kreis eG	Werdohl	460.616	333.334
327	Volksbank-Raiffeisenbank eG, Husum	Husum	459.969	317.787
328	Volksbank Magdeburg eG	Magdeburg	458.770	245.679
329	VR-Bank eG, Regen	Regen	458.559	308.556
330	Volksbank Lübeck - Landbank von 1902 eG	Lübeck	452.937	303.290
331	Waldecker Bank eG	Korbach	450.305	219.280
332	VR-Bank Ellwangen eG	Ellwangen	448.610	265.271
333	Raiffeisenbank Kissing-Mering eG	Mering	448.128	294.897
334	Bank Westpfalz	Landstuhl	448.013	291.219
335	Volksbank Hunsrück eG	Simmern	447.755	247.680
336	Landeskirchliche Kredit-Genossenschaft Sachsen eG -LKG-	Dresden	445.524	127.328
337	Fellbacher Bank eG	Fellbach	444.675	295.609
338	Volksbank Rhein-Wupper eG	Leverkusen	443.808	305.697
339	Volksbank Stormarn eG	Bad Oldesloe	443.229	230.167
340	VR-Bank Nordeifel eG	Schleiden	443.142	302.648
341	Volksbank Osterburg-Lüchow-Dannenberg eG	Dannenberg	442.967	222.384
342	Volksbank Biberach eG	Biberach	441.825	239.314
343	Volksbank eG im Landkreis Cuxhaven	Beverstedt	441.144	286.989
344	Volksbank Möckmühl-Neuenstadt eG	Möckmühl	440.348	321.529
345	PSD Bank Koblenz eG	Koblenz	440.255	256.095
346	Crailsheimer Volksbank eG	Crailsheim	439.907	217.434
347	Volksbank-Raiffeisenbank Amberg eG	Amberg	438.835	205.015
348	Heroldsberg eG	Gräfenberg	438.517	274.455
349	Raiffeisenbank Oldenburg eG	Oldenburg	437.931	296.623
350	Volksbank eG, Sulingen	Sulingen	437.802	284.883
351	Leutkircher Bank Raiff.- u. Volksbank eG	Leutkirch	436.720	333.105
352	Raiffeisenbank Straubing eG	Straubing	435.436	222.922
353	Volksbank Helmstedt eG	Helmstedt	434.805	221.965
354	Raiffeisen-Volksbank Fresena eG	Norden	434.482	305.570
355	Volksbank Dorsten eG	Dorsten	434.387	179.779
356	Volksbank Schwäbisch Gmünd eG	Schwöbisch Gmünd	433.283	275.996
357	Volksbank Müllheim eG	Müllheim	431.789	287.054
358	Volksbank Celler Land eG	Bergen	430.264	293.146
359	VR-Bank eG, Schwerin	Schwerin	428.853	185.762
360	Raiffeisenbank München-Süd eG	München-Forstenried	427.226	316.758
361	Volksbank Halle (Saale) eG	Halle	426.049	153.312
362	VR-Bank Bonn eG	Bonn	425.744	279.057
363	Raiffeisenbank Iller-Roth-Günz eG	Bellenberg	425.638	288.656
364	Volksbank Neu-Ulm eG	Neu-Ulm	424.315	282.340
365	VR-Bank Volksbank Raiffeisenbank Bad Hersfeld-Rotenburg eG	Bad Hersfeld	421.783	239.468
366	Volksbank Neckar-Bergstraße eG	Schriesheim	420.988	228.721
367	Volksbank Kinzigtal eG	Wolfach	420.730	301.643
368	Raiffeisenbank Obermain Nord eG	Altenkunstadt	418.284	198.662
369	Volksbank Günzburg eG	Günzburg	415.296	256.576
370	Volksbank Saar-West eG	Saarlouis	414.690	252.173
371	VR Bank Lausitz eG	Cottbus	414.252	167.073
372	Volksbank Rhein-Wehra eG	Bad Säckingen	409.884	265.635
373	Volksbank Tübingen eG	Tübingen	408.426	289.288
374	Volksbank Lüdenscheid eG	Lüdenscheid	406.540	290.611
375	Volksbank Montabaur-Höhr-Grenzhausen eG	Montabaur	404.027	270.962
376	Volksbank Balingen eG	Balingen	404.002	220.990
377	Volksbank-Raiffeisenbank im Kreis Rendsburg eG	Osterrönfeld	403.658	224.372
378	Volksbank Dortmund-Nordwest eG	Dortmund	403.238	292.070
379	Volksbank Schwarzbachtal eG	Waibstadt	402.353	302.441
380	Raiffeisenbank Kempten eG	Kempten	401.957	205.791
381	Raiffeisenbank im Stiftland eG, Waldsassen	Waldsassen	400.971	180.912
382	Volksbank Durlach eG	Karlsruhe-Durlach	400.705	301.252
383	Volksbank Raiffeisenbank eG, Greifswald	Greifswald	400.279	154.474
384	Volksbank Staufen eG	Staufen	400.064	205.600
385	Volksbank-Raiffeisenbank Chiemsee eG	Prien am Chiemsee	399.945	240.793

Rang	Name der Bank	Ort/Sitz	Bilanzsumme	Kundenforderungen
386	Rottaler Raiffeisenbank eG	Pocking	397.844	260.369
387	Volksbank-Raiffeisenbank Naheland eG	Idar-Oberstein	396.588	228.075
388	Volksbank Untere Saar eG	Losheim am See	396.520	246.024
389	VR-Bank Vilsbiburg eG	Vilsbiburg	396.349	256.681
390	Volksbank Sauerland eG	Meschede	395.952	288.508
391	Volksbank Brackenheim-Güglingen eG	Brackenheim	395.951	304.671
392	Raiffeisenbank Bernkastel-Wittlich eG	Wittlich	395.841	251.001
393	Handels- und Gewerbebank Augsburg eG	Augsburg	395.009	207.655
394	Volksbank Raiffeisenbank Salzachtal-Waging-Trostberg eG	Trostberg	395.008	250.948
395	Raiffeisenbank Trostberg-Traunreut eG	Traunreut	394.228	220.323
396	VR Bank eG, Dormagen	Dormagen	393.357	239.589
397	Kerner Volksbank eG, Kernen	Kernen	392.495	259.646
398	Volksbank Peine eG	Peine	391.955	208.091
399	Volksbank Bruchsal eG	Bruchsal	390.529	280.763
400	VR-Bank Landshut eG	Landshut	389.417	243.862
401	Volksbank Schwarzwald-Neckar eG, Schramberg	Schramberg	389.388	235.826
402	VR-Bank Rothenburg o.d.Tbr. eG	Rothenburg o.d.Tbr.	387.321	207.976
403	Volksbank Kaiserslautern eG	Kaiserslautern	386.442	316.571
404	Volksbank Bigge-Lenne eG	Kirchhundem	384.014	293.956
405	VR-Bank eG Schweinfurt Land	Sennfeld	383.612	194.997
406	Volksbank Viersen eG	Viersen	383.391	203.407
407	Raiffeisenbank Gunzenhausen eG	Gunzenhausen	383.306	187.481
408	Volksbank Geest eG, Harsefeld	Apensen	381.793	271.581
409	VR Bank Kitzingen eG	Kitzingen	381.259	201.129
410	Volksbank Hildesheimer Börde eG	Söhlde	379.932	239.353
411	Volksbank Lüneburg eG	Lüneburg	379.669	154.331
412	Volksbank Laupheim eG	Laupheim	378.768	249.048
413	Zevener Volksbank eG	Sittensen	378.449	260.889
414	Raiffeisen-Volksbank Isen-Sempt eG	Isen	378.147	291.504
415	Volksbank eG Dransfeld Groß Schneen Hann. Münden Staufenberg	Dransfeld	375.904	191.961
416	Volksbank eG, Sottrum	Sottrum	375.633	294.644
417	Volksbank eG, Elmshorn	Elmshorn	375.583	229.244
418	Volksbank Warburger Land eG	Warburg	371.250	220.446
419	Volks- und Raiffeisenbank Prignitz eG	Perleberg	370.630	206.246
420	Partenkirchen eG	Garmisch-Partenkirchen	369.752	241.710
421	levo Bank Vereinte Volksbanken Lebach Eppelborn eG	Lebach	367.735	251.214
422	Raiffeisenbank Kürten-Odenthal eG	Kürten	366.093	232.772
423	PSD Bank Kiel eG	Kiel	366.049	250.539
424	VR-Bank Rhön-Grabfeld eG	Bad Neustadt a.d.Saale	364.548	234.920
425	Volksbank Trier eG	Trier	362.972	228.441
426	Volksbank Bad Salzuflen eG	Bad Salzuflen	361.888	203.390
427	Volksbank Saarpfalz eG	Homburg	360.566	214.572
428	Volksbank Nordharz eG	Goslar	359.116	192.089
429	Volksbank Petershagen eG	Petershagen	359.064	252.601
430	Raiffeisenbank Schwandorf-Nittenau eG	Schwandorf	358.865	199.237
431	Raiffeisenbank Regensburg-Wenzenbach eG	Regensburg	358.460	208.209
432	Raiffeisenbank Pfaffenwinkel eG	Peiting	357.370	204.200
433	Volksbank Glan-Münchweiler eG	Glan-Münchweiler	356.909	298.660
434	Volksbank Köln-Nord eG	Köln	356.679	216.936
435	Volksbank Vogtland eG	Plauen	356.293	161.799
436	Volksbank Herten/Westerholt eG in Herten	Herten	356.182	205.210
437	Genobank Rhön-Grabfeld eG	Mellrichstadt	356.028	155.788
438	RAIFFEISEN - Spar + Kreditbank eG, Lauf a. d. Pegnitz	Lauf a. d. Pegnitz	355.776	228.955
439	Raiffeisenbank Lohr am Main eG	Lohr a.Main	355.638	215.900
440	Volksbank Wegberg eG	Wegberg	355.314	176.509
441	Volksbank Greven eG	Greven	355.210	240.755
442	Vereinigte Volksbank AG, Cochem	Cochem	354.536	245.864
443	VR-Bank Fläming eG	Luckenwalde	354.481	102.874
444	VR Bank Bad Orb-Gelnhausen eG	Gelnhausen	353.029	184.676
445	Raiffeisenbank Hersbruck eG	Hersbruck	352.760	204.325
446	Raiffeisenbank Deggendorf-Plattling eG	Deggendorf	352.628	202.367
447	Raiffeisenbank Donaustauf-Sünching-Mintraching eG	Donaustauf	350.452	213.543
448	Volksbank Brilon eG	Brilon	350.447	240.244
449	Raiffeisenbank Weilheim eG	Weilheim	349.296	229.307
450	Brandenburger Bank Volksbank-Raiffeisenbank eG	Brandenburg	347.867	141.985

Rang	Name der Bank	Ort/Sitz	Bilanzsumme	Kundenforderungen
451	Volksbank Garbsen eG	Garbsen	347.174	212.602
452	Volksbank Bergstraße eG	Heppenheim/Bergstraße	346.421	290.484
453	Volksbank Wipperfürth-Lindlar eG	Wipperfürth	346.416	182.930
454	Dithmarscher Volks- und Raiffeisenbank eG	Heide	344.941	177.815
455	Raiffeisen-Volksbank Dillingen eG	Dillingen a.d.Donau	344.516	173.466
456	Volksbank Sprockhövel eG	Sprockhövel	344.506	245.112
457	Volksbank im Harz eG	Osterode	343.427	163.585
458	Volksbank Weschnitztal eG	Rimbach	343.028	225.637
459	Volks- und RaiffeisenbankBad Salzungen Schmalkalden eG	Bad Salzungen	342.724	134.341
460	VR Bank Mittelhaardt eG	Bad Dürkheim	342.426	258.112
461	Volksbank-Raiffeisenbank Riedlingen eG	Riedlingen	342.140	198.751
462	Raiffeisenbank Bad Abbach-Saal eG	Bad Abbach	341.482	209.030
463	Volksbank Heuchelheim eG	Heuchelheim	340.815	231.925
464	Volksbank Saarlouis eG	Saarlouis	339.503	225.151
465	Raiffeisenbank Zorneding eG	Zorneding	339.041	208.537
466	Raiffeisenbank Erding eG	Erding	337.599	220.822
467	Bamberger Bank eG Raiffeisen-Volksbank	Bamberg	336.287	174.444
468	Volksbank Dinkelsbühl eG	Dinkelsbühl	336.171	240.721
469	Raiffeisenbank Karlstadt-Gemünden eG	Gemünden	334.285	164.666
470	Volksbank eG, Wutöschingen	Wutöschingen	332.987	310.080
471	Volksbank eG Bremerhaven-Wesermünde	Bremerhaven	332.199	204.749
472	Volksbank Rhein-Selz eG	Nierstein	331.263	212.161
473	Raiffeisen-Volksbank Kronach-Ludwigsstadt eG	Kronach	330.904	189.368
474	Raiffeisenbank Bachgau Großostheim-Stockstadt eG	Großostheim	330.395	252.852
475	Volksbank Raiffeisenbank Traunstein eG	Traunstein	328.191	199.526
476	Volksbank Meinerzhagen eG	Meinerzhagen	327.607	238.285
477	Volksbank Leipzig eG	Leipzig	327.364	95.095
478	Raiffeisenbank Kocher-Jagst eG, Ingelfingen	Ingelfingen	326.127	166.166
479	Volksbank Friedrichshafen eG	Friedrichshafen	325.887	217.187
480	Volksbank Rietberg eG	Rietberg	325.704	198.174
481	Volksbank Löbau-Zittau eG	Neugersdorf	325.430	161.578
482	Vereinigte Volksbank Griesheim-Weiterstadt eG	Griesheim	324.902	231.388
483	Raiffeisenbank eG, Heinsberg	Heinsberg	324.345	196.108
484	VR Bank Nordwestpfalz eG	Rockenhausen	323.140	191.446
485	Raiffeisenbank Obernburg eG	Obernburg	322.744	211.445
486	Raiffeisenbank Glonn-Aßling-Steinhöring eG	Aßling	319.871	211.922
487	Volksbank Triberg eG	Triberg	319.397	247.980
488	Volksbank-Raiffeisenbank Glauchau eG	Glauchau	319.146	124.441
489	Volksbank Uckermark eG	Prenzlau	318.090	111.246
490	Volksbank Riesa eG	Riesa	317.396	144.973
491	Raiffeisenbank Grevenbroich eG	Grevenbroich	317.354	190.694
492	Volksbank Höchst a.M. eG	Frankfurt a.M.	316.502	228.553
493	VR-Bank Pirmasens eG	Pirmasens	316.293	193.317
494	VR-Bank Alb eG, Engstingen	Engstingen	315.638	224.054
495	Raiffeisenbank Overath-Rösrath eG	Rösrath	313.453	231.202
496	VR Bank Weimar eG	Weimar	313.147	107.474
497	Volks- und Raiffeisenbank Muldental eG	Grimma	312.684	109.315
498	Volksbank Ostallgäu eG	Marktoberdorf	312.109	168.410
499	Raiffeisenbank Donau-Iller eG, Erbach	Erbach	311.901	202.405
500	Volksbank eG, Steyerberg	Steyerberg	311.301	193.605
501	Allgäuer Volksbank eG Kempten-Sonthofen	Kempten	311.004	204.421
502	Volks- und Raiffeisenbank eG, Güstrow	Güstrow	310.908	185.319
503	Bensberger Bank eG	Bergisch Gladbach	310.800	207.760
504	VR-Bank Südwestpfalz eG	Zweibrücken	309.645	204.865
505	Volksbank Erkelenz-Hückelhoven eG	Erkelenz	309.321	207.068
506	Volksbank Rhede eG	Rhede	308.497	231.338
507	Raiffeisen-Volksbank Haßberge eG	Haßfurt	308.456	144.482
508	Volksbank-Raiffeisenbank Döbeln eG	Döbeln	308.262	114.964
509	Volksbank Lauterbach-Schlitz eG	Lauterbach	308.161	167.381
510	Raiffeisenbank Bad Gögging eG	Neustadt a.d.Donau	307.142	183.597
511	Raiffeisenbank Weißenburg eG	Weißenburg	306.727	184.165
512	Raiffeisen-Volksbank Lichtenfels-Itzgrund eG	Lichtenfels	305.355	181.733
513	Volksbank Einbeck eG	Einbeck	305.314	154.575
514	Volksbank Bitburg eG	Bitburg	304.041	207.701
515	Volksbank Haltern eG	Haltern am See	303.919	189.473

Rang	Name der Bank	Ort/Sitz	Bilanzsumme	Kundenforderungen
516	Raiffeisenbank Altdorf-Ergolding eG	Ergolding	303.328	168.020
517	Volksbank Griesheim eG	Frankfurt a.M.	302.422	132.191
518	Volksbank Freiberg und Umgebung eG	Freiberg	300.619	221.896
519	VR-Bank Altenburger Land eG	Schmölln	300.489	146.415
520	Vereinigte Volksbanken Hof-Helmbrechts-Münchberg eG	Hof	299.803	222.207
521	VOLKSBANK BOPPARD EG	Boppard	299.738	157.125
522	VR-Bank Chattengau eG	Gudensberg	297.618	169.532
523	Raiffeisenbank Füssen-Pfronten-Nesselwang eG	Füssen	297.607	176.855
524	Volksbank Modau eG	Ober-Ramstadt	296.958	179.417
525	Volksbank Weingarten eG	Weingarten	296.886	196.099
526	Rostocker Volks- und Raiffeisenbank eG	Rostock	296.316	68.006
527	Volksbank Börde-Bernburg eG	Wanzleben	295.959	169.055
528	VR-Bank Taufkirchen-Dorfen eG	Taufkirchen/Vils	295.924	206.421
529	Raiffeisenbank Kraichgaut eG	Kirchardt	295.506	267.929
530	Raiffeisenbank Illertal eG, Erolzheim	Erolzheim	295.388	182.466
531	Volksbank Münsingen Raiff.-u.Volksbank eG	Münsingen	294.958	208.539
532	Raiffeisen-Volksbank Fürth eG	Fürth	294.315	204.672
533	Raiffeisenbank Altdorf-Feucht eG	Feucht	293.526	206.689
534	Volksbank Beilstein-Ilsfeld-Abstatt eG	Beilstein	293.471	205.520
535	Volksbank Raiffeisenbank Meißen Großenhain eG	Meißen	293.419	106.188
536	Volksbank Hohenneuffen eG, Frickenhausen	Frickenhausen	291.104	173.739
537	Raiffeisenbank i. Ldkrs. Passau-Nord eG	Tiefenbach	290.973	153.517
538	Volksbank-Raiffeisenbank Dingolfing eG	Dingolfing	290.751	187.784
539	VR-Bank eG, Schopfheim	Schopfheim	290.082	255.132
540	Volks- und Raiffeisenbank Saale-Unstrut eG	Merseburg	289.873	84.766
541	Volksbank Süd-Siegerland eG	Neunkirchen	289.872	215.199
542	RV - Bank eG, Alzenau	Alzenau	289.844	202.048
543	GERAER BANK eG	Gera	289.683	99.926
544	Volksbank Bramgau eG im Osnabrücker Land	Bramsche	288.299	228.579
545	Raiffeisenbank Gaimersheim-Buxheim eG	Gaimersheim	288.265	158.923
546	Raiffeisenbank eG, Bad Bramstedt	Bad Bramstedt	288.241	214.135
547	Volksbank Schermbeck eG	Schermbeck	286.242	197.771
548	Raiffeisenbank im Kreis Calw eG, Neubulach	Neubulach	285.962	169.507
549	Volks- und Raiffeisenbank eG, Wismar	Wismar	285.105	133.223
550	Volksbank Eutin Raiffeisenbank eG	Eutin	284.091	160.233
551	Raiffeisenbank Am Goldenen Steig eG	Röhrnbach	284.037	206.579
552	VR-Bank Erding eG	Erding	283.773	175.678
553	Volksbank Weserbergland eG	Holzminden	283.110	157.896
554	Raiffeisenbank Neustadt-Vohenstrauß eG	Neustadt a.d.Waldnaab	281.126	148.281
555	VR-Bank Chiemgau-Süd eG	Ruhpolding	278.986	183.362
556	Raiffeisenbank Neustadt eG	Neustadt	278.641	202.356
557	Raiffeisenbank Burgau eG	Burgau	277.872	160.377
558	Raiffeisenbank Bobingen eG	Bobingen	277.256	126.217
559	VR-Bank Enzkreis eG	Niefern-Öschelbronn	276.377	206.217
560	Volksbank Baumberge eG	Billerbeck	275.317	170.047
561	Volksbank Singen-Engen eG	Singen	275.251	208.190
562	VR-Bank Hunsrück-Mosel eG	Morbach	273.445	167.368
563	Volksbank Dessau-Anhalt eG	Dessau	273.297	158.766
564	Volksbank Halle/Westf. eG	Halle	273.174	193.728
565	Volksbank Solling eG	Hardegsen	272.242	139.224
566	Volksbank Kamen-Werne eG	Kamen	271.733	153.422
567	Raiffeisenbank Miesbach eG	Miesbach	271.375	200.014
568	Raiffeisenbank eG, Büchen	Hagenow	270.394	167.356
569	Volksbank Ganderkesee-Hude eG	Hude	270.361	188.942
570	vr bank Südthüringen eG	Suhl	270.295	116.518
571	Raiffeisenbank Feuchtwangen-Limes eG	Feuchtwangen	269.991	153.609
572	Raiffeisenbank Hallstadt eG	Hallstadt	269.764	93.114
573	Volksbank Sulmtal eG, Obersulm	Obersulm	269.756	157.009
574	Volksbank Wenden-Drolshagen eG	Wenden	269.621	191.976
575	Volksbank Delbrück-Hövelhof eG	Delbrück	268.771	168.358
576	Volksbank Nordschwarzwald eG, Pfalzgrafenweiler	Pfalzgrafenweiler	268.511	156.384
577	Volksbank Niedergrafschaft Uelsen-Hoogstede-Wilsum eG	Uelsen	268.223	205.758
578	Raiffeisenbank Sulzbach-Rosenberg eG	Sulzbach-Rosenberg	267.941	132.683
579	Volksbank Laichingen eG	Laichingen	267.689	194.204
580	Volksbank Bremen-Nord eG	Bremen	267.520	169.870

Rang	Name der Bank	Ort/Sitz	Bilanzsumme	Kundenforderungen
581	Volksbank Lüdinghausen-Olfen eG	Lüdinghausen	267.062	178.208
582	Volksbank Lohne-Mühlen eG	Lohne	266.787	192.653
583	Volksbank Kempen-Grefrath eG	Kempen	266.073	158.740
584	Raiffeisen-Volksbank Ebern eG	Ebern	265.269	135.797
585	Volksbank Herborn-Eschenburg eG	Herborn	265.003	170.550
586	Volksbank Bad Mergentheim eG	Bad Mergentheim	262.989	134.971
587	Raiffeisenbank Westeifel eG	Schönecken	262.945	182.272
588	Raiffeisenbank im Kreis Plön eG	Lütjenburg	262.853	188.556
589	Volksbank Maulbronn-Oberderdingen eG	Oberderdingen	262.636	208.411
590	Volksbank Meßkirch eG Raiffeisenbank	Meßkirch	261.622	176.949
591	Volksbank Ochtrup eG	Ochtrup	260.849	167.264
592	Volksbank Cloppenburg eG	Cloppenburg	260.309	192.407
593	Raiffeisenbank Mutlangen eG	Mutlangen	258.782	192.240
594	Raiffeisenbank i. Südl. Bayerischen Wald eG	Hauzenberg	258.411	176.518
595	Volksbank Enger-Spenge eG	Enger	257.984	163.166
596	Erfurter Bank eG Raiffeisenbank	Erfurt	257.703	121.175
597	Coburger Bank eG	Coburg	257.242	132.795
598	VR Bank eG, Wächtersbach	Wächtersbach	256.703	152.233
599	Volksbank Wildeshauser Geest eG	Wildeshausen	256.329	176.231
600	Raiffeisenbank Risstal eG, Warthausen	Warthausen	255.852	158.770
601	Raiffeisenbank Isartal eG	Hohenschäftlarn	255.492	197.983
602	Raiffeisenbank Bad Windsheim eG	Bad Windsheim	254.774	140.667
603	Volksbank Spelle-Freren eG	Spelle	254.655	205.311
604	Volksbank Dillingen eG	Saarwellingen	254.212	150.421
605	Volksbank Vilshofen eG	Vilshofen	254.121	139.036
606	Raiffeisenbank eG, Geilenkirchen	Geilenkirchen	253.868	151.143
607	Raiffeisenbank Vilshofener Land eG	Vilshofen	253.467	163.166
608	Raiffeisenbank Höchberg eG	Höchberg	253.365	157.894
609	Raiffeisenbank Volkach-Wiesentheid eG	Volkach	253.070	147.686
610	Volksbank Hohenlimburg eG	Hagen	252.713	164.343
611	Raiffeisen-Volksbank Delmenhorst-Schierbrok eG	Delmenhorst	252.314	154.286
612	Raiffeisenbank eG, Wolfhagen	Wolfhagen	252.141	146.575
613	Volksbank Tailfingen eG, Albstadt	Albstadt	252.027	158.058
614	Raiffeisenbank Krumbach/Schwaben eG	Krumbach	251.698	150.332
615	Volksbank Grafschaft Hoya eG	Hoya	250.982	153.866
616	Raiffeisenbank Dinkelsbühl-Hesselberg eG	Dinkelsbühl	250.960	146.483
617	Volksbank Stutensee Hardt eG	Stutensee	249.797	191.596
618	Raiffeisenbank Erkelenz eG	Erkelenz	249.355	146.927
619	VB-RB Großmehring-Kösching-Maching-Pförring eG	Manching	248.411	164.445
620	Volksbank eG Bad Laer-Borgloh-Hilter-Melle	Hilter	247.590	190.703
621	Volksbank Erzgebirge eG	Annaberg-Buchholz	247.251	104.726
622	Volksbank Raiffeisenbank eG, Schleswig	Schleswig	246.761	154.527
623	Volksbank GMHütte-Hagen-Bissendorf eG (GHB)	Georgsmarienhütte	246.659	170.086
624	Volksbank Grevenbrück eG	Lennestadt	245.900	167.750
625	Freiberger Bank eG Volks- und Raiffeisenbank	Freiberg/Sachsen	245.697	100.770
626	Raiffeisenbank Marktheidenfeld eG	Marktheidenfeld	245.661	129.578
627	VR BANK Dinklage-Steinfeld eG	Dinklage	245.542	165.370
628	Frankenberger Bank, Raiffeisenbank eG	Frankenberg (Eder)	244.741	170.515
629	Raiffeisenbank Donaumooser Land eG	Karlshuld	244.625	133.487
630	Raiffeisenbank Teck eG, Owen	Owen	243.456	176.445
631	Volksbank Nordlippe eG	Extertal	242.672	152.235
632	Raiffeisenbank Ochsenfurt eG	Ochsenfurt	242.043	144.079
633	Raiffeisenbank Ried eG	Bürstadt	240.991	135.810
634	Volksbank Oldenburg eG	Oldenburg	240.985	73.350
635	VOLKSBANK WEINGARTEN-WALZBACHTAL eG	Weingarten-Walzbachtal	240.104	196.114
636	Volksbank Altshausen eG	Altshausen	239.982	159.961
637	Spreewaldbank eG Volksbank-Raiffeisenbank	Lübben	239.792	138.724
638	Raiffeisenbank Schierling-Obertraubling eG	Schierling	239.375	131.069
639	Raiffeisenbank Waldaschaff-Heigenbrücken eG	Waldaschaff	239.279	158.957
640	Raiffeisenbank Berching-Freystadt-Mühlhausen eG	Freystadt	239.103	104.849
641	Raiffeisenbank eG, Großenlüder	Großenlüder	238.488	115.514
642	Volksbank Sulzbachtal eG	Sulzbach/Saar	237.661	147.081
643	Ostharzer Volksbank eG	Quedlinburg	237.155	88.984
644	SPAR-UND KREDITBANK HARDT eG	Eggenstein-Leopoldshafen	235.386	201.521
645	Volksbank und Raiffeisenbank Görlitz eG	Görlitz	234.264	50.183

Rang	Name der Bank	Ort/Sitz	Bilanzsumme	Kundenforderungen
646	Volksbank Horb eG	Horb	234.160	146.861
647	Volksbank Dinslaken eG	Dinslaken	234.094	164.435
648	Raiffeisenbank Westallgäu eG	Gestratz	233.438	135.503
649	Volksbank Mössingen eG	Mössingen	232.987	178.112
650	Raiffeisenbank Schifferstadt eG	Schifferstadt	232.841	121.754
651	Raiffeisenbank Rupertiwinkel eG	Teisendorf	231.492	148.419
652	Eckernförder Bank eG Volksbank - Raiffeisenbank	Eckernförde	230.328	160.350
653	Raiffeisen-Volksbank Grafing-Ebersberg eG	Grafing	230.197	146.505
654	Raiffeisenbank Parsberg-Velburg eG	Velburg	229.929	115.177
655	Volksbank Willich eG	Willich	229.662	110.423
656	Volks- und Raiffeisenbank eG, Mölln	Mölln	228.752	133.268
657	Genossenschaftsbank Wertingen eG	Wertingen	228.197	143.328
658	Volksbank Ammerland-Süd eG	Edewecht	228.100	179.635
659	VR Bank Burglengenfeld eG	Burglengenfeld	227.880	107.453
660	VR Bank Saarpfalz eG	Homburg	226.658	132.736
661	Raiffeisen- und Volksbank Dahn eG	Dahn	226.380	158.872
662	Raiffeisenbank Berg-Bad Steben eG	Berg/Ofr.	225.889	130.644
663	Raiffeisenbank Haag-Gars-Maitenbeth eG	Haag i.Obb.	224.810	132.962
664	Volksbank Selm-Bork eG	Selm	224.418	136.005
665	Volksbank eG im Kreis Freudenstadt	Freudenstadt	224.284	142.220
666	Raiffeisenbank eG, Oberursel	Oberursel	223.976	163.101
667	Raiffeisenbank Westkreis Fürstenfeldbruck eG	Moorenweis	223.953	152.791
668	Raiffeisenbank Ravensburg eG, Horgenzell	Horgenzell	223.569	153.730
669	Raiffeisenbank Kemnather Land - Steinwald eG	Kemnath	223.138	103.031
670	Volksbank Emstal eG	Lathen	221.832	151.157
671	Volksbank Sandhofen eG	Mannheim-Sandhofen	221.716	127.198
672	Raiffeisenbank Essenbach eG	Essenbach	221.602	139.909
673	Volksbank Delitzsch eG	Delitzsch	220.299	58.255
674	Volksbank Dammer Berge eG	Damme	220.247	156.750
675	Volksbank Lindenberg eG	Lindenberg i.Allgäu	219.986	146.545
676	Volksbank Wittingen-Klötze eG	Wittingen	219.469	78.648
677	Raiffeisenbank Estenfeld-Bergtheim eG	Estenfeld	219.150	127.793
678	Raiffeisen-Volksbank Gerolzhofen-Unterspiesheim eG	Gerolzhofen	219.048	140.021
679	Raiffeisenbank Waren eG	Waren	218.553	104.082
680	Bernhauser Bank eG, Filderstadt	Filderstadt	217.504	120.698
681	Raiffeisenbank eG, Moormerland	Moormerland	217.020	141.881
682	Volksbank Butzbach eG	Butzbach	216.289	109.348
683	Volksbank Mittleres Erzgebirge eG	Olbernhau	215.620	85.164
684	Raiffeisenbank Geisenhausen eG	Geisenhausen	214.540	136.568
685	Raiffeisenbank Südhardt eG	Durmersheim	214.446	163.673
686	Norderstedter Bank eG	Norderstedt	213.716	80.773
687	Raiffeisenbank Südstormarn eG, Großhansdorf	Ahrensburg	213.587	101.917
688	Raiffeisenbank eG Borken	Borken	213.379	144.793
689	Raiffeisenbank Hengersberg-Schöllnach eG	Hengersberg	212.816	130.896
690	Raiffeisen-Volksbank Saale-Orla eG	Pößneck	212.085	72.515
691	Volksbank Bad Münder eG	Bad Münder	212.021	154.715
692	Volksbank Dornstetten eG	Dornstetten	211.863	136.844
693	Raiffeisenbank Schwabmünchen eG	Schwabmünchen	211.640	162.507
694	Raiffeisenbank Heilsbronn-Windsbach eG	Windsbach	210.052	122.005
695	Raiffeisenbank Höhenkirchen und Umgebung eG	Höhenkirchen	209.815	124.181
696	Mendener Bank eG	Menden	208.956	150.301
697	Raiffeisenbank eG, Heide	Heide	208.744	97.209
698	Bad Waldseer Bank eG	Bad Waldsee	208.586	132.094
699	Raiffeisenbank Rain am Lech eG	Rain am Lech	208.349	122.312
700	Raiffeisen-Volksbank Oder-Spree eG	Beeskow	208.252	65.406
701	Raiffeisenbank eG, Itzehoe	Itzehoe	208.129	115.131
702	Raiffeisenbank Ostprignitz-Ruppin eG	Neuruppin	207.536	66.855
703	Volksbank Anröchte eG	Anröchte	207.198	146.439
704	Volksbank-Raiffeisenbank Penzberg eG	Penzberg	207.097	148.612
705	Spar- und Darlehnskasse eG, Friesoythe	Friesoythe	206.976	127.311
706	Raiffeisenbank Riedenburg-Lobsing eG	Riedenburg	206.095	142.839
707	Raiffeisenbank eG, Gundelfingen	Gundelfingen	204.510	158.634
708	Raiffeisenbank Hammelburg eG	Hammelburg	204.372	79.690
709	Raiffeisenbank Salzweg-Thyrnau eG	Salzweg	204.216	167.588
710	Raiffeisenbank Burgebrach eG	Burgebrach	204.026	124.455

Rang	Name der Bank	Ort/Sitz	Bilanzsumme	Kundenforderungen
711	Raiffeisenbank Bütthard-Gaukönigshofen eG	Bütthard	203.442	111.432
712	Heinsberger Volksbank AG	Heinsberg	201.293	127.467
713	Spar- und Kreditbank eG, Karlsruhe	Karlsruhe	201.078	159.138
714	Raiffeisen-Volksbank Wemding eG	Wemding	200.477	93.970
715	Volksbank Rathenow eG	Rathenow	200.347	90.795
716	Raiffeisenbank Bretzfeld-Neuenstein eG	Bretzfeld	199.844	121.879
717	Volksbank eG Westrhauderfehn	Rhauderfehn	199.731	145.094
718	Raiffeisenbank eG, Rosdorf	Rosdorf	199.001	104.966
719	Raiffeisenbank Schweich eG	Schweich	198.642	127.452
720	Raiffeisenbank Südliches Ostallgäu eG	Seeg	198.076	103.142
721	Volksbank Elsen-Wewer-Borchen eG	Paderborn	198.057	138.324
722	Bankverein Bebra eG	Bebra	197.884	109.896
723	Volksbank Essen-Cappeln eG	Cappeln	197.881	149.058
724	Volksbank Jerichower Land eG	Burg	197.188	91.879
725	Raiffeisenbank Dietramszell-Thanning eG	Dietramszell	197.078	118.568
726	Raiffeisenbank Rosenstein eG, Heubach	Heubach	196.656	129.261
727	Raiffeisenbank Zusmarshausen-Altenmünster-Welden eG	Zusmarshausen	196.625	112.260
728	Raiffeisenbank Haibach-Obernau eG	Haibach	196.410	131.948
729	Volksbank Reiste-Eslohe eG	Eslohe	196.369	136.864
730	Volksbank eG, Verden	Verden	195.996	91.920
731	Raiffeisenbank Auerbach-Freihung eG	Auerbach i.d.OPf	195.991	90.644
732	EVENORD-BANK eG-KG, Nürnberg	Nürnberg	195.651	118.283
733	Spar- und Kreditbank Rheinstetten eG	Rheinstetten	195.282	118.435
734	Spar- und Darlehnskasse Bockum-Hövel eG	Hamm	194.416	126.167
735	Volksbank Marsberg eG	Marsberg	194.288	114.759
736	Volksbank für das Angelbachtal eG	Rauenberg	193.985	118.919
737	Raiffeisenbank Hallertau eG	Rudelzhausen	192.526	113.405
738	Raiffeisenbank Eschweiler eG	Eschweiler	192.050	122.270
739	Volksbank Aller-Oker eG	Meinersen	191.291	134.237
740	Raiffeisenbank Seebachgrund eG	Heßdorf	190.879	138.589
741	Volksbank Steinlach-Wiesaz eG, Gomaringen	Gomaringen	190.461	143.351
742	Raiffeisenbank von 1895 eG, Kerpen	Kerpen	190.341	99.190
743	Volksbank Kehdingen eG	Drochtersen	189.551	122.511
744	Raiffeisenbank Zeller Land eG	Briedel	189.254	100.631
745	Raiffeisenbank Reischach-Wurmannsquick-Zeilarn eG	Reischach	188.916	105.284
746	Raiffeisenbank Holzkirchen-Otterfing eG	Holzkirchen	188.397	124.204
747	Volksbank Schnathorst eG	Hüllhorst	186.796	144.819
748	Raiffeisenbank Ehingen eG	Ehingen	186.645	135.236
749	RaiffeisenbankWerratal-Landeck eG	Heringen	185.976	106.735
750	Volksbank Olpe eG	Olpe	185.901	117.645
751	Raiffeisenbank Brenztal eG, Niederstotzingen	Niederstotzingen	184.589	142.341
752	Volksbank Schwalmtal eG	Niederkrüchten	184.141	115.555
753	Volksbank Wilhelmshaven eG	Wilhelmshaven	184.059	148.841
754	Volksbank Raiffeisenbank Schlüchtern eG	Schlüchtern	183.981	122.091
755	Raiffeisenbank Östliche Südeifel eG	Dudeldorf	183.260	139.699
756	Raiffeisenbank eG, Simmerath	Simmerath	181.942	112.217
757	Raiffeisenbank Pfaffenhausen eG	Pfaffenhausen	181.185	102.097
758	Raiffeisenbank Biebergrund-Petersberg eG	Petersberg	180.869	113.346
759	Bayerische Bodenseebank -Raiffeisen- eG	Lindau (B)	180.738	107.255
760	Raiffeisenbank Hallbergmoos-Neufahrn eG	Neufahrn	180.690	142.066
761	Raiffeisenbank Falkenstein-Wörth eG	Falkenstein	180.648	72.163
762	Volks- und Raiffeisenbank Fürstenwalde Seelow Wriezen eG	Fürstenwalde	179.776	63.273
763	Volksbank Stendal eG	Stendal	179.574	67.403
764	Volksbank Elsterland eG	Jessen	179.527	42.253
765	Raiffeisenbank Pfeffenhausen-Rottenburg eG	Rottenburg	178.929	119.485
766	Raiffeisenbank Ichenhausen eG	Ichenhausen	177.913	83.195
767	Raiffeisenbank Hemau eG	Hemau	177.620	84.286
768	Volksbank Flein-Talheim eG	Flein	177.435	116.660
769	Raiffeisenbank Lech-Ammersee eG	Vilgertshofen	176.725	96.377
770	Raiffeisenbank eG, Rodenbach	Rodenbach	176.376	139.310
771	Raiffeisenbank Greding-Thalmässing eG	Greding	176.204	90.562
772	VR DISKONTBANK GmbH	Eschborn	176.000	46.000
773	Raiffeisenbank Wesermarsch-Süd eG	Brake	175.519	102.722
774	Raiffeisenbank Grafschaft-Wachtberg eG	Grafschaft-Oeverich	174.717	126.037
775	Volksbank eG, Löningen	Löningen	174.701	122.908

Rang	Name der Bank	Ort/Sitz	Bilanzsumme	Kundenforderungen
776	Giengener Volksbank eG	Giengen	174.667	129.833
777	Volks- und Raiffeisenbank eG, Süderbrarup	Süderbrarup	174.529	84.310
778	Raiffeisenbank eG, Malchin	Malchin	174.476	71.731
779	Raiffeisenbank Mengkofen-Loiching eG	Mengkofen	173.712	111.382
780	Enztalbank eG, Vaihingen	Vaihingen	173.694	107.721
781	Volksbank Süd-Emsland eG	Emsbüren	173.271	127.537
782	Volksbank Meerbusch eG	Meerbusch	172.826	84.931
783	Raiffeisenbank eG, Calden	Calden	172.760	125.559
784	Volksbank Obergrafschaft eG	Bad Bentheim	172.734	115.505
785	Raiffeisenbank Stauden eG	Fischach	172.380	108.266
786	Bopfinger Bank Sechta-Ries eG, Bopfingen	Bopfingen	171.553	79.150
787	Volksbank-Raiffeisenbank Mühldorf-Ampfing eG	Mühldorf/Inn	171.458	106.079
788	Volksbank Daaden eG	Daaden	171.340	110.221
789	Volksbank Trossingen eG	Trossingen	171.287	93.697
790	Volksbank Vechelde-Wendeburg eG	Wendeburg	170.695	90.610
791	Raiffeisenbank südöstl. Starnberger See eG	Seeshaupt	170.496	113.928
792	Raiffeisen-Volksbank Bad Staffelstein eG	Bad Staffelstein	170.109	74.615
793	Volksbank Lauterecken eG	Lauterecken	169.886	103.425
794	Raiffeisenbank Schrozberg-Rot am See eG	Schrozberg	168.500	86.151
795	Volksbank Düren eG	Düren	168.414	102.326
796	Raiffeisenbank Aindling eG	Aindling	168.177	93.317
797	Raiffeisenbank Mittelrhein eG	Weißenthurm	168.078	82.721
798	Genobank Mainz eG	Mainz	166.940	116.364
799	Volksbank Eisenberg eG	Eisenberg	166.752	52.862
800	Raiffeisenbank Regenstauf eG	Regenstauf	165.521	70.086
801	Volksbank Clarholz-Lette-Beelen eG	Herzebrock-Clarholz	163.950	76.944
802	Raiffeisenbank Bad Grönenbach eG	Bad Grönenbach	163.944	118.410
803	Raiffeisenbank Oberschleißheim eG	Oberschleißheim	163.811	128.408
804	Volksbank Remseck eG	Remseck	163.114	122.475
805	Neubrandenburger Bank eG	Neubrandenburg	162.546	72.588
806	Volksbank Osnabrücker Nordland eG	Fürstenau	162.176	110.177
807	Raiffeisenbank Much-Ruppichteroth eG	Much	161.534	104.717
808	Raiffeisenbank Gilching eG	Gilching	160.464	91.972
809	Volksbank Demmin eG	Demmin	160.175	60.514
810	Raiffeisenbank Chiemgau-Nord - Obing eG	Seebruck	159.653	68.741
811	Raiffeisenbank Schrobenhausen eG	Schrobenhausen	158.386	96.155
812	Volksbank eG, Eppertshausen	Eppertshausen	157.980	126.291
813	Raiffeisenbank Gessertshausen-Ustersbach-Dinkelscherben eG	Gessertshausen	157.630	101.503
814	Volksbank und Raiffeisenbank Borna eG	Borna/Leipz.Land	157.584	54.734
815	Raiffeisenbank Furth im Wald eG	Furth im Wald	156.788	57.918
816	Volksbank Harsewinkel eG	Harsewinkel	156.769	103.992
817	Raiffeisenbank Wangen eG	Wangen	156.282	111.222
818	Volksbank Ostlippe eG	Blomberg	156.032	47.687
819	Raiffeisenbank Thannhausen eG	Thannhausen	155.852	89.025
820	Volksbank Erfurt eG	Erfurt	155.812	54.623
821	DZB Die Zentralregulierungsbank GmbH	Mainhausen	155.059	95.399
822	Volksbank Haselünne eG	Haselünne	153.581	98.363
823	Raiffeisenbank RSA eG, Rechtmehring	Rechtmehring	152.973	120.506
824	Raiffeisenbank Scheßlitz-Zapfendorf eG	Scheßlitz	152.816	48.196
825	Raiffeisenbank Sankt Augustin eG	Sankt Augustin	152.525	104.324
826	Raiffeisenbank Buchbach-Schwindegg eG	Buchbach	152.423	102.194
827	Volksbank Welzheim eG	Welzheim	152.053	110.300
828	Raiffeisenbank Eberhardzell-Ummendorf eG	Ummendorf	151.161	94.213
829	Raiffeisenbank Steingaden eG	Steingaden	150.936	77.915
830	Volksbank Ammerbuch eG	Ammerbuch	150.925	109.196
831	Raiffeisenbank Vorallgäu eG, Bodnegg	Bodnegg	150.433	94.408
832	Raiffeisenbank Arnstorf eG	Arnstorf	149.841	99.111
833	Raiffeisenbank Pasewalk-Strasburg eG	Strasburg	149.672	86.577
834	Raiffeisenbank Selfkant eG	Gangelt	149.353	53.267
835	Raiffeisenbank Hatten-Wardenburg eG	Hatten	148.755	91.530
836	Volks- und Raiffeisenbank Sylt eG	Keitum/Sylt-Ost	148.602	96.953
837	Raiffeisenbank eG, Lauenburg	Lauenburg	148.542	89.200
838	Volksbank Hochwald eG	Hermeskeil	147.457	91.392
839	Raiffeisenbank Kaisersesch-Kaifenheim eG	Kaisersesch	147.410	107.834
840	Raiffeisenbank Frankenwald Ost-Oberkotzau eG	Schwarzenbach am Wald	147.242	70.012

Rang	Name der Bank	Ort/Sitz	Bilanzsumme	Kundenforderungen
841	Volksbank Stein-Eisingen eG	Königsbach-Stein	147.223	103.254
842	Raiffeisenbank Grimma eG	Grimma	146.401	82.261
843	Volksbank Esens eG	Esens	145.865	90.455
844	Raiffeisenbank Erkheim eG	Erkheim	145.781	99.583
845	VR-Bank Halstenbek-Schenefeld eG	Schenefeld	145.676	94.871
846	Volksbank Bösingen Dunningen Fluorn-Winzeln eG	Dunningen	145.427	87.222
847	Volksbank Bösel eG	Bösel	145.340	115.088
848	Genossenschaftsbank Weil im Schönbuch eG	Weil im Schönbuch	145.318	104.237
849	Raiffeisenbank eG, Ebsdorfergrund	Ebsdorfergrund	145.006	121.191
850	Raiffeisenbank Rattiszell-Konzell eG	Rattiszell	144.053	59.424
851	Raiffeisenbank eG, Herxheim	Herxheim bei Landau/Pf	143.498	98.100
852	Volksbank Pirna eG	Pirna	142.693	41.855
853	Raiffeisenbank Ronshausen-Hönebach-Marksuhl eG	Ronshausen	142.464	67.713
854	Raiffeisenbank Schrobenhausener Land eG	Waidhofen	142.390	61.946
855	Raiffeisenbank Aschberg eG	Holzheim	142.385	69.702
856	Raiffeisenbank Torgau eG	Torgau	142.140	65.458
857	Volksbank Diepholz-Barnstorf eG	Barnstorf	142.046	83.813
858	Raiffeisenbank Geiselhöring-Pfaffenberg eG	Geiselhöring	141.978	82.161
859	Spar- und Darlehnskasse Schloß Holte-Stukenbrock eG	Schloß Holte-Stukenbrock	141.742	76.402
860	Raiffeisenbank eG, Leezen	Leezen	141.664	58.214
861	Volksbank und Raiffeisenbank Eisenach eG	Eisenach	140.990	59.708
862	Volksbank Burghausen eG	Burghausen	140.973	87.980
863	Volksbank Nottuln eG	Nottuln	140.501	99.699
864	Volksbank Ascheberg-Herbern eG	Ascheberg	140.241	91.569
865	Raiffeisenbank Schöllkrippen und Umgebung eG	Schöllkrippen	140.177	106.380
866	Raiffeisenbank Neumarkt-St. Veit - Niederbergkirchen eG	Neumarkt-St. Veit	140.070	68.964
867	Volksbank Blaubeuren eG	Blaubeuren	139.922	74.398
868	Winterlinger Bank eG, Winterlingen	Winterlingen	139.588	72.276
869	Raiffeisenbank Küps-Mitwitz-Stockheim eG	Küps	138.904	99.508
870	Volksbank Baiersbronn eG	Baiersbronn	138.659	101.770
871	Raiffeisenbank Sonnenwald eG	Auerbach	137.886	77.674
872	Raiffeisenbank Hilpoltstein eG	Hilpoltstein	137.468	65.425
873	Volksbank Zwickau eG	Zwickau	135.687	56.909
874	Raiffeisenbank Zirndorf eG	Zirndorf	135.661	77.404
875	Volksbank Heiligenstadt eG	Heilbad Heiligenstadt	135.581	65.978
876	Volksbank Vorbach-Tauber eG, Weikersheim	Weikersheim	135.444	87.424
877	Raiffeisenbank Rottumtal eG, Ochsenhausen	Ochsenhausen	134.702	84.491
878	Volksbank Saarburg eG	Saarburg	134.487	99.334
879	Raiffeisenbank Eschlkam-Lam-Lohberg-Neukirchen b. Hl. Blut eG	Eschlkam	134.329	60.104
880	Raiffeisenbank Garrel eG	Garrel	134.243	109.687
881	Volksbank Hankensbüttel-Wahrenholz eG	Hankensbüttel	134.207	83.959
882	Volksbank Heuberg eG, Meßstetten	Meßstetten	134.128	63.950
883	Volksbank Dünnwald-Holweide eG	Köln	134.075	73.180
884	Spar- und Darlehnskasse Reken eG	Reken	133.510	109.601
885	Raiffeisenbank Hardt-Bruhrain eG	Dettenheim	133.162	73.578
886	Volksbank Überwald-Gorxheimertal eG	Absteinach	133.107	82.155
887	Volksbank am Ith eG	Coppenbrügge	132.993	104.259
888	Volksbank Wittgenstein eG	Bad Berleburg	131.665	77.638
889	Volksbank Westerstede eG	Westerstede	131.334	93.118
890	Volksbank Schlangen eG	Schlangen	131.303	97.551
891	Volksbank Pfullendorf eG	Pfullendorf	131.177	94.353
892	Volksbank Mülheim-Kärlich eG	Mülheim-Kärlich	130.998	82.761
893	Volksbank Minden eG	Minden	130.836	93.280
894	Raiffeisenbank Kastellaun eG	Kastellaun	130.632	88.937
895	Raiffeisenbank Rastede eG	Rastede	130.534	88.010
896	Volksbank Wittlage eG	Bohmte	130.097	85.103
897	Volksbank Laer-Horstmar-Leer eG	Laer	129.984	105.425
898	Raiffeisenbank Flachsmeer eG	Westoverledingen	129.724	98.672
899	Volksbank Hörstel eG	Hörstel	129.438	69.691
900	Volksbank Nahe-Schaumberg eG	Nohfelden	128.956	90.764
901	Volksbank Bönen eG	Bönen	128.031	100.057
902	Raiffeisenbank Aschau-Samerberg eG	Aschau	127.734	93.786
903	Raiffeisenbank Frankenhardt-Stimpfach eG	Stimpfach	127.677	77.500
904	Spar- und Kreditbank Evangelisch-Freikirchlicher Gemeinden eG	Bad Homburg v. d. Höhe	127.671	63.974
905	Raiffeisenbank Nördliche Bergstraße eG	Bickenbach	127.566	64.563

Rang	Name der Bank	Ort/Sitz	Bilanzsumme	Kundenforderungen
906	Volksbank Wolgast eG	Wolgast	127.354	58.038
907	Volksbank Kirnau eG	Rosenberg	126.975	61.429
908	Volksbank Braunlage eG	Braunlage	126.511	68.519
909	Raiffeisenbank St. Wolfgang-Schwindkirchen eG	St. Wolfgang	126.352	95.584
910	Raiffeisenbank Buch-Eching-Vatersdorf eG	Eching	125.499	90.969
911	Volksbank Aschaffenburg eG	Aschaffenburg	124.232	57.793
912	Volksbank Eltville eG	Eltville am Rhein	124.222	45.514
913	Raiffeisenbank Kirchweihtal eG	Oberostendorf	124.030	71.375
914	Volksbank Börßum-Hornburg eG	Börßum	123.854	82.023
915	Raiffeisenbank Gotha eG	Gotha	123.785	52.780
916	Raiffeisenbank Unteres Vilstal eG	Schmidmühlen	123.279	83.321
917	Raiffeisenbank Butjadingen-Abbehausen eG	Butjadingen	123.059	81.531
918	Raiffeisenbank-Volksbank Niesky-Weißwasser eG	Niesky	122.823	57.406
919	Haldensleber Bank - Raiffeisenbank eG	Haldensleben	122.627	71.396
920	Hümmlinger Volksbank eG	Werlte	122.595	90.927
921	Volksbank Gescher eG	Gescher	122.381	76.870
922	Volksbank Magstadt eG	Magstadt	122.064	83.583
923	Genossenschaftsbank eG, Bad Wildungen	Bad Wildungen	121.383	74.778
924	Raiffeisenbank Emsland-Mitte eG	Klein-Berßen	121.300	83.961
925	Raiffeisenbank Nordkreis Landsberg eG	Egling	120.557	81.689
926	Abtsgmünder Bank -Raiffeisen- eG	Abtsgmünd	120.251	80.735
927	Raiffeisenbank Griesstätt-Halfing eG	Halfing	120.217	77.297
928	Volksbank Südkirchen-Capelle-Nordkirchen eG	Nordkirchen	120.080	57.539
929	Raiffeisenbank Arnstein eG	Arnstein	119.017	45.764
930	Volksbank Bookholzberg-Lemwerder eG	Ganderkesee	118.887	74.035
931	Raiffeisenbank Aichhalden-Hardt-Sulgen eG	Hardt	118.759	81.481
932	Volksbank Rheinböllen eG	Rheinböllen	118.257	75.219
933	Volksbank Emstek eG	Emstek	117.984	94.403
934	Raiffeisenbank Rehling eG	Rehling	117.829	75.999
935	Raiffeisenbank Geithain eG	Geithain	117.446	42.663
936	Volksbank Freudenberg eG	Freudenberg	117.348	82.296
937	Volksbank Wittenberg eG	Lutherstadt Wittenberg	116.986	46.901
938	Raiffeisenbank eG, Handewitt	Handewitt	116.768	78.460
939	Budenheimer Volksbank eG	Budenheim	116.097	61.347
940	Volksbank eG, Köthen	Köthen	115.081	29.723
941	Raiffeisenbank Donnersberg eG	Albisheim (Pfrimm)	114.942	61.820
942	VR-Bank Weinstadt eG	Weinstadt	114.844	75.316
943	Raiffeisenbank Kaarst eG	Kaarst	114.770	48.200
944	Raiffeisenbank Kötzting eG	Kötzting	114.533	38.761
945	Raiffeisenbank Maßbach eG	Rannungen	114.475	48.577
946	Brühler Kreditbank eG	Brühl	114.308	68.273
947	Raiffeisenbank Hochsträss eG, Oberdischingen	Oberdischingen	114.145	89.512
948	Raiffeisenbank eG, Bargteheide	Bargteheide	113.817	55.979
949	Raiffeisenbank im Oberland eG	Reichersbeuern	113.299	71.335
950	Raiffeisenbank Aulatal eG	Kirchheim	113.094	49.571
951	Raiffeisenbank Nahe eG	Fischbach	113.065	61.924
952	Raiffeisenbank Werneck eG	Werneck	112.950	55.603
953	Volksbank Lembeck-Rhade eG	Dorsten-Lembeck	112.901	72.034
954	Raiffeisenbank Uehlfeld-Dachsbach eG	Dachsbach	112.507	72.508
955	Vierländer Volksbank eG	Hamburg	111.662	54.557
956	Raiffeisenbank Kitzinger Land eG	Obernbreit	111.129	48.297
957	Raiffeisenbank Hollfeld-Waischenfeld-Aufseß eG	Hollfeld	111.095	53.549
958	Darmsheimer Bank eG, Sindelfingen	Sindelfingen	110.050	86.672
959	Volks- und Raiffeisenbank Eisleben eG	Lutherstadt Eisleben	109.168	40.832
960	Raiffeisenbank Gefrees eG	Gefrees	108.907	53.083
961	Onstmettinger Bank eG, Albstadt	Albstadt	108.816	45.786
962	Raiffeisenbank Aidlingen eG	Aidlingen	108.772	73.994
963	Raiffeisenbank im Isarwinkel eG	Lenggries	108.746	65.740
964	Raiffeisenbank Elsavatal eG	Eschau	107.675	62.975
965	Volksbank Versmold eG	Versmold	107.192	62.354
966	Raiffeisenbank Unteres Inntal eG	Hartkirchen	107.014	54.353
967	Raiffeisenbank Türkheim eG	Türkheim	106.887	55.292
968	Raiffeisen-Volksbank Tüßling-Unterneukirchen eG	Tüßling	106.822	66.978
969	Landbank Horlofftal eG	Reichelsheim (Wetterau)	106.404	64.024
970	VR-Bank Spangenberg-Morschen eG	Spangenberg	106.195	55.686

Rang	Name der Bank	Ort/Sitz	Bilanzsumme	Kundenforderungen
971	Volksbank Heiden eG	Heiden	106.187	65.596
972	Kauber Volksbank eG	Kaub	106.004	78.274
973	Raiffeisenbank Hirschau eG	Hirschau	105.822	53.376
974	Raiffeisenbank Oberaudorf eG	Oberaudorf	105.731	62.975
975	Raiffeisenbank Fuchstal-Denklingen eG	Fuchstal	105.311	48.437
976	Raiffeisenbank Donau-Heuberg eG, Mühlheim	Mühlheim	105.093	76.989
977	Raiffeisenbank eG Offenbach/M.-Bieber	Offenbach am Main	104.986	63.099
978	Volksbank Leihgestern eG	Linden	104.785	66.606
979	Volksbank Visbek eG	Visbek	104.725	59.925
980	Raiffeisenbank Singoldtal eG	Hurlach	104.344	66.064
981	Volksbank Jestetten eG	Jestetten	104.257	29.795
982	Raiffeisenbank Kaiserstuhl eG	Vogtsburg	103.815	67.600
983	Volksbank Lette-Darup-Rorup eG	Nottuln	102.904	64.414
984	Raiffeisenbank eG Scharrel	Saterland	102.517	70.540
985	Volksbank Enniger-Ostenfelde-Westkirchen eG	Ennigerloh	101.888	66.002
986	Raiffeisenbank Birkenfeld eG	Birkenfeld	101.789	65.896
987	Raiffeisenbank Bad Saulgau eG	Bad Saulgau	101.323	61.858
988	Raiffeisenbank Oberferrieden-Burgthann eG	Burgthann	101.105	50.670
989	Volksbank Senden eG	Senden	100.973	63.903
990	Volksbank Hamm/Sieg eG	Hamm (Sieg)	100.801	66.583
991	Raiffeisenbank Herzogenaurach eG	Herzogenaurach	100.317	54.239
992	Raiffeisenbank Ortenburg eG	Ortenburg	99.948	69.777
993	Volksbank Schrobenhausen eG	Schrobenhausen	99.872	55.347
994	Volksbank Nordhümmling eG	Börger	99.752	51.674
995	Raiffeisenbank Pfaffenhofen a.d. Glonn eG	Odelzhausen	99.547	68.696
996	Raiffeisenbank Oberstenfeld eG	Oberstenfeld	99.476	65.322
997	Volksbank Spremberg-Bad Muskau eG	Spremberg	99.358	47.421
998	Raiffeisenbank eG, Flieden	Flieden	99.067	50.035
999	Volksbank Deisslingen eG, Deißlingen	Deißlingen	98.863	53.840
1.000	Volksbank eG, Sangerhausen	Sangerhausen	98.833	30.561
1.001	Raiffeisenbank Strücklingen-Idafehn eG	Ostrhauderfehn	98.788	64.726
1.002	Raiffeisenbank Knoblauchsland eG	Nürnberg-Buch	98.770	49.740
1.003	Volksbank Westerloh-Westerwiehe eG	Delbrück	98.599	83.567
1.004	Raiffeisenbank Oberteuringen eG	Oberteuringen	97.673	69.583
1.005	Raiffeisenbank Vogelsberg eG	Birstein	97.050	50.067
1.006	Raiffeisenbank Parkstetten eG	Parkstetten	96.727	64.086
1.007	Raiffeisenbank Stegaurach eG	Stegaurach	96.643	53.414
1.008	Raiffeisenbank Volkmarsen eG	Volkmarsen	96.642	49.732
1.009	Volksbank Kierspe eG	Kierspe	96.042	75.192
1.010	Raiffeisenbank Aresing-Hörzhausen-Schiltberg eG	Aresing	95.882	44.932
1.011	Raiffeisenbank Geislingen-Rosenfeld eG	Geislingen	95.541	51.381
1.012	Raiffeisenbank Niedere Alb eG, Langenau	Langenau	95.361	75.503
1.013	Raiffeisenbank Grafenwöhr-Kirchenthumbach eG	Grafenwöhr	94.619	59.119
1.014	Raiffeisenbank Horb eG	Horb	94.357	58.334
1.015	Volksbank Krautheim eG	Krautheim	94.250	61.014
1.016	Volksbank Kirn-Sobernheim eG	Kirn	94.123	55.751
1.017	Volksbank-Raiffeisenbank Deggingen eG	Deggingen	93.754	57.422
1.018	Raiffeisenbank Heidenheimer Alb eG, Gerstetten	Gerstetten	93.724	49.387
1.019	Spar- und Kredit-Bank eG, Gemünden	Gemünden (Wohra)	93.638	57.910
1.020	Volksbank eG Gebhardshain	Gebhardshain	93.445	59.518
1.021	Genossenschaftsbank Meckenbeuren eG	Meckenbeuren	93.307	59.305
1.022	Spar- und Darlehnskasse Börde Lamstedt-Hechthausen eG	Lamstedt	92.607	43.846
1.023	Raiffeisenbank Oberes Gäu eG, Rottenburg	Rottenburg	92.495	62.906
1.024	VOLKSBANK SELIGENSTADT eG	Seligenstadt	92.401	77.967
1.025	Spar- und Kreditbank eG, Hammah	Hammah	92.102	65.223
1.026	Volksbank Rot eG	St.Leon Rot	91.854	62.673
1.027	Volksbank Clenze-Schnega eG	Clenze	91.694	50.904
1.028	Volksbank Ahlhorn-Großenkneten eG	Großenkneten	91.689	58.570
1.029	Volksbank eG, Gardelegen	Gardelegen	91.347	45.136
1.030	Raiffeisenbank Ehekirchen-Weidorf eG	Ehekirchen	91.271	60.587
1.031	Volks- und Raiffeisenbank Forst eG	Forst	90.999	52.153
1.032	Raiffeisenbank Wiesbach eG	Eppelborn	90.970	76.840
1.033	Raiffeisenbank Taufkirchen-Oberneukirchen eG	Oberneukirchen	90.934	70.312
1.034	Raiffeisenbank Kieselbronn eG	Kieselbronn	90.893	77.643
1.035	Raiffeisenbank Weissach eG	Weissach	90.676	54.881

Rang	Name der Bank	Ort/Sitz	Bilanzsumme	Kundenforderungen
1.036	Raiffeisenbank Härten eG, Kusterdingen	Kusterdingen	89.151	49.731
1.037	Volksbank Wickede (Ruhr) eG	Wickede	88.918	49.955
1.038	Raiffeisenbank Schaafheim eG	Schaafheim	88.817	52.406
1.039	Raiffeisenbank Mehring-Leiwen eG	Leiwen	88.500	47.470
1.040	Volksbank Neuenkirchen-Vörden eG	Neuenkirchen-Vörden	88.340	68.110
1.041	Raiffeisenbank Beilngries eG	Beilngries	87.820	36.082
1.042	Raiffeisenbank Dietfurt/Altm. eG	Dietfurt	87.540	28.678
1.043	Raiffeisenbank Buchhofen-Künzing eG	Buchhofen	87.241	35.587
1.044	Raiffeisenbank Kirchberg vorm Wald eG	Kirchberg	87.148	47.843
1.045	Volksbank Kaunitz eG	Verl	87.106	45.166
1.046	Vereinigte Raiffeisenbank Burgstädt eG	Burgstädt	86.988	23.689
1.047	Volksbank Medebach eG	Medebach	86.855	59.728
1.048	Federseebank eG, Bad Buchau	Bad Buchau	86.802	51.029
1.049	Raiffeisenbank Mittenwald eG	Mittenwald	86.726	60.187
1.050	Volksbank Westerkappeln-Wersen eG	Westerkappeln	86.355	63.273
1.051	Raiffeisenbank eG, Kaltenkirchen	Kaltenkirchen	86.291	63.269
1.052	Birsteiner Volksbank eG	Birstein	86.271	36.556
1.053	Raiffeisenbank am Dreisessel eG	Neureichenau	86.129	52.504
1.054	Raiffeisen-Volksbank Grafeld-Nortrup eG	Nortrup	85.942	48.218
1.055	Volksbank Seeheim-Jugenheim eG	Seeheim-Jugenheim	85.906	22.149
1.056	Vereinigte Raiffeisenkassen Weinsheim eG	Weinsheim	85.901	51.839
1.057	Raiffeisenbank Irsee-Pforzen-Rieden eG	Irsee	85.797	57.549
1.058	Volksbank Aerzen eG	Aerzen	85.692	44.327
1.059	Raiffeisenbank Vordere Alb eG, Hülben	Hülben	85.687	51.822
1.060	Raiffeisenbank Kirchheim-Walheim eG	Kirchheim	85.642	45.149
1.061	Volksbank Gräfenhausen eG	Weiterstadt	85.146	46.878
1.062	Raiffeisenbank Idarwald eG	Rhaunen	85.050	46.419
1.063	Volksbank Thülen eG	Brilon	84.732	60.778
1.064	Raiffeisenbank Ursensollen-Ammerthal-Hohenburg eG	Ursensollen	84.593	49.597
1.065	Scharnhauser Bank eG, Ostfildern	Ostfildern	84.558	69.674
1.066	Volksbank Oyten eG	Oyten	84.552	54.883
1.067	Volksbank Eisbergen eG	Porta Westfalica	84.129	49.383
1.068	Raiffeisenbank Großhabersdorf-Roßtal eG	Roßtal	83.946	55.694
1.069	Volksbank Wachtberg eG	Wachtberg	83.870	41.414
1.070	Raiffeisenbank Bad Schussenried eG	Bad Schussenried	83.764	62.038
1.071	Raiffeisenbank Beuerberg-Eurasburg eG	Beuerberg	83.144	65.281
1.072	Winterbacher Bank eG	Winterbach	83.098	35.412
1.073	Raiffeisenbank Jettingen-Scheppach eG	Jettingen	83.011	46.882
1.074	Raiffeisenbank Ebrachgrund eG	Mühlhausen	82.974	60.635
1.075	Raiffeisenbank Königsdorf-Gelting eG	Königsdorf	82.906	60.771
1.076	Volksbank Störmede eG	Geseke	82.880	52.585
1.077	Raiffeisenbank Westhausen eG	Westhausen	82.817	39.327
1.078	Dettinger Bank eG, Dettingen	Dettingen	82.774	45.702
1.079	Volksbank Geeste-Nord eG	Schiffdorf	82.705	52.516
1.080	Föhr-Amrumer Bank eG	Wyk a.F.	82.664	60.474
1.081	Spar- und Darlehnskasse Zell eG	Bad König	82.556	54.138
1.082	Volksbank Wieseck eG	Gießen	82.447	50.410
1.083	Raiffeisenbank eG, Wiesloch-Baiertal	Wiesloch-Baiertal	82.345	60.863
1.084	Raiffeisenbank Adelzhausen-Sielenbach eG	Adelzhausen	82.187	51.201
1.085	Volksbank Inheiden-Villingen eG	Hungen	81.993	61.581
1.086	Raiffeisenbank Elbmarsch eG	Heist	81.978	47.298
1.087	Raiffeisen-Volksbank Hermsdorfer Kreuz eG	Hermsdorf	80.750	25.614
1.088	Raiffeisenbank eG Bad Doberan	Bad Doberan	80.704	26.786
1.089	Ehninger Bank eG, Ehningen	Ehningen	80.665	52.887
1.090	Raiffeisenbank Steinheim eG	Steinheim	80.296	49.256
1.091	Raiffeisen-Volksbank eG Gadebusch	Gadebusch	80.112	30.631
1.092	Raiffeisenbank Weissacher Tal eG, Weissach im Tal	Weissach im Tal	79.541	59.357
1.093	Raiffeisenbank Oberhaardt-Gäu eG	Edesheim	79.505	52.599
1.094	Raiffeisenbank Freinsheim eG	Freinsheim	79.272	51.974
1.095	Raiffeisenbank Gerolsbach eG	Gerolsbach	78.425	53.136
1.096	Volksbank Ober-Mörlen eG	Ober-Mörlen	78.330	37.619
1.097	Volksbank Lastrup eG	Lastrup	78.303	59.191
1.098	Nordheim	Nordheim/Main	78.068	43.486
1.099	Raiffeisenbank Obereßfeld-Römhild eG	Sulzdorf a.d.Lederhecke	77.893	50.975
1.100	Raiffeisenbank Unteres Zusamtal eG	Buttenwiesen	77.294	41.317

Rang	Name der Bank	Ort/Sitz	Bilanzsumme	Kundenforderungen
1.101	Raiffeisenbank eG, Ratzeburg	Ratzeburg	76.296	45.356
1.102	Raiffeisenbank Oberes Schlichemtal eG, Schömberg	Schömberg	76.219	54.983
1.103	Raiffeisenbank Herrnwahlthann/Teugn-Dünzling eG	Hausen	76.209	42.957
1.104	Raiffeisenbank eG, Aldenhoven	Aldenhoven	75.892	42.066
1.105	Volksbank eG, Oldendorf	Oldendorf	75.366	59.410
1.106	Volks- und Raiffeisenbank eG Leinebergland	Delligsen	74.352	36.804
1.107	Creglinger Bank eG, Creglingen	Creglingen	74.057	34.014
1.108	Echterdinger Bank eG, Leinfelden-Echterdingen	Leinfelden-Echterdingen	74.040	37.978
1.109	Raiffeisenbank Neudenau-Stein-Herbolzheim eG	Neudenau	73.642	47.764
1.110	Raiffeisenbank Voltlage-Neuenkirchen eG	Neuenkirchen	73.621	42.483
1.111	Volksbank Winsener Marsch eG	Marschacht	73.588	59.634
1.112	Volksbank Raesfeld eG	Raesfeld	73.364	45.142
1.113	Raiffeisenbank Neuerburg-Land eG	Neuerburg	73.159	39.418
1.114	SKB des Bundes Freier evangelischer Gemeinden eG, Witten	Witten	72.917	55.667
1.115	Volksbank Gemen eG	Borken	72.226	47.208
1.116	Volksbank Ilmenau eG	Ilmenau	71.567	46.039
1.117	Volksbank eG, Adelebsen	Adelebsen	71.214	47.481
1.118	Volksbank Schupbach eG	Beselich	71.161	52.720
1.119	Raiffeisenbank Holzheim eG	Holzheim	70.609	29.668
1.120	Raiffeisenbank Gmund am Tegernsee eG	Gmund	70.467	35.067
1.121	Raiffeisenbank Kallmünz eG	Kallmünz	70.400	30.606
1.122	Hegnacher Bank -Raiffeisen- eG, Waiblingen	Waiblingen	69.806	48.968
1.123	Raiffeisenbank Moselkrampen eG	Ernst	69.739	45.241
1.124	Raiffeisenbank Baisweil-Eggenthal-Friesenried eG	Baisweil	69.201	36.793
1.125	Raiffeisenbank Bissingen eG	Bissingen	69.106	39.925
1.126	Raiffeisenbank eG, Todenbüttel	Todenbüttel	68.908	53.308
1.127	Raiffeisenbank Kalbe-Bismark eG	Kalbe	68.883	17.784
1.128	Hagnauer Volksbank eG	Hagnau	68.820	51.524
1.129	Raiffeisenbank Reute-Gaisbeuren eG, Bad Waldsee	Bad Waldsee	68.734	47.472
1.130	Löchgauer Bank eG	Löchgau	68.223	47.120
1.131	Raiffeisenbank Oberland eG	Marktleugast	68.176	23.101
1.132	Raiffeisenbank Thurnauer Land eG	Thurnau	68.137	34.757
1.133	Raiffeisenbank eG, Elztal	Elztal	68.117	44.882
1.134	Volksbank eG, Fredenbeck	Fredenbeck	67.920	52.746
1.135	Raiffeisenbank Ingersheim eG	Ingersheim	67.861	41.393
1.136	Volksbank Gleiberger Land eG	Wettenberg	67.369	34.458
1.137	Raiffeisenbank Schnaitsee/Waldhausen eG	Schnaitsee	67.203	29.959
1.138	Raiffeisenbank Wimsheim-Mönsheim eG	Wimsheim	66.758	40.208
1.139	Volksbank Randerath-Immendorf eG	Geilenkirchen	65.999	45.991
1.140	Raiffeisenbank am Kulm eG	Speichersdorf	65.925	40.157
1.141	Raiffeisenbank Denzlingen eG	Denzlingen	65.301	52.244
1.142	Volksbank Haaren eG	Waldfeucht	64.844	42.826
1.143	Volks- und Raiffeisenbank Zeitz eG	Zeitz	64.785	17.366
1.144	Volksbank Murgtal eG, Baiersbronn	Baiersbronn	64.591	38.670
1.145	Raiffeisenbank Haunetal eG	Haunetal	64.438	26.103
1.146	Raiffeisenbank Vellberg-Großaltdorf eG	Vellberg	62.930	31.559
1.147	Raiffeisenbank Wegscheid eG	Wegscheid	61.890	35.416
1.148	Volksbank Altenburg eG	Altenburg	61.704	28.026
1.149	Volksbank Lengerich eG	Lengerich	61.074	35.536
1.150	Raiffeisenbank Irrel eG	Irrel	60.759	42.958
1.151	Volksbank Überherrn eG	Überherrn	60.591	36.195
1.152	Volksbank Glatten-Wittendorf eG	Glatten	60.567	32.110
1.153	Raiffeisenbank Allersberg eG	Allersberg	60.521	32.798
1.154	Raiffeisenbank Böllingertal eG, Heilbronn	Heilbronn	60.496	36.269
1.155	Raiffeisenbank Aulendorf eG	Aulendorf	60.169	48.970
1.156	Spar- und Darlehnskasse Hoengen eG	Alsdorf	60.116	38.904
1.157	Raiffeisenbank Rottal eG, Burgrieden	Burgrieden	60.069	40.945
1.158	Volksbank Buldern eG	Dülmen-Buldern	59.921	41.702
1.159	Raiffeisenbank eG, Grävenwiesbach	Grävenwiesbach	59.477	39.600
1.160	Weiseler Volksbank eG	Butzbach	59.365	32.135
1.161	Raiffeisenbank Sinzing eG	Viehhausen	59.327	36.808
1.162	Raiffeisenbank Wittislingen eG	Wittislingen	58.923	17.620
1.163	Raiffeisenbank Hohenwart eG	Hohenwart	58.875	21.602
1.164	CB Credit-Bank GmbH, Straubing	Straubing	58.184	52.806
1.165	Raiffeisenbank Wyhl eG	Wyhl	58.155	38.872

Rang	Name der Bank	Ort/Sitz	Bilanzsumme	Kundenforderungen
1.166	Raiffeisenbank Dietersheim und Umgebung eG	Dietersheim	58.154	37.360
1.167	Raiffeisenbank Nüdlingen eG	Nüdlingen	57.983	31.037
1.168	Volksbank Langendernbach eG	Dornburg	57.908	42.108
1.169	Volksbank Egelsbach eG	Egelsbach	57.864	42.829
1.170	Raiffeisenbank Tattenhausen-Großkarolinenfeld eG	Großkarolinenfeld	57.848	41.583
1.171	Spar- und Darlehnskasse Oeventrop eG	Arnsberg	57.847	20.616
1.172	Raiffeisenbank Oberes Bühlertal eG, Bühlertann	Bühlertann	57.727	37.572
1.173	Volksbank Dettenhausen eG	Dettenhausen	57.607	39.363
1.174	Raiffeisenbank Lutzerather Höhe eG	Lutzerath	57.155	27.963
1.175	Raiffeisenbank Eichenbühl und Umgebung eG	Eichenbühl	57.007	40.728
1.176	Raiffeisenbank Floß eG	Floß	56.812	28.903
1.177	Spar- und Darlehnskasse Aegidienberg eG	Bad Honnef	56.662	33.092
1.178	Raiffeisenbank Lorup eG	Lorup	56.652	37.690
1.179	Raiffeisenbank Heiligenstadt i. OFr. eG	Heiligenstadt	56.634	25.128
1.180	Raiffeisenbank Ober-Unterhausen-Sinning eG	Oberhausen	56.133	39.729
1.181	Raiffeisenbank Horgau eG	Horgau	56.061	24.704
1.182	Volksbank eG, Limbach	Limbach	55.800	39.598
1.183	Raiffeisenbank Gymnich eG	Erftstadt	55.593	40.522
1.184	Volksbank Erle eG	Raesfeld	55.297	37.874
1.185	Raiffeisenbank Haldenwang eG	Haldenwang	53.832	33.815
1.186	Volksbank Worpswede eG	Worpswede	53.744	33.246
1.187	Raiffeisenbank Junkersdorf eG	Köln	53.542	14.421
1.188	Genossenschaftsbank Wolfschlugen eG	Wolfschlugen	52.790	32.957
1.189	Raiffeisenbank Sondelfingen eG, Reutlingen	Reutlingen	52.467	34.947
1.190	Raiffeisenbank Leiblfing eG	Leiblfing	52.452	21.766
1.191	Raiffeisenbank Hohenau-Mauth eG	Hohenau	52.447	33.236
1.192	Volksbank Amelsbüren eG	Münster	52.189	32.829
1.193	Raiffeisenbank Ersingen eG	Kämpfelbach	51.599	43.328
1.194	Raiffeisenbank Sexau eG	Sexau	51.052	36.143
1.195	Raiffeisenbank Fischenich-Kendenich eG	Hürth	51.017	21.784
1.196	SHB-Bank Schleswig-Holsteinische Beamtenbank eG	Kiel	50.874	18.228
1.197	Raiffeisenbank Roggenburg-Breithenthal eG	Roggenburg	50.672	38.969
1.198	Raiffeisenbank Sparneck-Zell eG	Zell	50.539	27.309
1.199	Raiffeisenbank eG Unterwesterwald	Arzbach	50.394	29.631
1.200	Raiffeisenbank Travemünde eG	Lübeck-Travemünde	50.378	28.558
1.201	Volksbank Marienfeld eG	Marienfeld	50.365	39.198
1.202	Raiffeisenbank Bibertal eG	Bibertal	50.224	29.695
1.203	Raiffeisenbank Erlenbach eG	Erlenbach	50.204	33.419
1.204	Raiffeisenbank Inkofen-Eggmühl eG	Inkofen	49.415	25.628
1.205	Volksbank eG, Dassel	Dassel	49.381	28.322
1.206	Raiffeisen-Volksbank eG, Neustadt (am Rbg.)	Neustadt (am Rbg.)	49.009	30.242
1.207	Raiffeisenbank Neunkirchen am Brand eG	Neunkirchen a. Brand	48.998	27.176
1.208	Volksbank Wißmar eG	Wettenberg	48.755	40.225
1.209	Raiffeisenbank Dietenhofen eG	Dietenhofen	48.755	26.255
1.210	Raiffeisenbank Offingen eG	Offingen	48.353	24.314
1.211	Volksbank Seppenrade eG	Lüdinghausen	48.273	26.859
1.212	Uhlbacher Bank eG, Stuttgart	Stuttgart	47.892	31.828
1.213	Spar- und Darlehnskasse Brachelen eG	Hückelhoven	47.808	21.417
1.214	Raiffeisenbank Kirtorf eG	Kirtorf	47.164	26.094
1.215	Spar-und Kreditbank Bühlertal eG	Bühlertal	47.124	29.625
1.216	Volksbank Bakum eG	Bakum	46.641	28.669
1.217	Raiffeisenbank Anger eG	Anger	46.158	30.411
1.218	Berkheimer Bank eG, Esslingen	Esslingen	45.893	28.064
1.219	Raiffeisenbank Mötzingen eG	Mötzingen	45.775	25.515
1.220	Volksbank eG, Grebenheim	Grebenhain	45.415	21.119
1.221	Volksbank Immenstadt eG	Immenstadt	45.368	27.958
1.222	Raiffeisenbank Stammbach eG	Stammbach	44.481	20.791
1.223	TEBA Kreditbank GmbH & Co KG, Landau/Isar	Landau/Isar	44.369	37.593
1.224	Raiffeisenbank Frankenwinheim und Umgebung eG	Frankenwinheim	43.839	22.502
1.225	Raiffeisenbank Thalheim eG	Thalheim	43.443	22.334
1.226	Volksbank Ulrichstein eG	Ulrichstein	43.014	23.815
1.227	Raiffeisenbank Urbach eG	Urbach	42.828	25.009
1.228	Kurhessische Landbank eG	Kassel	42.613	26.543
1.229	Korber Bank eG	Korb	42.588	20.369
1.230	Raiffeisenbank Alteglofsheim-Hagelstadt eG	Hagelstadt	42.534	20.402

Rang	Name der Bank	Ort/Sitz	Bilanzsumme	Kundenforderungen
1.231	Raiffeisenbank Welling eG	Welling	42.453	35.654
1.232	Volksbank Saerbeck eG	Saerbeck	42.340	29.206
1.233	Nufringer Bank -Raiffeisen- eG, Nufringen	Nufringen	42.240	24.302
1.234	Raiffeisenbank Bechhofen eG	Bechhofen	42.223	24.451
1.235	Volksbank Benninghausen eG	Lippstadt	42.185	27.378
1.236	Raiffeisenbank Unlingen eG	Unlingen	42.181	27.425
1.237	Raiffeisenbank Alsheim-Gimbsheim eG	Alsheim	42.165	29.124
1.238	Rosbacher Raiffeisenbank eG	Windeck	41.922	19.703
1.239	Raiffeisenbank eG, Bad Hersfeld	Bad Hersfeld	41.337	22.742
1.240	Volksbank Garbenteich eG	Pohlheim	41.302	24.233
1.241	Raiffeisenbank Neustadt (Sachs.) eG	Sebnitz	41.008	7.688
1.242	Raiffeisenbank Kahl am Main eG	Kahl am Main	41.005	20.706
1.243	Raiffeisenbank Grainet eG	Grainet	40.868	27.426
1.244	Volksbank Vallendar-Niederwerth eG	Vallendar	40.826	21.722
1.245	Raiffeisenbank Bidingen eG	Bidingen	40.645	34.240
1.246	Volksbank Oberharz eG	Bad Grund	40.629	29.309
1.247	Raiffeisenbank Mehrstetten eG	Mehrstetten	40.624	24.332
1.248	Volksbank Schwanewede eG	Schwanewede	40.057	18.912
1.249	Raiffeisenbank Plankstetten eG	Plankstetten	39.961	31.645
1.250	Raiffeisenbank Alzey-Land eG	Bornheim	39.854	26.132
1.251	Raiffeisenbank Ulmbach eG	Steinau a. d. Strasse	39.572	18.360
1.252	Raiffeisenbank Aiglsbach eG	Aiglsbach	39.471	20.644
1.253	Raiffeisenbank Hiltenfingen eG	Hiltenfingen	39.316	28.961
1.254	Volksbank Langen-Gersten eG	Langen	39.049	25.210
1.255	Vereinigte Raiffeisenbank in Niederraunau eG	Krumbach-Niederraunau	38.854	24.827
1.256	Raiffeisenbank Münchaurach eG	Aurachtal	38.768	23.819
1.257	Volksbank eG, Ahlerstedt	Ahlerstedt	38.311	29.976
1.258	Raiffeisenbank Altschweier eG	Bühl-Altschweier	38.284	28.808
1.259	Raiffeisenbank Ottenbach eG	Ottenbach	38.203	29.874
1.260	Volksbank Holzheim eG	Pohlheim	38.141	32.478
1.261	Raiffeisenbank Dellmensingen eG, Erbach	Erbach	37.773	28.717
1.262	Raiffeisenbank Burghaun eG	Burghaun	37.772	24.024
1.263	Volksbank Rheindürkheim eG	Worms	37.060	26.720
1.264	Volksbank eG, Bechtheim	Bechtheim	36.692	18.974
1.265	Volksbank Westenholz eG	Delbrück	36.666	23.232
1.266	Raiffeisenkasse Erbes-Büdesheimund Umgebung eG	Erbes-Büdesheim	36.418	23.227
1.267	Volksbank Wewelsburg-Ahden eG	Büren	36.326	24.123
1.268	Raiffeisenbank Oberthulba eG	Oberthulba	36.190	16.585
1.269	Raiffeisenbank Nattheim eG	Nattheim	36.066	26.908
1.270	Raiffeisenbank Niederfischbach eG	Niederfischbach	36.057	25.931
1.271	RBank Raiffeisenbank Groß-Rohrheim eG	Groß-Rohrheim	35.737	16.741
1.272	IntegraBank eG München	München	35.431	21.537
1.273	Raiffeisenbank Hofkirchen-Bayerbach eG	Hofkirchen	35.316	19.786
1.274	Raiffeisenbank eG, Owschlag	Owschlag	35.167	28.145
1.275	Volksbank Littfeld eG	Kreuztal	35.013	21.768
1.276	Raiffeisenbank Wallgau-Krün eG	Wallgau	34.915	29.374
1.277	Raiffeisenbank Berghülen eG	Berghülen	34.768	20.449
1.278	Raiffeisenbank Kehrig eG	Kehrig	34.700	17.736
1.279	Raiffeisenbank Wildenberg eG	Wildenberg	34.650	13.499
1.280	Volksbank Feldatal eG	Feldatal	34.287	20.497
1.281	Raiffeisenbank Oberer Wald eG, Simmersfeld	Simmersfeld	34.162	22.746
1.282	Raiffeisenbank Markt Erlbach-Linden eG	Markt Erlbach	33.648	21.742
1.283	Raiffeisenbank Weil und Umgebung eG	Weil	33.249	19.245
1.284	Volksbank Hitzacker eG	Hitzacker	32.939	25.512
1.285	Raiffeisenbank Schlat eG	Schlat	32.787	28.769
1.286	Volksbank Brandoberndorf eG	Waldsolms	32.758	19.138
1.287	Raiffeisenbank Heroldstatt eG	Heroldstatt	32.742	18.451
1.288	Raiffeisenbank Trendelburg eG	Trendelburg	32.602	7.753
1.289	Raiffeisenbank Raisting eG	Raisting	32.125	14.933
1.290	Raiffeisenbank Mücke eG	Mücke	32.034	15.180
1.291	Raiffeisenbank Schleusingen eG	Schleusingen	31.982	12.353
1.292	Raiffeisenbank Töpen eG	Töpen	31.884	17.341
1.293	Raiffeisenbank Wüstenselbitz eG	Helmbrechts OT Wüstenselbitz	31.471	21.716
1.294	Volksbank Wulfsen eG	Wulfsen	31.468	20.930
1.295	Volksbank Heimbach eG	Heimbach	30.833	13.651

Rang	Name der Bank	Ort/Sitz	Bilanzsumme	Kundenforderungen
1.296	Raiffeisenbank Wald-Görisried eG	Wald	30.675	14.366
1.297	Raiffeisenbank Kötz eG	Kötz	30.551	14.174
1.298	Volksbank Hörste eG	Lippstadt	30.154	18.039
1.299	Raiffeisenbank Heroldsbach eG	Heroldsbach	29.678	16.766
1.300	Raiffeisenbank Thüngersheim eG	Thüngersheim	29.663	19.776
1.301	Raiffeisenbank Aitrang-Ruderatshofen eG	Aitrang	29.523	20.867
1.302	Raiffeisenbank Erlenmoos eG	Erlenmoos	29.421	13.778
1.303	Raiffeisenbank Langenschwarz eG	Burghaun	29.316	12.297
1.304	Raiffeisenbank Gruibingen eG	Gruibingen	29.272	20.698
1.305	Raiffeisenbank Wiesedermeer-Wiesede-Marcardsmoor eG	Wiesedermeer	28.244	17.510
1.306	Raiffeisenbank Freienhagen-Höringhausen eG	Waldeck	28.209	14.080
1.307	Raiffeisenbank Bauschlott eG	Neulingen	27.836	19.239
1.308	Raiffeisenbank Obergermaringen eG	Germaringen	27.610	14.117
1.309	Volksbank Nieder-Ohmen eG	Mücke	27.482	18.039
1.310	Raiffeisen-Volksbank eG, Schwabenheim a. d. Selz	Schwabenheim a. d. Selz	26.515	14.631
1.311	Raiffeisenbank eG, Seestermühe	Seestermühe	26.246	17.664
1.312	Raiffeisenbank Ingoldingen eG	Ingoldingen	24.890	16.021
1.313	Raiffeisenbank Geiselwind eG	Geiselwind	24.675	7.543
1.314	Raiffeisenbank Altertheim eG	Altertheim	24.558	7.249
1.315	Raiffeisenbank eG, Niederwallmenach	Niederwallmenach	24.486	9.896
1.316	Raiffeisenbank Vordersteinenberg eG, Alfdorf	Alfdorf	24.095	14.235
1.317	Volksbank Sprakel eG	Münster	23.594	10.816
1.318	Erligheimer Bank eG	Erligheim	23.119	15.935
1.319	Spar-und Kreditbank Dauchingen eG	Dauchingen	22.914	12.886
1.320	Raiffeisenbank Friedelsheim-Rödersheim eG	Friedelsheim	22.499	18.693
1.321	Hüttenberger Bank eG	Hüttenberg	22.345	10.314
1.322	Raiffeisenbank Bruck eG	Bruck i.d.OPf	21.643	9.079
1.323	Raiffeisenbank eG, Wasbek	Wasbek	21.206	15.699
1.324	Raiffeisenbank Tüngental eG, Schwäbisch Hall	Schwäbisch Hall	19.614	8.368
1.325	Raiffeisenbank Obermarchtal eG	Obermarchtal	19.209	12.958
1.326	Raiffeisenbank Oberessendorf eG, Eberhardzell	Eberhardzell	19.023	12.034
1.327	Volksbank Schönholthausen eG	Finnentrop	18.498	12.117
1.328	Raiffeisenbank Emtmannsberg eG	Emtmannsberg	17.898	9.924
1.329	Raiffeisenkasse Hendungen-Rappershausen eG	Hendungen	17.712	3.544
1.330	Raiffeisenbank Gammesfeld eG, Blaufelden	Blaufelden	16.981	5.473
1.331	Raiffeisenbank Alxing-Bruck eG	Alxing	16.539	4.979
1.332	Raiffeisenbank Maitis eG, Göppingen	Göppingen	14.835	11.461
1.333	Spar- und Darlehnskasse Stockhausen eG	Herbstein	12.801	5.379
1.334	Raiffeisenbank eG, Struvenhütten	Struvenhütten	9.330	4.933

Quelle: BVR (2004)

Anhang B

Fragebogen

Empirische Untersuchung hinsichtlich der Anwendung von Möglichkeiten zum Transfer von Kreditrisiken durch Genossenschaftsbanken

Ziel der Studie ist festzustellen:
"Warum nutzen Genossenschaftsbanken in Deutschland die bestehenden Instrumente zum Transfer von Kreditrisiken nicht zu Gestaltung ihrer Kreditrisikoportfolien und welche Voraussetzungen müssen aus deren Sicht erfüllt sein, damit sie zukünftig aktiv an diesem Markt teilnehmen können."

Die Ergebnisse der Studie sollen dazu beitragen, dass sich der Entwicklungsprozess hinsichtlich aktivem Kreditrisikomanagement zukünftig stärker an den Anforderungen der Institute der Primärstufe orientiert.

Dabei stehen insbesondere folgende Fragestellungen im Vordergrund der Betrachtung:

- Haben Genossenschaftsbanken Potenzial zum Betreiben von Kreditrisikotransfer?
- Wie stark beschäftigen sich aktuell die Institute der Primärstufe in Deutschland mit den Möglichkeiten zum Transfer von Kreditrisiken?
- Welche Instrumente und Verfahren finden aktuell Anwendung?
- Welche Problemstellungen hemmen aktuell eine stärkere Anwendung?
- Wie sehen die Anforderungen der Genossenschaftsbanken überhaupt aus?
- Welche Transaktionsmöglichkeiten haben aus Sicht der Institute der genossenschaftlichen Bankengruppe die besten Zukunftsaussichten?

Für die Aussagekraft der Ergebnisse ist es wichtig, möglichst alle Fragen zu beantworten. Sofern nichts anderes angegeben ist, kreuzen Sie dabei bitte pro Frage lediglich **eine Antwort** an. Wenn Ihnen die genauen Daten nicht zur Verfügung stehen, geben Sie bitte Schätzwerte an.

Selbstverständlich werden sämtliche ausgefüllte Fragebögen streng vertraulich behandelt. Nach Abschluss der Analysephase erhalten sie kostenlos eine Auswertung der Ergebnisse zugesandt. Die darin enthaltenen Ergebnisse werden ebenfalls aus Gründen der Vertraulichkeit lediglich aggregiert dargestellt, ohne dass sich Rückschlüsse auf Einzelinstitute ziehen lassen können.

Unter allen Teilnehmern an der Studie werden mehrere attraktive Weinpräsente sowie Exemplare des Buches "Integrierte Rendite-/Risikosteuerung" verlost.

Nachfolgend finden Sie zunächst ein Deckblatt zur Rücksendung des ausgefüllten Fragebogens. Der eigentliche Fragebogen besteht aus drei Teilen. Im ersten Teil (A) werden im Rahmen einer Status Quo-Betrachtung Fragen zu der Gesamtbankorganisation sowie zu betriebswirtschaftlichen Kennzahlen gestellt. Diese werden dann im zweiten Teil (B) um Fragen zu Ihrer Potenzialeinschätzung sowie zu generellen Anforderungen ergänzt werden. Die Studie schließt im dritten Teil (C) mit Fragen zu möglichen bzw. bevorzugten Transaktionsinstrumenten bzw. -verfahren. Zum Ende des Fragebogens befindet sich ein Schlußblatt, wo Sie Platz für Anmerkungen und Kritik finden.

Für die Beantwortung aller Fragen, die sich bei der Beantwortung des Fragebogens ergeben, stehe ich Ihnen sehr gerne telefonisch zur Verfügung.

Für Ihr Bemühen bedanke ich mich bereits jetzt und freue mich auf Ihre Einschätzungen.

Mit freundlichen Grüßen
Marco Kern

A Fragen zur Gesamtbankorganisation und zu betriebwirtschaftlichen Kennzahlen (Status Quo)

A.1 Aus wie vielen Mitgliedern besteht Ihr Gesamtvorstand?

- ☐ zwei
- ☐ drei
- ☐ vier
- ☐ fünf
- ☐ mehr als fünf

A.2 In welchem Organisationsmodell agieren Sie bzw. welche Aufgabentrennung haben Sie im Vorstand vorgenommen?

- ☐ Markt/Marktfolge
- ☐ Aktiv/Passiv (unter Nutzung der MaK-Öffnungsklauseln)
- ☐ Vertrieb/Produktion/Steuerung
- ☐ Sonstiges ____________________

A.3 In welchem Bereich ist bei Ihnen die Adressrisikosteuerung, das Management der Kreditrisiken auf Portfolioebene, angesiedelt?

- ☐ Vorstand
- ☐ Controlling
- ☐ Rechnungswesen
- ☐ Gesamtbank-/Unternehmenssteuerung
- ☐ Marktfolge Aktiv, Qualitätssicherung Aktiv, Qualitätssicherung Risiken, etc.
- ☐ Sonstiges ____________________

A.4 Wie groß war Ihre durchschnittliche Bilanzsumme zum 31. Dezember 2004?

- ☐ bis 100 Mio. EUR
- ☐ über 100 bis 250 Mio. EUR
- ☐ über 250 bis 500 Mio. EUR
- ☐ über 500 bis 750 Mio. EUR
- ☐ über 750 Mio. bis 1 Mrd. EUR
- ☐ über 1 Mrd. EUR

A.5 Welchen Anteil hat das Kundenkreditvolumen an Ihrer durchschnittlichen Bilanzsumme zum 31. Dezember 2004?

- ☐ bis 50 %
- ☐ über 50 bis 60 %
- ☐ über 60 bis 70 %
- ☐ über 70 bis 80 %
- ☐ über 80 bis 90 %
- ☐ über 90 %

A.6 Wie hoch war Ihr Solvabilitätskoeffizient zum 31. Dezember 2004?

- ☐ 8,0 bis 9,0
- ☐ über 9,0 bis 10,0
- ☐ über 10,0 bis 11,0
- ☐ über 11,0 bis 12,0
- ☐ über 12,0

A.7 Wie hoch war im Durchschnitt der letzten drei Jahren Ihr Bewertungsergebnis aus dem Kreditgeschäft in % der durchschnittlichen Bilanzsumme?

- ☐ bis 0,10
- ☐ über 0,10 bis 0,20
- ☐ über 0,20 bis 0,30
- ☐ über 0,30 bis 0,40
- ☐ über 0,40 bis 0,50
- ☐ über 0,50

A.8 Wie hoch war Ihr Anteil der Volumina in RG 2 und 3 am gesamten Kundenkreditvolumen zum 31. Dezember 2004?

- ☐ bis 10%
- ☐ über 10 bis 15 %
- ☐ über 15 bis 20 %
- ☐ über 20 bis 25 %
- ☐ über 25 %

A.9 Wie groß ist der Anteil Ihrer am stärksten vertretenen Branche am Kundenkreditvolumen zum 31. Dezember 2004?

- ☐ bis 10%
- ☐ über 10 bis 15 %
- ☐ über 15 bis 20 %
- ☐ über 20 bis 25 %
- ☐ über 25 %

A.10 Wie hoch ist der Anteil Ihrer zehn größten Kundenkredite am gesamten Kundenkreditvolumen zum 31. Dezember 2004?

- ☐ unter 10%
- ☐ über 10 bis 15 %
- ☐ über 15 bis 20 %
- ☐ über 20 bis 25 %
- ☐ über 25 bis 30 %
- ☐ über 30 %

A.11 Welche Module aus dem BVR-II-Rating setzen Sie aktuell bereits ein? (Mehrfachnennungen möglich)

- ☐ keine
- ☐ Gewerbekunden/Freiberufler
- ☐ Mittelstand
- ☐ Oberer Mittelstand
- ☐ Not-for-Profit-Organisationen
- ☐ Privatkunden
- ☐ Sonstige ______________________

A.12 Ab welchen Engagementvolumen setzen Sie das BVR-II-Rating ein?

- ☐ Null
- ☐ über Null bis 50 TEUR
- ☐ über 50 bis 100 TEUR
- ☐ über 100 bis 200 TEUR
- ☐ über 200 bis 500 TEUR
- ☐ über 500 TEUR

A.13 Wieviel Prozent Ihres Kundenkreditvolumens sind durch ein BVR-II-Rating risikoklassifiziert?

- ☐ bis 20 %
- ☐ über 20 bis 40 %
- ☐ über 40 bis 60 %
- ☐ über 60 bis 80 %
- ☐ über 80 bis 90 %
- ☐ über 90 %

A.14 In wieviel Prozent der Fälle nutzen Sie beim BVR-II-Rating die Möglichkeit des Overrides?

- ☐ Null
- ☐ über Null bis 2,5 %
- ☐ über 2,5 bis 5 %
- ☐ über 5 bis 7,5 %
- ☐ über 7,5 bis 10 %
- ☐ über 10 %

A.15 Wie hoch ist Ihre Risikoklassifzierungsquote, d. h. wieviel Prozent des Kundenkreditvolumens besitzen eine Bonitätseinstufung (Scoring, Rating, etc.) die maximal 15 Monate alt ist?

- ☐ Null bis 80 %
- ☐ über 80 bis 85%
- ☐ über 85 bis 90 %
- ☐ über 90 bis 95%
- ☐ über 95 bis 97,5 %
- ☐ über 97,5%

A.16 Mit welchem Instrument quantifizieren Sie den Unerwarteten Verlust (Credit-VaR)?

- ☐ gar nicht
- ☐ VR-CreditPortfolioManager, seit
  - ☐ weniger als drei Monaten
  - ☐ mindestens drei und weniger als sechs Monaten
  - ☐ mindestens sechs Monate und weniger als ein Jahr
  - ☐ mindestens ein Jahr und weniger als zwei Jahre
  - ☐ mindestens zwei Jahre
- ☐ Sonstiges ____________________

A.17 Woran orientieren Sie sich bei der Festsetzung Ihrer Sicherungswerte?

- ☐ Band 29 der Schriftenreihe des DGRV (Richtlinien für die Bewertung von Kreditsicherheiten)
- ☐ Eigene Arbeitsanweisung zur Bewertung von Sicherheiten
- ☐ Sonstiges ____________________

A.18 Woran orientieren Sie sich bei der Wertermittlung von Immobilien?

- ☐ Wertermittlungsrichtlinie des genossenschaftlichen Finanzverbundes
- ☐ Eigene Arbeitsanweisung zur Wertermittlung von Immobilien
- ☐ Sonstiges ____________________

A.19 Wer führt in Ihrem Haus die Wertermittlung von Immobilien innerhalb der Kleindarlehensgrenze durch?

- ☐ Ermittlung Marktmitarbeiter / Festsetzung Marktfolgemitarbeiter
- ☐ Ermittlung Marktfolgemitarbeiter / Festsetzung Marktmitarbeiter
- ☐ Ermittlung Marktmitarbeiter / Festsetzung Marktmitarbeiter
- ☐ Ermittlung Marktfolgemitarbeiter / Festsetzung Marktfolgemitarbeiter
- ☐ Interne Spezialisten
- ☐ Externe Gutachter, vornehmlich
  - ☐ VR-Wert
  - ☐ ortsansässiger Spezialist
  - ☐ Sonstiges ____________________
- ☐ Sonstiges ____________________

A.20 Wer führt in Ihrem Haus die Wertermittlung von Immobilien im Qualifizierten Verfahren durch?

- ☐ Marktfolgemitarbeiter im "Überkreuzprinzip"
- ☐ Interne Spezialisten
- ☐ Externe Gutachter
  - ☐ VR-Wert
  - ☐ ortsansässiger Spezialist
  - ☐ Sonstiges ______________________
- ☐ Sonstiges ______________________

A.21 In welchen der nachfolgend genannten Bereichen verfügt Ihr Haus über detaillierte Fachkenntnisse? (Mehrfachnennungen möglich)

- ☐ Beurteilung von Kreditrisiken auf Einzelengagementebene
- ☐ Beurteilung von Kreditrisiken auf Portfolioebene
- ☐ Preisermittlung von Kreditrisiken
- ☐ Quantifizierung von Kreditrisiken
- ☐ Beurteilung von Portfoliostrukturen
- ☐ Auswirkungen von Korrelationen
- ☐ Interpretation/Einflußgrößen des Unerwarteten Verlustes
- ☐ Wertermittlung von Sicherheiten

A.22 Mit welcher Kennzahl steuern Sie im Kreditrisikomanagement der Erfolg Ihrer Optimierungsbemühungen hinsichtlich Rendite-Risiko-Struktur?

- ☐ keine bestimmte
- ☐ RORAC/RAROC/RARORAC
- ☐ Eigenkapitalrendite
- ☐ Betriebsergebnis vor Bewertung
- ☐ Betriebsergebnis nach Bewertung
- ☐ Jahresüberschuss
- ☐ Sonstiges ______________________

B Fragen zu den Einschätzungen und den Anforderungen der Primärinstitute

B.1 Was sind aus Ihrer Sicht die Gründe, die eine intensivere Nutzung der Möglichkeiten bzw. Instrumente zum Transfer von Kreditrisiken aktuell hemmen? (Mehrfachnennungen möglich)

- ☐ Informationsdefizit / mangelnde Kenntnis
- ☐ Intransparenz des Marktes
- ☐ Mangel an Produkten zum Kauf
- ☐ Mangel an Produkten zum Verkauf
- ☐ Nicht bedarfsgerechte Produkte
- ☐ Mangelnde Kenntnis zur Beurteilung von Transaktionen
- ☐ Schlechtes Preis-Leistungsverhältnis bei Produkten zum Kauf
- ☐ Schlechtes Preis-Leistungsverhältnis bei Produkten zum Verkauf
- ☐ Markt hat noch nicht die notwendige Reife
- ☐ Unverhältnismäßig hoher Aufwand
- ☐ Kein Bedarf
- ☐ Mangelnde Zeit aufgrund Ressourcenbündelung bei der Erfüllung aufsichtsrechtlicher und sonstiger Umsetzungszwänge
- ☐ Sonstiges ____________________

B.2 Wie intensiv beschäftigen Sie sich aktuell mit dem Transfer von Kreditrisiken?

- ☐ sehr intensiv
- ☐ intensiv
- ☐ mittelmäßig
- ☐ gering
- ☐ sehr gering

B.3 Bis wann wollen Sie sich mit dem Transfer von Kreditrisiken intensiv beschäftigen?

- ☐ aktuell
- ☐ in 1 bis 2 Jahren
- ☐ in 3 bis 4 Jahren
- ☐ 5 Jahre oder mehr
- ☐ gar nicht

B.4 In welcher Form beschäftigen Sie sich oder wollen Sie sich mit dem Transfer von Kreditrisiken beschäftigen?

- ☐ Fachbücher
- ☐ Fachartikel
- ☐ Seminare
- ☐ Roadshows
- ☐ Beratungsleistungen
- ☐ Sonstiges ____________________

B.5 Wie schätzen Sie die Zukunftsaussichten von Instrumenten zum Transfer von Kreditrisiken ein?

- ☐ sehr positiv
- ☐ positiv
- ☐ mittelmäßig
- ☐ negativ
- ☐ sehr negativ

B.6 Welche Bedeutung haben speziell für Ihr Haus die Möglichkeiten zum Transfer von Kreditrisiken?

- ☐ sehr hoch
- ☐ hoch
- ☐ mittelmäßig
- ☐ gering
- ☐ sehr gering

B.7 Was sind Ihre Gründe für den Wunsch nach Kreditrisikotransfer? (Mehrfachnennungen möglich)

- ☐ Absicherung schlechter Risiken
- ☐ Absicherung Erwarteter Verlust
- ☐ Absicherung Unerwarteter Verlust
- ☐ Ausbau der Investitionsmöglichkeiten
- ☐ Optimierung der Rendite-Risiko-Struktur
- ☐ Risikodiversifizierung, dabei inbesondere
  - ☐ Verbesserung der Branchenstruktur
  - ☐ Verbesserung der Bonitätsstruktur
  - ☐ Verbesserung der Größenklassenstruktur
  - ☐ Verbesserung der geographischen Struktur
- ☐ Sonstiges ______________________________

B.8 Wie intensiv ist Ihr Wunsch nach Möglichkeiten bzw. Instrumenten zum Verkauf von Kreditrisiken?

- ☐ sehr intensiv
- ☐ intensiv
- ☐ mittelmäßig
- ☐ gering
- ☐ sehr gering

B.9 Welches Ziel verfolgen Sie hauptsächlich mit einem möglichen Verkauf von Kreditrisiken?

- ☐ Verbesserung der Branchenstruktur
- ☐ Verbesserung der Bonitätsstruktur
- ☐ Verbesserung der Größenklassenstruktur
- ☐ Verbesserung der geographischen Struktur
- ☐ Verbesserung betriebswirtschaftlicher Kennzahlen
- ☐ Optimierung der Rendite-Risiko-Struktur
- ☐ Sonstiges ______________________________

B.10 Welche Risiken welcher Ratingklasse würden Sie bevorzugt verkaufen wollen?

- ☐ 0a-0e
- ☐ 1a-1e
- ☐ 2a-2e
- ☐ 3a-3e
- ☐ 4a-4e

B.11 Bis zu welcher Anteilshöhe würden Sie ein Einzelengagement bzw. das Portfolio (abgesicherter und nicht abgesicherter Teil) durch den Verkauf von Kreditrisiken absichern wollen? Berücksichtigen Sie dabei: je höher der gewünschte Absicherungsgrad, desto höher ist der Preis für die Absicherung.

- ☐ Null bis 25 %
- ☐ über 25 bis 50 %
- ☐ über 50 bis 75 %
- ☐ über 75 bis 100%
- ☐ 100%

B.12 Bis zu welcher Anteilshöhe würden Sie das Blankovolumen von Einzelengagements bzw. von Portfolien durch den Verkauf von Kreditrisiken absichern wollen?

- ☐ Null bis 25 %
- ☐ über 25 bis 50 %
- ☐ über 50 bis 75 %
- ☐ über 75 bis 100%
- ☐ 100%

B.13 Wo sehen Sie den größten Absicherungsbedarf in Ihrem Hause?

- ☐ Privatkundensegment
- ☐ Firmenkundensegment
- ☐ Depot-A
- ☐ Sonstiges ______________________

B.14 Wie intensiv ist Ihr Wunsch nach Möglichkeiten bzw. Instrumenten zum Kauf von Kreditrisiken?

- ☐ sehr intensiv
- ☐ intensiv
- ☐ mittelmäßig
- ☐ gering
- ☐ sehr gering

B.15 Welches Ziel verfolgen Sie hauptsächlich mit einem möglichen Kauf von Kreditrisiken?

- ☐ Verbesserung der Branchenstruktur
- ☐ Verbesserung der Bonitätsstruktur
- ☐ Verbesserung der Größenklassenstruktur
- ☐ Verbesserung der geographischen Struktur
- ☐ Verbesserung betriebswirtschaftlicher Kennzahlen
- ☐ Optimierung der Rendite-Risiko-Struktur
- ☐ Sonstiges ______________________

B.16 Kreditrisiken welcher Ratingklasse würden sie bevorzugt kaufen? Bitte beachten Sie: Je schlechter die Bonität, desto höher der Preis.

- ☐ 0a-0e
- ☐ 1a-1e
- ☐ 2a-2e
- ☐ 3a-3e
- ☐ 4a-4e

B.17 Welche sonstigen Effekte würden Sie bevorzugen bzw. bevorzugen Sie im Rahmen einer Transaktion?

- ☐ Bilanzverkürzung (u. a. zur Verbesserung der Kennzahlen)
- ☐ Bilanzverlängerung
- ☐ konstante Bilanzsumme

B.18 Zu welchem Zeitpunkt der Kreditlaufzeit herrscht aus Ihrer Sicht der größte Bedarf an Möglichkeiten zum Transfer von Kreditrisiken?

- ☐ bei Kreditvergabe
- ☐ während der Kreditlaufzeit (Kredite ohne Leistungsstörung)
- ☐ bei Eintritt von Leistungsstörungen
- ☐ nach EWB-Bildung
- ☐ Sonstiger ____________________

B.19 Wie vertrauenswürdig erscheint Ihnen ein BVR-II-Ratingergebnis einer anderen Genossenschaftsbank?

- ☐ sehr vertrauenswürdig
- ☐ vertrauenswürdig
- ☐ mittelmäßig vertrauenswürdig
- ☐ wenig vertrauenswürdig
- ☐ gar nicht vertrauenswürdig

B.20 Wie vertrauenswürdig erscheint Ihnen ein BVR-II-Ratingergebnis einer anderen Genossenschaftsbank wenn der Ratingprozess über entsprechende Qualitätsstandards gesichert wird?

- ☐ sehr vertrauenswürdig
- ☐ vertrauenswürdig
- ☐ mittelmäßig vertrauenswürdig
- ☐ wenig vertrauenswürdig
- ☐ gar nicht vertrauenswürdig

B.21 Wie vertrauenswürdig erscheint Ihnen ein BVR-II-Ratingergebnis einer anderen Genossenschaftsbank wenn die Ratingeinstufung über einen externen Dritten (Bsp. Ratingagentur, Zentralinstitut) gesichert wird?

- ☐ sehr vertrauenswürdig
- ☐ vertrauenswürdig
- ☐ mittelmäßig vertrauenswürdig
- ☐ wenig vertrauenswürdig
- ☐ gar nicht vertrauenswürdig

B.22 Wie vertrauenswürdig erscheint Ihnen das Ergebnis einer Beleihungswertermittlung einer anderen Genossenschaftsbank?

- [ ] sehr vertrauenswürdig
- [ ] vertrauenswürdig
- [ ] mittelmäßig vertrauenswürdig
- [ ] wenig vertrauenswürdig
- [ ] gar nicht vertrauenswürdig

B.23 Wie vertrauenswürdig erscheint Ihnen das Ergebnis einer Beleihungswertermittlung einer anderen Genossenschaftsbank wenn der Ermittlungsprozess über entsprechende Qualitätsstandards gesichert wird?

- [ ] sehr vertrauenswürdig
- [ ] vertrauenswürdig
- [ ] mittelmäßig vertrauenswürdig
- [ ] wenig vertrauenswürdig
- [ ] gar nicht vertrauenswürdig

B.24 Welche Sicherheiten erachten Sie vor dem Hintergrund der Werthaltigkeit im Realisationsfalle sowie der Durchführung der Beleihungswertermittlung für besonders transaktionsgeeignet?

- [ ] Grundpfandrechte
- [ ] Abtretung
- [ ] Verpfändung
- [ ] Bürgschaft
- [ ] Sicherungsübereignung
- [ ] Sonstige ______________________________

C Fragen zu möglichen bzw. bevorzugten Transaktionsinstrumenten/-verfahren

C.1 Welche Instrumente zum Kauf bzw. Verkauf von Kreditrisiken haben Sie bisher angewandt bzw. wenden Sie an? (Mehrfachnennungen möglich)

- ☐ Metakredit/Syndizierung
- ☐ Kreditvermittlung (norisbank, DG Hyp, MHB, etc.)
- ☐ Factoring
- ☐ Kreditversicherung
- ☐ Staats-/Unternehmensanleihen (im Depot-A-Management)
- ☐ ABS-Strukturen (im Depot-A-Management)
- ☐ Kreditderivate (im Depot-A-Management)
- ☐ ABCP Conduit
- ☐ VR-Prosper
- ☐ VR-Circle
- ☐ VR-Provide
- ☐ VR-Proscore
- ☐ Sonstige ______________________

C.2 An welchen Transaktionspartner bzw. auf welchem Markt würden Sie am liebsten Kreditrisiken veräußern? (max. 3 Nennungen möglich)

- ☐ andere Genossenschaftsbank
- ☐ DZ Bank/WGZ Bank
- ☐ DG Hyp
- ☐ sonstiges Verbundunternehmen
- ☐ Sparkassen/Landesbanken
- ☐ sonstiges inländisches Kreditinstitut (Großbank, etc.)
- ☐ sonstiges ausländisches Kreditinstitut (Großbank, etc.)
- ☐ Nichtbank (Industrieunternehmen, etc.)
- ☐ Deutsche Börse (Frankfurt)
- ☐ andere Börse
- ☐ keine besonderen Favoriten
- ☐ Sonstiges ______________________

C.3 Welches der nachstehenden Instrumente/Verfahren würden Sie zur Absicherung von Kreditrisiken bevorzugen?

- ☐ Metakredit/Syndizierung
- ☐ Verkauf von problembehafteten Engagements an die BAG Hamm
- ☐ Kreditvermittlung (DG Hyp, Norisbank, etc.)
- ☐ Kreditderivate, speziell
  - ☐ Credit Default Swap
  - ☐ Credit Linked Note
  - ☐ Credit Spread Option
  - ☐ Total Return Swap
- ☐ Forderungsverkauf (True Sale)
- ☐ Synthetische Verbriefungstransaktionen
- ☐ Verbundinterne Handelsplattform (Bsp. VR-Circle)
- ☐ Kapitalmarkttransaktion (Bsp. VR-Provide)
- ☐ Börse (Eurex, Kredit Börse, etc.)
- ☐ Kreditfabrik (KfW)
- ☐ Sonstiges ______________________

C.4 Von welchem Transaktionspartner bzw. auf welchem Markt würden Sie am liebsten Kreditrisiken erwerben? (max. 3 Nennungen möglich)

- ☐ andere Genossenschaftsbank
- ☐ DZ Bank/WGZ Bank
- ☐ DG Hyp
- ☐ sonstiges Verbundunternehmen
- ☐ Sparkassen/Landesbanken
- ☐ sonstiges inländisches Kreditinstitut (Großbank, etc.)
- ☐ sonstiges ausländisches Kreditinstitut (Großbank, etc.)
- ☐ Nichtbank (Industrieunternehmen, etc.)
- ☐ Deutsche Börse (Frankfurt)
- ☐ andere Börse
- ☐ keine besonderen Favoriten
- ☐ Sonstiges ____________________

C.5 Welches der nachstehenden Instrumente/Verfahren würden Sie beim Kauf von Kreditrisiken bevorzugen?

- ☐ Metakredit/Syndizierung
- ☐ Kauf von problembehafteten Engagements der BAG Hamm
- ☐ Kreditderivate, speziell
  - ☐ Credit Default Swap
  - ☐ Credit Linked Note
  - ☐ Credit Spread Option
  - ☐ Total Return Swap
- ☐ Forderungskauf (True Sale)
- ☐ synthetische Verbriefungstransaktionen
- ☐ Verbundinterne Handelsplattform (Bsp. VR-Circle)
- ☐ Kapitalmarkttransaktion (Bsp. VR-Provide)
- ☐ Börse (Eurex, Kredit Börse, etc.)
- ☐ Kreditfabrik (KfW)
- ☐ Sonstiges ____________________

C.6 Welche Partner würden Sie als Betreiber einer Transaktionsplattform bevorzugen?

- ☐ ausschließlich Genossenschaftsbanken/Verbundinstitute
- ☐ genossenschaftlicher Finanzverbund und Sparkassen
- ☐ nationale Banken
- ☐ nationale und internationale Banken
- ☐ Börse
- ☐ Kreditfabrik (KfW)
- ☐ Sonstige ____________________

C.7 Welche Transaktionsstruktur beim Transfer von Kreditrisiken würden Sie bevorzugen?

- ☐ ausschließlich Verkauf von Kreditrisiken möglich
- ☐ ausschließlich Kauf von Kreditrisiken möglich
- ☐ Freie Auswahl: Sowohl Kauf als auch Verkauf von Kreditrisiken möglich
- ☐ Verkauf von Kreditrisiken bei gleichzeitigem Rückkauf (Diversifizierungseffekt bei konstantem Volumen)
- ☐ Sonstiges ____________________

C.8 Wie stehen Sie folgender Struktur des genossenschaftlichen Finanzverbundes im Kreditgeschäft gegenüber: Volksbanken und Raiffeisenbanken agieren als reine Vertriebsstellen während sowohl die Produktlieferung, die Abarbeitung der Arbeitsaufträge (Produktion) als auch das Management der Erträge und Risiken (Steuerung) zentral abgebildet wird (vgl. tendenziell dwpbank, Kreditwerk)?

- ☐ sehr positiv
- ☐ positiv
- ☐ neutral
- ☐ negativ
- ☐ sehr negativ

C.9 Wenn Sie vorgenannte Struktur als negativ empfinden, was sind die Gründe hierfür?

- ☐ Verlust der unternehmerischen Selbstständigkeit
- ☐ zu komplexe Transaktionsstrukturen
- ☐ Sonstige ____________________

C.10 Würden Sie es begrüßen, wenn das Kreditrisikomanagement im genossenschaftlichen Finanzverbund zentral abgebildet werden würde. Dies hätte zur Folge, dass alle Genossenschaftsbanken ihre eingegangenen Kreditrisiken zentral einbringen würden und sie anschließend lediglich einen entsprechenden Anteil an allen verbundweit eingegangenen Kreditrisiken erhalten würden (= Fondssystematik)?

- ☐ sehr positiv
- ☐ positiv
- ☐ neutral
- ☐ negativ
- ☐ sehr negativ

C.11 Wie ist Ihr Eindruck von der Funktionsfähigkeit bzw. der Nutzenkomponente des Metakreditgeschäftes/der Syndizierung im Finanzverbund (Bsp. DZ Bank)?

- ☐ sehr positiv
- ☐ positiv
- ☐ neutral
- ☐ negativ
- ☐ sehr negativ

C.12 Wie ist Ihr Eindruck von der Funktionsfähigkeit bzw. der Nutzenkomponente des Vermittlungsgeschäftes im Finanzverbund (Bsp. DG Hyp, Norisbank)?

- ☐ sehr positiv
- ☐ positiv
- ☐ neutral
- ☐ negativ
- ☐ sehr negativ

C.13 Wie stehen Sie einem Ausbau der BAG Hamm zu einer verbundinternen "Bad Bank", die als Ansprechpartner für alle problembehafteten Kreditengagements zur Verfügung steht, gegenüber?

- ☐ sehr positiv
- ☐ positiv
- ☐ neutral
- ☐ negativ
- ☐ sehr negativ

Haben Sie weitere Anmerkungen, Kritik oder Anregungen? Waren Fragen unklar?

Vielen Dank für die Beantwortung des Fragebogens!

Anhang C

Teilnehmer der Fragebogenerhebung

	Name	PLZ	Ort (Sitz)	BS 31.12.04	Teilnahme
	kleine VR-Banken (0 - 250 Mio. EUR BS)				
1	Raiffeisenbank eG, Owschlag	24811	Owschlag	35.167	ja
2	Raiffeisenbank Alzey-Land eG	55237	Bornheim	39.854	ja
3	Raiffeisenbank Bidingen eG	87651	Bidingen	40.645	ja
4	Volksbank Garbenteich eG	35415	Pohlheim	41.302	nein
5	Raiffeisenbank Kirtorf eG	36320	Kirtorf	47.164	ja
6	Raiffeisenbank Offingen eG	89362	Offingen	48.353	ja
7	Raiffeisenbank Junkersdorf eG	50868	Köln	53.542	ja
8	Volksbank Langendernbach eG	65599	Dornburg	57.908	ja
9	Weiseler Volksbank eG	35510	Butzbach	59.365	ja
10	Volksbank Schupbach eG	65614	Beselich	71.161	ja
11	Volksbank Ilmenau eG	98693	Ilmenau	71.567	ja
12	Raiffeisenbank Oberhaardt-Gäu eG	67483	Edesheim	79.505	ja
13	Ehninger Bank eG, Ehningen	71139	Ehningen	80.665	ja
14	Kauber Volksbank eG	56349	Kaub	106.004	nein
15	Budenheimer Volksbank eG	55257	Budenheim	116.097	ja
16	Raiffeisenbank Geithain eG	4643	Geithain	117.446	ja
17	Volksbank Eltville eG	65343	Eltville	124.222	nein
18	Raiffeisenbank Kastellaun	56288	Kastellaun	130.632	ja
19	Volksbank und Raiffeisenbank Eisenach eG	99817	Eisenach	140.990	nein
20	Raiffeisenbank Torgau eG	4860	Torgau	142.140	ja
21	Volksbank Pirna eG	1796	Pirna	142.693	ja
22	Raiffeisenbank eG, Herxheim	76863	Herxheim bei Landau/Pf.	143.498	ja
23	Raiffeisenbank Grimma eG	4668	Grimma	146.401	nein
24	Raiffeisenbank Sankt Augustin eG	53757	Sankt Augustin	152.525	nein
25	DZB Die Zentralregulierungsbank GmbH	63533	Mainhausen	155.812	ja
26	Volksbank eG, Eppertshausen	64859	Eppertshausen	157.980	ja
27	Volksbank Obergrafschaft eG	48455	Bad Bentheim	172.734	ja
28	Raiffeisenbank eG, Rosdorf	37124	Rosdorf	199.001	nein
29	Volksbank Rathenow eG	14712	Rathenow	200.347	ja
30	Volksbank Bad Münder eG	31848	Bad Münder	212.021	ja
31	Volksbank Butzbach eG	35510	Butzbach	216.289	ja
32	Raiffeisenbank Kemnather Land - Steinwald eG	95478	Kemnath	223.138	ja
33	Raiffeisenbank eG, Oberursel	61440	Oberursel	223.976	ja
34	Raiffeisen- und Volksbank Dahn eG	66994	Dahn	226.380	ja
35	Raiffeisenbank Schifferstadt eG	67105	Schifferstadt	232.841	nein
36	Raiffeisenbank Ried eG	68642	Bürstadt	240.991	ja
37	Raiffeisenbank Teck eG, Owen	73277	Owen	243.456	ja
37	33,33%			4.893.812	
				132.265	

	Name	PLZ	Ort (Sitz)	BS 31.12.04	Teilnahme
	mittlere VR-Banken (250 - 1.000 Mio. EUR BS)				
38	Erfurter Bank eG Raiffeisenbank	99084	Erfurt	257.703	ja
39	Volksbank Herborn-Eschenburg eG	35745	Herborn	265.003	ja
40	Raiffeisenbank Bobingen eG	86399	Bobingen	277.256	ja
41	Volksbank Eutin Raiffeisenbank eG	23701	Eutin	284.091	nein
42	Volksbank Raiffeisenbank Meißen-Großenhain eG	1662	Meißen	293.419	ja
43	VR-Bank Südwestpfalz eG	66976	Zweibrücken	309.645	ja
44	Allgäuer Volksbank eG Kempten-Sonthofen	87435	Kempten	311.004	ja
45	Vereinigte Volksbank Griesheim-Weiterstadt eG	64347	Griesheim	324.902	ja
46	Volksbank Heuchelheim eG	35452	Heuchelheim	340.815	ja
47	Volks- und Raiffeisenbank Bad Salzungen Schmalkalden eG	36433	Bad Salzungen	342.724	ja
48	Volksbank Bruchsal eG	76646	Bruchsal	390.529	ja
49	Volksbank Durlach eG	76227	Karlsruhe-Durlach	400.705	ja
50	Volksbank Montabaur-Höhr-Grenzhausen eG	56410	Montabaur	404.027	ja
51	Volksbank Saar-West eG	66740	Saarlouis	414.690	ja
52	Volksbank-Raiffeisenbank eG, Husum	25813	Husum	459.969	ja
53	Raiffeisenbank eG, Baunatal	34225	Baunatal	461.207	ja
54	VR Bank Südliche Weinstraße eG	76887	Bad Bergzabern	485.837	ja
55	Volksbank Mittweida eG	9648	Mittweida	486.959	ja
56	Volksbank Strohgäu eG, Korntal-Münchingen	70825	Korntal-Münchingen	491.537	ja
57	Vereinigte Volksbank eG Limburg	65549	Limburg	496.742	nein
58	Volksbank Bretten-Raiffeisenbank eG	75015	Bretten	514.212	ja
59	Volksbank Alzey eG	55232	Alzey	559.091	ja
60	Rüsselsheimer Volksbank eG	65428	Rüsselsheim	584.027	ja
61	VR-Bank Schwalm-Eder Volksbank Raiffeisenbank eG	34570	Homberg (Efze)	620.409	ja
62	Volksbank Bautzen eG	2625	Bautzen	622.327	nein
63	Volksbank Mainspitze eG	65462	Ginsheim-Gustavsburg	754.456	nein
64	H+G BANK Heidelberg Kurpfalz eG	69117	Heidelberg	788.176	nein
65	Volksbank Dudweiler eG	66125	Saarbrücken	791.909	nein
66	RV Bank Rhein-Haardt eG	67245	Lambsheim	793.801	ja
67	Heidelberger Volksbank eG	69115	Heidelberg	817.736	nein
68	VR Genossenschaftsbank Fulda eG Volksbank Raiffeisenbank sei	36037	Fulda	839.450	ja
69	Volksbank Worms-Wonnegau eG	67549	Worms	863.180	ja
70	Hamburger Bank von 1861 Volksbank eG	20095	Hamburg	883.099	nein
71	Volksbank Hellweg eG	59494	Soest	888.268	ja
72	Volksbank Wiesloch eG	69168	Wiesloch	891.910	ja
73	Raiffeisenbank-Volksbank Donauwörth eG	86609	Donauwörth	893.029	ja
74	Volksbank Raiffeisenbank Eichstätt eG	85072	Eichstätt	953.131	ja
37	33,33%			20.556.975	
				555.594	

	Name	PLZ	Ort (Sitz)	BS 31.12.04	Teilnahme
	große VR-Banken (> 1.000 Mio. EUR BS)				
75	PSD Bank Karlsruhe-Neustadt eG	76137	Karlsruhe	1.000.202	ja
76	VR Bank eG, Alsfeld	36304	Alsfeld	1.009.917	ja
77	Volksbank Herrenberg-Rottenburg eG	71083	Herrenberg	1.047.993	ja
78	Volksbank Dreieich eG	63225	Langen	1.110.298	ja
79	Volksbank Wetzlar-Weilburg eG	35576	Wetzlar	1.140.016	ja
80	Volksbank Odenwald eG	64720	Michelstadt	1.233.653	ja
81	Volksbank Karlsruhe eG	76133	Karlsruhe	1.297.793	nein
82	VR Bank Südpfalz eG	76829	Landau	1.350.987	ja
83	Volksbank Baden-Baden * Rastatt eG	76437	Rastatt	1.358.563	ja
84	Volksbank Heilbronn eG	74072	Heilbronn	1.379.014	ja
85	Pax Bank eG, Köln	50670	Köln	1.419.832	nein
86	Volksbank Speyer-Neustadt-Hockenheim eG	67346	Speyer	1.460.720	ja
87	Volksbank RheinAhrEifel eG	53474	Bad Neuenahr-Ahrweiler	1.469.430	ja
88	Kasseler Bank eG Volksbank Raiffeisenbank	34117	Kassel	1.526.318	ja
89	Volksbank Göppingen eG	73033	Göppingen	1.620.015	ja
90	Stuttgarter Volksbank AG	70174	Stuttgart	1.653.679	ja
91	Volksbank Braunschweig eG/Volksbank Wolfsburg eG	38102	Braunschweig	1.716.870	nein
92	Westerwald Bank eG Volks- und Raiffeisenbank	57627	Hachenburg	1.785.272	ja
93	Volksbank Freiburg eG	79098	Freiburg	1.848.374	ja
94	Vereinigte Volksbank Maingau eG	63179	Obertshausen	1.875.470	ja
95	Volksbank Bonn Rhein-Sieg eG	53175	Bonn	1.931.424	nein
96	Volksbank Rhein-Neckar eG	68165	Mannheim	2.011.762	ja
97	Wiesbadener Volksbank eG	65185	Wiesbaden	2.558.257	ja
98	PSD Bank Rhein-Ruhr eG	40210	Düsseldorf	2.650.956	nein
99	Bank 1 Saar eG	66111	Saarbrücken	3.100.816	ja
100	Evangelische Kreditgenossenschaft eG, Kassel	34117	Kassel	3.327.923	ja
101	Volksbank Mittelhessen eG	35394	Gießen	3.894.620	ja
102	Mainzer Volksbank eG	55116	Mainz	4.149.113	ja
103	Evangelische Darlehnsgenossenschaft eG, Kiel	24103	Kiel	4.240.369	nein
104	Sparda-Bank Berlin eG	10407	Berlin	4.322.123	nein
105	Frankfurter Volksbank eG	60313	Frankfurt	5.462.419	ja
106	BBBank eG	76133	Karlsruhe	5.892.507	nein
107	Sparda-Bank West eG	40227	Düsseldorf	6.093.068	nein
108	Sparda-Bank Südwest eG	55118	Mainz	7.307.518	nein
109	Sparda-Bank Baden-Württemberg eG	70173	Stuttgart	7.713.019	nein
110	Berliner Volksbank eG	10787	Berlin	11.013.522	ja
111	Deutsche Apotheker- und Ärztebank eG	40547	Düsseldorf	27.439.919	nein
37	33,33%			131.413.751	
				3.551.723	

Quelle: Eigene Darstellung

Anhang D

Ergebnisse der Fragebogenauswertung

A.1 Aus wie vielen Mitgliedern besteht Ihr Gesamtvorstand?

	Zwei	Zwei	Drei	Drei	Vier	Vier	Fünf	Fünf	Mehr als Fünf	Mehr als Fünf	Summe	Summe
kleine VR	24	82,76%	5	17,24%	0	0,00%	0	0,00%	0	0,00%	29	100,00%
mittlere VR	17	54,84%	8	25,81%	5	16,13%	1	3,23%	0	0,00%	31	100,00%
große VR	1	4,35%	13	56,52%	4	17,39%	5	21,74%	0	0,00%	23	100,00%
Summe	42	50,60%	26	31,33%	9	10,84%	6	7,23%	0	0,00%	83	100,00%

A.2 In welchem Organisationsmodell agieren Sie bzw. welche Aufgabentrennung haben Sie im Vorstand vorgenommen?

	Markt/ Marktfolge	Markt/ Marktfolge	Aktiv/ Passiv	Aktiv/ Passiv	Vertrieb/ Produktion/ Steuerung	Vertrieb/ Produktion/ Steuerung	Sonstiges	Sonstiges	Summe	Summe
kleine VR	27	93,10%	1	3,45%	1	3,45%	0	0,00%	29	100,00%
mittlere VR	18	58,06%	0	0,00%	13	41,94%	0	0,00%	31	100,00%
große VR	13	56,52%	0	0,00%	9	39,13%	1	4,35%	23	100,00%
Summe	58	69,88%	1	1,20%	23	27,71%	1	1,20%	83	100,00%

A.3 In welchem Bereich ist bei Ihnen die Adressrisikosteuerung, das Management der Kreditrisiken auf Portfolioebene, angesiedelt?

	Rechnungs-wesen	Rechnungs-wesen	Sonstiges	Sonstiges	Controlling	Controlling	Unter-nehmens-steuerung	Unter-nehmens-steuerung	QSA	QSA	Vorstand	Vorstand	Summe	Summe
kleine VR	29	46,77%	1	1,61%	5	8,06%	0	0,00%	6	9,68%	21	33,87%	62	100,00%
mittlere VR	31	46,97%	0	0,00%	7	10,61%	10	15,15%	7	10,61%	11	16,67%	66	100,00%
große VR	23	42,59%	3	5,56%	3	5,56%	9	16,67%	9	16,67%	7	12,96%	54	100,00%
Summe	83	45,60%	4	2,20%	15	8,24%	19	10,44%	22	12,09%	39	21,43%	182	100,00%

A.4 Wie groß war Ihre durchschnittliche Bilanzsumme zum 31. Dezember 2004?

	bis 100 Mio. EUR	bis 100 Mio. EUR	über 100 bis 250 Mio. EUR	über 100 bis 250 Mio. EUR	über 250 bis 500 Mio. EUR	über 250 bis 500 Mio. EUR	über 500 bis 750 Mio. EUR	über 500 bis 750 Mio. EUR	über 750 Mio. bis 1 Mrd. EUR	über 750 Mio. bis 1 Mrd. EUR	über 1 Mrd. EUR	über 1 Mrd. EUR	Summe	Summe
kleine VR	12	41,38%	17	58,62%	0	0,00%	0	0,00%	0	0,00%	0	0,00%	29	100,00%
mittlere VR	0	0,00%	0	0,00%	19	61,29%	3	9,68%	9	29,03%	0	0,00%	31	100,00%
große VR	0	0,00%	0	0,00%	0	0,00%	0	0,00%	0	0,00%	23	100,00%	23	100,00%
Summe	12	14,46%	17	20,48%	19	22,89%	3	3,61%	9	10,84%	23	27,71%	83	100,00%

A.5 Welchen Anteil hat das Kundenkreditvolumen an Ihrer durchschnittlichen Bilanzsumme zum 31. Dezember 2004?

	bis 50%	bis 50%	über 50 bis 60%	über 50 bis 60%	über 60 bis 70%	über 60 bis 70%	über 70 bis 80%	über 70 bis 80%	über 80 bis 90%	über 80 bis 90%	über 90%	über 90%	Summe	Summe
kleine VR	6	20,69%	8	27,59%	4	13,79%	8	27,59%	3	10,34%	0	0,00%	29	100,00%
mittlere VR	5	16,13%	1	3,23%	20	64,52%	5	16,13%	0	0,00%	0	0,00%	31	100,00%
große VR	1	4,35%	4	17,39%	10	43,48%	6	26,09%	2	8,70%	0	0,00%	23	100,00%
Summe	12	14,46%	13	15,66%	34	40,96%	19	22,89%	5	6,02%	0	0,00%	83	100,00%

A.6 Wie hoch war Ihr Solvabilitätskoeffizient zum 31. Dezember 2004?

	8,0 bis 9,0	8,0 bis 9,0	über 9,0 bis 10,0	über 9,0 bis 10,0	über 10,0 bis 11,0	über 10,0 bis 11,0	über 11,0 bis 12,0	über 11,0 bis 12,0	über 12,0	über 12,0	Summe	Summe
kleine VR	0	0,00%	1	3,57%	5	17,86%	9	32,14%	13	46,43%	28	100,00%
mittlere VR	2	6,67%	1	3,33%	7	23,33%	7	23,33%	13	43,33%	30	100,00%
große VR	0	0,00%	3	13,04%	8	34,78%	5	21,74%	7	30,43%	23	100,00%
Summe	2	2,47%	5	6,17%	20	24,69%	21	25,93%	33	40,74%	81	100,00%

A.7 Wie hoch war im Durchschnitt der letzten drei Jahren Ihr Bewertungsergebnis aus dem Kreditgeschäft in % der durchschnittlichen Bilanzsumme?

	bis 0,10	bis 0,10	über 0,10 bis 0,20	über 0,10 bis 0,20	über 0,20 bis 0,30	über 0,20 bis 0,30	über 0,30 bis 0,40	über 0,30 bis 0,40	über 0,40 bis 0,50	über 0,40 bis 0,50	über 0,50	über 0,50	Summe	Summe
kleine VR	3	10,34%	4	13,79%	5	17,24%	5	17,24%	4	13,79%	8	27,59%	29	100,00%
mittlere VR	3	9,68%	3	9,68%	4	12,90%	5	16,13%	4	12,90%	12	38,71%	31	100,00%
große VR	1	4,76%	0	0,00%	2	9,52%	6	28,57%	3	14,29%	9	42,86%	21	100,00%
Summe	7	8,64%	7	8,64%	11	13,58%	16	19,75%	11	13,58%	29	35,80%	81	100,00%

A.8 Wie hoch war Ihr Anteil der Volumina in RG 2 und 3 am gesamten Kundenkreditvolumen zum 31. Dezember 2004?

	bis 10%	bis 10%	über 10 bis 15%	über 10 bis 15%	über 15 bis 20%	über 15 bis 20%	über 20 bis 25%	über 20 bis 25%	über 25%	über 25%	Summe	Summe
kleine VR	14	48,28%	5	17,24%	4	13,79%	3	10,34%	3	10,34%	29	100,00%
mittlere VR	5	16,13%	13	41,94%	6	19,35%	3	9,68%	4	12,90%	31	100,00%
große VR	3	15,00%	5	25,00%	6	30,00%	4	20,00%	2	10,00%	20	100,00%
Summe	22	27,50%	23	28,75%	16	20,00%	10	12,50%	9	11,25%	80	100,00%

A.9 Wie groß ist der Anteil Ihrer am stärksten vertretenen Branche am Kundenkreditvolumen zum 31. Dezember 2004?

	bis 10%	bis 10%	über 10 bis 15%	über 10 bis 15%	über 15 bis 20%	über 15 bis 20%	über 20 bis 25%	über 20 bis 25%	über 25%	über 25%	Summe	Summe
kleine VR	10	34,48%	13	44,83%	4	13,79%	1	3,45%	1	3,45%	29	100,00%
mittlere VR	18	58,06%	5	16,13%	5	16,13%	2	6,45%	1	3,23%	31	100,00%
große VR	11	52,38%	6	28,57%	1	4,76%	2	9,52%	1	4,76%	21	100,00%
Summe	39	48,15%	24	29,63%	10	12,35%	5	6,17%	3	3,70%	81	100,00%

A.10 Wie hoch ist der Anteil Ihrer zehn größten Kundenkredite am gesamten Kundenkreditvolumen zum 31. Dezember 2004?

	bis 10%	bis 10%	über 10 bis 15%	über 10 bis 15%	über 15 bis 20%	über 15 bis 20%	über 20 bis 25%	über 20 bis 25%	über 25% bis 30%	über 25% bis 30%	über 30%	über 30%	Summe	Summe
kleine VR	8	27,59%	12	41,38%	8	27,59%	1	3,45%	0	0,00%	0	0,00%	29	100,00%
mittlere VR	15	48,39%	12	38,71%	3	9,68%	1	3,23%	0	0,00%	0	0,00%	31	100,00%
große VR	20	95,24%	0	0,00%	1	4,76%	0	0,00%	0	0,00%	0	0,00%	21	100,00%
Summe	43	53,09%	24	29,63%	12	14,81%	2	2,47%	0	0,00%	0	0,00%	81	100,00%

A.11 Welche Module aus dem BVR-II-Rating setzen Sie aktuell bereits ein?

	Sonstige	Sonstige	Privatkunden	Privatkunden	keine	keine	Not-for-Profit-Organisationen	Not-for-Profit-Organisationen	Gewerbekunden/ Freiberufler	Gewerbekunden/ Freiberufler	Oberer Mittelstand	Oberer Mittelstand	Mittelstand	Mittelstand	Summe	Summe
kleine VR	0	0,00%	2	2,67%	5	6,67%	2	2,67%	22	29,33%	20	26,67%	24	32,00%	75	100,00%
mittlere VR	1	1,05%	1	1,05%	1	1,05%	9	9,47%	23	24,21%	30	31,58%	30	31,58%	95	100,00%
große VR	1	1,28%	0	0,00%	0	0,00%	13	16,67%	19	24,36%	23	29,49%	22	28,21%	78	100,00%
Summe	2	0,81%	3	1,21%	6	2,42%	24	9,68%	64	25,81%	73	29,44%	76	30,65%	248	100,00%

A.12 Ab welchen Engagementvolumen setzen Sie das BVR-II-Rating ein?

	Null	Null	über Null bis 50 TEUR	über Null bis 50 TEUR	über 50 bis 100 TEUR	über 50 bis 100 TEUR	über 100 bis 200 TEUR	über 100 bis 200 TEUR	über 200 bis 500 TEUR	über 200 bis 500 TEUR	über 500 TEUR	über 500 TEUR	Summe	Summe
kleine VR	3	12,50%	3	12,50%	4	16,67%	6	25,00%	7	29,17%	1	4,17%	24	100,00%
mittlere VR	0	0,00%	2	6,67%	7	23,33%	7	23,33%	11	36,67%	3	10,00%	30	100,00%
große VR	0	0,00%	2	9,09%	7	31,82%	5	22,73%	7	31,82%	1	4,55%	22	100,00%
Summe	3	3,95%	7	9,21%	18	23,68%	18	23,68%	25	32,89%	5	6,58%	76	100,00%

A.13 Wieviel Prozent Ihres Kundenkreditvolumens sind durch ein BVR-II-Rating risikoklassifiziert?

	bis 20%	bis 20%	über 20 bis 40%	über 20 bis 40%	über 40 bis 60%	über 40 bis 60%	über 60 bis 80%	über 60 bis 80%	über 80 bis 90%	über 80 bis 90%	über 90%	über 90%	Summe	Summe
kleine VR	16	66,67%	7	29,17%	1	4,17%	0	0,00%	0	0,00%	0	0,00%	24	100,00%
mittlere VR	15	50,00%	10	33,33%	3	10,00%	0	0,00%	0	0,00%	2	6,67%	30	100,00%
große VR	11	47,83%	7	30,43%	1	4,35%	1	4,35%	2	8,70%	1	4,35%	23	100,00%
Summe	42	54,55%	24	31,17%	5	6,49%	1	1,30%	2	2,60%	3	3,90%	77	100,00%

A.14 In wieviel Prozent der Fälle nutzen Sie beim BVR-II-Rating die Möglichkeit des Overrides?

	Null	Null	über Null bis 2,5%	über Null bis 2,5%	über 2,5 bis 5,0%	über 2,5 bis 5,0%	über 5,0 bis 7,5%	über 5,0 bis 7,5%	über 7,5 bis 10%	über 7,5 bis 10%	über 10%	über 10%	Summe	Summe
kleine VR	4	16,67%	17	70,83%	1	4,17%	2	8,33%	0	0,00%	0	0,00%	24	100,00%
mittlere VR	1	3,33%	12	40,00%	10	33,33%	4	13,33%	2	6,67%	1	3,33%	30	100,00%
große VR	1	4,55%	11	50,00%	4	18,18%	2	9,09%	2	9,09%	2	9,09%	22	100,00%
Summe	6	7,89%	40	52,63%	15	19,74%	8	10,53%	4	5,26%	3	3,95%	76	100,00%

A.15 Wie hoch ist Ihre Risikoklassifzierungsquote, d. h. wieviel Prozent des Kundenkreditvolumens besitzen eine Bonitätseinstufung (Scoring, Rating, etc.) die maximal 15 Monate alt ist?

	Null bis 80%	Null bis 80%	über 80 bis 85%	über 80 bis 85%	über 85 bis 90%	über 85 bis 90%	über 90 bis 95%	über 90 bis 95%	über 95 bis 97,5%	über 95 bis 97,5%	über 97,5%	über 97,5%	Summe	Summe
kleine VR	3	11,11%	7	25,93%	3	11,11%	6	22,22%	2	7,41%	6	22,22%	27	100,00%
mittlere VR	7	22,58%	4	12,90%	3	9,68%	3	9,68%	3	9,68%	11	35,48%	31	100,00%
große VR	7	30,43%	1	4,35%	1	4,35%	3	13,04%	5	21,74%	6	26,09%	23	100,00%
Summe	17	20,99%	12	14,81%	7	8,64%	12	14,81%	10	12,35%	23	28,40%	81	100,00%

A.16 Mit welchem Instrument quantifizieren Sie den Unerwarteten Verlust (Credit-VaR)?

	gar nicht	gar nicht	VR-Credit-Portfolio-Manager	VR-Credit-Portfolio-Manager	Sonstiges	Sonstiges	Summe	Summe
kleine VR	15	51,72%	9	31,03%	5	17,24%	29	100,00%
mittlere VR	14	48,28%	9	31,03%	6	20,69%	29	100,00%
große VR	3	13,04%	16	69,57%	4	17,39%	23	100,00%
Summe	32	39,51%	34	41,98%	15	18,52%	81	100,00%

Seit wie lange setzen Sie den VR-CreditPortfolioManager ein?

	< 3 Monate	< 3 Monate	3 bis 6 Monate	3 bis 6 Monate	6 bis 12 Monate	6 bis 12 Monate	1 bis 2 Jahre	1 bis 2 Jahre	> 2 Jahre	> 2 Jahre	Summe	Summe
kleine VR	1	16,67%	2	33,33%	0	0,00%	2	33,33%	1	16,67%	6	100,00%
mittlere VR	2	22,22%	1	11,11%	1	11,11%	5	55,56%	0	0,00%	9	100,00%
große VR	5	35,71%	1	7,14%	3	21,43%	5	35,71%	0	0,00%	14	100,00%
Summe	8	27,59%	4	13,79%	4	13,79%	12	41,38%	1	3,45%	29	100,00%

A.17 Woran orientieren Sie sich bei der Festsetzung Ihrer Sicherungswerte?

	Band 29 des DGRV	Band 29 des DGRV	Eigene Arbeitsanweisung	Eigene Arbeitsanweisung	Sonstiges	Sonstiges	Summe	Summe
kleine VR	25	75,76%	8	24,24%	0	0,00%	33	100,00%
mittlere VR	30	81,08%	5	13,51%	2	5,41%	37	100,00%
große VR	19	70,37%	8	29,63%	0	0,00%	27	100,00%
Summe	74	76,29%	21	21,65%	2	2,06%	97	100,00%

A.18 Woran orientieren Sie sich bei der Wertermittlung von Immobilien?

	Zentrale Wertermittlungsrichtlinie	Zentrale Wertermittlungsrichtlinie	Eigene Arbeitsanweisung	Eigene Arbeitsanweisung	Sonstiges	Sonstiges	Summe	Summe
kleine VR	28	82,35%	6	17,65%	0	0,00%	34	100,00%
mittlere VR	30	83,33%	5	13,89%	1	2,78%	36	100,00%
große VR	20	76,92%	6	23,08%	0	0,00%	26	100,00%
Summe	78	81,25%	17	17,71%	1	1,04%	96	100,00%

A.19 Wer führt in Ihrem Haus die Wertermittlung von Immobilien innerhalb der Kleindarlehensgrenze durch?

	Ermittlung Markt/ Festsetzung Marktfolge	Ermittlung Markt/ Festsetzung Marktfolge	Ermittlung Marktfolge/ Festsetzung Markt	Ermittlung Marktfolge/ Festsetzung Markt	Ermittlung Markt/ Festsetzung Markt	Ermittlung Markt/ Festsetzung Markt	Ermittlung Marktfolge/ Festsetzung Marktfolge	Ermittlung Marktfolge/ Festsetzung Marktfolge	Interne Spezialisten	Interne Spezialisten	Externe Gutachter	Externe Gutachter	Sonstiges	Sonstiges	Summe	Summe
kleine VR	15	48,39%	3	9,68%	3	9,68%	6	19,35%	2	6,45%	0	0,00%	2	6,45%	31	100,00%
mittlere VR	9	26,47%	5	14,71%	1	2,94%	8	23,53%	6	17,65%	1	2,94%	4	11,76%	34	100,00%
große VR	12	38,71%	3	9,68%	1	3,23%	9	29,03%	5	16,13%	1	3,23%	0	0,00%	31	100,00%
Summe	36	37,50%	11	11,46%	5	5,21%	23	23,96%	13	13,54%	2	2,08%	6	6,25%	96	100,00%

A.20 Wer führt in Ihrem Haus die Wertermittlung von Immobilien im Qualifizierten Verfahren durch?

	Marktfolgemitarbeiter im "Überkreuzprinzip"	Marktfolgemitarbeiter im "Überkreuzprinzip"	Interne Spezialisten	Interne Spezialisten	Externe Gutachter	Externe Gutachter	Sonstiges	Sonstiges	Summe	Summe
kleine VR	9	30,00%	6	20,00%	14	46,67%	1	3,33%	30	100,00%
mittlere VR	7	16,67%	20	47,62%	13	30,95%	2	4,76%	42	100,00%
große VR	4	11,76%	21	61,76%	9	26,47%	0	0,00%	34	100,00%
Summe	20	18,87%	47	44,34%	36	33,96%	3	2,83%	106	100,00%

A.21 In welchen der nachfolgend genannten Bereichen verfügt Ihr Haus über detaillierte Fachkenntnisse?

	Auswirkung von Korrelationen	Auswirkung von Korrelationen	Interpretation Unerwarteter Verlust	Interpretation Unerwarteter Verlust	Preisermittlung von Kreditrisiken	Preisermittlung von Kreditrisiken	Beurteilung von Portfoliostrukturen	Beurteilung von Portfoliostrukturen	Quantifizierung von Kreditrisiken	Quantifizierung von Kreditrisiken	Kreditrisiken Portfolioebene	Kreditrisiken Portfolioebene	Wertermittlung Sicherheiten	Wertermittlung Sicherheiten	Kreditrisiken Einzelengagement	Kreditrisiken Einzelengagement	Summe	Summe
kleine VR	2	1,63%	4	3,25%	9	7,32%	13	10,57%	17	13,82%	22	17,89%	27	21,95%	29	23,58%	123	100,00%
mittlere VR	3	2,19%	10	7,30%	10	7,30%	16	11,68%	19	13,87%	21	15,33%	28	20,44%	30	21,90%	137	100,00%
große VR	8	5,80%	16	11,59%	13	9,42%	17	12,32%	19	13,77%	21	15,22%	22	15,94%	22	15,94%	138	100,00%
Summe	13	3,27%	30	7,54%	32	8,04%	46	11,56%	55	13,82%	64	16,08%	77	19,35%	81	20,35%	398	100,00%

A.22 Mit welcher Kennzahl steuern Sie im Kreditrisikomanagement der Erfolg Ihrer Optimierungsbemühungen hinsichtlich Rendite-Risiko-Struktur?

	Jahresüberschuss	Jahresüberschuss	Sonstiges	Sonstiges	Eigenkapitalrendite	Eigenkapitalrendite	RORAC/ RAROC/ RARORAC	RORAC/ RAROC/ RARORAC	keine bestimmte	keine bestimmte	Betriebsergebnis vor Bewertung	Betriebsergebnis vor Bewertung	Betriebsergebnis nach Bewertung	Betriebsergebnis nach Bewertung	Summe	Summe
kleine VR	3	7,50%	2	5,00%	2	5,00%	3	7,50%	5	12,50%	11	27,50%	14	35,00%	40	100,00%
mittlere VR	1	3,03%	4	12,12%	2	6,06%	4	12,12%	7	21,21%	4	12,12%	11	33,33%	33	100,00%
große VR	1	3,45%	2	6,90%	3	10,34%	3	10,34%	6	20,69%	6	20,69%	8	27,59%	29	100,00%
Summe	5	4,90%	8	7,84%	7	6,86%	10	9,80%	18	17,65%	21	20,59%	33	32,35%	102	100,00%

B.1 Was sind aus Ihrer Sicht die Gründe, die eine intensivere Nutzung der Möglichkeiten bzw. Instrumente zum Transfer von Kreditrisiken aktuell hemmen?

	Informations defizit/ mangelnde Kenntnis	Informations defizit/ mangelnde Kenntnis	Intrans-parenz	Intrans-parenz	Produkt-mangel Kauf	Produkt-mangel Kauf	Produkt-mangel Verkauf	Produkt-mangel Verkauf	Nicht bedarfs-gerechte Produkte	Nicht bedarfs-gerechte Produkte	Mangelnde Marktreife	Mangelnde Marktreife
kleine VR	17	19,54%	11	12,64%	4	4,60%	9	10,34%	2	2,30%	12	13,79%
mittlere VR	8	11,27%	8	11,27%	0	0,00%	6	8,45%	7	9,86%	10	14,08%
große VR	8	9,76%	11	13,41%	0	0,00%	3	3,66%	9	10,98%	11	13,41%
Summe	33	13,75%	30	12,50%	4	1,67%	18	7,50%	18	7,50%	33	13,75%

	Mangelnde Kenntnis hins. Trans-aktionen	Mangelnde Kenntnis hins. Trans-aktionen	Schlechtes Preis-Leistungs-Verhältnis Produkte zum Kauf	Schlechtes Preis-Leistungs-Verhältnis Produkte zum Kauf	Schlechtes Preis-Leistungs-Verhältnis Produkte zum Verkauf	Schlechtes Preis-Leistungs-Verhältnis Produkte zum Verkauf	Unverhältnis mäßig hoher Aufwand	Unverhältnis mäßig hoher Aufwand	Kein Bedarf	Kein Bedarf	Mangelnde Zeit	Mangelnde Zeit
kleine VR	11	12,64%	0	0,00%	0	0,00%	8	9,20%	12	13,79%	6	6,90%
mittlere VR	11	15,49%	2	2,82%	6	8,45%	8	11,27%	7	9,86%	6	8,45%
große VR	4	4,88%	3	3,66%	8	9,76%	16	19,51%	7	8,54%	4	4,88%
Summe	26	10,83%	5	2,08%	14	5,83%	32	13,33%	26	10,83%	16	6,67%

	Sonstiges	Sonstiges	Summe	Summe
kleine VR	6	6,90%	87	100,00%
mittlere VR	3	4,23%	71	100,00%
große VR	2	2,44%	82	100,00%
Summe	11	4,58%	240	100,00%

B.2 Wie intensiv beschäftigen Sie sich aktuell mit dem Transfer von Kreditrisiken?

	sehr intensiv	sehr intensiv	intensiv	intensiv	mittelmäßig	mittelmäßig	gering	gering	sehr gering	sehr gering	Summe	Summe
kleine VR	0	0,00%	3	10,34%	3	10,34%	5	17,24%	18	62,07%	29	100,00%
mittlere VR	3	9,68%	8	25,81%	9	29,03%	7	22,58%	4	12,90%	31	100,00%
große VR	4	17,39%	8	34,78%	6	26,09%	5	21,74%	0	0,00%	23	100,00%
Summe	7	8,43%	19	22,89%	18	21,69%	17	20,48%	22	26,51%	83	100,00%

B.3 Bis wann wollen Sie sich mit dem Transfer von Kreditrisiken intensiv beschäftigen?

	aktuell	aktuell	in 1 bis 2 Jahren	in 1 bis 2 Jahren	in 3 bis 4 Jahren	in 3 bis 4 Jahren	5 Jahre oder mehr	5 Jahre oder mehr	gar nicht	gar nicht	Summe	Summe
kleine VR	5	17,24%	4	13,79%	6	20,69%	3	10,34%	11	37,93%	29	100,00%
mittlere VR	13	41,94%	7	22,58%	4	12,90%	3	9,68%	4	12,90%	31	100,00%
große VR	12	54,55%	7	31,82%	2	9,09%	1	4,55%	0	0,00%	22	100,00%
Summe	30	36,59%	18	21,95%	12	14,63%	7	8,54%	15	18,29%	82	100,00%

B.4 In welcher Form beschäftigen Sie sich oder wollen Sie sich mit dem Transfer von Kreditrisiken beschäftigen?

	Sonstiges	Sonstiges	Roadshows	Roadshows	Fachbücher	Fachbücher	Beratungs-leistungen	Beratungs-leistungen	Fachartikel	Fachartikel	Seminare	Seminare
kleine VR	2	4,76%	0	0,00%	2	4,76%	10	23,81%	13	30,95%	15	35,71%
mittlere VR	7	10,77%	4	6,15%	6	9,23%	13	20,00%	14	21,54%	21	32,31%
große VR	3	4,84%	8	12,90%	9	14,52%	13	20,97%	16	25,81%	13	20,97%
Summe	12	7,10%	12	7,10%	17	10,06%	36	21,30%	43	25,44%	49	28,99%

	Summe	Summe
kleine VR	42	100,00%
mittlere VR	65	100,00%
große VR	62	100,00%
Summe	169	100,00%

B.5 Wie schätzen Sie die Zukunftsaussichten von Instrumenten zum Transfer von Kreditrisiken ein?

	sehr positiv	sehr positiv	positiv	positiv	mittelmäßig	mittelmäßig	negativ	negativ	sehr negativ	sehr negativ	Summe	Summe
kleine VR	2	6,90%	11	37,93%	12	41,38%	4	13,79%	0	0,00%	29	100,00%
mittlere VR	5	16,13%	19	61,29%	6	19,35%	1	3,23%	0	0,00%	31	100,00%
große VR	6	26,09%	13	56,52%	4	17,39%	0	0,00%	0	0,00%	23	100,00%
Summe	13	15,66%	43	51,81%	22	26,51%	5	6,02%	0	0,00%	83	100,00%

B.6 Welche Bedeutung haben speziell für Ihr Haus die Möglichkeiten zum Transfer von Kreditrisiken?

	sehr hoch	sehr hoch	hoch	hoch	mittelmäßig	mittelmäßig	gering	gering	sehr gering	sehr gering	Summe	Summe
kleine VR	0	0,00%	5	17,24%	2	6,90%	8	27,59%	14	48,28%	29	100,00%
mittlere VR	3	9,68%	9	29,03%	9	29,03%	7	22,58%	3	9,68%	31	100,00%
große VR	4	17,39%	6	26,09%	8	34,78%	5	21,74%	0	0,00%	23	100,00%
Summe	7	8,43%	20	24,10%	19	22,89%	20	24,10%	17	20,48%	83	100,00%

B.7 Was sind Ihre Gründe für den Wunsch nach Kreditrisikotransfer?

	Sonstiges	Sonstiges	Absicherung Erwarteter Verlust	Absicherung Erwarteter Verlust	Ausbau Investitions-möglich-keiten	Ausbau Investitions-möglich-keiten	Absicherung schlechter Risiken	Absicherung schlechter Risiken	Absicherung Uner-warteter Verlust	Absicherung Uner-warteter Verlust	Optimierung Rendite-Risiko-Struktur	Optimierung Rendite-Risiko-Struktur
kleine VR	1	1,82%	2	3,64%	4	7,27%	9	16,36%	8	14,55%	15	27,27%
mittlere VR	1	1,61%	2	3,23%	3	4,84%	7	11,29%	11	17,74%	15	24,19%
große VR	1	1,67%	1	1,67%	4	6,67%	9	15,00%	15	25,00%	10	16,67%
Summe	3	1,69%	5	2,82%	11	6,21%	25	14,12%	34	19,21%	40	22,60%

	Risikodiversi fizierung	Risikodiversi fizierung	Summe	Summe
kleine VR	16	29,09%	55	100,00%
mittlere VR	23	37,10%	62	100,00%
große VR	20	33,33%	60	100,00%
Summe	59	33,33%	177	100,00%

B.8 Wie intensiv ist Ihr Wunsch nach Möglichkeiten bzw. Instrumenten zum Verkauf von Kreditrisken?

	sehr intensiv	sehr intensiv	intensiv	intensiv	mittelmäßig	mittelmäßig	gering	gering	sehr gering	sehr gering	Summe	Summe
kleine VR	1	3,45%	4	13,79%	5	17,24%	6	20,69%	13	44,83%	29	100,00%
mittlere VR	2	6,45%	11	35,48%	8	25,81%	6	19,35%	4	12,90%	31	100,00%
große VR	2	8,70%	7	30,43%	11	47,83%	3	13,04%	0	0,00%	23	100,00%
Summe	5	6,02%	22	26,51%	24	28,92%	15	18,07%	17	20,48%	83	100,00%

B. 9 Welches Ziel verfolgen Sie hauptsächlich mit einem möglichen Verkauf von Kreditrisiken?

	Verbesse-rung geogra-phischer Struktur	Verbesse-rung geogra-phischer Struktur	Sonstiges	Sonstiges	Verbesse-rung betriebsw. Kennzahlen	Verbesse-rung betriebsw. Kennzahlen	Verbesse-rung Branchen-struktur	Verbesse-rung Branchen-struktur	Verbesse-rung Bonitäts-struktur	Verbesse-rung Bonitäts-struktur	Verbesse-rung Größen-klassen-struktur	Verbesse-rung Größen-klassen-struktur
kleine VR	1	2,27%	2	4,55%	6	13,64%	7	15,91%	11	25,00%	7	15,91%
mittlere VR	1	2,27%	1	2,27%	5	11,36%	7	15,91%	6	13,64%	12	27,27%
große VR	2	4,76%	2	4,76%	5	11,90%	5	11,90%	6	14,29%	11	26,19%
Summe	4	3,08%	5	3,85%	16	12,31%	19	14,62%	23	17,69%	30	23,08%

	Optimierung Rendite-Risiko-Struktur	Optimierung Rendite-Risiko-Struktur	Summe	Summe
kleine VR	10	22,73%	44	100,00%
mittlere VR	12	27,27%	44	100,00%
große VR	11	26,19%	42	100,00%
Summe	33	25,38%	130	100,00%

B.10 Welche Risiken welcher Ratingklasse würden Sie bevorzugt verkaufen wollen?

	0a-0a	0a-0a	1a-1e	1a-1e	2a-2e	2a-2e	3a-3e	3a-3e	4a-4e	4a-4e	Summe	Summe
kleine VR	0	0,00%	1	3,33%	5	16,67%	12	40,00%	12	40,00%	30	100,00%
mittlere VR	0	0,00%	0	0,00%	16	44,44%	13	36,11%	7	19,44%	36	100,00%
große VR	0	0,00%	5	17,86%	9	32,14%	8	28,57%	6	21,43%	28	100,00%
Summe	0	0,00%	6	6,38%	30	31,91%	33	35,11%	25	26,60%	94	100,00%

B.11 Bis zu welcher Anteilshöhe würden Sie ein Einzelengagement bzw. das Portfolio (abgesicherter und nicht abgesicherter Teil) durch den Verkauf von Kreditrisiken absichern wollen? Berücksichtigen Sie dabei: je höher der gewünschte Absicherungsgrad, desto höher ist der Preis für die Absicherung.

	Null bis 25%	Null bis 25%	über 25 bis 50%	über 25 bis 50%	über 50 bis 75%	über 50 bis 75%	über 75 bis 100%	über 75 bis 100%	100%	100%	Summe	Summe
kleine VR	9	42,86%	3	14,29%	5	23,81%	4	19,05%	0	0,00%	21	100,00%
mittlere VR	8	27,59%	16	55,17%	2	6,90%	3	10,34%	0	0,00%	29	100,00%
große VR	8	38,10%	8	38,10%	5	23,81%	0	0,00%	0	0,00%	21	100,00%
Summe	25	35,21%	27	38,03%	12	16,90%	7	9,86%	0	0,00%	71	100,00%

B.12 Bis zu welcher Anteilshöhe würden Sie das Blankovolumen von Einzelengagements bzw. von Portfolien durch den Verkauf von Kreditrisiken absichern wollen?

	Null bis 25%	Null bis 25%	über 25 bis 50%	über 25 bis 50%	über 50 bis 75%	über 50 bis 75%	über 75 bis 100%	über 75 bis 100%	100%	100%	Summe	Summe
kleine VR	6	28,57%	8	38,10%	3	14,29%	4	19,05%	0	0,00%	21	100,00%
mittlere VR	7	24,14%	15	51,72%	3	10,34%	2	6,90%	2	6,90%	29	100,00%
große VR	7	33,33%	8	38,10%	6	28,57%	0	0,00%	0	0,00%	21	100,00%
Summe	20	28,17%	31	43,66%	12	16,90%	6	8,45%	2	2,82%	71	100,00%

B.13 Wo sehen Sie den größten Absicherungsbedarf in Ihrem Hause?

	Privatkunden-segment	Privatkunden-segment	Firmenkunden-segment	Firmenkunden-segment	Depot A	Depot A	Sonstiges	Sonstiges	Summe	Summe
kleine VR	0	0,00%	27	100,00%	0	0,00%	0	0,00%	27	100,00%
mittlere VR	2	6,67%	28	93,33%	0	0,00%	0	0,00%	30	100,00%
große VR	2	9,09%	19	86,36%	0	0,00%	1	4,55%	22	100,00%
Summe	4	5,06%	74	93,67%	0	0,00%	1	1,27%	79	100,00%

B.14 Wie intensiv ist Ihn Wunsch nach Möglichkeiten bzw. Instrumenten zum Kauf von Kreditrisiken?

	sehr intensiv	sehr intensiv	intensiv	intensiv	mittelmäßig	mittelmäßig	gering	gering	sehr gering	sehr gering	Summe	Summe
kleine VR	1	3,57%	2	7,14%	1	3,57%	9	32,14%	15	53,57%	28	100,00%
mittlere VR	1	3,23%	4	12,90%	10	32,26%	9	29,03%	7	22,58%	31	100,00%
große VR	2	9,09%	3	13,64%	11	50,00%	5	22,73%	1	4,55%	22	100,00%
Summe	4	4,94%	9	11,11%	22	27,16%	23	28,40%	23	28,40%	81	100,00%

B. 15 Welches Ziel verfolgen Sie hauptsächlich mit einem möglichen Kauf von Kreditrisiken?

	Sonstiges	Sonstiges	Verbesserung geographischer Struktur	Verbesserung geographischer Struktur	Verbesserung Branchenstruktur	Verbesserung Branchenstruktur	Verbesserung Größenklassenstruktur	Verbesserung Größenklassenstruktur	Verbesserung Bonitätsstruktur	Verbesserung Bonitätsstruktur	Verbesserung betriebsw. Kennzahlen	Verbesserung betriebsw. Kennzahlen
kleine VR	3	9,38%	2	6,25%	2	6,25%	2	6,25%	5	15,63%	8	25,00%
mittlere VR	2	5,26%	0	0,00%	3	7,89%	4	10,53%	4	10,53%	10	26,32%
große VR	1	2,63%	5	13,16%	3	7,89%	2	5,26%	4	10,53%	6	15,79%
Summe	6	5,56%	7	6,48%	8	7,41%	8	7,41%	13	12,04%	24	22,22%

	Optimierung Rendite-Risiko-Struktur	Optimierung Rendite-Risiko-Struktur	Summe	Summe
kleine VR	10	31,25%	32	100,00%
mittlere VR	15	39,47%	38	100,00%
große VR	17	44,74%	38	100,00%
Summe	42	38,89%	108	100,00%

B. 16 Welche Risiken welcher Ratingklasse würden Sie bevorzugt kaufen?

	0a - 0e	0a - 0e	1a-1e	1a-1e	2a-2e	2a-2e	3a-3e	3a-3e	4a-4e	4a-4e	Summe	Summe
kleine VR	1	5,26%	7	36,84%	11	57,89%	0	0,00%	0	0,00%	19	100,00%
mittlere VR	2	5,26%	17	44,74%	16	42,11%	3	7,89%	0	0,00%	38	100,00%
große VR	2	7,14%	18	64,29%	8	28,57%	0	0,00%	0	0,00%	28	100,00%
Summe	5	5,88%	42	49,41%	35	41,18%	3	3,53%	0	0,00%	85	100,00%

B. 17 Welche sonstigen Effekte würden Sie bevorzugen bzw. bevorzugen Sie im Rahmen einer Transaktion?

	Bilanzverkürzung	Bilanzverkürzung	Bilanzverlängerung	Bilanzverlängerung	konstante Bilanzsumme	konstante Bilanzsumme	Summe	Summe
kleine VR	3	15,00%	5	25,00%	12	60,00%	20	100,00%
mittlere VR	5	17,86%	5	17,86%	18	64,29%	28	100,00%
große VR	2	8,70%	5	21,74%	16	69,57%	23	100,00%
Summe	10	14,08%	15	21,13%	46	64,79%	71	100,00%

B. 18 Zu welchem Zeitpunkt der Kreditlaufzeit herrscht aus Ihrer Sicht der größte Bedarf an Möglichkeiten zum Transfer von Kreditrisiken?

	Sonstiger	Sonstiger	nach EWB-Bildung	nach EWB-Bildung	bei Eintritt von Leistungsstörungen	bei Eintritt von Leistungsstörungen	bei Kreditvergabe	bei Kreditvergabe	während der Kreditlaufzeit	während der Kreditlaufzeit	Summe	Summe
kleine VR	0	0,00%	2	7,69%	6	23,08%	5	19,23%	13	50,00%	26	100,00%
mittlere VR	0	0,00%	1	3,33%	6	20,00%	6	20,00%	17	56,67%	30	100,00%
große VR	0	0,00%	1	4,55%	2	9,09%	12	54,55%	7	31,82%	22	100,00%
Summe	0	0,00%	4	5,13%	14	17,95%	23	29,49%	37	47,44%	78	100,00%

B. 19 Wie vertrauenswürdig erscheint Ihnen ein BVR-II-Ratingergebnis einer anderen Genossenschaftsbank?

	sehr vertrauenswürdig	sehr vertrauenswürdig	vertrauenswürdig	vertrauenswürdig	mittelmäßig vertrauenswürdig	mittelmäßig vertrauenswürdig	wenig vertrauenswürdig	wenig vertrauenswürdig	gar nicht vertrauenswürdig	gar nicht vertrauenswürdig	Summe	Summe
kleine VR	0	0,00%	12	42,86%	16	57,14%	0	0,00%	0	0,00%	28	100,00%
mittlere VR	0	0,00%	9	29,03%	21	67,74%	1	3,23%	0	0,00%	31	100,00%
große VR	0	0,00%	9	39,13%	12	52,17%	2	8,70%	0	0,00%	23	100,00%
Summe	0	0,00%	30	36,59%	49	59,76%	3	3,66%	0	0,00%	82	100,00%

B. 20 Wie vertrauenswürdig erscheint Ihnen ein BVR-II-Ratingergebnis einer anderen Genossenschaftsbank wenn der Ratingprozess über entsprechende Qualitätsstandards gesichert wird?

	sehr vertrauenswürdig	sehr vertrauenswürdig	vertrauenswürdig	vertrauenswürdig	mittelmäßig vertrauenswürdig	mittelmäßig vertrauenswürdig	wenig vertrauenswürdig	wenig vertrauenswürdig	gar nicht vertrauenswürdig	gar nicht vertrauenswürdig	Summe	Summe
kleine VR	3	10,71%	23	82,14%	2	7,14%	0	0,00%	0	0,00%	28	100,00%
mittlere VR	0	0,00%	25	80,65%	6	19,35%	0	0,00%	0	0,00%	31	100,00%
große VR	3	13,04%	17	73,91%	3	13,04%	0	0,00%	0	0,00%	23	100,00%
Summe	6	7,32%	65	79,27%	11	13,41%	0	0,00%	0	0,00%	82	100,00%

B. 21 Wie vertrauenswürdig erscheint Ihnen ein BVR-II-Ratingergebnis einer anderen Genossenschaftsbank wenn die Ratingeinstufung über einen externen Dritten (Bsp. Ratingagentur, Zentralinstitut) gesichert wird?

	sehr vertrauenswürdig	sehr vertrauenswürdig	vertrauenswürdig	vertrauenswürdig	mittelmäßig vertrauenswürdig	mittelmäßig vertrauenswürdig	wenig vertrauenswürdig	wenig vertrauenswürdig	gar nicht vertrauenswürdig	gar nicht vertrauenswürdig	Summe	Summe
kleine VR	7	25,00%	19	67,86%	2	7,14%	0	0,00%	0	0,00%	28	100,00%
mittlere VR	6	19,35%	22	70,97%	3	9,68%	0	0,00%	0	0,00%	31	100,00%
große VR	7	30,43%	13	56,52%	3	13,04%	0	0,00%	0	0,00%	23	100,00%
Summe	20	24,39%	54	65,85%	8	9,76%	0	0,00%	0	0,00%	82	100,00%

B. 22 Wie vertrauenswürdig erscheint Ihnen das Ergebnis einer Beleihungswertermittlung einer anderen Genossenschaftsbank?

	sehr vertrauens-würdig	sehr vertrauens-würdig	vertrauens-würdig	vertrauens-würdig	mittelmäßig vertrauens-würdig	mittelmäßig vertrauens-würdig	wenig vertrauens-würdig	wenig vertrauens-würdig	gar nicht vertrauens-würdig	gar nicht vertrauens-würdig	Summe	Summe
kleine VR	1	3,57%	12	42,86%	13	46,43%	2	7,14%	0	0,00%	28	100,00%
mittlere VR	0	0,00%	10	32,26%	20	64,52%	1	3,23%	0	0,00%	31	100,00%
große VR	1	4,35%	7	30,43%	12	52,17%	3	13,04%	0	0,00%	23	100,00%
Summe	2	2,44%	29	35,37%	45	54,88%	6	7,32%	0	0,00%	82	100,00%

B. 23 Wie vertrauenswürdig erscheint Ihnen das Ergebnis einer Beleihungswertermittlung einer anderen Genossenschaftsbank wenn der Ermittlungsprozess über entsprechende Qualitätsstandards gesichert wird?

	sehr vertrauens-würdig	sehr vertrauens-würdig	vertrauens-würdig	vertrauens-würdig	mittelmäßig vertrauens-würdig	mittelmäßig vertrauens-würdig	wenig vertrauens-würdig	wenig vertrauens-würdig	gar nicht vertrauens-würdig	gar nicht vertrauens-würdig	Summe	Summe
kleine VR	3	10,71%	23	82,14%	1	3,57%	1	3,57%	0	0,00%	28	100,00%
mittlere VR	2	6,45%	20	64,52%	9	29,03%	0	0,00%	0	0,00%	31	100,00%
große VR	3	13,64%	15	68,18%	3	13,64%	1	4,55%	0	0,00%	22	100,00%
Summe	8	9,88%	58	71,60%	13	16,05%	2	2,47%	0	0,00%	81	100,00%

B. 24 Welche Sicherheiten erachten Sie vor dem Hintergrund der Werthaltigkeit im Realisationsfalle sowie der Durchführung der Beleihungswertermittlung für besonders transaktionsgeeignet?

	Bürgschaft	Bürgschaft	Sonstige	Sonstige	Sicherungs-übereignung	Sicherungs-übereignung	Abtretung	Abtretung	Verpfän-dung	Verpfän-dung	Grundpfand rechte	Grundpfand rechte	Summe	Summe
kleine VR	0	0,00%	1	1,96%	2	3,92%	11	21,57%	13	25,49%	24	47,06%	51	100,00%
mittlere VR	0	0,00%	1	2,17%	2	4,35%	7	15,22%	14	30,43%	22	47,83%	46	100,00%
große VR	1	3,03%	0	0,00%	0	0,00%	4	12,12%	9	27,27%	19	57,58%	33	100,00%
Summe	1	0,77%	2	1,54%	4	3,08%	22	16,92%	36	27,69%	65	50,00%	130	100,00%

C. 1 Welche Instrumente zum Kauf bzw. Verkauf von Kreditrisiken haben Sie bisher angewandt bzw. wenden Sie an?

	ABCP Conduit	ABCP Conduit	VR-Prosper	VR-Prosper	VR-Proscore	VR-Proscore	Sonstige	Sonstige	VR-Circle	VR-Circle	VR-Provide	VR-Provide
kleine VR	0	0,00%	0	0,00%	0	0,00%	2	3,17%	0	0,00%	0	0,00%
mittlere VR	0	0,00%	0	0,00%	1	0,75%	3	2,26%	3	2,26%	4	3,01%
große VR	1	0,89%	1	0,89%	2	1,79%	3	2,68%	5	4,46%	6	5,36%
Summe	1	0,32%	1	0,32%	3	0,97%	8	2,60%	8	2,60%	10	3,25%

	Kredit-derivate	Kredit-derivate	Factoring	Factoring	ABS-Strukturen	ABS-Strukturen	Kredit-versicherung	Kredit-versicherung	Anleihen	Anleihen	Metakredit/ Syndizie-rung	Metakredit/ Syndizie-rung
	1	1,59%	1	1,59%	6	9,52%	11	17,46%	12	19,05%	10	15,87%
	10	7,52%	8	6,02%	14	10,53%	19	14,29%	17	12,78%	26	19,55%
	4	3,57%	8	7,14%	14	12,50%	10	8,93%	17	15,18%	22	19,64%
	15	4,87%	17	5,52%	34	11,04%	40	12,99%	46	14,94%	58	18,83%

	Kreditver-mittlung	Kreditver-mittlung	Summe	Summe
	20	31,75%	63	100,00%
	28	21,05%	133	100,00%
	19	16,96%	112	100,00%
	67	21,75%	308	100,00%

C. 2 An welchen Transaktionspartner bzw. auf welchem Markt würden Sie am liebsten Kreditrisiken veräußern?

	Andere Genossen-schaftsbank	Andere Genossen-schaftsbank	DZ Bank/WGZ Bank	DZ Bank/WGZ Bank	DG Hyp	DG Hyp	Sonstige Verbund-unter-nehmen	Sonstige Verbund-unter-nehmen	Sparkassen/ Landes-banken	Sparkassen/ Landes-banken	Sonstiges inländisches Kredit-institut	Sonstiges inländisches Kredit-institut
kleine VR	9	16,36%	21	38,18%	10	18,18%	8	14,55%	1	1,82%	1	1,82%
mittlere VR	10	16,13%	22	35,48%	13	20,97%	7	11,29%	0	0,00%	1	1,61%
große VR	5	11,90%	15	35,71%	7	16,67%	4	9,52%	0	0,00%	1	2,38%
Summe	24	15,09%	58	36,48%	30	18,87%	19	11,95%	1	0,63%	3	1,89%

	Sonstiges auslän-disches Kredit-institut	Sonstiges auslän-disches Kredit-institut	Nichtbank	Nichtbank	Deutsche Börse (Frankfurt)	Deutsche Börse (Frankfurt)	Andere Börse	Andere Börse	Keine besonderen Favoriten	Keine besonderen Favoriten	Sonstiges	Sonstiges
	0	0,00%	0	0,00%	0	0,00%	0	0,00%	5	9,09%	0	0,00%
	0	0,00%	2	3,23%	0	0,00%	2	3,23%	7	11,29%	0	0,00%
	0	0,00%	1	2,38%	2	4,76%	0	0,00%	6	14,29%	2	4,76%
	0	0,00%	3	1,89%	2	1,26%	2	1,26%	18	11,32%	2	1,26%

	Summe	Summe
	55	100,00%
	62	100,00%
	42	100,00%
	159	100,00%

C. 3 Welches der nachstehenden Instrumente/Verfahren würden Sie zur Absicherung von Kreditrisiken bevorzugen?

	Metakredit/ Syndizie-rung	Metakredit/ Syndizie-rung	Verkauf von problem-behafteten Engagemens an die BAG Hamm	Verkauf von problem-behafteten Engagemens an die BAG Hamm	Kreditver-mittlung	Kreditver-mittlung	Kredit-derivate	Kredit-derivate	Forderungs-verkauf (True Sale)	Forderungs-verkauf (True Sale)	Synthetische Verbrie-fungstrans-aktionen	Synthetische Verbrie-fungstrans-aktionen
kleine VR	9	17,31%	9	17,31%	21	40,38%	1	1,92%	3	5,77%	2	3,85%
mittlere VR	13	22,81%	5	8,77%	15	26,32%	3	5,26%	4	7,02%	3	5,26%
große VR	13	24,53%	2	3,77%	4	7,55%	8	15,09%	4	7,55%	7	13,21%
Summe	35	21,60%	16	9,88%	40	24,69%	12	7,41%	11	6,79%	12	7,41%

	Verbund-interne Handels-plattform	Verbund-interne Handels-plattform	Kapital-markt-transaktion	Kapital-markt-transaktion	Börse	Börse	Kreditfabrik (KfW)	Kreditfabrik (KfW)	Sonstige	Sonstige	Summe	Summe
	5	9,62%	1	1,92%	0	0,00%	1	1,92%	0	0,00%	52	100,00%
	12	21,05%	1	1,75%	0	0,00%	0	0,00%	1	1,75%	57	100,00%
	10	18,87%	3	5,66%	1	1,89%	0	0,00%	1	1,89%	53	100,00%
	27	16,67%	5	3,09%	1	0,62%	1	0,62%	2	1,23%	162	100,00%

C. 4 Von welchem Transaktionspartner bzw. auf welchem Markt würden Sie am liebsten Kreditrisiken erwerben?

	Andere Genossenschaftsbank	Andere Genossenschaftsbank	DZ Bank/WGZ Bank	DZ Bank/WGZ Bank	DG Hyp	DG Hyp	Sonstige Verbundunternehmen	Sonstige Verbundunternehmen	Sparkassen/ Landesbanken	Sparkassen/ Landesbanken	Sonstiges inländisches Kreditinstitut	Sonstiges inländisches Kreditinstitut
kleine VR	9	19,15%	18	38,30%	10	21,28%	5	10,64%	0	0,00%	0	0,00%
mittlere VR	7	13,21%	18	33,96%	12	22,64%	4	7,55%	0	0,00%	1	1,89%
große VR	6	16,67%	13	36,11%	4	11,11%	2	5,56%	0	0,00%	1	2,78%
Summe	22	16,18%	49	36,03%	26	19,12%	11	8,09%	0	0,00%	2	1,47%

	Sonstiges ausländisches Kreditinstitut	Sonstiges ausländisches Kreditinstitut	Nichtbank	Nichtbank	Deutsche Börse (Frankfurt)	Deutsche Börse (Frankfurt)	Andere Börse	Andere Börse	Keine besonderen Favoriten	Keine besonderen Favoriten	Sonstiges	Sonstiges
kleine VR	0	0,00%	1	2,13%	0	0,00%	0	0,00%	4	8,51%	1	2,13%
mittlere VR	0	0,00%	0	0,00%	1	1,89%	0	0,00%	10	18,87%	0	0,00%
große VR	0	0,00%	2	5,56%	2	5,56%	0	0,00%	8	22,22%	0	0,00%
Summe	0	0,00%	3	2,21%	3	2,21%	0	0,00%	22	16,18%	1	0,74%

	Summe	Summe
kleine VR	47	100,00%
mittlere VR	53	100,00%
große VR	36	100,00%
Summe	136	100,00%

C. 5 Welches der nachstehenden Instrumente/Verfahren würden Sie zum Kauf von Kreditrisiken bevorzugen?

	Metakredit/ Syndizierung	Metakredit/ Syndizierung	Kauf von problembehafteten Engagemens der BAG Hamm	Kauf von problembehafteten Engagemens der BAG Hamm	Kreditvermittlung	Kreditvermittlung	Kreditderivate	Kreditderivate	Forderungsverkauf (True Sale)	Forderungsverkauf (True Sale)	Synthetische Verbriefungstransaktionen	Synthetische Verbriefungstransaktionen
kleine VR	6	18,18%	3	9,09%	0	0,00%	0	0,00%	3	9,09%	3	9,09%
mittlere VR	9	23,08%	1	2,56%	0	0,00%	2	5,13%	3	7,69%	5	12,82%
große VR	9	25,00%	0	0,00%	0	0,00%	3	8,33%	1	2,78%	7	19,44%
Summe	24	22,22%	4	3,70%	0	0,00%	5	4,63%	7	6,48%	15	13,89%

	Verbundinterne Handelsplattform	Verbundinterne Handelsplattform	Kapitalmarkttransaktion	Kapitalmarkttransaktion	Börse	Börse	Kreditfabrik (KfW)	Kreditfabrik (KfW)	Sonstige	Sonstige	Summe	Summe
kleine VR	9	27,27%	5	15,15%	0	0,00%	2	6,06%	2	6,06%	33	100,00%
mittlere VR	12	30,77%	5	12,82%	1	2,56%	0	0,00%	1	2,56%	39	100,00%
große VR	7	19,44%	7	19,44%	2	5,56%	0	0,00%	0	0,00%	36	100,00%
Summe	28	25,93%	17	15,74%	3	2,78%	2	1,85%	3	2,78%	108	100,00%

C. 6 Welche Partner würden Sie als Betreiber einer Transaktionsplattform bevorzugen?

	Kreditfabrik (KfW)	Kreditfabrik (KfW)	Sonstige	Sonstige	nationale Banken	nationale Banken	nationale und internationale Banken	nationale und internationale Banken	Börse	Börse	genossenschaftlicher Finanzverbund und Sparkassen	genossenschaftlicher Finanzverbund und Sparkassen
kleine VR	1	3,85%	1	3,85%	0	0,00%	1	3,85%	0	0,00%	7	26,92%
mittlere VR	0	0,00%	0	0,00%	0	0,00%	0	0,00%	4	13,33%	8	26,67%
große VR	0	0,00%	1	4,35%	2	8,70%	3	13,04%	2	8,70%	4	17,39%
Summe	1	1,27%	2	2,53%	2	2,53%	4	5,06%	6	7,59%	19	24,05%

	ausschließlich Genossenschaftsbanken/ Verbundinstitute	ausschließlich Genossenschaftsbanken/ Verbundinstitute	Summe	Summe
kleine VR	16	61,54%	26	100,00%
mittlere VR	18	60,00%	30	100,00%
große VR	11	47,83%	23	100,00%
Summe	45	56,96%	79	100,00%

C. 7 Welche Transaktionsstruktur beim Transfer von Kreditrisiken würden Sie bevorzugen?

	ausschließlich Verkauf von Kreditrisiken möglich	ausschließlich Verkauf von Kreditrisiken möglich	ausschließlich Kauf von Kreditrisiken möglich	ausschließlich Kauf von Kreditrisiken möglich	Freie Auswahl: Sowohl Kauf als auch Verkauf von Kreditrisiken möglich	Freie Auswahl: Sowohl Kauf als auch Verkauf von Kreditrisiken möglich	Verkauf von Kreditrisiken bei gleichzeitigem Rückkauf	Verkauf von Kreditrisiken bei gleichzeitigem Rückkauf	Sonstiges	Sonstiges	Summe	Summe
kleine VR	5	19,23%	1	3,85%	19	73,08%	1	3,85%	0	0,00%	26	100,00%
mittlere VR	3	10,00%	0	0,00%	24	80,00%	3	10,00%	0	0,00%	30	100,00%
große VR	3	13,04%	1	4,35%	17	73,91%	2	8,70%	0	0,00%	23	100,00%
Summe	11	13,92%	2	2,53%	60	75,95%	6	7,59%	0	0,00%	79	100,00%

C. 8 Wie stehen Sie folgender Struktur des genossenschaftlichen Finanzverbundes im Kreditgeschäft gegenüber: Volksbanken und Raiffeisenbanken agieren als reine Vertriebsstellen während sowohl die Produktlieferung, die Abarbeitung der Arbeitsaufträge (Produktion) als auch das Management der Erträge und Risiken (Steuerung) zentral abgebildet wird (vgl. tendenziell dwpbank, Kreditwerk)?

	sehr positiv	sehr positiv	positiv	positiv	neutral	neutral	negativ	negativ	sehr negativ	sehr negativ	Summe	Summe
kleine VR	0	0,00%	3	10,71%	5	17,86%	15	53,57%	5	17,86%	28	100,00%
mittlere VR	0	0,00%	1	3,23%	6	19,35%	16	51,61%	8	25,81%	31	100,00%
große VR	0	0,00%	0	0,00%	4	17,39%	14	60,87%	5	21,74%	23	100,00%
Summe	0	0,00%	4	4,88%	15	18,29%	45	54,88%	18	21,95%	82	100,00%

C. 9 Wenn Sie vorgenannte Struktur als negativ empfinden, was sind die Gründe hierfür?

	Verlust der unterneh-merischen Selbst-ständigkeit	Verlust der unterneh-merischen Selbst-ständigkeit	zu komplexe Trans-aktions-strukturen	zu komplexe Trans-aktions-strukturen	Sonstiges	Sonstiges	Summe	Summe
kleine VR	19	90,48%	1	4,76%	1	4,76%	21	100,00%
mittlere VR	18	78,26%	2	8,70%	3	13,04%	23	100,00%
große VR	17	89,47%	1	5,26%	1	5,26%	19	100,00%
Summe	54	85,71%	4	6,35%	5	7,94%	63	100,00%

C.10 Würden Sie es begrüßen, wenn das Kreditrisikomanagement im genossenschaftlichen Finanzverbund zentral abgebildet werden würde. Dies hätte zur Folge, dass alle Genossenschaftsbanken ihre eingegangenen Kreditrisiken zentral einbringen würden und sie anschließend lediglich einen entsprechenden Anteil an allen verbundweit eingegangenen Kreditrisiken erhalten würden (= Fondssystematik)?

	sehr positiv	sehr positiv	positiv	positiv	neutral	neutral	negativ	negativ	sehr negativ	sehr negativ	Summe	Summe
kleine VR	0	0,00%	2	6,90%	11	37,93%	10	34,48%	6	20,69%	29	100,00%
mittlere VR	0	0,00%	1	3,23%	6	19,35%	17	54,84%	7	22,58%	31	100,00%
große VR	0	0,00%	1	4,35%	3	13,04%	13	56,52%	6	26,09%	23	100,00%
Summe	0	0,00%	4	4,82%	20	24,10%	40	48,19%	19	22,89%	83	100,00%

C.11 Wie ist Ihr Eindruck von der Funktionsfähigkeit bzw. der Nutzenkomponente des Metakreditgeschäftes/der Syndizierung im Finanzverbund (Bsp. DZ Bank)?

	sehr positiv	sehr positiv	positiv	positiv	neutral	neutral	negativ	negativ	sehr negativ	sehr negativ	Summe	Summe
kleine VR	0	0,00%	7	25,00%	14	50,00%	6	21,43%	1	3,57%	28	100,00%
mittlere VR	0	0,00%	9	29,03%	13	41,94%	8	25,81%	1	3,23%	31	100,00%
große VR	2	8,70%	5	21,74%	14	60,87%	1	4,35%	1	4,35%	23	100,00%
Summe	2	2,44%	21	25,61%	41	50,00%	15	18,29%	3	3,66%	82	100,00%

C.12 Wie ist Ihr Eindruck von der Funktionsfähigkeit bzw. der Nutzenkomponente des Vermittlungsgeschäftes im Finanzverbund (Bsp. DG Hyp, Norisbank)?

	sehr positiv	sehr positiv	positiv	positiv	neutral	neutral	negativ	negativ	sehr negativ	sehr negativ	Summe	Summe
kleine VR	1	3,45%	20	68,97%	7	24,14%	1	3,45%	0	0,00%	29	100,00%
mittlere VR	0	0,00%	24	77,42%	6	19,35%	1	3,23%	0	0,00%	31	100,00%
große VR	0	0,00%	12	52,17%	10	43,48%	1	4,35%	0	0,00%	23	100,00%
Summe	1	1,20%	56	67,47%	23	27,71%	3	3,61%	0	0,00%	83	100,00%

C.13 Wie stehen Sie einem Ausbau der BAG Hamm zu einer verbundinternen "Bad Bank", die als Ansprechpartner für alle problembehafteten Kreditengagements zur Verfügung steht, gegenüber?

	sehr positiv	sehr positiv	positiv	positiv	neutral	neutral	negativ	negativ	sehr negativ	sehr negativ	Summe	Summe
kleine VR	4	13,79%	10	34,48%	12	41,38%	3	10,34%	0	0,00%	29	100,00%
mittlere VR	2	6,45%	14	45,16%	11	35,48%	4	12,90%	0	0,00%	31	100,00%
große VR	0	0,00%	10	43,48%	8	34,78%	5	21,74%	0	0,00%	23	100,00%
Summe	6	7,23%	34	40,96%	31	37,35%	12	14,46%	0	0,00%	83	100,00%

Quelle: Eigene Darstellung

Anhang E

Interviewleitfaden

Vertraulichkeit:

Es wird versichert, dass alle Angaben streng vertraulich behandelt und ausschließlich für die Zwecke dieser Untersuchung erhoben werden. In diesem Interview getätigte Aussagen und Einschätzungen von Seiten des Interviewten werden in der Arbeit lediglich anonymisiert wiedergegeben.

A. Allgemeines

1. Wie heißen Sie und welche Position begleiten Sie aktuell in Ihrer Genossenschaftsbank?
2. Darf ich Sie im Rahmen meiner Dissertation zitieren?

B. Wie stark nutzen Genossenschaftsbanken aktuell die Möglichkeiten

1. Wie ist Ihre Meinung zu kapitalmarktorientiertem Kreditrisikotransfer
2. Wie nutzten Sie in den letzten Jahren Instrumente zum Transfer von Kreditrisiken?

C. Wie wird eine stärkere Nutzung aktuell begrenzt?

1. Verfügt Ihr Haus über Potenzial zum Transfer von Kreditrisiken?
   a. Bergen Ihre finanzwirtschaftlichen Kennzahlen Potenzial zum Kreditrisikotransfer?
   b. Existieren in Ihrem Portfolio Klumpenrisiken?
2. Warum hat trotz allen Potenzials der Markt für Kreditrisikotransfer noch nicht die notwendige Reife?
3. Was sind aus Ihrer Sicht die größten Hemmnisse aktuell?
4. Wie schätzen Sie die Beurteilbarkeit Ihrer Kreditrisikostruktur ein (Bsp. Fachliche Defizite, Erwarteter Verlust, Unerwarteter Verlust)
   a. Wie und wo sehen Sie die fachliche Qualifikationen im genossenschaftlichen Finanzverbund?
   b. Wie schätzen Sie die Quantifizierbarkeit und die Ergebnisqualität des Erwarteten Verlustes?
   c. Wie schätzen Sie die Quantifizierbarkeit und die Ergebnisqualität des Unerwarteten Verlustes?
   d. Ist der Credit-Value-at-Risk auch bei Privatkunden quantifizierbar, wenn nicht, wie wird er dort geschätzt?

5. Wie schätzen Sie die Nutzungsmöglichkeiten von Instrumenten zum Transfer von Kreditrisiken ein?
   a. Existieren entsprechende Produkte und Instrumente zur Befriedigung Ihrer Anforderungen?
   b. Warum erfüllen die aktuell am Markt verfügbaren Produkte nicht Ihre Erwartungen?
   c. Wie ist aus Ihrer Sicht das Preis-Leistungs-Verhältnis bei Instrumenten zum Transfer von Kreditrisiken?
   d. Was sind aus Ihrer Sicht die Gründe für ein unbefriedigendes Preis-Leistungsverhältnis?
   e. Wie schätzen Sie die Transparenz des Marktes ein?
   f. Wie schätzen Sie die Marktreife bzw. den Zeitpunkt ein?
6. In welchem Bereich fehlen noch Produkte? („weiße Flecken auf der Landkarte")
7. Warum erfolgt nicht die Nutzung von bestehenden Angeboten wie bspw. Kredit Börse?

D. Was muss getan werden, damit Genossenschaftsbanken zukünftig verstärkt kapitalmarktorientierten Kreditrisikotransfer betreiben?

1. Wie kann die Beurteilbarkeit der individuellen Kreditrisikostruktur hergestellt werden?
   a. Wie können die fachlichen Defizite abgebaut werden?
   b. Welche Möglichkeiten zur standardisierten Quantifizierbarkeit der Kreditrisiken gibt es hinsichtlich des Erwarteten Verlustes und des Unerwarteten Verlustes?
2. Wie können die Nutzungsmöglichkeiten von Instrumenten zum Transfer von Kreditrisiken erweitert werden?
   a. Wie können die Produktstrukturen an die Kundenbedürfnisse angepasst werden?
   b. Welches Produkt bevorzugen Sie zum Transfer von Kreditrisiken?
   c. Bevorzugen Sie ein einzelnes Produkt oder lieber einen Instrumentenkoffer?
   d. Wie muss aus Ihrer Sicht der ideale Instrumentenkoffer ausgestaltet sein, welche Elemente müsste er beinhalten?
   e. Wie müssen die Produkte ausgestaltet sein?
   f. Welchen Transaktionspartner bevorzugen Sie für Instrumente zum Transfer von Kreditrisiken?
   g. Bevorzugen Sie die freie Auswahl oder die Wahl aus einer Hand?
   h. Wie kann die Transparenz des Marktes für Kreditrisikotransfer erhöht werden?
   i. In welchen Segmenten können Instrumente zum Transfer von Kreditrisiken Anwendung finden?

Quelle: Eigene Darstellung

Anhang F

Steckbriefe der Interviewpartner

Allgäuer Volksbank eG Kempten-Sonthofen Rathausplatz 12 87435 Kempten	**Donat Asbach** Vorstand
Mainzer Volksbank eG Neubrunnenstraße 2 55116 Mainz	**Heinz-Peter Schamp** Vorstand
Raiffeisenbank eG, Herxheim Obere Hauptstraße 49 76873 Herxheim bei Landau/Pf.	**Bernd Mayer** Vorstand
Rüsselsheimer Volksbank eG Bahnhofstraße 15 – 17 65428 Rüsselsheim	**Josef Paul** Vorstand
Volksbank eG, Eppertshausen Bahnhofstraße 13 64859 Eppertshausen	**Peter Schilling** Vorstand
Vereinigte Volksbank Griesheim-Weiterstadt eG Am Markt 5 64347 Griesheim	**Gerhard Krocker** Vorstand
Volksbank Göppingen eG Poststraße 4 73033 Göppingen	**Holger Fiedler** Leiter Kredit

Volksbank Heuchelheim eG Jahnstraße 4 – 8 35452 Heuchelheim	**Rainer Schäfer-Prößer** Vorstand
Volksbank Mittelhessen eG Schiffenberger Weg 110 35394 Gießen	**Markus Dokter** BL Controlling
Volksbank Schupbach eG Burggraben 4 65614 Beselich	**Kurt Kohnhäuser** Vorstand
Volksbank Wetzlar-Weilburg eG Moritz-Hensoldt-Straße 34 35576 Wetzlar	**Joachim Fröhlich** BL Unternehmenssteuerung

Quelle: Eigene Darstellung

WWW.GABLER.DE

SPRINGER NATURE

GPSR Compliance

The European Union's (EU) General Product Safety Regulation (GPSR) is a set of rules that requires consumer products to be safe and our obligations to ensure this.

If you have any concerns about our products, you can contact us on ProductSafety@springernature.com

In case Publisher is established outside the EU, the EU authorized representative is:

Springer Nature Customer Service Center GmbH
Europaplatz 3
69115 Heidelberg, Germany

FSC
www.fsc.org
MIX
Papier | Fördert gute Waldnutzung
FSC® C083411

Kolibri 360 GmbH
Ferdinand-Jühlke-Straße 7
99095 Erfurt, Deutschland
produktsicherheit@kolibri360.de